복음이 핵심이다

복음이 핵심이다

지 금 은 믿 음 의　중 심 을　회 복 할　때 다 !

D. A. 카슨, 팀 켈러 편집

최요한 옮김

아가페

한국어판 서문

복음연합을 처음 결성했을 때, 위원들은 '헌장'을 작성하는 데 혼신의 힘을 쏟았다. 헌장은 서문 한 장과 신앙고백서, 사역을 위한 신학적 비전으로 구성되었다. 하나님을 중심에 모시는 기쁨, 예수 그리스도의 복음에 대한 유쾌한 자신감, 우리가 어떻게 생각하고 살아야 하는지 알 수 있기를 바라는 마음으로 우리는 헌장을 기록했다. 헌장은 복음연합 홈페이지(thegospelcoalition.org)에서 언어별로 손쉽게 다운로드할 수 있고, 이 책의 부록에도 수록되어 있다.

이윽고 여러 지역의 교회와 단체가 자기들 모임에서도 헌장을 사용하고 싶다고 요청해 왔다. 우리는 이런 일을 늘 반갑게 여겼다. 아울러 복음연합 헌장을 소책자나 다운로드 가능한 파일, 급기야 책으로 만들어달라는 문의까지 잇달았다. 그래서 우리는 여러 위원과 그 외 두어 사람에게 헌장에 반영된 신학을 설명하는 글 열네 편을 부탁했다. 그렇게 해서 이 책이 탄생했다.

복음연합 홈페이지에 들러 자료를 가장 많이 다운로드하는 아시아인을 꼽으라면 한국의 형제자매들을 빼놓을 수 없다. 우리는 이렇게나마 여러분을 섬길 수 있어서 하나님께 감사드린다. 이제 복음연합의 헌장에 담긴 빛나는 진리에 대해 자세히 설명한 이 책 『복음이 핵심이다』가 한국어로 출간되었다. 한국의 많은 성도들이 "성도에게 단번에 주신 믿음의 도"(유 3)를 깊이 이해하여 더욱 강건하기를 바라고 또 기도한다.

우리는 필자들의 다양한 문체를 허용하면서도, 독자들이 쉽게 이해할 수 있도록 글의 수준을 일관되게 유지하고자 노력했다. 복음연합 전국대회에서 우리는 하나님의 말씀을 다양하게 설명하는 사람들을 만난다. 우리는 그 다양성이 주는 새로움이 좋다. 감사하게도 이 책에서도 그런 다양성을 엿볼 수 있다.

편집을 도와준 앤디 나셀리와 오래 참으며 배려를 아끼지 않은 크로스웨이 출판사에도 감사한다.

_ D. A. 카슨(D. A. Carson)

CONTENTS

지 금 은 믿 음 의 중 심 을 회 복 할 때 다 !

THE
GOSPEL
AS
CENTER

**복음 중심의
사역**

01

D. A. 카슨(D. A. Carson), 팀 켈러(Timothy Keller)

'복음연합'(Gospel Coalition)은 여러 교단의 교회와 그리스도인들이 모인 단체다. 우리가 복음연합을 결성한 것은, 성경을 복음으로 믿는 것은 물론 오늘날 복음 중심 사역을 강화하고 독려하며 널리 확산해야 한다고 믿기 때문이다. 우선 복음연합이 결성된 이유와 과정을 간략하게 소개하겠다.

몇 해 전까지 우리는 해마다 여럿이 모였는데, 그 모임이 복음연합으로 발전했다. 첫 3년 동안 우리는 두 가지 일에 집중했다.

개혁신앙의 토대

우리는 먼저 개혁신앙 복음주의를 확립하는 일부터 시작했다. 성경의 복음은 역사를 이해하는 것이 무척 중요하다. 그런데 오늘날에는 몇몇 중요한 역사에 대한 이해가 혼탁해지거나 아예 사라질 위기에 처해 있다. 그중 몇 가지만 꼽으면 중생의 필요, 이신칭의, 속죄 그리스도의 대속을 들 수 있다. 우리는 선인들의 훌륭한 신학을 되새길 뿐 아니라 성경을 계속 새롭게 들여다봄으로 그런 교리를 지지하고 주장하고자 했다. 그 일환으로 개혁신앙에 토대를 둔 복음연합의 신앙고백서를 함께 작성했다.

●●● 성경 신학의 언어

복음연합의 여러 회원들은 신앙고백서를 작성한 후 매우 많은 것을 배우고 느꼈다. 목회 경험이 풍부한 목사 60여 명이 머리를 맞대고 한 문장 한 문장 정성들여 신앙고백서를 작성했다. 손쉽게 차용할 수 있는 조직신학 용어를 멀리하고, 되도록 성경의 언어를 쓰고자 노력했다. 조직신학은 매우 중요한 학문이다. 성경에는 '삼위일체'라는 용어가 없지만, 성경의 여러 가르침을 이해하고 전하는 데 삼위일체는 대체가 불가능한 용어다. 그러나 내부의 뜻을 일치시키고 독자를 설득하기 위해 조직신학의 특정 용어를 쓰기보다, 성경 신학의 언어로 우리의 믿음을 표현하고자 했다.

●●● 출발점은 하나님

또 우리는 성경보다 하나님을 신앙고백의 출발점으로 삼는 것이 중요하다고 여겼다. 여기에는 중요한 의미가 있다. 계몽주의는 인간의 이성을 지나치게 신뢰한다. 몇몇 사람은 절대적으로 확신할 수 있는 견고한 기초 위에 인간의 이성으로 사상체계를 세우는 것이 가능하다고 여긴다. 여러 보수복음주의자들이 계몽주의를 자주 비난하지만, 하나님보다 성경을 신앙고백의 출발점으로 삼는다는 점에서 그들 역시 계몽주의에 물들었다는 점이 드러난다. 그들은 절대적으로 확신할 수 있고 성경에 충실한 신학을 세우기 위해, 성경을 엄격하게 해석하여 교리를 정립한다.

문제는 이것이 정초주의자(foundationalist, 정초주의는 토대주의, 즉 인식론의 하나로 우리가 뭔가를 알기 위해서는 그것을 뒷받침하는 다른 지식이 있어야 하는데, 그 뒷받침하는 지식 중에 보통 의심받지 않고 누구나 인정하는 지식을 토대라고 한다. 토대주의는 결국 어딘가에는 우리가 믿을 수 있는 뭔가가 있으며, 그것을 기반으로 다른 것을 알아내거나 설명할 수 있다는 것을 의미한다)와 궤를 같이 한다는 것이다. 그들은 문화가 성경 해석에 영향을 미친다는 점을 무시할 뿐 아니라 주체와 객체를 엄격하게 구분한다. 또 역사적 신학과 철학, 문화적 성찰도 외면한다. 독자는 성경을 출발점으로 삼았다는 사실 때문에 그들의 성경 본문 해석이 진리와 일치하는 완벽한 교리를 만들어냈다며 지나친 자신감을 갖는다.[1] 이것은 사람의 이성이 타락했음을 충분히 인정하지 않은 것이므로 교만하고 경직될 수 있다.

우리는 하나님을 출발점으로 삼는 것이 가장 좋다고 믿는다. 존 칼빈이 『기독교강요』 1장에서 말했듯이, 하나님을 알지 못하면 우리는 자신도 세상도 아무것도 알 수 없다. 하나님이 존재하지 않는다면 우리가 이성을 신뢰할 이유도 없다.

● ● ● **복음주의자**

아울러 우리는 "'복음주의자'라는 말이 아직도 유용할까?"라는 물음과도 씨름했다. 더 이상 유용하지 않다 해도 틀린 말은 아니니까. 교회에서 사용하는 복음주의자라는 말에는 신학적인 의미가 점차 사라지고 있다. 이제 복음주의자란 '자신의 체험을 중생이라는 말로 설명하는 사람'을 가리키는 말이 되었다. 교회 밖에서는 복음주의자라는 말이 그 어느 때보다 가장 부정적으로 쓰인다.

그래도 이 말은 우리의 모임과 교회를 설명하는 데 손색이 없다. 왜 그럴까? 우리는 교단과 전통이 서로 다르기 때문이다. 주요 교단의 이름을 들자면 침례교, 장로교, 성공회, 오순절파 등이 있다. 우리를 구별 짓는 신학과 교회론이 대수롭지 않다는 뜻은 전혀 아니다. 신학과 교회론은 우리의 사역을 결정할 뿐 아니라 여러 가지 중요한 점에서 우리를 구별한다(우리의 차이를 '상보적'이라고도 할 수 있는데, 여기에 대한 설명은 뒤로 미룬다). 그러나 우리는 서로 구별 짓는 것보다 우리를 하나로 만드는 것, 즉 복음을 구성하는 핵심교리가 훨씬 더 중요하다는 믿음으로 하나로 뭉쳤다. 우리는 이런 믿음 덕분에, 전통이 없다면 설교할 복음도 없다고 믿는 사람들과는 사뭇 다르다. 그들은 교단의 특징을 전면에 내세운다. 또 굳건한 교리와 신앙고백으로 친교와 연합의 토대를 놓아야 하는데도, 사회학적 용어나 경험적 용어로만 복음주의를 정의하여 그런 토대를 놓지 않는 사람들과도 다르다.

그래서 앞으로 우리를 가리킬 때 '복음주의자'라는 중요한 말을 쓸 것이며, 아울러 우리가 주장하는 신학으로 알찬 복음주의를 말할 때는 개혁주의라는 말도 곁들일 것이다.

사역을 위한 비전

그러나 우리가 복음의 전통적인 공식을 방어하기 위해 모인 것은 아니다. 복음연합의 두 번째 목적은, 오늘날의 복음 중심 사역을 설명하고 지지하고 구현하는 것이다.

● ● ● 세상의 변화

교회의 많은 젊은 리더들이 세상의 변화에 흔들리고 있다. 미국에서는 한 세대 전만 하더라도 거듭난 신자든 교인이든 명목상 그리스도인이든 비신자든 성인 대다수는 도덕적 직관이 서로 비슷했다. 그런데 지금은 전부 바뀌었다. 세속주의는 훨씬 더 공격적이고 반기독교적이다. 사회가 전반적으로 천박해졌고, 청년들의 도덕적 직관은 부모 세대와는 근본적으로 다르다.

사람들은 이런 새로운 상황을 '포스트모던'이라 부르기도 하고, '후기' 근대나 심지어 '유동하는' 근대라고 부르기도 한다. 모더니티는 전통이나 계시의 권위, 내면의 이성과 자아 경험의 모든 권위를 뒤집어 엎는다. 그런데도 비교적 안정된 제도들이 오랫동안 현대 사회를 지배했다. 사람들은 여전히 가족과 지역사회, 직업 같은 것에서 정체성을 찾았다. 그런데 이런 것은 옛일이 되었다.

현대의 '신'이나 다름없는 독립적인 개인의 자아는 안정된 모든 제도를 갉아먹는 듯하다. 결혼과 가족, 직장과 직업, 이웃과 사회, 정치와 대의…. 이제 이런 제도는 사람이 마음 놓고 의지할 수 없을 정도로 불안하게 변했다. 사람들은 분화된 인생을 살기 때문에 몇 가지 기본적인 역할(이를테면 그리스도인, 아버지, 변호사 따위)로는 자신을 규정할 수 없다. 대신 그들의 정체성은 느슨하게 이어지는 인생의 변화에 따라 임시변통의 방식으로 끊임없이 변한다. 사람들은 언제나 아무런 양심의 가책도 없이 약속과 충절을 버리고 비용과 편익을 따져 최고의 기회를 쫓아갈 준비를 하고 있다.

●●● 세상의 변화에 대한 자세

지난날 많은 이웃들이 전통적인 복음주의 설교와 사역을 이해하면서도 동의하지 않거나 무관심한 반응을 보여왔다. 지난 15년 동안 전통적인 복음주의 설교와 사역에 대해 전혀 이해하지 못하거나 격분하는 사람이 크게 늘었다. 새로운 문화적 상황에 처한 미국의 복음주의는 극과 극으로 나뉘었다. 몇몇은 요새의 성벽을 더 높이 올리고 하던 일을 계속했다. 변한 것이 있다면 과거보다 더 대담해졌다는 것. 몇몇은 복음주의 교리를 전면적으로 수정했다. 그러나 두 가지 태도 모두 잘못됐을 뿐 아니라 오히려 복음을 해치는 결과를 낳았다.

설교 한 가지 예를 들어보자. 최근 몇 년 간 강해설교를 버리고 이른 바 '이야기하듯' 설교해야 한다는 게 중론이었다. 까닭은 이랬다.

지금은 포스트모던 시대다. '진리'에 대한 계몽운동과 합리적 확실성이라는 자신감은 무너져 내렸다. 오늘날 청중은 논리보다 직관이 더 발달해 명제와 원칙이 아니라 이미지와 이야기에 관심을 기울인다. 또 권위적인 발언에 반발심을 느낀다. 우리는 합리성과 권위에 싫증내고 이야기에 굶주린 이 시대의 감성에 적응해야 한다.

이런 이유로 강해설교를 버린다는 것은 큰 실수다. 그러나 일각에서는 이런 반응을 보인다. "포스트모던인들은 우리의 설교를 싫어하므로 앞으로는 강해설교를 '더 많이' 하겠다." 그들은 전통적인 강해설교 방식이 추상적이고 딱딱하며 현실과 동떨어져 있다는 것을 인정하지 않는다. 전통적인 강해설교자들이 구약성경의 생생한 통찰과 이야기를 전하기보다 서신서를 펼쳐 '고상한' 설교하기를 좋아한다는 것도 사실이다. 그러나 가장 중요한 것은, 모든 본문에서 그게 아무리 산만한 이야기더라도, 예수 그리스도의 복음과 선교라는 위대한 이야기를 녹여내지 못하면 강해설교는 실패한다는 것이다.

정의, 그리고 가난한 사람들을 위한 사역 또 다른 예를 들면, 정의 그리고 가난한 사람들을 위한 사역이 있다. 사회 정의를 열렬히 외치는 젊은 그리스도인 리더들은 아우구스티누스와 루터, 칼빈이 로마서를 오독했다고 불평한다. 그들은 예수님이 십자가에서 하나님의 진노를 당하신 것이 아니라 권력과 착취의 반대 지점에서 사랑과 봉사의 모범을 보여 세상의 '권세를 무찌르셨다'고 말한다. 이런 관점에서 보면, 칭의의 복음은 하나님과 죄인의 화해라기보다 소외 계층을 하나님의 백성으로 맞이하는 것이나 다름없다. 다시 말해, 그리스도인이 안주하던 자리를 박차고 나아가 세상의 가난하고 소외된 자들을 옹호하고 섬기고자 한다면, 전통적인 복음주의 교리를 해체해야 한다고 그들은 믿는다.

여러 보수 그리스도인 리더에게 경종을 울리는 말이지만, 가난한 사람을 위한 사역에 관심이 많은 사람들은 기독교 전통 교리를 버려야 한다는 잘못된 결론을 내리기도 한다. 둘 다 잘못이다. 가난한 사람들을 섬기는 게 중요하다는 것을 강조하기 위해 기독교의 전통 교리를 바꿀 필요는 없다.[2] 조나단 에드워즈를 '자유주의자'라고 할 사람은 아무도 없을 것이다. 조나단 에드워즈는 이렇게 말했다. "성경에서 가난한 사람에게 베풀라는 명령보다 더 지엄한 명령이 어디 있나?"[3] 에드워즈는 가난한 사람에 대한 관심이 창조 교리와 '이마고 데이'(imago Dei, 하나님의 형상)뿐 아니라 대속하신 그리스도의 죽음과 이신칭의의 교리에까지 깊게 깃들어 있다는 것을 알았다.

하나님은 정의로운 분이다. 그래서 예수님이 하나님의 진노를 풀기 위해 죽으셔야 했다. 이런 이유로 우리는 가난한 사람들의 권리에 특별히 민감해야 한다. 경제적 약자라는 이유로 가난한 사람이 차별받는 일은 없어야 한다. 우리는 영적으로 파탄한 상태였을 때 그리스도의 부를 분에 넘치게 받았으므로, 경제적으로 파탄한 가난한 사람을 업신여기고 그들에게 우월감을 느껴서는 안 된다. 우리가 영적으로 받을 자격이 없는 가난한 자로서 하나님의 자비를 값없이 받았기에, '받을 자격이 없는' 가난한 사람들에게 기꺼이 베풀어야 마땅하다. 에드워즈는 복음주의 전통 교리로부터 가난한 사람에 대한 사역을 강하고도 끈질기게 주장한다.[4]

●●● 오늘날 복음 중심의 사역

복음연합은 상황과 맥락을 외면하지 말고 문화를 깊이 성찰하여, 복음 사역이 문화와 동떨어지지 않게 하자는 데 뜻을 두고 뭉쳤다. 우리는 사역을 위한 신학적 비전을 작성하여 복음으로 해야 할 일을 정했다.

복음이 균형을 잡는다면 설득력 있고 신학적으로 알찬 설교, 활발한 전도와 변증, 교회 성장과 개척에 능한 교회들이 생길 줄로 믿는다. 그들은 회개, 개인의 변화, 거룩한 삶을 강조할 것이다. 평범한 사람들을 찾아가고, 예술, 상업, 학문, 정부에 적극 관여할 것이다. 모든 구성원이 재물과 자원을 통용하고, 가난하고 소외된 자들을 포용하는 급진적인 기독교 공동체가 있어야 한다. 지역 교회는 이런 중요한 문제를 하나하나 실천해 나갈 것이다.

복음연합은 복음을 지켜내야 한다고 믿는다. 복음을 지켜내는 유일한 길은 세상과 교회에 복음 중심 사역의 능력을 보여주는 것이다. 사랑하고 믿고 실현하고 전하는 것이 복음이며, 이것이 복음을 지키는 최선의 방법이다. 우리는 현재 서구 문화에서 복음 중심 사역의 기본 특징을 신앙고백서, 사역을 위한 신학적 비전, 모든 사람을 위한 복음에 자세히 펼쳐 놓았다.

우리의 구성원은 다양하지만, 첫 3년 동안 복음을 중심으로 하나로 뭉쳤다. 지배적인 한 가지 신학 전통이 있었거나 두어 명이 주도하는 분위기가 아니었기에, 우리의 모임은 도발적이었고 신명이 났다. 우리는 이런 문제를 놓고 함께 고심하면서 점차 신뢰가 깊어지고 뜻과 마음이 하나가 되었다.

중심에 서서 예언자로서 외치다

최근 복음연합은 사역의 새로운 단계로 진입했다. 가장 눈에 띄는 것을 꼽자면 전국 컨퍼런스, 웹사이트, TGC 방송국이 있다. 그러나 이런 것은 우리가 '중심에 서서 예언자로서 외치기'를 위한 수단에 불과하다.

복음주의 '장막'(tent)은 몸집이 불면서 그 어느 때보다 응집력을 잃었다. 이렇게 된 주요 원인은 앞서 말했듯이 빠르게 변하고 있는 서구 문화 때문이다. 지금은 기독교 전기가 아니라 기독교 후기이므로 그리스와 로마의 이교도들을 상대로 사역하는 것보다 훨씬 더 어려운 상황이다. 이런 어려움 때문에 교회는 쪼개지고 분화되었다. 여기에 적어도 세 가지 태도가 존재하는데, 제임스 헌터(James Hunter)가 제시한 '차단' '방어' '교류'가 그것이다.[5]

'차단'은, 우리는 문화를 바꿀 수 없으며, 문화를 바꾸려는 노력은 우리를 오염시키고 타협하게 할 뿐이라고 여기는 교회와 그리스도인들의 태도다. '방어'는, 우리가 정치를 통해서나 상위 조직의 실세가 되어 권세를 부림으로 문화를 바꿀 수 있다고 여기는 신자들의 태도다. '교류'는 더 많이 사랑하고, 호전성을 버리고, 상황에 충실하여 아주 많은 사람을 교회로 끌어들여 문화를 바꾸고자 하는 여러 주류, 이머징, 대형 교회들의 태도다. 역설적이게도 모든 태도는 지난날 '기독교 국가'의 영향에서 벗어나지 못하고 있다. 기독교 국가를 배격하는 '차단'의 진영조차 결코 아버지를 본받지 않으리라 굳게 다짐하지만, 아버지에게서 보고 배운 행동을 반복하는 사람처럼 보인다.

중심에 서서 '예언자로서 외친다'는 것이 무슨 뜻일까? 여타 태도와는 달리 복음에 집중해서 교회의 균형을 잡겠다는 뜻이다. 문화와 단절되는 것도, 문화를 열등한 것으로 보는 것도 옳지 않다. 신자들은 (지역 교회로서가 아니라) 오랜 문화적 제도 안에 살면서도 기독교 세계관을 바탕으로 공익을 추구하는 새롭고 혁신적인 제도와 관계를 만들어야 한다.

복음을 전할 때는 문화의 기본 담화(narrative)를 소홀히 하지도, 포장만 바꿔놓고 그것을 '상황화'(contextualizing)라고 부르지도 말아야 한다. 그리고 지역 교회가 전도하고 제자를 양육하는 그들의 몫을 다해야 한다는 것을 지지해야 한다. 우리는 세상에서 소금과 빛의 역할을 다하도록 그리스도인들을 독려해야 한다. 우리는 모든 사람을 위한 복음의 깊은 뜻을 알아야만 이런 균형을 잡을 수 있다고 믿는다.

우리가 예수 그리스도의 복음이 아무리 중요하다고 말해도 복음의 뜻을 다르게 생각하는 사람이 있을 것이다. 이는 두 가지 부류로 압축할 수 있다. 첫째는 복음을 중요하게 여기지만 복음이 성경의 전부는 아니라고 여기는 사람, 둘째는 복음이란 하늘나라로 가는 '구원'의 통로일 뿐 사람을 변화시키는 것은 복음이 아니라 지혜, 율법, 조언, 담화 패러다임, 소그룹 치료라고 여기는 사람이다. 우리의 대답도 두 가지로 압축할 수 있다.

● ● ● 예수님과 복음을 향해 흘러가는 성경신학

첫째, 올바른 성경신학은 성경을 관류하여 예수님과 복음을 향해 흘러간다. 성경의 모든 사상이 수렴되고 모든 계시가 성취된다. 물론 무책임하게 오해를 사는 조직신학이 있듯 무책임하게 오해를 사는 성경신학도 있다. 우리는 이 두 가지 중 어느 하나의 약점을 강조하면서 다른 하나의 장점을 칭찬하지는 않을 것이다. 우리는 두 학문 덕분에 성경을 충실하게 이해할 수 있고, 성경대로 신실하게 살 수 있다.[6] 두 학문의 목적은 성경을 문학 갈래의 다양한 특색에 맞게 읽는 것이다 (이를테면 법률과 설화, 지혜서를 비교해 보라).

그러나 조직신학은 대체로 영원한 물음에 답한다. 예를 들면, 하나님의 속성은 무엇인가? 십자가는 무엇을 성취했는가? 죄란 무엇인가? 조직신학은 성경을 종합한 폭넓은 물음을 다루기 때문에, 조직신학의 범위는 성경의 개별 책과 필자들의 용법을 초월할 수밖에 없다.

예를 들면, 조직신학자들은 칭의를 설명하는 단어들이 마태복음과 바울 서신에서 정확히 일치하지 않는다는 것을 잘 알면서도 칭의 교리에 대해 이야기한다. 그들은 하나님의 소명 교리에 대해 말하기 위해 '소명'에 대한 주장도 똑같이 펼쳐야 한다. 다시 말하면, 조직신학에서 쓰는 신학용어와 범주는 성경의 용법과 형식상 겹치지만, 실제로는 한 성경 필자로부터 얻어낸 의미일지도 모른다. 더욱이 '하나님의 속성은 무엇인가?'라는 물음은 명확하고도 중요하지만, 사실 성경은 하나님의 속성에 대해 기록하지 않는다. 조직신학의 독자는 모두 이런 사실을 이해한다.

반대로 성경신학은 대체로 구속사에서 펼쳐진 개별 성경과 문헌으로서의 공헌과 주제에 집중해 묻고 답한다. 성경신학에서는 되도록 성경 문헌에서 쓰는 범주를 사용한다. 우리는 지금 두 가지 물음에 답하고 있다. 첫째, 창세기(또는 전도서, 누가복음, 로마서)의 주제가 무엇인가? 창세기는 어떻게 완성되었는가? 창세기가 가르치는 주제는 무엇인가? 이를테면 이사야는 하나님에 대해 무엇을 가르치는가? 둘째, 이런 주제들은 구속사의 개별 시점에서 어떻게 성경의 줄거리와 들어맞으며, 예수 그리스도에 대한 계시를 어떻게 펼쳐놓는가? 이것은 어떤 궤도를 그리면서 창조와 예수, 종말까지 이어지는가?

복음연합 위원들은, 성경의 약속을 좇아 본문을 충실하고 통찰력 있게 읽으면 예수님과 복음을 발견할 수 있다는 것을 그리스도인들이 알 수 있도록, 성경을 읽고 설교할 것을 독려한다. 예를 들면, 천지창조 이야기를 전하는 창세기는 단지 창조에 대해 기록하고 있다는 식으로, 생태계를 보호할 책임이 우리에게 있다는 식으로, 또 우리가 존재하는 근거가 된다는 식으로 설명할 수 없다. 창세기의 천지창조는, 하나님의 형상을 지닌 자들이 하나님께 갖는 책임의 근거가 될 뿐 아니라, 창세기 3장의 혼란과 우상숭배를 통해 성경 전체의 드라마가 시작되는 발판을 마련한다.

결국 정죄받은 인류의 소망은 여자의 씨에 있고, 그 씨가 새로운 세상을 열어 마침내 새 하늘과 새 땅을 창조한다. 그러나 성전의 상징은 이미 창세기 1-2장에 기록된 천지창조와 동산의 묘사에서 드러나 성경을 관류한다. 제사장과 제사제도를 갖춘 장막과 성전은, 망명 초기 성전 파괴와 수십 년 후 제2의 성전 건축과 맞물려, 자신을 가리켜 하나님과 죄인이 만나는 거룩한 장소인 성전이라 하신 예수님의 주장(요 2:19-22)으로 거침없이 나아간다.

이와 비슷하게 교회는 하나님의 성전이다. 환상의 절정에 드러난 새예루살렘에는 성전이 없는데, 전능하신 주 하나님과 어린양이 성전이기 때문이다(계 21:22). 한편 에덴동산에 내포된 상징(창 2)은, 그리스도께서 우리에게 더 나은 동산을 주시기 위해 겟세마네라는 사뭇 다른 동산을 통과하고 나서 환상의 절정에서 다시금 등장한다. 우리를 예수 그리스도께 데려가고 복음으로 데려가는 하나님의 목적을 매혹적으로 엮어내는 여러 줄기를 따라가는 것은 어렵지 않다.

이제 복음을 불완전하게 이해하는 사람들에게 두 번째 답을 할 차례다.

● ● ● 예수님과 복음에서부터 자라가는 그리스도인의 삶과 생각

예수 그리스도의 복음은 성경의 모든 궤도를 수렴한다. 그리고 새 언약의 발효에 따라 그리스도인의 삶과 생각은 예수님이 성취하신 것에서 자라난다. 복음은, 하나님이 죄인을 의롭다고 하심으로 우리의 신분이 회복되었을 뿐 아니라, 우리를 다시 태어나게 하여 구원의 나라로 인도하신다고 선언한다. 복음은 구원을 주시는 하나님의 능력(롬 1:18)이다. 즉, 포괄적인 변화이므로 하나님에 대한 우리의 처지를 바꾸는 심판 이상의 것이다. 예수님의 죽음과 부활로 모든 것이 회복되었다. 그분이 주시는 성령으로 모든 것이 가능해졌다. 큰 구원을 베푸신 하나님으로 모든 것이 드러났다.

특별히 기독교 윤리의 근거는 자명하다. 우리가 용서해야 하는 이유는 우리가 용서받았기 때문이다(골 3:13; 마 6:12-15; 막 11:25). 우리가 겸손해야 하는 이유는, 하나님의 권리를 버리고 우리를 위해 죽으신 구주만큼 겸손의 모범을 보이신 이가 없기 때문이다(빌 2:3-8). 우리가 하나님의 사랑을 실천하면서 살아야 하는 이유는, 하나님 아버지께서 모든 사람에게 하나님뿐 아니라 아들인 예수님도 사랑으로 높이라고 하셨고, 예수님이 하나님 아버지를 사랑하여 아버지의 뜻에 따라 십자가를 지셨기 때문이다(요 5:20, 23; 14:30-31). 복음은 부부관계의 모형을 보여준다. 즉, 그리스도와 교회의 관계다(엡 5:22-33). 거룩하신 분이 하나님 아버지 앞에서 우리의 신분을 회복하셨을 뿐 아니라 우리를 거룩한 사람으로 만들어가시므로(히 12:14; 빌 2:12-13), 우리는 하나님을 뵐 수 있는 거룩한 사람이 되기를 열망한다.

그리스도의 복음이 우상숭배와 죄악의 온갖 더러운 원한을 이겼기에, 우리는 구주 예수님처럼 살고 싶은 열망으로 개인의 일상과 가정과 세상에서 남다르게 살아간다(갈 5:16-26; 엡 4:17-6:18). 우리가 고난을 통해 순종을 배우는 이유는, 예수님이 앞서 그 길을 걸으셨기 때문이다(히 5:8; 12:1-4). 설교와 성경공부에서 자세히 풀어내야 할 이런 주제는 무척이나 많다. 예수님은 보혈을 흘려 우리를 사셨다. 수많은 변화를 일으키는 복음의 선포가 인생의 중심이라는 것은 놀랄 일이 아니다.

요컨대 복음 중심 사역은 성경의 명령이다. 다른 시대와 다른 문화에 어긋남 없이 복음 사역을 펼치고, 예수님이 집중하신 일에 집중하는 사역은 복음 중심 사역밖에 없다.

마이크 불모어(Mike Bullmore)

예수 그리스도의 복음과 성경은 떼려야 뗄 수 없는 관계라는 것을 그리스도인은 직감적으로 안다. 관계의 정확한 성격을 파악하는 일은 그보다는 조금 더 어렵다. 연구할 만한 생산적인 주제가 많지만, 이 글에서는 두 가지 주제에 집중하자. 즉, 복음은 성경 계시의 '원인'이자 '결과'라는 것이다. 다시 말하면, 하나님의 크고 영원한 구원 목적을 담은 복음이 성경을 만들었고, 성경은 복음에 담긴 하나님의 목적을 성취한다.

복음, 성경 계시의 원인과 결과

●●● 원인

일반적으로 복음이 자신의 백성을 구원하고(벧전 2:9) 타락한 만물을 회복하는(롬 8:19-21) 하나님의 영원하고 선한 목적이라고 한다면, 복음은 성경 계시보다 앞선 것이고 성경 계시를 만든 것이다. 하나님이 주도적으로 성경을 기록하셨다는 것은 성경 곳곳에 나타난다. 이런 점에서 복음은 성경 계시의 원인이다. 성경 자체는 복음이 아니지만, 모든 성경은 복음과 관련이 있고 복음은 성경의 존재 이유다. 복음은 성경의 주요 메시지일 뿐 아니라 통일된 메시지기도 하다.

하나님은 영원 전부터 자신의 백성을 구원할 계획을 세우셨으므로, 하나님의 계시 목적은 구원 목적과 결코 분리될 수 없다.

> 찬송하리로다 하나님 곧 우리 주 예수 그리스도의 아버지께서 그리스도 안에서 하늘에 속한 모든 신령한 복을 우리에게 주시되 곧 창세 전에 그리스도 안에서 우리를 택하사 우리로 사랑 안에서 그 앞에 거룩하고 흠이 없게 하시려고 그 기쁘신 뜻대로 우리를 예정하사 예수 그리스도로 말미암아 자기의 아들들이 되게 하셨으니 이는 그가 사랑하시는 자 안에서 우리에게 거저 주시는 바 그의 은혜의 영광을 찬송하게 하려는 것이라 (엡 1:3-6)[1]

하나님이 사람에게 하신 말씀, 성경에 기록된 말씀의 이면에는 하나님의 계획이 있고 그 계획이 성경을 쓰게 했다. 계시에는 의도가 있다. 하나님은 자신을 계시하여 성취하고 싶으신 것이 있다.

> 이는 비와 눈이 하늘로부터 내려서 그리로 되돌아가지 아니하고 땅을 적셔서 소출이 나게 하며 싹이 나게 하여 파종하는 자에게는 종자를 주며 먹는 자에게는 양식을 줌과 같이 내 입에서 나가는 말도 이와 같이 헛되이 내게로 되돌아오지 아니하고 나의 기뻐하는 뜻을 이루며 내가 보

낸 일에 형통함이니라 (사 55:10-11)

하나님은 말씀을 보내 자기 백성을 구원할 영원한 목적을 이루신다. 하나님은 백성을 모으겠다고 이사야를 통해 말씀하신다.

너희는 귀를 기울이고 내게로 나아와 들으라 그리하면 너희의 영혼이 살리라 내가 너희를 위하여 영원한 언약을 맺으리니 곧 다윗에게 허락한 확실한 은혜이니라 보라 내가 그를 만민에게 증인으로 세웠고 만민의 인도자와 명령자로 삼았나니 보라 네가 알지 못하는 나라를 네가 부를 것이며 너를 알지 못하는 나라가 네게로 달려올 것은 여호와 네 하나님 곧 이스라엘의 거룩하신 이로 말미암음이니라 이는 그가 너를 영화롭게 하였느니라 (사 55:3-5)

신약성경은 이런 계시의 목적을 자주 명확하게 밝힌다. 바울은 구약성경을 놓고 "무엇이든지 전에 기록된 바는 우리의 교훈을 위하여 기록된 것이니 우리로 하여금 인내로 또는 성경의 위로로 소망을 가지게"(롬 15:4) 한다고 했다. 무슨 소망일까? 하나님의 선한 목적으로 이루어질 완전한 구원에 대한 소망이다(롬 8:18-25). 바울은 그래서 하나님이 성경을 기록하셨다고 했다. 하나님의 구원 목적과 역사를 밝히는 것이 성경이다. 이런 점에서 복음은 성경의 원인이다. 그러나 복음은 한 가지 중요한 점에서 성경 계시의 결과이기도 하다.

●●● 결과

복음은 유효한 선언이다. 계시는 복음보다 앞서며, 유효한 복음은 성경 계시에서 비롯된다. 복음은 성경의 주요한 메시지다. 성경 내용을 설교하는 것, 즉 구약성경의 그리스도 안에 있는 하나님의 구원 목적을 예언하고, 신약성경의 그리스도가 성취하신 사역을 사도답게 증언하면 복음의 능력이 임하고 하나님이 정하신 목적이 이루어진다.

바울은 이것을 로마서 10장에서 감동적으로 포착했다.

> 유대인이나 헬라인이나 차별이 없음이라 한 분이신 주께서 모든 사람의 주가 되사 그를 부르는 모든 사람에게 부요하시도다 누구든지 주의 이름을 부르는 자는 구원을 받으리라 그런즉 그들이 믿지 아니하는 이를 어찌 부르리요 … 전파하는 자가 없이 어찌 들으리요 (롬 10:12-14)

바울은 몇 구절 후에 모든 것을 요약한다. "그러므로 믿음은 들음에서 나며 들음은 그리스도의 말씀으로 말미암았느니라"(롬 10:17). 다시 말하면, 성경을 충실하게 선포하면 하나님의 선한 구원 목적이 이루어진다.

베드로도 똑같이 말했다. "너희가 거듭난 것은 썩어질 씨로 된 것이 아니요 썩지 아니할 씨로 된 것이니 살아 있고 항상 있는 하나님의 말씀으로 되었느니라 … 너희에게 전한 복음이 곧 이 말씀이니라"(벧전 1:23-25). 요한도 복음서를 쓰는 까닭에 대해 "너희로 예수께서 하나님의 아들 그리스도이심을 믿게 하려 함이요 또 너희로 믿고 그 이름을 힘입어 생명을 얻게 하려 함이니라"(요 20:31)고 했다. 달리 말하면, 성경 계시는 그리스도 안에서 자신의 백성을 구원하시는 하나님의 큰 목적을 이루기 위해 존재한다는 것이다.

그러므로 성경은 '복음 때문에' 그리고 '복음을 위해' 존재한다. 요지는 복음은 그리스도의 메시지라는 것이다. 성경의 모든 부분은 어떤 식으로든 그리스도를 가리키고 그리스도를 설명한다. 그러므로 성경은 우리가 복음을 이해하는 데뿐 아니라 두 가지 목표, 즉 우리로 믿게 하고 하나님으로 구원의 선한 목적을 온전히 이루시게 하는 복음을 듣는 데도 기여한다. 우리는 하나님의 선한 목적을 염두에 두면서 성경을 읽어야 한다.

성경을 올바로 읽기 위한 기초적인 믿음

하나님이 뜻하신 성경의 효과를 보려면 네 가지 기초적인 믿음이 필요하다.

●●● 하나님의 감동으로 된 성경

바울은 사랑하는 믿음의 아들에게 "모든 성경은 하나님의 감동으로 된 것"(딤후 3:16)이라고 가르쳤다. 바울은 성경이 하나님의 마음에서 비롯되었고, 그 마음에서 "하나님의 감동으로 된" 말씀이 나왔다고 말한다. 성경이 정말로 하나님의 말씀이라는 것은 그리스도인이 성경 말씀대로 살기 위해 반드시 가져야 할 믿음이다. 우리가 성경을 가리켜 '하나님의 말씀'이라고 할 때 그 말뜻을 놓쳐서는 안 된다. 하나님은 실제로 뭔가를 말씀하셨다. 그분의 말씀에는 구체적인 내용이 있다. 그분은 말씀하시고 소통하신다. 하나님은 정말로 말씀하셨고, 성경은 그분의 말씀을 기록한 책이다.

이런 믿음이 뜻하는 핵심은, 성경은 믿을 수 있는 진리라는 것이다. "하나님의 말씀은 다 순전하며"(잠 30:5). 이런 믿음이 있으면 성경을 읽고 순종하는 데 큰 영향을 줄 것이다. 그리고 계속되는 의심과 불안에서 해방될 것이다. 반대로 이런 믿음이 없으면 의심 탓에 인생이나 성경 안에서 어려움을 만날 때 불안할 것이다.

● ● ● 이해할 수 있는 성경

바울은 디모데에게 "너는 진리의 말씀을 옳게 분별하며 부끄러울 것이 없는 일꾼으로 인정된 자로 자신을 하나님 앞에 드리기를 힘쓰라"(딤후 2:15)고 말했다. 하나님의 말씀은 옳게 분별해야 한다. 다시 말하면, 하나님은 객관적이고 구체적으로 말씀하셨고, 그것은 우리가 말씀을 이해한다는 것을 뜻하기도 한다. 하나님은 계시를 가지고 우리에게 장난치는 잔인한 신이 아니다. 하나님은 해독할 수 없는 암호처럼 우리가 결코 이해하지 못할 것을 말씀하지 않으셨다. 하나님은 우리를 좌절시킬 목적으로 말씀하시는 분이 아니다. 그분은 목적을 가지고 말씀하신다. 계시하겠다는 것은 알리겠다는 뜻이다. 하나님은 목적을 성취하시는 분이므로 우리가 자신의 말을 이해하기를 원하신다.

우리는 디모데후서 2장 15절 하반절을 기억해야 한다. 바울은 디모데에게 일꾼으로서 최선을 다하라고 당부한다. 뭐든 저절로 이해되는 법은 없다. 그러나 우리는 성경으로 믿음의 공부를 할 수 있다는 것을 확실히 믿어야 한다. 하나님은 우리가 말씀을 이해하기를 원하신다.

● ● ● 유익한 성경

하나님의 백성은 하나님의 말씀을 믿고 순종해야 살 수 있고 번창

할 수 있다. 성경은 유례없이 유용하고 유익하다. 그것은 무슨 신비로운 작용을 하기 때문이 아니라 교훈과 책망과 바르게 함과 의로 교육하기에 유익하기 때문이다(딤후 3:16). 이런 것 때문에 성경은 우리에게 무척이나 이롭다.

●●● 효과적인 성경

성경이 유익하다는데 실제로 무엇을 할 수 있을까? 이사야의 말을 다시 생각해 보자.

> 이는 비와 눈이 하늘로부터 내려서 그리로 되돌아가지 아니하고 땅을 적셔서 소출이 나게 하며 싹이 나게 하여 파종하는 자에게는 종자를 주며 먹는 자에게는 양식을 줌과 같이 내 입에서 나가는 말도 이와 같이 헛되이 내게로 되돌아오지 아니하고 나의 기뻐하는 뜻을 이루며 내가 보낸 일에 형통함이니라 (사 55:10-11)

여기에 히브리서의 말씀을 더해 보자. "하나님의 말씀은 살아 있고 활력이 있어 좌우에 날선 어떤 검보다도 예리하여 혼과 영과 및 관절과 골수를 찔러 쪼개기까지 하며 또 마음의 생각과 뜻을 판단하나니" (히 4:12). 하나님 말씀에 활력이 있다는 것은 효력이 있다는 뜻이다. 즉, 목적을 성취하는 능력이 있다는 말인데, 그뿐 아니라 찔러 쪼개는 능력까지 갖추고 있다.

하나님의 말씀이 어떤 일을 하는지 구체적으로 살펴보자.

① 믿음을 주도한다. "그러므로 믿음은 들음에서 나며 들음은 그리스도

의 말씀으로 말미암았느니라"(롬 10:17).

② 영적으로 새 생명을 준다. "너희가 거듭난 것은 썩어질 씨로 된 것이 아니요 썩지 아니할 씨로 된 것이니 살아 있고 항상 있는 하나님의 말씀으로 되었느니라"(벧전 1:23).

③ 영적으로 자라게 한다. "갓난 아기들 같이 순전하고 신령한 젖을 사모하라 이는 그로 말미암아 너희로 구원에 이르도록 자라게 하려 함이라"(벧전 2:2).

④ 거룩하게 한다. "그들을 진리로 거룩하게 하옵소서 아버지의 말씀은 진리니이다"(요 17:17).

⑤ 마음을 살펴 깨닫게 한다. "하나님의 말씀은 살아 있고 활력이 있어 좌우에 날선 어떤 검보다도 예리하여 혼과 영과 및 관절과 골수를 찔러 쪼개기까지 하며 또 마음의 생각과 뜻을 판단하나니"(히 4:12).

⑥ 자유롭게 한다. "너희가 내 말에 거하면 참으로 내 제자가 되고 진리를 알지니 진리가 너희를 자유롭게 하리라"(요 8:31-32).

⑦ 새롭게 살아나게 한다. "주의 말씀대로 나를 살아나게 하소서"(시 119:25).

⑧ 소성시키고 깨닫게 한다. "여호와의 율법은 완전하여 영혼을 소성시키며 … 여호와의 계명은 순결하여 눈을 밝게 하시도다"(시 19:7, 8-11).

이것은 성경이 할 수 있는 몇 가지 예에 불과하다. 다윗이 "복 있는 사람은 악인들의 꾀를 따르지 아니하며 … 오직 여호와의 율법을 즐거워하여"(시 1:1-2)라고 말한 것은 당연하다. 그런 사람은 "시냇가에 심은 나무가 철을 따라 열매를 맺으며 그 잎사귀가 마르지 아니함"(시 1:3) 같을 것이다. 간단히 말하면, 하나님은 말씀으로 백성을 자라게 하신다. 성경은 하나님이 우리를 먹이시고, 기르시고, 번성하게 하시고, 선한 목적을 이루시는 주요 수단이다.

이런 네 가지 믿음으로 사는 그리스도인은 말씀을 통해 복음으로 임하는, 하나님이 주시는 변화의 은혜를 사모한다. 그런데 중요한 것이 또 하나 있다.

겸손한 마음

하나님의 뜻대로 성경을 읽으려면 적극적으로 열성을 다해 성경의 권위를 인정해야 한다. 우리는 자신을 대단한 존재로 여기기 때문에 말씀을 판단하고 비판하는 경우가 많다.

한 남자가 프랑스에 있는 루브르 박물관을 찾았다. 그는 특별히 레오나르도 다빈치가 그린 〈모나리자〉에 관심이 많았다. 비판적 시선으로 그림을 한참 보고 난 후 그는 "별로야!" 하고 말했다. 그러자 곁에 있던 경비원이 대답했다. "선생님, 여기 그림들은 더 이상 평가할 게 없습니다. 그림들이 관람객들을 평가하지요." 하나님의 말씀도 마찬가지다. 독자가 성경을 평가하는 것이 아니라 성경이 독자를 평가한다. 문제는 독자의 마음이 말씀을 통해 하나님의 절대적 권위에 겸손하게 순종하는가 하는 것이다.

성경의 정밀한 검진을 기꺼이 받는 것이 성경의 권위를 인정하는 것이다. 우리는 정기적으로 마음을 검진하는 습관을 들여야 한다. 그러나 개인이 독자적으로 하거나 외부와 단절된 상태에서 하는 것은 피해야 한다. 검진은 하나님의 말씀으로 해야 한다. 하나님은 "나 여호와는 심장을 살피며"(렘 17:10)라고 말씀하신다. 우리는 다윗을 본받아 이렇게 기도하는 것이 마땅하다. "하나님이여 나를 살피사 내 마음을 아시며"(시 139:23).

히브리서는 하나님이 말씀으로 마음의 생각과 의도를 판단하신다고 가르친다(히 4:12). 우리는 성경의 가르침을 받아 변화될 뜻을 품고, 꾸준하고 진지하게 성경의 헤아림을 받아야 한다. 이것은 의무적으로 행할 일이 아니다. 하나님이 성경을 통해 우리의 생에서 구원 목적을 성취하실 것을 기대하고 기뻐서 해야 한다.

우리는 하나님이 말씀으로 꾸짖으시면 자주 핑계를 대고, 하나님이 우리에게 복 주려고 계획하신 일에서 빠져나오려 안간힘을 쓴다. 17세기의 청교도 목사 토머스 왓슨(Thomas Watson)의 말에 귀를 기울이자.

> 모든 말씀을 당신에게 하시는 말씀으로 여기라. 말씀으로 죄를 호통하시면 '하나님이 내 죄에 대해 말씀하신다'고 생각하라. 말씀으로 책임감을 일깨우시면 '하나님이 하라신다'고 여기라. 그 시대에 살던 사람들에게만 해당하는 것이라고 여기고 성경을 멀리하는 사람이 많은데, 말씀의 축복을 받고 싶다면 성경을 자신의 것으로 여기라. 약은 발라야 효능이 있는 법이다.[2]

우리는 필히 말씀 앞에서 겸손해야 한다. 우리 인생의 목적을 이루시는 하나님의 말씀을 적극적으로 열성을 다해 겸손히, 심지어 기쁨으로 기대해야 한다.

필수적인 해석학

기초적인 믿음과 겸손한 마음을 갖췄다면 성경을 해석하는 문제가 남았다. 신약성경은 두 가지 중요한 원칙을 제시한다.

● ● ● 그리스도 중심

성경이 그리스도 중심이라는 것을 누가복음 24장만큼 극명하게 보여주는 데도 없을 것이다. 엠마오로 향하는 두 제자를 만난 예수님은 정체를 감추고 대화에 끼어드셨다. 두 제자는, 그들이 믿었던 예수님이 죽임을 당했고 사흘 후 부활했다는 확인되지 않은 풍문이 돌고 있다는 말로 며칠 간의 사건을 간단하게 요약했다. 예수님은 두 제자에게 대답하셨다. "미련하고 선지자들이 말한 모든 것을 마음에 더디 믿는 자들이여 그리스도가 이런 고난을 받고 자기의 영광에 들어가야 할 것이 아니냐"(눅 24:25-26). 누가는 계속 이어서 쓴다. "이에 모세와 모든 선지자의 글로 시작하여 모든 성경에 쓴 바 자기에 관한 것을 자세히 설명하시니라"(눅 24:27).

같은 장에서 예수님은 한자리에 모여 있는 열두 제자에게도 나타나 말씀하신다. "내가 너희와 함께 있을 때에 너희에게 말한 바 곧 모세의 율법과 선지자의 글과 시편에 나를 가리켜 기록된 모든 것이 이루어져야 하리라 한 말이 이것이라"(눅 24:44). 누가는 다시 이렇게 덧붙였다. "이에 그들의 마음을 열어 성경을 깨닫게 하시고"(눅 24:45). 예수님은 구약성경 전체가 실제로 자신에 대한 말씀이라고 여기셨던 것이 분명하다.

예수님은 요한복음 5장에서도 똑같이 말씀하셨다. 그분은 예루살렘의 종교지도자들에게 "너희가 성경에서 영생을 얻는 줄 생각하고 성경을 연구하거니와 이 성경이 곧 내게 대하여 증언하는 것이니라"(요 5:39)고 말씀하셨다. 예수님은 구약성경도 자신을 가리킨 것으로 아신 것이다.

신약성경의 중심이 그리스도라는 것은 자명하다. 신약성경을 기록한 사도들은, 예수 그리스도와 그분의 사역을 조금도 빠뜨리지 않도록 극도로 신중을 기했다. 하나님이 계획하신 구체적인 면에서 모든 성경의 중심은 예수님이다. 브라이언 채플(Bryan Chapell)이 쓴 훌륭한 책 『그리스도 중심의 설교』(Christ-Centered Preaching)에는 이런 점이 매우 잘 요약된 문장이 있다. "모든 [성경] 텍스트는 그리스도의 사역을 예언하고, 그리스도의 사역을 준비하고, 그리스도의 사역을 반영하고, 그리스도가 사역하신 결과다."[3] 물론 이 의미는, 성경을 올바로 읽기 위해서는 성경의 모든 부분이 그리스도와 관련이 있다는 것을 알아야 한다는 것이다.

그렇다고 성경을 읽거나 가르칠 때마다 있지도 않은 예수님과의 관련성을 조작하는 것이 우리의 사명이라는 말은 아니다. 사실은 정반대다. 우리는 본문이 구체적으로 어떻게 그리스도를 가리키는지 이해하고 설명해야 하는데, 예수님의 말씀은 모든 본문이 정말로 예수님을 가리키고 있다는 것을 전제한다. 성경은 복음을 중심으로 읽어야 하는 것이 마땅하므로, 성경을 읽을 때는 예수님에게 초점을 맞춰야 한다. 우리는 구약성경이든 신약성경이든 그렇게 읽지 못할 공산이 크다.

● ● ● 영적인 해석

성경을 올바로 해석하려면 그리스도를 중심으로 읽는 것으로는 부족하다. 성경을 읽을 때는 성령의 조명이 필요하다. 성경은 여느 책과는 질적으로 다르므로, 성경을 읽을 때는 성경의 속성을 제대로 알아야 한다.

바울은 고린도전서에서 그의 사역을 쓰면서, "하나님의 증거를 전할 때"(고전 2:1) 사람의 지혜가 아니라 하나님의 능력으로 전했다(고전 2:4-5)고 밝히면서 이렇게 덧붙였다.

그러나 우리가 온전한 자들 중에서는 지혜를 말하노니 이는 이 세상의 지혜가 아니요 또 이 세상에서 없어질 통치자들의 지혜도 아니요 오직 은밀한 가운데 있는 하나님의 지혜를 말하는 것으로서 곧 감추어졌던 것인데 하나님이 우리의 영광을 위하여 만세 전에 미리 정하신 것이라 이 지혜는 이 세대의 통치자들이 한 사람도 알지 못하였나니 만일 알았더라면 영광의 주를 십자가에 못 박지 아니하였으리라 기록된 바 하나님이 자기를 사랑하는 자들을 위하여 예비하신 모든 것은 눈으로 보지 못하고 귀로 듣지 못하고 사람의 마음으로 생각하지도 못하였다 함과 같으니라 오직 하나님이 성령으로 이것을 우리에게 보이셨으니 성령은 모든 것 곧 하나님의 깊은 것까지도 통달하시느니라 사람의 일을 사람의 속에 있는 영 외에 누가 알리요 이와 같이 하나님의 일도 하나님의 영 외에는 아무도 알지 못하느니라 우리가 세상의 영을 받지 아니하고 오직 하나님으로부터 온 영을 받았으니 이는 우리로 하여금 하나님께서 우리에게 은혜로 주신 것들을 알게 하려 하심이라 우리가 이것을 말하거니와 사람의 지혜가 가르친 말로 아니하고 오직 성령께서 가르치신 것으로 하니 영적인 일은 영적인 것으로 분별하느니라 육에 속한 사람은 하나님의 성령의 일들을 받지 아니하나니 이는 그것들이 그에게는 어리석게 보임이요, 또 그는 그것들을 알 수도 없나니 그러한 일은 영적으로 분별되기 때문이라 (고전 2:6-14)

고린도전서 2장에는 분명한 것 네 가지가 있다. 첫째, 하나님이 사람에게 계시하시는 지혜가 있다(10, 12절). 둘째, 하나님의 계시는 성령을 통해 나타난다(10절). 셋째, 성령을 통해 계시가 나타나므로 계시는 성령이 해석하셔야 한다(13절). 넷째, 하나님은 신자들이 "하나님께서 우리에게 은혜로 주신 것들을 알게 하려" 하시려고 성령을 주셨다(12절). 이것은 가르치는 자(12절)와 듣는 자(13-14절) 모두에게 해당된다. 우리는 성령의 역사 없이는 하나님의 말씀을 올바로 이해할 수 없다. 성경이 진리임을 아는 능력도, 진리를 아는 능력도 모두 성령이 주신다.

성경을 읽는 두 가지 방법

실제로 하나님의 말씀을 읽는 방법에 대해 알아보자. 여기서는 성경을 여럿이 함께 읽는 방법이 아니라, 개인 공부든 성경을 가르치는 사람의 가르침을 분별하는 것이든 개인이 성경을 읽는 방법에 대해 이야기할 것이다. "진리의 말씀을 옳게 분별"(딤후 2:15)한다는 것이 어떤 것일까?

성경은 하나님의 이야기고, 하나님은 한없이 흥미로운 분이기 때문에 성경도 한없이 흥미롭다. 성경은 마르지 않는 샘이다. 펼쳐서 읽을수록 진리와 아름다움이 한없이 샘솟는다.

성경을 읽는 방법은 여러 가지고, 성경은 마르지 않는 샘이기에 여러 방법으로 유익함을 증명할 수 있다. 그러나 우리는 '방법론'보다는 '길잡이'에 치중할 생각이다. 성경의 보물인 복음을 풀어내는 데 유용한 두 가지 주요 길잡이가 있다.

●●● 계속되는 이야기(혹은 역사)로서 성경 읽기

성경은 역사를 기록한 책이다. 잘 알려진 인물과 사건, 장소를 꾸준히 매우 의도적으로 언급하며 실제 역사의 시공간에 단단히 뿌리내린다(눅 3:1-3). 의심할 여지없이 성경은 역사적 사건을 정확하게 기록한다. 역사적 관점에서 성경을 읽는 것은, 성경의 이야기를 '따라' 읽는 것이라고 여길 사람도 있을 것이다. 성경은 여러 저자의 글을 엮은 책이므로, 역사를 꿰고자 하는 독자는 어려움을 느낄 것이다.

그러나 성경이 인간의 역사를 설명하는 이야기만은 아니다. 더 큰 이야기가 이야기 속에 있다. 성경이 말하는 진짜 이야기는 하나님의 계획과 목적이다. 성경은 하나님의 이야기고 이야기의 줄거리는 복음, 즉 그리스도를 통해 자기 백성을 구원하고 타락한 만물을 회복하는 하나님의 계획이다.

●●● 하나님 관점(혹은 신학)의 개요로서 성경 읽기

성경은 역사를 설명할 뿐 아니라 역사를 해석하기도 한다. 성경은 선언, 율법, 약속, 잠언, 소환의 형태를 갖추고 있는데, 모든 부분에서 하나님의 관점이 드러난다. 신학적 관점에서 성경을 읽는 것은 성경을 '가로질러' 읽는 것이다. 우리는 성경을 가로질러 읽으면서 하나님의 관점을 모아 사고의 범주에 넣어, 성경이 반복적으로 말하는 것을 일관성 있게 이해하려고 한다. 이런 독서는 개별 책의 윤곽에 관심을 쏟기 마련인데, 모든 성경은 하나님의 통일된 말씀이므로 한 성경 텍스트의 의미는 모든 텍스트의 의미와 관련이 있다는 것을 잊지 말아야 한다.

● ● ● 성경의 유일한 메시지

어느 길잡이로 성경을 읽든지 메시지는 동일하다. 계속되는 이야기로 읽는다면 창조, 타락, 구원, 회복의 줄거리가 보인다. 신학적 관점의 개요로 읽으면 하나님, 죄, 그리스도, 믿음의 주제들이 드러난다. 두 가지 독서의 메시지는 하나님의 영원한 구원 목적의 위업이다. 이 두 가지는 전혀 상충하지 않는다. 반대로, 성경의 복음을 온전히 이해하고 듣는 데뿐 아니라 성경의 모든 부분이 어떻게 일관되게 예수님을 가리키는지 아는 데도 모두 필요하다.

● ● ● 마태복음 12장의 예

마태복음 12장의 본문을 예로 들어, 이 두 가지 길잡이가 서로 어떻게 보완되는지 간단하게 살펴보자.

> 그 때에 예수께서 안식일에 밀밭 사이로 가실새 제자들이 시장하여 이삭을 잘라 먹으니 바리새인들이 보고 예수께 말하되 보시오 당신의 제자들이 안식일에 하지 못할 일을 하나이다 예수께서 이르시되 다윗이 자기와 그 함께 한 자들이 시장할 때에 한 일을 읽지 못하였느냐 그가 하

나님의 전에 들어가서 제사장 외에는 자기나 그 함께 한 자들이 먹어서는 안 되는 진설병을 먹지 아니하였느냐 또 안식일에 제사장들이 성전 안에서 안식을 범하여도 죄가 없음을 너희가 율법에서 읽지 못하였느냐 내가 너희에게 이르노니 성전보다 더 큰 이가 여기 있느니라 나는 자비를 원하고 제사를 원하지 아니하노라 하신 뜻을 너희가 알았더라면 무죄한 자를 정죄하지 아니하였으리라 인자는 안식일의 주인이니라 하시니라 (마 12:1-8)

이 본문을 이야기로 읽을 때는 사무엘상 21장에 등장하는 다윗과 일행의 사건이 어떻게 그리스도를 나타내는지에 초점을 맞춘다. 예수님은 현재 상황이 다윗의 이야기와 정확히 무슨 상관이 있다고 하시는 것일까? 다윗의 사건이 안식일에 일어났던가? 다윗이 언제 하나님의 전에 들어갔는지 우리는 모른다. 그것 때문에 예수님이 다윗의 이야기를 하는 것이라면 따로 말씀하셨을 테지만 그런 말씀은 없었다.

이게 무슨 관련이 있을까? 예수님은 "율법을 한 번쯤 어기는 것이 괜찮다면 다시 어겨도 좋다"고 하시는 것일까? 예수님이 앞서 율법에 대해 말씀하신 것(마 5:17)에 비추어보면 그것은 확실히 아니다.

예수님은 다윗 일행이 율법을 어긴 게 아니라고 말씀하신다. 그들은 '죄가 없다'는 것이 예수님의 평가다. 관련성은 안식일이나 율법이 아니라 인물에 있다. 성경이야기의 흐름에 주목하면 이런 관련성을 알 수 있다. 진설병을 먹을 수 있는 사람은 제사장뿐이지만, 제사장보다 권위가 더 높은 사람, 즉 이미 왕으로 기름부음 받았고 율법에 대한 권위를 가진 이가 등장하면 이야기는 달라진다.

예수님은 구약성경 역사의 일부를 설명함으로 다윗보다 더 높은 사람이 있다는 것과, 바리새인들은 사무엘상 21장의 아히멜렉처럼 그 권위를 인정해야 한다는 것을 말씀하시는 것일까? 그 사실은 3-4절에 내포되어 있지만 예수님이 이어서 말씀하시는, 제사장과 성전보다 자신이 높다는 말씀에서 확연히 드러난다. 모든 것이 예수님이 누구냐는 것으로 수렴된다. 그것을 가리키는 게 다윗으로부터 비롯된 이야기의 줄거리다. 이런 성경 읽기는 마태가 기록한 말씀에서 알 수 있는 것, 즉 왕권과 권위를 가지고 탄생하신 그리스도가 다윗의 혈통이라는 점을 부각시킨다.

그런데 이 본문을 신학적으로 접근하면 어떻게 될까? 우리는 구약성경 곳곳에서 풍부하게 드러나는 하나님의 임재라는 주제에 주목하게 된다. 성전이 뜻하는 모든 의미에 더 큰 의미가 더해지고, 자신이 "성전보다 더 큰 이"라는 예수님의 말씀이 무대 중심에 자리하면서, 그리스도를 세상에 특별히 자기 백성에게 새롭게 임하시는 하나님으로 내세운다. 여기서는 안식일과 안식일 율법을 지키는 사람에 대한 예수님의 주권이 가장 이치에 맞는 관련성이다.

결국 우리는 어느 길잡이로 성경을 읽든지 그리스도를 만난다. 모든 것이 그리스도를 가리키고, 그리스도가 친히 말씀하셨듯이 그분에게로 가라고 촉구한다. "수고하고 무거운 짐 진 자들아 다 내게로 오라 내가 너희를 쉬게 하리라 나는 마음이 온유하고 겸손하니 나의 멍에를 메고 내게 배우라 그리하면 너희 마음이 쉼을 얻으리니"(마 11:28-29). 우리는 이런 식으로 복음의 메시지를 들을 수 있다.

우리는 성경을 읽을 때 여러 본문에서 적어도 두 배로 보강된 복음을 들어야 한다. 모든 본문에는 최소한 한 가지 이야기와 한 가지 신학으로 강조된 복음이 있다. 이야기와 신학은 하나로 결합하여 강해지고, 예수 그리스도의 진리와 능력을 더욱 생생하게 묘사한다.

결론 : 성경의 원인과 결과로서 복음

우리는 처음부터 결론을 내렸다. 성경이 계시하는 모든 것은 하나님의 크고 영원한 구원 계획이다. 성경은 하나님의 계획에서 탄생했고, 하나님에 의해 쓰였다. 복음은 성경의 유일하고 웅장한 주제다. 그리스도의 죄 없는 일생, 속죄, 부활, 현재의 사역, 승리의 재림을 통해 "하늘에 있는 것이나 땅에 있는"(엡 1:10) 만물이 그분 안에서 통일되는 그날, 하나님이 인간과 만물에 대한 완전한 목적을 이루실 것(롬 8:21)이라는 복음!

우리는 복음으로 하나님의 말씀을 분별하여, 하나님의 영광과 구원받은 백성의 유익을 위해 말씀을 자신의 것으로 삼아 기쁘게 선언해야 한다.

• 참고 도서 •

에드먼드 클라우니, 『구약에 나타난 그리스도』, 네비게이토 역(서울: 네비게이토, 1991).
보언 로버츠, 『성경 꿰뚫기』, 이용복 역(서울: 규장, 2007).

창조

03

앤드류 M. 데이비스(Andrew M. Davis)

창조주와 창조물, 우주의 모든 것은 이 두 가지로 나눌 수 있다. 둘 사이에는 영원한 간극이 있다. 하나님만이 시작이 없다. 하나님은 스스로 존재하시며, 존재하기 위해 필요한 것도 없다. 우주 만물은 하나님에 의해, 하나님을 위해 창조되었다. 이 글에서는 창조교리에 대해 살펴보고, 그 의미를 이해하여 우리의 삶에 적용해 본다.

창조의 성격과 목적

천지창조에 대해 우리가 아는 전부는 하나님이 계시하셨다는 것이다. 두 가지 중요한 근거는 우리를 둘러싼 자연세계와 그 사실을 우리에게 정확하게 알려주는 성경이다. 하나님은 우리가 하나님을 알고 예배할 수 있도록, 태초에 자신의 존재와 참된 성품을 나타내는 우주를 창조하셨다. 로마서 1장 20절은 "창세로부터 그의 보이지 아니하는 것들 곧 그의 영원하신 능력과 신성이 그가 만드신 만물에 분명히 보여 알려졌나니"라고 단언한다.[1]

하나님은 자신의 영광을 펼쳐 보이려고 우주를 만드셨다. 하나님께 필요한 부족한 뭔가가 있었던 것이 아니라, 신으로서 아낌없이 베풀려는 마음 때문이었다. 요한계시록에서 보좌에 둘러앉은 스물네 장로들은 하나님의 영광을 찬양하여 창조의 목적을 이룬다. "우리 주 하나님이여 영광과 존귀와 권능을 받으시는 것이 합당하오니 주께서 만물을 지으신지라 만물이 주의 뜻대로 있었고 또 지으심을 받았나이다"(계 4:11).

하나님은 우주를 창조하면서 우주든 생물권이든 모든 원자와 복잡한 시스템에 자신의 영광을 쏟아 부으셨다. 시편 19편 1절이 노래하듯 "하늘이 하나님의 영광을 선포하고 궁창이 그의 손으로 하신 일을 나타내는도다" 만물은 하나님의 영광을 나타낼 준비를 하고 있는 것이 아니라 이미 나타내고 있다. 주님의 보좌를 빙 돌고 있는 치품천사(제1계급의 천사)는 그 영광을 쉴 새 없이 선포한다. "거룩하다 거룩하다 거룩하다 만군의 여호와여 그의 영광이 온 땅에 충만하도다"(사 6:3).

● ● ● **인간의 목적은 하나님의 영광을 아는 것**

하박국은 인간(과 구원 역사)의 목적을 예언한다. "이는 물이 바다를 덮음 같이 여호와의 영광을 인정하는 것이 세상에 가득함이니라"(합 2:14). 세상에는 이미 하나님의 영광이 드러나 있으므로, 이제 남은 일은 그 영광을 아는 '지식'이 세상을 가득 덮는 것이다. 그 일은 자연 환경, 레바논의 웅장한 삼나무, 네팔의 높은 히말라야 산봉우리, 하늘을 비행하는 독수리, 힘센 엘크(북유럽이나 아시아에 사는 큰 사슴)들이 할 수 없다. 이 모든 창조물이 하나님의 영광을 나타내고 있지만, 하나님의 영광을 알 수는 없다. 예배라는 중요한 일은, 자연에 뚜렷하게 드러나기도 하고 감춰져 있기도 한 하나님의 영광을 찾아내야 하는 것으로, 하나님의 형상으로 지어진 인간의 몫이다.

그런데 에덴동산에서 아담의 반역으로 일어난 참극으로, 창조주 하나님을 기뻐해야 할 인간은 마음으로 피조물을 숭배하게 되었다(롬 1:25). 인류는 생육하고 번성하여 하나님의 형상으로 지구를 덮었지만 주님의 본래 의도, 즉 하나님의 영광을 아는 지식으로 가득한 세상은 아직 이루지 못했다.

우상을 숭배하는 인간의 마음을, 만물에 나타난 주님의 영광을 아는 마음으로 변화시킬 수 있는 것은 우주에 단 하나뿐이다. 바로 예수 그리스도의 복음이다. 돌처럼 딱딱한 우리 마음이 복음으로 변화되고 살아나면, 사방에서 빛나는 하나님의 영광을 알아볼 수 있다. 무엇보다 중요하고 위대한 약속이 이루어지면 하나님의 영광이 만물을 비추고, 의인들이 "자기 아버지 나라에서 해와 같이 빛나"(마 13:43)는 새 하늘과 새 땅이 올 것이다.

● ● ● 신학교육의 장, 자연

하나님이 존재하시는 것과 그분의 성품에 대한 신학교육은 우리가 어머니 뱃속에 있을 때 시작되었고, 말을 배우기 오래 전부터 날마다 이어졌다. 어머니의 심장소리, 따뜻한 감촉, 미각, 출생할 때 보았던 눈부신 빛, 생생한 빛깔, 요람과 옷의 향기가 우리를 가르쳤다. 다윗은 시편 22편 9절에서 "오직 주께서 나를 모태에서 나오게 하시고 내 어머니의 젖을 먹을 때에 의지하게 하셨나이다" 하고 노래했다. 다윗이 젖먹이였을 때, 하나님은 어머니의 보살핌을 받는 그에게 믿음을 가르치셨다. 영혼의 구원을 위해 하나님을 신뢰하도록 준비하신 것이다. 따라서 자연 만물은 우리에게 구원의 믿음을 가르쳐준다.

아름답게 물든 가을 숲속을 거닐면서, 곰팡내 나는 숲속 바닥의 냄새를 깊이 마시면서, 늦가을 오후 따스한 바람을 얼굴로 느끼면서, 불꽃같은 영광을 뿜어내는 웅장한 산의 계곡, 코앞에 닥친 겨울에 대비해 생생한 붉은빛과 황금빛으로 치장한 나무들이 갑자기 눈앞에 펼쳐질 때, 경이로움으로 숨이 멎으면서 어린 시절 우리의 마음은 우주의 중심에 있는 전능하신 하나님을 향해 달려갔다.

이런 교육은 세계 곳곳에서 진행된다. 한 국가나 한 민족에게만 일어나는 일이 아니다. 시편 19편 3-4절은 우주의 무언어(無言語)로 하나님의 영광을 선포하는 하늘을 묘사한다. "언어도 없고 말씀도 없으며 들리는 소리도 없으나 그의 소리가 온 땅에 통하고 그의 말씀이 세상 끝까지 이르도다" 자연 만물은 지상의 모든 사람이 몸소 신학을 배우는 교육의 장이다.

● ● ● **그리스도가 창조한, 그리고 그리스도를 위해 창조된 만물**

보이든 보이지 않든 천지만물은 그리스도께서 자신을 위해 만드셨다.

> 만물이 그[그리스도]로 말미암아 지은 바 되었으니 지은 것이 하나도 그가 없이는 된 것이 없느니라 (요 1:3)

그는 보이지 아니하는 하나님의 형상이시요 모든 피조물보다 먼저 나신 이시니 만물이 그에게서 창조되되 하늘과 땅에서 보이는 것들과 보이지 않는 것들과 혹은 왕권들이나 주권들이나 통치자들이나 권세들이나 만물이 다 그로 말미암고 그를 위하여 창조되었고 (골 1:15-16)

[하나님이] 이 모든 날 마지막에는 아들을 통하여 우리에게 말씀하셨으니 이 아들을 만유의 상속자로 세우시고 또 그로 말미암아 모든 세계를 지으셨느니라 (히 1:2)

하나님은 신비롭게도 아무것도 없는 데서 말씀으로 우주를 창조하셨다. 하나님은 말씀으로 위대한 창조역사를 이루셨는데, 그리스도가 바로 그 말씀이었다(요 1:3). 우주는 그리스도를 위해 창조되었다(골 1:16). 하나님은 그리스도를 "만유의 상속자"(히 1:2)로 정하셨다. 그러므로 놀랍게도 물질계의 모든 원자와 영적 세계의 모든 실체가 본래 그리스도의 것이다.

더 놀랍게도 하나님이 창조하신 우주는 그리스도를 의지하지 않으면 한 순간도 존재할 수 없다. "또한 그[그리스도]가 만물보다 먼저 계시고 만물이 그 안에 함께 섰느니라"(골 1:17). 그리스도께서 우주를 지탱하지 않으시면 가련한 우주는 순식간에 사라지고 만다. 우주를 과학으로 분석하고 이해할 수 있다 하더라도, 성경의 관점에서 그 사실은 만물에 대한 하나님의 주권을 해치지 않는다. 성경의 저자들은 물의 순환에 대해 알았지만, 그들은 하나님이 비를 내리신다고 말하기를 좋아했다. 두 가지가 상호 배타적이지 않기 때문이다. 날개를 다친 새가 추락하는 것은 중력 때문이지만, 예수님에 따르면 하늘 아버지의 허락이 없으면 참새 한 마리도 땅으로 떨어지지 않는다. 현대 물리학은 자연계의 네 가지 힘이 만물을 결속한다고 한다. 그러나 우리는 예수님이 강력한 말씀으로 만물을 붙들고 계심을 믿는다.

자연주의의 위협

결국 우주의 존재에 대한 설명은 두 가지밖에 없다. 하나님의 특별한 창조와 자연의 진화다. 창조와 진화는 말에서 느껴지는 기운만큼이나 상호 배타적이다. 그러나 늘 상호 배타적인 의미로만 쓰이는 것은 아니므로 이 문제에 대한 논의는 간단하지 않다.

성경에 따르면, 타락한 인간은 보이지 않는 하나님의 존재와 성품을 뚜렷이 알 수 있는 환경에 있으면서도 불의로 진리를 막는다(롬 1:18). 다시 말하면, 우리가 추악한 진리라고 여기는, 즉 우리가 영원히 섬겨야 할 거룩하고 전능한 창조주가 있다는 것을 고의적으로 억누르고 있다. 얄궂게도 무신론자들이 이런 말을 할 때가 있다. 리처드 도킨스(Richard Dawkins)는 "생물학이란 목적을 가지고 만든 것 같은 복잡한 것을 연구하는 학문이다."라고 말했다.[2] 이 말은, 뭔가가 목적을 가지고 만든 것처럼 보이더라도 그런 생각을 물리치라는 것이다!

과학자들과 성경해석학자들은 탐구하는 분야 내에서 전혀 의견이 일치하지 않는다. 다시 말하면, 그들은 과학적 데이터와 성경을 다양하게 해석한다. 더 혼란스럽게도 이 두 가지 역할을 모두 하는 사람들이 적지 않은데, 그들은 과학자면서 성경해석학자기도 하다. 그리고 그들이 과학자나 성경해석학자들의 견해에 늘 찬성하는 것도 아니다.

예를 들어 설명해 보자. 성경을 믿는 편에는 간격이론(창세기 1장 1절과 2절 사이에 일정한 간격이 있다는 이론)을 주장하는 그리스도인도 있고, 날시대이론(dayage theory, 창세기 1장의 하루는 연대를 뜻한다는 이론)을 주장하는 사람도 있다. 또 젊은 지구 창조론(young earth theory, 창세기 1장의 하루는 24시간이고 천지창조는 만 년을 넘지 않았다는 이론)을 주장하는 사람도 있다. 그리고 이른바 문학적 일주일(a literary week, 창세기 1장의 하루는 24시간이지만 일주일 전체는 문학적 창조를 뜻하는 것으로, 정확히 '무슨 일이 있었나'를 알려주는 게 목적이 아니라 상징적이고 신학적인 이유로 다양하게 해석할 수 있는 창조의 순서를 설명한 것이라는 의견)을 주장하는 사람도 있다.

이런 이론들은 유신론적 진화론(theistic evolution)에 속한다고 할 수 있는데, 표현 자체가 매우 모호하다. 하나님이 주권적으로 진화를 주관하셨다는 주장(오늘날 하나님이 햇빛과 비를 섭리로 주관하시므로 하나님이 햇빛과 비를 내리신다고 말할 수 있다는 것과 마찬가지다)만 빼면 자연주의적 진화론이나 다름없다는 말이 나올 법도 하다. (하나님이 주관하여) 자연 선택에 의해 진화가 일어나는 동안, 하나님이 기적적으로 여러 시점에 개입하여 자연적으로는 일어날 수 없는 결과를 만드셨다고 여기는 사람들도 있다(즉, 하나님은 인간을 다른 영장류와는 다르게 만드셨다. 하나님의 형상이 깃든 인간은 영원히 사는 존재다).

솔직히 말하면, 한두 가지 이론만 인정할 뿐 나머지는 잘못된 이론으로 여기는 그리스도인이 많다. 예를 들면, 창세기 1장에 기록된 창조가 수십억 년에 걸쳐 일어난 일이 아니라고 여길 확실한 성경적 이유는 없다는 것을 두고 논쟁이 그치지 않는다. 그리스도인들이 그 텍스트에 대한 해석을 바꾼 이유는 성경 바깥에 있다. 지질학자들과 여러 과학자들은 지구의 나이가 수십억 년이라는 증거가 압도적으로 많다고 우리에게 가르친다.

이런 논쟁 때문에 일부 그리스도인들은 우세한 과학 이론에 맞춰 창세기 1장을 재해석하고, 과학적 주장이 아니라면 텍스트에서 결코 찾지 못했을 해석을 채택했다. 그 결과, 그들은 성경을 길들이고 의미를 왜곡했다고 주장한다. 그러나 문제는 더 복잡하다. 현대 과학이 등장하기 오래 전에 아우구스티누스(4세기)는, 창세기 1장을 해석하는 것은 어렵지만 자신이 생각하는 성경과 신학의 확실한 이유로 우주는 즉시 창조됐다는 것, 창세기 1장의 일주일은 특별히 안식일과 인간의 일주일을 정하는 신학적 요소를 보여주는 상징적인 문학적 창조임을 주장했다. 다시 말하면, 문학적 일주일이라는 하나의 이론은 현대 과학보다 앞선다.

복음연합의 주요 회원들은 각론에서는 의견이 일치하지 않더라도, 하나님이 스스로 존재시고, 만물의 창조주시며, 만물을 선하게 지으셨고, 아담과 하와는 역사적 인물이자 인류의 조상이며, 우리가 직면한 근본 문제는 인간의 우상숭배와 반역과 그것이 불러들인 저주에서 비롯됐다는 것에는 이견이 없다. 이런 문제만큼은 양보하지 않겠다는 이유는, 창세기의 첫 부분뿐 아니라 성경의 여러 본문이 증언하고 있기 때문이다. 예를 들면, 바울은 하나님이 "인류의 모든 족속을 한 혈통으로 만드사 온 땅에 살게 하시고"(행 17:26)라고 했다.

과학을 믿는 편에서는 성경을 믿는 편에서처럼, 최소한 몇 가지 문제에서 알려진 것보다 더 불확실하고 다양한 의견들이 많다. 과학자 대다수는 빅뱅이론을 주장한다. 빅뱅이론은 우주의 모든 것이 고밀도 에너지 핵에 하나로 밀집되어 있다가 특이점(singularity, 물리법칙이 작용하지 않는 사건)에서 폭발하여 약 150억 년 후에 현재의 우주가 생겼다는 가설이다. 그러나 빅뱅이론을 의심하는 과학자들도 있다. 더 중요한 것은 고밀도 에너지 핵이 처음 어떻게 생성되었는지에 대해 인정할 만한 이론이 없다는 것이다. 우주는 팽창과 수축을 반복한다는 이론이 있는데, 비현실적인 부분이 많아서 큰 주목을 끌지 못했다.

우리가 시선을 에너지 핵의 생성에 대한 물음에서 지구로 돌린다면, 자연 진화에 관한 이론도 계속 수정되었다는 것을 알 수 있다. 화석 기록은 중간 형태가 많이 비어 있는데, 하버드대 진화생물학자 스티븐 제이 굴드(Stephen Jay Gould)의 제안을 사실로 믿는 사람들이 많다. 그는 자연 선택에 의한 점진적 진화론 대신 단속평형설(punctuated equilibrium)을 가정했다. 즉, 진화는 주기적 도약으로 일어나는데, 그 활동 주기가 매우 짧아서 화석 기록으로 남을 수 없다는 것이다. 더욱이 가장 활발한 연구에도 불구하고, 무기물이 살아 움직이면서 번식하는 세포로 되기까지의 과정은 여전히 철학적 유물론의 가정에서 대단히 불투명하다.

지적 설계에 대한 최근의 논쟁도 복잡하기는 마찬가지다. 지난 20여 년 동안 소수의 과학자와 철학자들은, 생물학적 구조의 특징이 환원 불가능한 복잡성(irreducible complexity)이라고 주장했다. 이 말의 뜻은 그런 구조가 유지, 작동하려면(이를테면 인간의 눈) 수많은 진화가 동시에 일어나야 하는데, 그럴 확률은 통계학적으로 '0'에 가깝다는 것이다. 여러 요소가 전체 구조 안에서 각각의 위치와 역할이 없이는 쓸모 있는 기능을 할 수 없기 때문에, 조금씩 진화한다는 것은 불가능하다. 그들이 지적 설계의 증거로 삼는 것이 이것이다.

지적 설계는 유행이 지난 '틈새를 메우는 하나님' 이론처럼 보인다는 것이 과학자 대다수의 반응이다. 즉, 과학으로 설명할 수 없는 뭔가가 나타날 때면 그 자리를 하나님으로 채운다는 것이다. 그런데 애석하게도 그 '간격'을 과학으로 설명할수록 하나님은 더 작아진다. 지적 설계를 지지하는 사람들은 자신이 논쟁하는 것은 사뭇 다르다고 주장한다. 즉, 우리는 생물학적 구조에 대해 아주 많은 것을 알고 있고, 그런 구조와 과학 자체의 증거를 보면 지적 설계에 대해 생각하지 않을 수 없다는 것이다.

이런 논쟁의 이면에 과학의 속성 자체에 대한 근본적인 논쟁이 있다는 게 점차 명확해졌다. 한쪽에서는, 과학이란 실험할 수 있는 가설, 반복할 수 있는 절차, 측정, 물리적 실체를 이해할 수 있고 지식을 축적하는 데 필요한 추론의 집합이라고 여긴다. 지적 설계에 반대하는 사람들은, 과학이란 '전적으로 물리적 기반에서뿐 아니라 그런 방법과 결과로는 자연계의 질서 바깥에 뭔가 혹은 누군가가 존재한다고 말할 수 없다는 가정' 하에 실험할 수 있는 가설, 반복할 수 있는 절차, 측정, 물리적 실체를 이해할 수 있고 지식을 축적하는 데 필요한 추론의 집합이라고 여긴다.

다시 말하면, 과학을 이렇게 보는 관점은 철학적 유물론의 입장이다. 정의를 내리는 단계에서 하나님을 제외한다. 과학을 이렇게 연구하는 여러 과학자들이 무신론자는 아니지만, 하나님에 대한 지식은 자연계의 질서와 접점이 없으며 학문 탐구와 결과를 과학 바깥의 뭔가로 점검할 수는 없다고 여긴다.

물론 적지 않은 무신론자를 비롯한 많은 과학자들이 과학과 숫자의 질서와 아름다움을 찬미하며 경건하게 설명하는 것을 보면 모순을 느낀다. 이런 문제에 대해 글을 쓰는 비교적 소수의 과학자들은 자연계의 질서를 분자와 원자와 소립자의 통계학적 충돌의 결과라는 식으로 냉혹하게 그린다.

이런 것을 바탕으로 지금부터는 성경 텍스트를 더 집중적으로 읽어보자.

창조의 일주일 : 창세기 1장

성경의 첫 문장은 전체의 기초를 이룬다. "태초에 하나님이 천지를 창조하시니라"(창 1:1). 이 문장은 세 가지 중요한 진리를 가르쳐준다.

① 하나님은 우주가 탄생하기 전에 존재하셨다. 태초에 하나님이 계셨고 그분이 만물을 창조하셨다.

② 우주는 시작이 있다. 우주는 과학자들이 가르치듯 영원하지도 않고, 동양 종교가 가르치듯 윤회하지도 않는다.

③ 하나님은 우주의 모든 것을 친히 만드셨다. 신을 믿지 않는 진화론자들이 가르치듯 우주는 비인격적인 물리적 힘에 의해 생겨난 것이 아니다.

창조 교리는 연대기적이면서 신학적으로 이어지는 모든 것의 기초이며 구원 역사의 바탕이다.

"땅이 혼돈하고 공허하며 흑암이 깊음 위에 있고 하나님의 영은 수면 위에 운행하시니라"(창 1:2). 하나님이 계속 보살피지 않으시면 우주의 질서와 아름다움은 사라진다. "하나님의 영은 수면 위에 운행"하셨다는 사실은, 생명을 주시는 성령의 역할에 대한 최초의 통찰을 열어준다. 성령의 역할은 성경을 관류하며 서서히 드러난다.

하나님은 주권자의 능력으로 말씀하셨다. "하나님이 이르시되 빛이 있으라 하시니 빛이 있었고"(창 1:3). 여기에 우주에 있는 하나님의 중요한 기운과 능력이 소개된다. 곧 능력의 말씀이다. 하나님은 말씀으로 창조하셨고 말씀으로 다스리신다. "여호와의 말씀으로 하늘이 지음이 되었으며 그 만상을 그의 입 기운으로 이루었도다"(시 33:6). 그리고 하나님은 지구의 생명의 흐름을 '낮'과 '밤'이라는 주기로 조직하셨다. "저녁이 되고 아침이 되니 이는 첫째 날이니라"(창 1:5). 창세기 1장 전체에서는, 저녁과 아침의 흐름과 하루의 셈으로 인간의 시간이 정해졌다.

창세기 1장의 해석에 대해 현재 집중적으로 논쟁하고 있는 것은 '하루'라는 말의 의미다. 히브리어로 '날'(yōm)은 역사의 시대처럼 긴 시간을 뜻하기도 하지만, 가장 흔한 뜻은 24시간 또는 낮 시간과 밤 시간이다. 창세기 1장에서 반복하고 있는 "저녁이 되고 아침이 되니 이는 첫째[둘째, 셋째 등] 날이니라"라는 문장은 분명히 일반적인 24시간을 가리킨다. 이것을 뒷받침하는 문장이 또 있다. "이는 엿새 동안에 나 여호와가 하늘과 땅과 바다와 그 가운데 모든 것을 만들고 일곱째 날에 쉬었음이라 그러므로 나 여호와가 안식일을 복되게 하여 그 날을 거룩하게 하였느니라"(출 20:11). 물론 상징이 더해졌다는 아우구스티누스의 이론이나 현대의 그 비슷한 이론을 채택한다면, 창세기 1장의 하루는 창조를 해석하는 데 쓰이는 문학적 수사 구조에서 24시간을 뜻한다는 것도 알아야 할 것이다.

분명한 것은 창조의 첫 사흘에는 나눔의 원칙이 있다는 것이다. 어둠과 빛을 나누고, 궁창을 사이에 두고 물을 나누고, 바다와 육지를 나누었다. 해변에 가본 사람은 알겠지만 하나님은 거대한 바다 물결과 육지 사이에 부서질 듯 약해 보이는 경계를 정하셨다. 해변에는 모래 언덕의 풀을 보호하기 위해 출입을 금하는 푯말도 있다. 풀은 해안선의 침식을 방지하고 해안선은 사나운 물결로부터 사람을 보호한다. 하나님이 욥에게 하신 말씀에도 그 같은 내용이 있다.

바다가 그 모태에서 터져 나올 때에 문으로 그것을 가둔 자가 누구냐 그

때에 내가 구름으로 그 옷을 만들고 흑암으로 그 강보를 만들고 한계를 정하여 문빗장을 지르고 이르기를 네가 여기까지 오고 더 넘어가지 못하리니 네 높은 파도가 여기서 그칠지니라 하였노라 (욥 38:8-11)

하나님은 마른 땅을 화폭처럼 펼쳐놓고 경이로운 생명을 그리셨다. 하나님은 모든 종류의 씨 맺는 식물을 내셨다. '씨'와 '종류'라는 말은 채소의 유전자 배합과 지면에 두루 퍼져 생식할 수 있는 능력을 뜻한다. 지상의 식물이 다양하고도 웅장하다는 사실을 모르는 사람이 있을까? 하나님은 강한 삼나무, 약한 고사리, 향기로운 난, 눈부신 야생화를 말씀으로 창조하셨다. 하나님은 육지를 아름답게 수놓고 있는, 살아서 자라는 모든 식물을 복잡한 생물계에 넣어, 땅에서 영양분을 섭취하고, 공기에서 이산화탄소를 흡수하며, 태양에서 에너지를 얻어 생명을 유지하고 자라게 하여, 이후에 등장할 사람과 동물에게 식량으로 주셨다.

창조 넷째 날, 하나님은 자신의 영광을 우주에 고루 펼치셨다. 처음에 빛을 창조하셨지만, 이제 해와 달과 별을 만들어 지구를 비추는 책임을 나누어주셨다. 오늘날 우리가 아는 빛은 모두 태양과 별들의 빛이지만, 창세기에서 천체는 이후에 등장한다. 태양은 놀라운 창조물이다. 불타는 지옥과 같은 기운은 오만한 인류에 대한 하나님의 초월성을 보여주는 듯하다.

좋든 나쁘든 인간이 태양에 할 수 있는 일은 없다. 더 밝게도 더 어둡게도, 더 크게도 더 작게도, 더 가깝게도 더 멀게도, 더 뜨겁게도 더 차갑게도 할 수 없다. 인간이 뜻을 모아 태양을 파괴하고 싶어도 방법이 없다. 지상의 수소폭탄을 모두 모아 로켓에 실어 은하계를 가로질러 가 태양 표면에서 터뜨리고 싶어도, 목표 지점 백만 킬로미터 앞에서 불타고 말 것이다. 현재 미 항공 우주국은 태양탐사 계획을 세우고 있지만, 조사는 태양의 표면 오백만 킬로미터 밖에서 진행된다.

태양은 조금도 변함없이 날마다 이글거린다. 불타는 태양을 똑바로 보다가는 시력을 잃을 것이다. 태양은 눈부신 화력과 빛으로 하나님을 영화롭게 하는데, 본래 하나님이 인간을 염두에 두고 하늘에서 '땅을 비추게' 하기 위해 만드신 것이다.

하나님은 달도 인간을 위해 창조하셨다. 그런데 해와 달리 달은 빛을 반사해 지구를 비춘다. 달이 태양의 빛을 반사해 지구를 비추는 것은, 훗날 신자들이 천국에서 그리스도의 빛을 비추게 되리라는 은유와 같다. 그러고는 간결한 문장 하나를 덧붙인다. "또 별들을 만드시고"(창 1:16). 허블우주망원경은 지구 궤도를 돌면서 정말로 아름다운 별들의 사진을 지구로 전송한다. 이에 힘입어 발전한 최근의 우주론으로, 우리는 하나님이 창조하신 우주가 얼마나 광활한지 알 수 있다.

다섯째 날, 하나님은 어류로 바다를 채우고, 조류로 하늘을 채우셨다. 헤아릴 수 없이 다양한 종의 물고기와 새들을 보면 하나님의 영광에 놀랄 수밖에 없다. 하나님은 지상에서 가장 큰 생물인 고래를 만드시고, 날마다 1톤이나 되는 플랑크톤으로 친히 고래를 먹이신다. 휘황찬란하게 아름다운 열대어들은 갖은 빛깔로 생생하게 치장한 맵시를 뽐내며 수중을 누빈다. 앙메기라고 불리는 괴상하게 생긴 심해어는 해수면 아래 8킬로미터에서도 살 수 있다. 하나님의 놀라운 창의력은 새를 통해서도 엿볼 수 있다. 독수리는 날갯짓을 하지 않고도 상승 기류를 타고 솟구칠 수 있고, 벌새는 1초에 80번이나 날개를 움직일 수 있다. 시속 400킬로미터에 육박하는 속도로 수직 강하하는 송골매는 자연에서 가장 빠른 동물이다. 하나님은 물고기와 새들에게 복을 주시고, 하늘과 바다를 가득 채우게 하셨다.

여섯째 날, 하나님은 관심을 육지로 돌려 집짐승과 들짐승, 길짐승을 만드셨다. 동물의 복잡함과 다양함은 하나님의 지혜와 선(善)을 분명하게 증언한다. 코끼리 같은 동물은 기운이 세고 강하다. 코끼리는 코를 이용해 250킬로그램도 넘는 무게를 들어 올릴 수 있다. 바위오소리같이 겁이 많고 작은 동물은 산속 벼랑에서 자라는 이끼의 수분을 빨아먹으며 산다. 포효하는 용맹한 사자도, 헤엄치는 수달도, 아프리카의 강을 지배하는 하마도, 바람처럼 달리는 치타도 모두 하나님이 창조하셨다.

창조의 절정 : 하나님의 형상

하나님의 사랑으로 모든 것을 갖추고 완성된 우주라는 훌륭한 무대가 마련되자, 창조의 절정을 위한 막이 올랐다. 하나님의 형상으로 만든 인간, 남자와 여자가 창조된 것이다.

> 하나님이 이르시되 우리의 형상을 따라 우리의 모양대로 우리가 사람을 만들고 그들로 바다의 물고기와 하늘의 새와 가축과 온 땅과 땅에 기는 모든 것을 다스리게 하자 하시고 하나님이 자기 형상 곧 하나님의 형상대로 사람을 창조하시되 남자와 여자를 창조하시고 (창 1:26-27)

인간은 하나님이 자신의 형상대로 지으신 아주 특별한 존재다. 인간은 하나님이 되기 위한 존재가 아니라 하나님의 형상이 되기 위한 존재다. 하나님의 '형상'이란 무엇일까? 최소한 두 가지 중요한 의미에서 인간에게는 하나님의 형상이 있다. 첫째, 인간의 성품이다. 우리에게는 하나님을 닮은 능력(사고하고 추론하고 계획하고 사랑하고 선택하고 바라고 소통하는 능력)과 성품(의로움, 거룩함, 자비로움, 긍휼, 지혜 등)이 있다. 둘째, 인간의 지위다. 하나님은 인간에게 지구를 다스리는 일을 맡기셨다(창 1:26, 28).

하나님은 또 사람을 남자와 여자로 창조하셨다. 하나님의 형상에서 양성은 평등한데, 하나님의 뜻에 따라 특징과 역할이 나뉜다. 동성애를 비롯한 성의 혼란은 남자와 여자의 경계를 허문다. 하나님은 처음부터 성의 구별을 선하게 보셨다. 남자는 남자다운 게 좋고, 여자는 여자다운 게 좋다.

하나님은 인간이 번성하여 하나님의 형상으로 세상을 채우기를 원하셨다. 인간의 번성은 하나님이 내리신 복의 결과다. 하나님이 남자와 여자(즉, 창세기 2장에서 가르치는 대로 남편과 아내)에게 복을 주시면 아기가 탄생하고 하나님의 형상이 번성한다. 따라서 자녀는 하나님이 주시는 복이지 돈이 많이 들고 불편한 골칫거리가 아니다.

창조이야기의 끝에는 하나님이 사람과 모든 동물을 사랑하여 마련해 주신 것이 있다. 사람에게는 씨 맺는 식물과 나무를 주셨고, 동물에게는 푸른 채소를 주셨다. 피조물의 생명을 유지할 수 있게 하신 하나님의 섭리가 무척이나 아름답다. 앞서 말했듯이, 하나님은 스스로 운행할 수 없는 우주를 창조하셨고, 피조물은 하나님을 의지함으로 하나님을 영화롭게 한다. 시편 104편은 음식을 주시는 선하신 하나님을 묵상하며 기록되었다. "이것들은 다 주께서 때를 따라 먹을 것을 주시기를 바라나이다 주께서 주신즉 그들이 받으며 주께서 손을 펴신즉 그들이 좋은 것으로 만족하다가"(시 104:27-28).

● ● ● 선하신 하나님과 선한 창조 세계

하나님은 우주의 창조에 대한 이야기를 마치면서 결정적인 평가를 내리신다. "하나님이 지으신 그 모든 것을 보시니 보시기에 심히 좋았더라"(창 1:31). 물질은 본래 선하다는 무척 중요한 선언이다. 그리스 철학자와 동양의 신비가들은 물질, 특별히 사람의 몸이 선하다는 사실을 부정했다. 하나님은 자신이 만든 모든 것이 선하다고 말씀하셨다. 그러나 자연만물이 하나님의 선하심을 보여준다는 사실이 더 중요하다.

우리가 살고 있는 우주는, 자신의 창조물을 사랑하시는 선하신 하나님이 지성과 사랑으로 만드신 것이다. 특별히 지구는 사람을 위해 준비된 행성이다. 지구는 시속 108,000킬로미터로 태양 주위를 공전한다. 지구의 공전 속도는 태양의 중력을 상쇄하여 생명이 자랄 수 있도록 태양으로부터 일정한 거리를 유지한다. 선하신 하나님이 지구의 축을 23.5도 기울여 놓으신 덕분에 남반구와 북반구에는 아름다운 계절의 변화가 생긴다. 지구의 축이 조금이라도 더 기울어져 25도가 되면 여름은 훨씬 더 무덥고 겨울은 훨씬 더 추워져 식물이 살 수 없을 것이다. 지구의 속도와 위치는 사람에게 최상의 것이다.

하나님은 또 태양계의 여느 행성과 달리 지구의 대기를 정교하게 조율하셨다. 높은 하늘에는 오존층이 있어서 암을 유발하는 태양 광선을 차단한다. 대기는 유성으로부터 지구를 보호하는 역할을 한다. 그리고 해마다 7만 톤에 달하는 우주 잔해를 태워 없앤다. 질소 78퍼센트와 산소 21퍼센트로 이루어진 대기는 생명이 살기에 최적의 배합이다. 산소가 없다면 모든 생명체는 생존이 불가능한데, 만일 25퍼센트만 되어도 지구 곳곳에서 즉시 화재가 발생할 것이고, 그 불은 끌 수가 없을 것이다. 질소는 산소를 희석할 뿐 아니라 식물에 필수적인 영양분을 공급한다. 놀랍게도 지구 전역에서 뇌우가 쏟아지는 동안 번갯불은 식물에 꼭 필요한 질소와 산소의 합성물을 만든다. 합성물은 비와 함께 흙으로 들어간다. 그러므로 대기는 사람에게 최상의 것이다.

1543년 5월 폴란드의 천문학자 니콜라스 코페르니쿠스는 죽음을 앞두고 최고의 역작 『천체의 회전』(On the Revolution of the Celestial Spheres)을 펴냈다. 그는 태양계의 중심이 지구가 아니라 태양임을 증명했다. 자연과학은 그의 관점이 옳다는 것을 밝혀냈지만, 창세기 1장은 여전히 성경적으로 반박할 수 없는 핵심개념, 즉 지구는 우주에 대한 하나님의 중심목적이라는 것을 보여준다. 창세기 1장 14-18절에 따르면, 하나님이 태양과 달과 별을 창조하신 모든 이유는 지구 때문이었다. 지구를 빛으로 비추기 위해, 지구의 낮과 밤을 나누기 위해, 지구의 계절과 날과 해를 정하기 위해서였다. 요한계시록도 우주의 중심을 지구로 보는 관점이 옳다는 것을 밝힌다. 인간의 역사와 지상에서 일어나는 사건이 정점에 이르면, 무화과열매가 무화과나무에서 떨어지듯 별들이 하늘에서 지구로 떨어질 것이다(계 6:13). 지구는 우주에 대한 하나님 계획의 중심이다.

●●● 안식

이레 동안의 천지창조는 하나님이 안식일을 거룩하고 복된 날로 정하면서(창 2:1-3) 안식하시는 것으로 끝난다. 물론 하나님이 우주를 만드신 후 기력을 잃어 안식하신 것은 아니다. "영원하신 하나님 여호와, 땅 끝까지 창조하신 이는 피곤하지 않으시며 곤비하지 않으시며 명철이 한이 없으시며"(사 40:28)라는 말씀이 이를 분명하게 밝힌다.

하나님이 우주를 만드신 후 창조물에서 손을 떼셨다는 생각도 옳지 않다. 하나님은 한순간도 하나님을 의지하지 않으면 안 되는 의존적인 우주를 만드셨다. 하나님의 안식에는 두 가지 의미가 있다. 첫째, 왕좌에 올라 대소신료를 바라보며 큰 위엄으로 다스리는 왕처럼 우주에 대한 하나님의 주권을 보여준다. 둘째, 그리스도를 믿음으로 천국에서 영원히 누릴 뿐 아니라 현 시대에서도 일주일 중 하루, 하나님의 안식을 누릴 수 있는 기회를 주심으로 인간에 대한 하나님의 자비를 보여준다(히 4:1-11).

특별한 창조, 인간 : 창세기 2장의 상세한 내용

주석가들은 창조에 대한 설명이 일치하지 않는 창세기 1장과 2장을 하나로 묶는 데 어려움을 느낀다. 창세기 2장은 창세기 1장을 완벽하게 보완한다. 창세기 1장은 하나님이 우주를 창조하신 것과, 특별히 사람을 하나님의 형상대로 남자와 여자로 지으신 목적에 대해 총괄적으로 설명한다. 그러나 창세기 2장은 반드시 밝혀야 할 최초의 남자와 여자의 탄생과 하나님의 특별한 목적에 자세히 초점을 맞춘다. 창세기 1장과 2장은 캘리포니아 주 지도 안에 로스앤젤레스 지도가 들어 있는 것과 같다.

● ● ● 인간을 기다리는 지구

창세기 2장은 하나님의 영광으로 빛나면서도, 관리하고 다스릴 인간을 기다리는 지구를 그린다. 하나님은 창세기 1장에서 지구가 "심히 좋았더라"고 말씀하셨지만, 개발할 수도 더 나아질 수도 없다는 뜻은 아니었다. 그리고 창세기 2장 5절은 사람이 경작하지 않으면 자라지 않는 채소에 대해 말한다. 최초의 사람은 그런 기술을 어디서 습득했을까? 하늘 아버지가 몸소 가르쳐주셨을 것이다. 하나님은 아들 아담에게 흙을 다루는 방법을 가르쳐주셨다. 이사야 28장은 하나님이 직접 사람에게 농업을 가르쳐주시는 놀라운 내용을 밝힌다.

> 파종하려고 가는 자가 어찌 쉬지 않고 갈기만 하겠느냐 자기 땅을 개간하며 고르게만 하겠느냐 지면을 이미 평평히 하였으면 소회향을 뿌리며 대회향을 뿌리며 소맥을 줄줄이 심으며 대맥을 정한 곳에 심으며 귀리를 그 가에 심지 아니하겠느냐 이는 그의 하나님이 그에게 적당한 방법을 보이사 가르치셨음이며 소회향은 도리깨로 떨지 아니하며 대회향에는 수레바퀴를 굴리지 아니하고 소회향은 작대기로 떨고 대회향은 막대기로 떨며 곡식은 부수는가, 아니라 늘 떨기만 하지 아니하고 그것에 수레바퀴를 굴리고 그것을 말굽으로 밟게 할지라도 부수지는 아니하나니 이도 만군의 여호와께로부터 난 것이라 그의 경영은 기묘하며 지혜는 광대하니라 (사 28:24-29)

최초의 인간

창세기 2장 7절은 흙을 빚어 최초의 인간을 만드는 특별한 창조에 대해 설명한다. "여호와 하나님이 땅의 흙으로 사람을 지으시고 생기를 그 코에 불어넣으시니 사람이 생령이 되니라" 나는 보스턴 과학박

물관에서 화합물이 들어있는 다양한 크기의 병으로 사람의 형체를 꾸민 전시물을 본 적이 있다. 병에 든 것은 인체에서 수분을 제거한 화합물이었다(인체는 60퍼센트 이상이 물이다). 수분이 제거된 인체는 온통 흙에서 발견할 수 있는 화합물과 광물질로 이루어져 있었다! 첫 사람 아담은 땅에서 나서 흙에 속한 자(고전 15:47)였는데, 그가 타락하자 하나님은 아담에게 "네가 그것[흙]에서 취함을 입었음이라 너는 흙이니 흙으로 돌아갈 것"(창 3:19)이라고 말씀하셨다.

우리는 흙에 속한 자들이지만, 하나님이 흙의 다양한 물질로 심히 기묘하게 지으신(시 139:14) 복잡한 인체를 들여다보면 그저 놀라울 뿐이다. 현대 유전학에 따르면, 한 사람의 몸에 세포가 수조 개 있는데, 그 세포에 있는 DNA의 복잡한 이중나선을 풀어 죽 이으면 160-320억 킬로미터에 이른다. 하나님이 창조하신 것 가운데 가장 복잡한 사람의 뇌에는 뉴런이 천억 개나 있다. 그 수는 아마존 밀림을 빼곡히 채운 나무의 수와 맞먹는다. 놀랍지 않은가?

하나님의 특별한 명령

하나님은 자신의 영광으로 가득한 세상을 만드셨지만, 특별히 아담과 하와가 신나게 탐구하고 개발할 곳을 따로 준비하셨다. 바로 "동방의 에덴"(창 2:8)이다. 하나님은 사람을 그곳에 두시고, 아름답고 맛있는 온갖 열매를 풍성히 맺는 나무들을 부족하지 않게 심으셨다. 동산 중앙에는 생명나무가 있었다. 동산에는 또 선악을 알게 하는 나무도 있었다. 하나님은 아담에게 두 나무에 대한 특별한 명령을 내리실 참이었다.

창세기 2장 10-14절은 에덴동산에서 발원하는 네 강을 묘사한다
(고고학계에서는 이 강들에 대한 놀라운 발견이 잇따르고 있다). 창세기 2장
15절은 "여호와 하나님이 그 사람을 이끌어 에덴동산에 두어 그것을
경작하며 지키게 하시고"라고 했다. 히브리어 '경작하다'와 '지키다'는
구약성경에서 자주 쓰이는 말이다. 어원은 '섬기다'와 '보호하다'이다.
아담은 하늘 아버지의 지도 아래 에덴동산을 개간하고 경작했다. 창
세기 2장 5절에 언급된 채소와 초목이 자라도록 보살폈다. 지키라는
두 번째 명령은 에덴의 아름다움과 평화를 위협하는 위험이 임박했음
을 뜻한다. 그 위험은 사탄이 뱀의 형상으로 등장해 하와와 아담을 꾀
어 그들(과 에덴동산)을 죽음으로 몰아넣는 창세기 3장에서 뚜렷하게
드러난다.

하나님은 아담을 에덴에 두시고 분명하게 말씀하셨다. "동산 각종
나무의 열매는 네가 임의로 먹되 선악을 알게 하는 나무의 열매는 먹
지 말라 네가 먹는 날에는 반드시 죽으리라"(창 2:16-17). 여기서 하나
님은 아담에게 제약을 가하셨다. 이것은 법과 경고와 규제다. 아담은
지구를 다스릴 권한이 있었지만 하나님께는 복종해야 했다.

하와의 창조와 결혼

하나님의 형상대로 창조된 남자와 여자는 생육하고 번성하여 땅
에 충만하라는 명령을 받았다(창 1:26-28). 그런데 아담은 한동안 홀
로 지냈다. 하나님은 아담이 혼자 지내는 게 좋지 않다고 하셨지만(창
2:18), 하나님이 아담을 먼저 만드시고 짧게나마 혼자 지내게 하신 데
는 이유가 있었다. 하나님은 이를 통해 아담을 아내의 머리로 세우시

고, 아내의 역할이 "그를 위하여 돕는 배필"(창 2:18; 고전 11:2-16; 엡 5:22-33; 딤전 2:11-15)임을 보여주셨다.

아담이 동물의 이름을 지은 후(창 2:19-20), 동물 중에는 그를 위하여 돕는 존재가 없다는 것이 분명해졌다. 아담은 혼자서 번성할 수 없었다. 하나님의 형상대로 창조된 사람답게 사랑할 존재도 없었다. 하나님은 아담이 깊이 잠들자 갈비뼈를 떼어내 그것으로 여자를 지으셨다. 하나님은 아담에게 여자를 소개하셨고, 두 사람은 부부가 되었다. 아담은 아름다운 시를 지어 노래했다. "이는 내 뼈 중의 뼈요 살 중의 살이라 이것을 남자에게서 취하였은즉 여자라 부르리라"(창 2:23).

아담은 아내의 이름을 지으면서 아내에 대한 남편의 권위를 보이지만, 두 사람은 하나님의 형상대로 똑같이 창조되었으므로 동등한 관계라는 것도 보인다. 이것은 성경에 기록된 최초의 인간관계이자 결혼의 기원이고, 모든 결혼의 모범이다. 또 이것은 그리스도와 교회의 모습이기도 하다(엡 5:32). 두 사람은 죄를 짓기 전까지 "벌거벗었으나 부끄러워하지 아니"(창 2:25)할 정도로 무척 자유로웠다.

비극적인 타락

우리가 살고 있는 세상은 아담과 하와가 살았던 완벽한 에덴과는 전혀 다르다. 인류를 대표하는 아담은 아내도 에덴동산도 '섬기고 지키는' 데 실패했다. 사탄이 아내를 유혹하는데도 멀뚱멀뚱 쳐다보고만 있다가 선악을 알게 하는 나무의 열매를 먹음으로 노골적으로 반역했다(창 3:1-7).

하나님은 지상의 심판자로 찾아오셔서 아담과 하와와 뱀을 차례로 심판하셨다. 그분은 모두에게 저주를 내리셨고, 아담이 저주받은 탓에 땅도 저주를 받았다. "땅은 너로 말미암아 저주를 받고 너는 네 평생에 수고하여야 그 소산을 먹으리라 땅이 네게 가시덤불과 엉겅퀴를 낼 것이라 네가 먹을 것은 밭의 채소인즉"(창 3:17-18).

그때부터 만물은 부패와 허사에 속박되어 신음하고 있으며, 인간의 구원이 영광스럽게 완성되기를 고대하고 있다(롬 8:18-22). 우리는 만물의 신음과 속박과 부패와 허사의 증거를 날마다 목격한다. 우리도 만물이 다시금 완전하고 영광스럽게 될 날을 고대한다.

새로운 피조물

예수 그리스도의 복음은 영광스러운 그날을 오게 하는 하나님의 능력을 불러일으킨다. 그리스도의 부활로 인류 역사의 새 시대가 열렸다. 부활하신 그리스도의 '영적인 몸'은 새로운 우주에 대한 원형이다. 그분은 죽은 자들의 "첫 열매"(고전 15:20, 23)다. 그리스도의 구원의 죽음과 영광스러운 부활의 복음이 세상에 퍼지자, 아담의 악한 후손들이 회개하고 그리스도를 믿어 구원을 받고 있다. 그들은 그 순간 그리스도 안에서 영으로 "새로운 피조물"(고후 5:17)이 되고, 육으로도 새로운 피조물이 되기를 소망한다.

우리는 몸이 부활하는 마지막 구원(롬 8:23)을 간절히 기다린다. 그리스도인도 만물도 속으로 신음하고 있다. 그리스도가 재림하시면 우리의 간절한 소망은 이루어지고 만물은 새롭게 변할 것이다. 영적인 우주와 물질적인 우주는 우리의 몸처럼 부활할 것이므로 같은 듯 다를 것이다. 새로운 우주는 "의가 있는 곳인 새 하늘과 새 땅"(벧후

3:13)이라는 빛나는 이름으로 불릴 것이다.

창조 교리의 적용

우리는 창조 교리를 통해 만물에 깃든 하나님의 영광을 볼 줄 알고, 하나님을 찬양하고 예배할 이유를 끝없이 찾아야 한다. 우리는 온갖 저주의 징후에도 불구하고 하나님의 선하심과 사랑을 펼쳐놓은 다채롭고 아름다운 지구를 보면서, 우리의 모든 필요를 채우시는 하나님께 감사해야 한다.

창조주 하나님의 능력은 만물에 나타나 있다. 우리는 시편 139편의 다윗처럼, 친히 우리를 모태에서 지으시고 매순간 생명을 주시는 하나님을 경외하는 것이 마땅하다. "우리가 그를 힘입어 살며 기동하며 존재"(행 17:28)한다는 것을 알아야 한다. 우리의 인생과 모든 길을 하나님이 주관하신다는 것도 알아야 한다(단 5:23). 우리는 시편 139편의 다윗처럼 하나님을 친밀하게 경외할 수밖에 없다. "하나님이여 나를 살피사 내 마음을 아시며 나를 시험하사 내 뜻을 아옵소서"(시 139:23).

우리의 부활은 하나님이 창조 첫날에 하신 일과 같을 것이다. "어두운 데에 빛이 비치라 말씀하셨던 그 하나님께서 예수 그리스도의 얼굴에 있는 하나님의 영광을 아는 빛을 우리 마음에 비추셨느니라"(고후 4:6). 우리는 하나님의 절대적인 주권으로 변화될 것이다. 아무것도 없는 흑암을 향해 "빛이 있으라"는 말씀으로 빛을 창조하셨던 하나님은, 아무것도 없는 흑암이나 다름없는 우리 마음을 향해 새로운 영적인 빛, 즉 그리스도의 빛을 창조하셨다. 이것이 부활이다. 주권자 하나님만이 하실 수 있는 일이다. 하나님이 뜻하시면 우주의 어떤 것도 막을 수 없다!

천지창조는 부모가 어린 자녀에게 가장 간단하고 명확하게 하나님의 존재와 성품을 가르칠 수 있는 이야기다. 부모는 늘 창조주 하나님을 찬양하고, 그분에게 감사하는 말을 해야 하며, 앞서 언급했던 영적인 비유로 예수 그리스도의 복음을 자녀에게 가르쳐야 한다.

성경에는 창조 교리로 복음의 진리를 시작하는 책이 많다(이를테면 창세기, 요한복음, 로마서, 골로새서, 히브리서). 성경을 모르는 사람들과 접촉점을 만들 수 있는 것도 바로 이 부분이다. 우리가 미전도 종족이 사는 땅 끝까지 찾아가서 복음을 전하고자 할 때, 복음의 시작은 필연적으로 천지창조가 될 것이다. 성경을 아는 서구인들이 점차 줄어들고 있으므로 서구 문화에서도 마찬가지다. 복음의 메시지 자체를 천지창조와 깊이 연관시켜야 한다.

지구는 창조주께서 우리에게 맡기신 것이므로 우리는 주인이 아니라 청지기일 뿐이다. 우리는 하늘 아버지의 창조물인 지구를 존중하고 사랑으로 보살펴야 한다. 우리는 창조물을 예배할 것이 아니라 하나님의 지도 아래 지구가 가장 좋은 별이 되도록 지켜야 한다.

과학을 연구하는 모든 신자는 무엇보다 예배자로서 학문에 전념해야 한다. 과학자들은 자신의 일을 창조주 하나님의 놀라운 솜씨를 발견하는 일로 여기고, 하나님의 솜씨를 발견할 때마다 하나님을 예배하고 인류의 발전을 위해 형제자매들에게 알려야 한다. 과학자들은 자연의 새로운 사실을 발견할 때 성경의 진리에 헌신하는 마음을 버리지 말아야 한다.

성경은 하나님의 생각을 사람에게 알리는 가장 크고 명확한 계시지만, 우리 주위의 창조물이 없다면 성경 자체를 이해할 수 없을 것이다.

성경은 영적인 진리를 가르치기 위해 자연의 비유를 들어 이 세상의 언어로 쓴 책이다. 예수님은 늘 말씀하셨다. "들의 백합화가 어떻게 자라는가 생각하여 보라 수고도 아니하고 길쌈도 아니하느니라"(마 6:28). "바람이 임의로 불매 네가 그 소리는 들어도 … 성령으로 난 사람도 다 그러하니라"(요 3:8). "천국은 마치 여자가 가루 서 말 속에 갖다 넣어 전부 부풀게 한 누룩과 같으니라"(마 13:33).

우리는 죄악으로 저주받은 세상에 살고 있으므로 쉽게 지치고 낙심할 수 있다. 시편 저자는 "내 영혼을 소생시키시고"(시 23:3)라고 했다. 하나님은 자연을 통해 우리의 영혼을 소생시키신다. 소풍을 즐기는 기분으로 그리스도와 함께 자연을 꾸준히 찾아보라. 바다로 가서 파도치는 소리를 들어보라. 산으로 가서 독수리가 상승기류를 타고 솟구치는 광경을 보라. 숨이 멎을 듯 아름다운 거대한 협곡과 눈부신 색조의 그랜드 캐니언 앞에 서 보라. 하나님이 창조하신 만물을 보며 우리의 영혼을 소생시키자.

로마서 8장은 만물과 몸의 부활에 대한 그리스도인의 소망에 대해 말한다. 다가오는 새로운 창조를 간절히 소망하며 살자. 열망하고 기도하며 살아가자. 그리고 잃어버린 영혼에게 복음을 전하여 그날을 앞당기자.

죄와 타락

04

레디트 앤드류스 3세(Reddit Andrews III)

세상과 인간은 뭔가 심각하게 잘못되었다. 종교가 있든 없든 모든 사람이 인정하는 사실이다. 예를 들면, 현대인들은 기술과 의학 분야에서 대단한 성과를 거두고 있지만 심각한 문제도 양산하고 있다. 20세기에 1억8천8백만 명이 전쟁과 탄압으로 목숨을 잃었는데,[1] 죽기 전에 강간과 신체 절단, 고문을 당한 사람이 수없이 많다. 다음은 크리스토퍼 라이트(Christopher Wright)가 쓴 글이다.

2001년 9월 11일, 뉴욕 세계무역센터 쌍둥이빌딩을 무너뜨린 공격으로 세계는 공포에 떨었다. 이 테러로 3천여 명이 목숨을 잃었다. 아프리카에서는 9·11 테러의 두 배에 해당하는 고통이 날마다 일어난다. … 2004년 12월 인도양에서 발생한 해일은 단 하루에 30만여 명의 목숨을 앗아갔다. 아프리카에서는 에이즈로 매월 해일이 앗아간 목숨에 맞먹는 사람들이 목숨을 잃는다.[2]

인간의 문제는 정확히 무엇일까?

인간의 처지에 대한 답

과학, 교육, 정치, 종교 분야의 리더를 비롯해 많은 사람들이 자연주의적 진화론이 옳다고 가정하고 인간의 처지를 검토한다. 진화론은 인간의 역사를 짜내는 원단의 일부가 악이라고 말한다. 프랑스 철학자 폴 리쾨르(Paul Ricoeur)가 쓴 글을 보자.

> 악은 지나치게 풍요로운 경제의 일부다. … 그러므로 우리는 용기를 내어 희망의 서사시에 악을 포함시켜야 한다. 우리가 알 수 없는 방법으로 악은 하나님나라의 발전을 위해 협력한다. … 정죄에서 자비로 한걸음도 내딛지 못한 청교도의 신앙보다 문화에 대한 큰 사랑으로 악을 인간교육의 요소로 여기는 계몽주의자의 신앙이 더 올바르다.[3]

어떤 면에서 이슬람도 악을 인간의 진보에 자연스럽고 불가피한 요소로 본다. 다음은 노마눌 하크(Nomanul Haq)의 글이다.

> 인간이 에덴에서 쫓겨난 것은 … 모태에서 출생한 아기, 알에서 깨어난 새, 가지에서 돋아난 싹처럼 자연스러운 출생과도 비슷했다. 자연이 그렇듯 아기가 자라 어른이 되고 씨가 자라 높은 나무가 되듯, 정말로 아담은 도덕적으로 영적으로 지적으로 진화해야 했다.[4]

따라서 인간은 본래의 영광스러운 상태로 돌아가기 위해 타락에서 회복될 필요가 없고, 알라가 코란에 명시한 율법만 지키면 된다는 것이다.

반대로, 기독교는 인간의 처지를 독특하게 검토한다. 기독교는 죄악과 타락이라는 상호 관련된 두 가지 범주에서 악을 검토한다. 악이 존재하는 것은 죄 때문이고, 죄가 존재하는 것은 인류 역사 초기에 발생한 타락 때문이다. 조나단 에드워즈는 원죄를 설명하는 훌륭한 글에서 세상을 악으로 물들인 것은 아담의 죄라고 강하게 주장한다.

> 이게 사실이라면 틀림없이 모든 사람에게 해당될 원죄 교리는 무척 중요하다. 정말로 그렇다면 모든 인간은 본질적으로 전적으로 부패했기 때문이다. 인간은 자신이 저지르는 도덕적 악의 영향도 받고, 다른 사람이 초래하는 고통이라는 악의 영향도 피할 수 없다. 그렇다면 위대한 구원은 틀림없이 원죄를 배제하지 않을 것이다. 진짜 믿음, 즉 진정한 복음은 원죄를 바탕에 두어야 한다.[5]

다음은 블레즈 파스칼의 글이다.

> 그러나 놀랍게도 우리의 지식으로는 알 수 없는 신비, 즉 죄가 유전된다는 신비가 없이는 우리 자신에 대해 전혀 알 수가 없다!
> 도저히 첫 인간의 죄에 물들 수 없을 정도로 고통의 근원에서 멀리 떨어져 있는 것처럼 보이는 인간들에게, 첫 인간의 죄가 죄책감을 일으킨다는 것보다 충격에 빠뜨리는 말은 없다. 죄의 유전은 불가능하게 보일 뿐 아니라 매우 부당하게 보이기도 한다. 스스로 죄를 지을 수 없는 어린아이가 자신이 태어나기 6천 년 전에 다른 사람이 저지른 죄로 영원한 심판을 받는 것보다, 우리의 가련하고도 정의로운 법에 정면으로 대치되는

것이 또 있을까? 원죄 교리보다 우리를 충격에 빠뜨리는 것은 없지만, 인간이 이해할 수 없는 이런 신비가 아니고서는 우리는 자신에 대해 아무것도 모를 것이다. 그 심연으로부터 생긴 비틀림으로 우리의 처지는 뒤엉킨 매듭이 되었다. 인간은 그 신비를 알 수 없다. 그러나 그 신비가 없이는 인간을 알 수 없다.[6]

기독교로만 인간의 처지를 정확하게 검토할 수 있다. 악이 존재하는 것은 죄 때문이고, 죄가 존재하는 것은 타락 때문이다. 그리고 죄는 지상이 아니라 천상에서 비롯되었다.

죄는 지상에서 처음 시작된 것이 아니라 천국에서, 하나님의 존전에서, 그분의 왕좌 아래서 시작되었다. 하나님께 반대하는 생각과 소원과 의지는 천사들의 마음에서 처음 일어났다.[7]

죄의 등장

"태초에 하나님이 천지를 창조하시니라"(창 1:1).[8] 천사들은 기쁨의 노래로 화답했다. "그것의 주추는 무엇 위에 세웠으며 그 모퉁잇돌을 누가 놓았느냐 그 때에 새벽 별들이 기뻐 노래하며 하나님의 아들들이 다 기뻐 소리를 질렀느니라"(욥 38:6-7). 우주를 창조하신 후 "하나님이 지으신 그 모든 것을 보시니 보시기에 심히 좋았더라"(창 1:31). 그 후에 천사들이 죄를 지어 쫓겨났다(벧후 2:4; 유 1:6). 그리스도에 상응하는 아담(롬 5:12-19; 고전 15:22, 45-49)은 인류를 대표한다.

여호와 하나님이 그 사람에게 명하여 이르시되 동산 각종 나무의 열매
는 네가 임의로 먹되 선악을 알게 하는 나무의 열매는 먹지 말라 네가 먹
는 날에는 반드시 죽으리라 하시니라 (창 2:16-17)

아담과 하와가 하나님께 불순종하여 금단의 열매를 먹었을 때, 인
류는 죄에 발을 들여놓게 되었다.

그러므로 한 사람으로 말미암아 죄가 세상에 들어오고 죄로 말미암아
사망이 들어왔나니 이와 같이 모든 사람이 죄를 지었으므로 사망이 모
든 사람에게 이르렀느니라 죄가 율법 있기 전에도 세상에 있었으나 율
법이 없었을 때에는 죄를 죄로 여기지 아니하였느니라 그러나 아담으로
부터 모세까지 아담의 범죄와 같은 죄를 짓지 아니한 자들까지도 사망
이 왕 노릇 하였나니 아담은 오실 자의 모형이라 (롬 5:12-14)

사탄은 아담의 아내 하와를 통해 아담에게 접근했다.

여자가 그 나무를 본즉 먹음직도 하고 보암직도 하고 지혜롭게 할 만큼
탐스럽기도 한 나무인지라 여자가 그 열매를 따먹고 자기와 함께 있는
남편에게도 주매 그도 먹은지라 이에 그들의 눈이 밝아져 자기들이 벗
은 줄을 알고 (창 3:6-7상)

● ● ● **본래의 의(義)**

하나님은 아담을 반듯하게 창조하셨다. 아담은 이른바 원의(原義)
가 있었다. 아담과 하와가 유혹에 굴복했던 때는 보호관찰 기간이었

다. 그들은 죄를 짓지 않을 수도 있었고 지을 수도 있었다.

하나님은 인간에게 상반된 선택을 내릴 수 있는 능력을 허락하셨다. 사람은 외부의 강요나 결정 없이 자신의 의지로 죄를 지었다. 신체적 이유든 도덕적 이유든 환경적 이유든 죄를 지어야 할 필연성은 없었다. 죄는 인간 정신의 자유로운 결정이었다. 레이들로(Laidlaw)의 말을 빌리면 "바깥의 제안과 사건에서 비롯된 것이지만 내면의 위기였다."[9]

아담이 유혹을 받은 것은 잘못이 아니지만, 유혹에 굴복한 것은 잘못이었다. 아담에게는 지구를 다스릴 권한이 있었고, 자신을 도울 아내가 있었다. 또 하나님과 사이에 우정까지 있어 유례없는 복을 누렸다. 하나님은 나무 한 그루를 제외한 모든 자연을 아담에게 맡기셨다. 하나님은 복을 한없이 주리라고도 하셨고, 금단의 열매를 먹으면 안 된다고 한없이 경고하기도 하셨다.

●●● 악과 하나님의 뜻

하나님은 세상에 죄가 들어올 거라 주권적으로 선포하셨고, 아담은 마음대로 죄를 지은 책임을 져야 했다.

하나님은 영원 전에 가장 지혜롭고 거룩한 뜻에 따라 자유롭게 그리고 불변하게 앞으로 일어날 모든 일을 정하셨다. 그러나 하나님은 죄를 만들지도 않으셨고 피조물에게 폭력을 허락하지도 않으셨다. 그리고 또 다른 동기를 품을 자유나 기회도 막지 않으셨다. (웨스트민스터 신앙고백서 3.1)

악을 정하신 하나님이 과연 지혜로운 분인지 의심하는 사람이 많다. 거룩하신 하나님은 악을 만들지 않으셨다. 하나님은 단순히 악을 '허용'하신 것이 아니다. 하나님은 악을 정하신 게 아니라 악의 발생을 인정하신 것이다. 하나님이 단순히 악을 허용하셨다고 여기면, 하나님이 악을 정하셨음을 인정하는 데서 생기는 불안을 해소할 답이 없다. 두 가지 경우 모두 하나님이 죄를 불러들인 장본인이 되기 때문이다. 바빙크(Herman Bavinck)는 이런 글을 썼다.

[하나님]은 [죄악]의 존재와 권세를 두려워하지 않으셨다. 하나님은 죄악 안에서 또 죄악에 맞서서 자신의 거룩한 성품을 빛내기 위해 죄악을 존재하게 하셨다. 그분이 죄악의 존재를 막으셨다면, 우리는 하나님이 만물보다 높은 전능자가 아니라고 늘 생각했을 것이다. 유한하고 제한적이며 가변적이고 이성적인 피조물은 변절할 가망이 있기 때문이다. 그러나 하나님은 하나님이시기 때문에 자유와 죄와 악과 사탄의 능력을 두려워하지 않으셨다. 따라서 하나님은 죄가 발생할 때든 관영할 때든 늘 죄를 다스리신다. 하나님은 죄를 강제하지도 폭력으로 억제하지도 않으시고, 죄의 바닥이 드러나도록 허용하신다. 그분은 왕이지만 자신의 왕국에 자유를 허락하고, 죄가 모든 것을 차지하도록 허락하신다. 그분의 세계, 그분의 창조물, 심지어 그분이 기름부으신 아들까지 말이다. 악은 선이 없다면 존재할 수 없다. 그분은 죄가 자신의 모든 것을 쓰도록 허락하신다. 그분은 마지막에 왕 중의 왕으로서 전장을 떠나기 위해 죄에게 할 수 있는 모든 것을 보여줄 기회를 주신다. 죄는 자신의 자유로 자신을 파괴하므로, 자신의 질병으로 숨을 거두고 사망에 이른다. 죄는 가장 위력을 떨치는 순간, 오직 십자가에 의해 무능함이 만천하에 공개된다 (골 2:15)[10]

최초의 죄와 영향력

아담이 지은 죄의 영향력은 대단해 모든 사람에게 영향을 미친다.

● ● ● 심판을 부르는 불법

죄는 천지의 왕이신 하나님의 법을 깨뜨리는 것이다.

> 죄를 짓는 자마다 불법을 행하나니 죄는 불법이라 (요일 3:4)

> 여호와 하나님이 그 사람에게 명하여 이르시되 동산 각종 나무의 열매
> 는 네가 임의로 먹되 선악을 알게 하는 나무의 열매는 먹지 말라 네가 먹
> 는 날에는 반드시 죽으리라 하시니라 (창 2:16-17)

아담이 반역하자 하나님은 인간과 세상에 저주를 내리셨고(창 3:16-19), 그 결과 육체와 영혼은 죽음을 맞았다. 하나님은 창조 질서의 최후 구원을 바라보며 세상에 저주를 내리셨다. "피조물은 허무하게 되었습니다. 그렇게 된 것은 피조물이 원해서가 아니라 그렇게 하신 하나님의 뜻 때문이었습니다. 하지만 소망은 있습니다. 그것은 피조물도 썩어짐의 굴레에서 해방되어 하나님의 자녀가 누리는 영광스러운 자유에 참여하리라는 소망입니다."(롬 8:20-21, 쉬운성경). 자연의 악에 대해 설명하는 구절이다. 인간이 타락하지 않았다면 지진, 회오리바람, 홍수, 허리케인 따위도 없었을 것이다.

●●● 하나님과의 단절

아담의 죄는 하나님과 누리던 관계를 파괴했다. 인간에게 개인의
죄는 큰 문제가 아닌 것처럼 보이지만, "눈이 정결하시므로 악을 차마
보지 못"(합 1:13)하시는 거룩하신 하나님께는 그렇지 않다. 그래서 하
나님은 "그 사람을 쫓아내시고 에덴 동산 동쪽에 그룹들과 두루 도는
불 칼을 두어 생명 나무의 길을 지키게"(창 3:24) 하셨다.

인간은 하나님과 원수가 되었지만, 예수님은 인간을 구원하여 하나
님과 인간의 관계를 회복시키셨다. "곧 하나님께서 그리스도 안에 계
시사 세상을 자기와 화목하게 하시며 그들의 죄를 그들에게 돌리지
아니하시고"(고후 5:19). "곧 우리가 원수 되었을 때에 그의 아들의 죽
으심으로 말미암아 하나님과 화목하게 되었은즉 화목하게 된 자로서
는 더욱 그의 살아나심으로 말미암아 구원을 받을 것이니라"(롬 5:10).

●●● 보편성

그러므로 한 사람으로 말미암아 죄가 세상에 들어오고 죄로 말미암아
사망이 들어왔나니 이와 같이 모든 사람이 죄를 지었으므로 사망이 모
든 사람에게 이르렀느니라 … 그런즉 한 범죄로 많은 사람이 정죄에 이
른 것 같이 한 의로운 행위로 말미암아 많은 사람이 의롭다 하심을 받아
생명에 이르렀느니라 한 사람이 순종하지 아니함으로 많은 사람이 죄인
된 것 같이 한 사람이 순종하심으로 많은 사람이 의인이 되리라 (롬 5:12,
18-19)

사망이 한 사람으로 말미암았으니 죽은 자의 부활도 한 사람으로 말미
암는도다 아담 안에서 모든 사람이 죽은 것 같이 그리스도 안에서 모든

사람이 삶을 얻으리라 (고전 15:21-22)

그리스도의 역할과 아담의 역할은 동등하다. 아담의 죄와 부패가 어떻게 인간에게 유전됐는지에 대해서는 그리스도인들 사이에서 견해가 엇갈린다. 우리가 알 수 있는 문제가 아니라는 사람도 있고, 아담이 죄를 지을 때 모든 사람이 그의 안에 있었으므로(히 7:9-10) 아담이 유기적으로 모든 사람과 연결되어 있다고 믿는 사람도 있다. 아담이 언약 대표자라는 견해는 설득력이 있다.[11] 그의 죄는 모든 후손에게 전가되었다.

● ● ● 타락

죄는 사람들 안에 넓게 침투했고 송두리째 부패시켰다. 쉽게 오해를 사는 말이지만 이것을 '전적 타락'이라고도 한다. 인간이 악할 수 있을 대로 악하다든지, 선한 일을 전혀 할 수 없다는 뜻은 아니다. 이것은 죄가 전인(全人)에 영향을 준다는 말이다. 모든 사람은 하나님으로부터 단절되었고, 인간의 모든 영역(즉 신체, 정신, 의지, 감정, 영혼)이 부패했다.[12]

아담과 하와는 범죄 직후 수치심을 느끼고 벗은 몸을 감추었다. 또 죄책감을 느끼고 몸을 숨겼다. 처음 느껴보는 죄책감과 수치심이었지만, 평생 지우지 못할 감정이었다(창 3:8-13). 사탄은 그들에게 선악을 알게 되리라 약속했지만, 그런 지식을 감당할 수 없으리라는 것은 말하지 않았다. 바빙크는 말했다.

현대 과학에 따르면, 질병은 어떤 실체가 있는 물질이 아니라 변화된 환경에서 사는 것이다. 사실 환자를 지배하는 생명 법칙은 정말로 건강할 때와 다름없이 유지되지만, 몸의 기관과 역할은 훼방을 받아 정상적인 활동이 불가능하다. 심지어 몸이 죽어도 기능은 멈추지 않는다. 다만 몸이 파괴와 해체의 활동을 시작할 뿐이다. 마찬가지로 죄도 어떤 실체가 있는 물질이 아니라 사람의 재능과 활기가 방해를 받아 하나님을 향해 작동하는 대신 역방향으로 작동하는 것이다. 이성, 의지, 관심, 감정, 열정 등 신체와 심리의 이런저런 능력은 모두 의의 무기였는데, 지금은 죄의 불가사의한 작용으로 불의의 무기로 변질되었다. 사람에게 깃든 하나님의 형상은 물질이 아니라 고유한 속성으로, 그것을 잃게 되자 전체가 기형이 되어 못쓰게 되었다.[13]

"만물보다 거짓되고 심히 부패한 것은 마음이라 누가 능히 이를 알리요마는"(렘 17:9). "그들의 총명이 어두워지고 그들 가운데 있는 무지함과 그들의 마음이 굳어짐으로 말미암아 하나님의 생명에서 떠나 있도다"(엡 4:18). 대브니(Dabney)는 이렇게 설명한다.

엄격히 말하자면 부도덕한 '체질'이 똬리를 틀고 있는 곳은 물론 도덕성이다. 그러나 영혼과 몸의 모든 기능을 도덕 영역에서 활발히 움직이게 하는 게 도덕성이므로, 도덕성은 도덕적으로 더럽혀졌다고 할 수 있다. 이성의 최고 기관인 양심이 파괴된 것은 아니지만 사특한 욕망에 크게 훼방을 받아 정확한 판단을 내리지 못하며, 그런 판단에 수반되는 본능적인 도덕관념도 노쇠하거나 사망한 듯 무관심으로 마비되었다. 모든 도덕 주제를 이해하는 관점은 마음의 잘못된 성향에 오염되어 선을 악이라 하고 악을 선이라 한다. 모든 도덕적 주제의 정신(mind)은 눈이 멀었다. 기억은 타락한 형상과 추억이 저장되어 있는데, 그것을 상상력의 자원으로 써서 기억과 상상력이 모두 더럽혀졌다. 영혼의 정욕, 더러운 기억이나 상상력, 고삐 풀린 방종에 자극받는 육체의 욕구는 무질서하고 난폭해졌다. 그리고 감각을 느끼는 신체기관은 불의한 종이 되었다. 그러므로 실제로 더럽혀질 수 없는 것이 부정하게 쓰이고 있다.[14]

● ● ● **무능**

전적 타락은 인간의 보편적인 상태이고, 전적 무능은 그 결과다. 자비로운 하나님이 직접 개입하지 않으시면 인간은 스스로 궁지에서 빠져나올 수 없다. 대브니는 이렇게 설명한다.

모든 도덕 행위는 그 행위를 장려하는 성향이 있다. 한 가지 행동이 일으킨 아주 작은 힘, 매우 작은 버릇이 실패의 원인이라는 것인가! 다 그런 것은 아니다. 그러나 조금만 변해도 결정적으로 변하는 게 상황이다. 한 걸음의 변화만으로도 내리막은 시작되고 점진적으로 가속도가 붙는다. 지나친 자기애는 이제 행동의 기준이 되었고, 차츰 지배력을 갖는다. … 그런 면에서 타락은 본래 전적이다. 그리고 인간의 자기 회복력에 관한 한 결정적이고 최종적이다. 원죄는 본래 퍼지기 마련인지라 마침내 전적 타락에 이른다. 간단히 말하면, 영적인 죽음에 이른다. 육체의 죽음은 사람을 무서운 송장으로 만든다. 갓 죽은 사람의 시신은 많이 수척해 보이지 않고 온기가 남아 있으며 유연하다. 뺨에는 아직 붉은빛이 감돌고 입가에는 웃음이 엿보이기도 한다. 사랑하는 사람의 눈에는 여전히 소중하고 아름답게 보일 것이다. 그러나 그는 죽었고 조만간 악취를 풍기며 썩을 것이다. 이것은 시간문제일 뿐이다.[15]

인간은 하나님께 복종하고 싶은데 할 수 없는 것이 아니다. 인간의 의지는 부패하여 옳은 일을 하려고 하지 않는다. "육신의 생각은 하나님과 원수가 되나니 이는 하나님의 법에 굴복하지 아니할 뿐 아니라 할 수도 없음이라"(롬 8:7). 인간은 끊임없이 하나님께 반역한다. 이것은 정확히 인간이 바라는 일이다. 인간이 하나님께 복종하기 위해서는 하나님이 인간의 의지를 변화시켜주셔야 한다.

●●● 사탄의 속박

아담이 죄를 짓자 지구를 다스릴 권세는 사탄에게 넘어갔다. 사탄은 귀신들을 모아 강하게 들끓는 세력을 조직하여 하나님께 반기를 들고, 하나님의 백성을 파괴하기 시작했다. 그는 사람들을 참소하고 유혹했다(욥 1:11; 대상 21:1; 슥 3).

사탄이라는 이름의 뜻은 '원수'다. 또 사탄은 마귀(비방하는 자), 악한 자, 참소하는 자, 유혹하는 자, 벨리알(쓸모없음), 바알세불(에글론에서 파리신에게 붙여준 이름), 귀신의 왕, 공중의 권세 잡은 자, 이 세상의 임금, 이 시대의 신, 큰 용, 옛 뱀이라고도 불린다. 그는 이 세상의 신으로 비신자들의 정신을 사로잡고 있지만, 하나님은 그리스도의 해방의 빛을 그들의 마음에 비추신다(고후 4:1-6). "온 세상은 악한 자 안에 처한 것이며"(요일 5:19). 그래서 바울은 이렇게 말한다.

그는 허물과 죄로 죽었던 너희를 살리셨도다 그 때에 너희는 그 가운데서 행하여 이 세상 풍조를 따르고 공중의 권세 잡은 자를 따랐으니 곧 지금 불순종의 아들들 가운데서 역사하는 영이라 전에는 우리도 다 그 가운데서 우리 육체의 욕심을 따라 지내며 육체와 마음의 원하는 것을 하

여 다른 이들과 같이 본질상 진노의 자녀이었더니 (엡 2:1-3)

바빙크는 이렇게 말한다.

인생의 특정 영역에서 명백하게 드러나는 죄에도 유기적 관점을 적용할
수 있다. 죄는 개인이 짓기도 하지만 가족과 국가처럼 사회가 공동으로
짓기도 한다. … 우리는 제한된 집단이 짓는 죄의 일부만을 피상적으로
알아본다. 그러나 외관을 꿰뚫어보고 인간의 마음에서 죄의 뿌리를 더듬
어 가면 죄 역시 통일성, 생각, 계획, 형식 따위가 있음을 알게 된다. 간단
히 말하면, 죄에도 체계가 있다. … 죄의 원리와 핵심은 하나님을 미워하
는 것이고, 죄는 세상에서 주권적인 통치를 정조준하고 있다. 그리고 아
무리 작은 것이라도 거룩한 법을 어기는 죄는 전체 체계 안에서 최종 목
표를 향해 달려간다. 세계사는 맹목적으로 작용하는 진화의 과정이 아니
라 하늘의 성령과 그 밑에 있는 잡귀의 전쟁, 그리스도와 적그리스도의
전쟁, 하나님과 사탄의 전쟁이다.[16]

어떻게 살아야 할까

현대의 정치가, 철학자, 과학자, 심리학자, 사회학자들은 세상의 잘
못에 대한 처방을 자주 내놓는다. 그러나 죄에 대한 이해가 없는 처방
은 아이들 장난에 지나지 않는다. 인간이 어떤 처지에 있는지 아무것
도 모르기 때문이다. 인간은 보편적이고 깊은 죄의 문제를 스스로 풀
수 없다. 오직 하나님만이 하실 수 있다.

우리가 직면한 문제가 바로 이런 것이다. 우리 안에는 하나님과 관계를 단절하고 그분을 미워하게 만드는 동시에 우리를 저급한 존재로 만들어, 역겨운 짓을 하게 하는 '죄'라는 무서운 힘이 있다. 이런 문제를 이론으로만 알고 토론하는 것이 얼마나 헛된 일인지. 장밋빛 색안경으로 인생을 보는 것이 얼마나 어리석은지. 사실을 직시하고 문제의 본질을 깨달을 때만 오직 한 가지 능력, 즉 하나님의 능력만이 죄의 문제를 해결할 수 있다는 사실을 알게 된다.[17]

우리는 전적으로 하나님의 은혜 안에 있다. 우리가 한없이 궁핍하다는 것을 깨닫는다면 하나님의 큰 사랑, 긍휼한 자비, 영광스러운 은혜가 우리를 죄에서 건진다는 사실을 알아야 한다. 우리는 큰 구원을 베푸신 하나님을 예배할 수밖에 없다.

죄의 파괴력은 유한하지만 막대하다. 우리는 죄를 무서워하고 미워해야 한다. 우리는 하나님의 독생자의 죽음으로만 죄에서 구원받을 수 있다. 그러므로 기억하자.

우리가 진리를 아는 지식을 받은 후 짐짓 죄를 범한즉 다시 속죄하는 제사가 없고 오직 무서운 마음으로 심판을 기다리는 것과 대적하는 자를 태울 맹렬한 불만 있으리라 모세의 법을 폐한 자도 두세 증인으로 말미암아 불쌍히 여김을 받지 못하고 죽었거든 하물며 하나님의 아들을 짓밟고 자기를 거룩하게 한 언약의 피를 부정한 것으로 여기고 은혜의 성령을 욕되게 하는 자가 당연히 받을 형벌은 얼마나 더 무겁겠느냐 너희는 생각하라 원수 갚는 것이 내게 있으니 내가 갚으리라 하시고 또 다시 주께서 그의 백성을 심판하리라 말씀하신 것을 우리가 아노니 살아 계신 하나님의 손에 빠져 들어가는 것이 무서울진저 (히 10:26-31)

구원 계획

05

콜린 S. 스미스(Colin S. Smith)

하나님은 세상을 위해 멋진 계획을 세우셨지만, 일이 심각하게 잘못되자 책임지고 해결하기 위해 값비싼 대가를 치르셨다고 생각하는 사람들이 있다. 이것은 성경의 가르침이 아니다. 국가 정부는 예기치 않은 상황에 대응하지만 하나님은 다르다. 과학자는 방법을 찾기 위해 실험하고, 기업가는 새로운 환경에서 새로운 아이디어를 찾아내 성공하지만, 하나님은 다르다.

하나님은 언제나 그리스도를 통해 죄인에게 영생을 주신다. 하나님은 영원 전부터 영생을 약속하셨다. "이 영생은 거짓이 없으신 하나님이 영원 전부터 약속하신 것인데 자기 때에 자기의 말씀을 전도로 나타내셨으니 이 전도는 우리 구주 하나님이 명하신 대로 내게 맡기신 것이라"(딛 1:2-3).[1] 하나님은 천지를 창조하기 전에 인생의 모든 상황, 세상의 모든 대륙, 역사의 모든 세대로부터 수많은 죄인을 구원하는 기쁨을 아셨다. 그리고 무슨 대가를 치를지 아신 후에 그 일을 결정하셨다.

그래서 성경은 그리스도를 가리켜 창세 이후로 죽음을 당하셨다고 하는 것이다(계 13:8). 그리스도께서 십자가에서 죽으신 것은, 에덴동산에서 이긴 사탄에 대응하기 위해서나 사람들이 십계명대로 살지 못하리라는 것이 뚜렷해지자 차선으로 고안해낸 대안이 아니었다. 하나님은 태초부터 예수 그리스도를 통해 열방의 죄인들을 구원할 계획을 세우셨다.

하나님의 계획은 사람의 계획과 사뭇 다르다. 내가 친구에게 "다음 주 화요일에 같이 아침 먹자"고 할 때는 '내가 살아 있고, 차가 있고, 급한 일이 없고, 식당이 영업을 하고, 식당에서 아침을 만들면 화요일에 만나자'는 뜻이다.

사람의 계획은 불확실하다. 환경과 사람의 상황에 좌우된다. 인생에는 우리가 통제할 수 없는 일이 많다. 그러나 하나님은 전능하시다. 자신의 때에 자신의 능력으로 자신의 계획을 완성하신다. 아무도 막을 수 없다. 하나님은 역사의 모든 순간에, 세상 모든 나라에서, 인생의 모든 사건을 통해 자신이 하는 일을 정확히 아신다.

우리는 마음을 놓을 수 있다. 내가 무슨 일을 했든 하나님이 모르시는 일은 없다. 내가 당했던 일 중에도 하나님이 모르시는 일은 없다. 내가 하는 일과 내게 일어나는 일 어느 것도 하나님의 계획을 좌절시킬 수도 지연시킬 수도 없다. 이것이 하나님은 전능하시다는 뜻이다.

하나님은 자신이 하는 일을 정확히 아신다. 인생사가 손쓸 틈 없이 일어난다든지 우연히 일어난 것이 아니라, 우리를 사랑하여 계획을 세우신 하나님의 손 안에 있음을 우리는 확실히 믿을 수 있다. 하나님의 계획은 하나님께는 큰 영광이고 백성에게는 큰 기쁨이다. 그리스도인은 그 사실에 기뻐한다.

우리는 이제 성경의 줄거리를 따라 짧은 여행을 할 것이다. 하나님은 영원 전에 시작되어 인류 역사를 통과해 영원까지 아우르는, 숨이 멎을 정도로 멋진 계획을 밝히신다. 우리는 구약성경에서 출발한다. 하나님은 구약성경에 계획의 청사진을 펼쳐 놓으셨다. 그 다음 복음서로 건너가 예수 그리스도가 어떻게 계획을 성취하셨는지 살펴볼 것이다. 그리고 마지막으로 신약성경의 서신서를 들여다보고, 하나님의 약속과 그리스도의 성취를 성령께서 어떻게 하나님 백성의 삶에서 이루시는지를 보며 기뻐할 것이다.

하나님의 약속 : 구약성경의 이야기

하나님은 일곱 가지 결정을 통해 자기 백성을 위한 약속 계획을 펼쳐 놓으신다.

● ● ● 창조

"태초에 하나님이 천지를 창조하시니라"(창 1:1). 아무것도 없음을 상상해 보라. 불가능하다! 그러나 창세 전에는 하나님 외에는 아무것도 없었다. 하나님은 만물을 지으셨고, 만물은 그분의 것이다. "땅과 거기에 충만한 것과 세계와 그 가운데에 사는 자들은 다 여호와의 것이로다"(시 24:1).

오늘 하나님이 지으신 만물을 새로운 눈으로 관찰해 보자. 하늘을 보자. 하늘은 하나님이 손수 하시는 일을 선포한다. 새의 노랫소리를 들어보자. 새들은 하나님의 따뜻한 보살핌을 증언한다. 모든 눈송이에는 하나님의 권세가 깃들어 있다. 뜨는 해는 신실하신 하나님을 증언한다. "하늘이 하나님의 영광을 선포하고 궁창이 그의 손으로 하신 일을 나타내는도다 … 언어도 없고 말씀도 없으며 들리는 소리도 없으나"(시 19:1-3).

만물 전체에 하나님의 영광이 나타나지만, 하나님은 첫 남자와 여자를 지으심으로 이전과는 전혀 다르게 또다시 창조하셨다. 창조를 또다시 하셨다. 우리는 하나님의 말씀에서 이 같은 사실을 알 수 있다. "하나님이 이르시되 우리의 형상을 따라 우리의 모양대로 우리가 사람을 만들고 그들로 바다의 물고기와 하늘의 새와 가축과 온 땅과 땅에 기는 모든 것을 다스리게 하자"(창 1:26).

하나님은 자신의 형상을 따라 남자와 여자를 창조하셨다. 그런 까닭에 우리는 별, 동물, 물고기, 새들과 다른 존재다. 그것도 모두 하나님이 지으셨지만 하나님을 닮은 존재는 사람밖에 없다. 그래서 사람에게는 특유한 가치가 있다.

하나님이 결정하셨기에 당신이 존재하는 것이다. 하나님은 당신과 비슷한 존재를 만드신 적도 없고 앞으로도 만들지 않으실 것이다. 당신은 우연히 생긴 존재가 아니다. 당신의 인생은 확률의 산물이 아니다. 하나님이 당신을 지으셨고, 당신은 하나님을 위해 창조되었다. 당신 인생의 최종 목적은 예수 그리스도의 형상을 밝게 비추는 것이다. 당신은 하나님의 영광을 위해, 그리고 그분을 영원히 즐거워하도록 창조되었다.

하나님의 약속은 무엇인가? 하나님은 자신의 영광을 비추는 사람에게 생명을 주겠다고 약속하신다.

성경은 악의 기원에 대해 자세히 설명하지 않는다. 모든 것이 선한 동산에서 하나님이 남자와 여자를 살게 하셨다고 말할 뿐이다. 나무가 그들이 먹을 것을 내었고, 그들의 일은 보람되었다. 부부로서 하나가 되는 기쁨도 누렸다. 그리고 하나님은 두 사람과 함께 동산을 거닐며 우정을 나누셨다.

동산에는 "선악을 알게 하는 나무"가 있었는데, 하나님은 두 사람에게 그 나무의 열매를 먹지 말라고 말씀하셨다(창 2:17). 그들이 아는 모든 것은 선했으므로, 하나님께 불순종하여 얻을 수 있는 것은 악에 대한 지식이었다.

뱀이 나타나 악을 아는 지식으로 두 사람을 꾀었고, 남자와 여자는 꾐에 빠졌다. 하나님께 불순종한 두 사람은 악이 뭔지 알게 되고, 이후로 모든 인간이 악에서 빠져나오지 못하게 되었다. 그런데 하나님이 먼저 나서서 또 다른 것을 약속하셨다.

● ● ● **파괴**

하나님은 뱀에게 "네가 … 더욱 저주를 받아"(창 3:14)라고 말씀하셨다. 저주는 파괴를 뜻한다. 하나님이 뱀에게 하신 말씀은 "네가 한 일은 오래가지 못할 것이다. 너는 파괴될 것이고, 모든 악도 너와 함께 파괴될 것이다."라는 뜻이다. 하나님이 뱀에게 내리신 저주는 우리를 위한 소망의 문을 열어준다.

그 다음 하나님은 아담에게 "땅은 너로 말미암아 저주를 받고"(창 3:17)라고 말씀하셨다. 땅은 잘못한 것이 없었다. 아담의 죄로 저주를 받아야 할 대상은 아담이었다. 그러나 하나님은 사람이 받아야 할 저주를 땅에 내리심으로, 사람이 뱀과 함께 파괴되지 않고 하나님과 화해할 수 있는 기회를 주셨다.

하나님의 약속은 무엇인가? 하나님은 악을 파괴하고 세상의 저주를 없애버리겠다고 약속하신다. 이것이 어떻게 가능할까? 하나님은 악한 자에게 말씀하셨다. "내가 너로 여자와 원수가 되게 하고 네 후손도 여자의 후손과 원수가 되게 하리니 여자의 후손은 네 머리를 상하게 할 것이요 너는 그의 발꿈치를 상하게 할 것이니라"(창 3:15).

인류는 악의 문제에서 벗어날 수 없을 것이다. 이 사실은 모든 문화, 모든 세대, 모든 사람에게 증명되었다. 그러나 하나님은 인류 역사에 나타날 여자의 후손에 대해 말씀하신다. 그는 우리 편이 될 것이다. 악의 권세에 맞선 큰 싸움에서, 우리 곁에 서서 우리를 위해 싸우실 것이다. 사탄은 그의 발꿈치를 상하게 할 것이다. 그러나 뱀이 그의 발꿈치를 물어도 우리의 챔피언은 뱀의 머리를 짓이길 것이다.

에덴동산에서 쫓겨났어도 아담과 하와의 생은 계속되었다. 두 사람은 하나님의 은혜로 즉각적인 심판을 모면하고 회복의 소망을 품었다. 그러나 오래지 않아 자신의 불순종으로 비롯된 악이 자신뿐 아니라 주변에 있는 모든 것까지 해치는 것을 보았다.

인간의 첫 가정은 풍비박산이 났다. 가인은 동생 아벨을 살해한 후 보복을 두려워하며 여생을 보냈다(창 4). 악을 아는 지식은 책임을 요구했다. 악은 사람과 하나님을 단절시켰고 가정까지 깨뜨렸다.

폭력이 난무하자 사람들은 뭉치면 안전하리라 여기고 성을 세웠다(창 11). 그러나 큰 희망으로 시작된 일은 좌절되었고, 사람들은 두려움과 불통 탓에 동서남북으로 뿔뿔이 흩어졌다. 전 세계에 나라와 부족이 일어나자 하나님은 한 사람을 지명하셨다.

● ● ● 지명

"내가 … 네게 복을 주어 … 너는 복이 될지라 … 땅의 모든 족속이 너로 말미암아 복을 얻을 것이라"(창 12:2-3). 아브라함은 하나님에 대해 아는 바가 전혀 없었다. 그는 우상을 숭배하며 영적 흑암 속에서 살던 사람이었다(수 24:2). 그러나 하나님은 초대받지 않았는데도 그의 삶 속으로 들어가 그의 인생을 영원히 바꾸어 놓으셨다.

우리가 하나님 따르는 사람이 되기를 하나님이 기다리신다면, 앞으로도 계속 기다리실 것이다. 하나님을 찾는 사람은 아무도 없다(롬 3:11). 아무도! 우리는 본성적으로 하나님을 멀리한다. 우리가 하나님을 찾는다면, 하나님이 먼저 우리를 찾아주셨기 때문이다.

하나님은 아브라함에게 열방의 모든 백성을 찾아갈 거라고 분명하게 말씀하셨다. 하나님은 교육과 재산 수준에 상관없이 모든 인종과 서로 다른 언어를 사용하는 모든 백성을 찾아가 복 주실 것이다.

하나님의 약속은 무엇인가? 하나님은 열방의 백성에게 복을 주겠다고 약속하신다. 열방의 백성이 받을 하나님의 복은 아브라함 자신이나 그의 후손을 통해서 나가는 것이 아니라, 아브라함의 혈통에서 난 '씨'라고 부르는 한 아이를 통해서 나가는 것이다(갈 3:16). 그래서 아브라함의 후손 이야기를 따라 구약성경이 흘러가는 것이다.

아브라함과 사라는 나이를 먹었으나 자녀가 없었다. 그러나 하나님의 은혜로운 기적으로 사라가 노년에 아들 이삭을 낳는다. 이삭의 아들 야곱은 아들을 열둘 낳고, 그들은 이스라엘 열두 지파의 조상이 된다.

하나님은 식구가 늘어난 대가족을 특별한 방법으로 돌보셨다. 가뭄으로 목숨이 위태하자 그들이 먹을 식량을 이집트에서 마련하셨다. 70여 명의 대가족은 4백여 년 동안 하나님의 복을 받아 약 2백만 명의 공동체로 불어났다.

인구가 늘어나면서 하나님의 백성은 멸시받았다. 그들은 이집트에서 잔인하게 대우받으며 노예로 전락했다. 그러나 하나님은 그들의 고통을 외면하지 않고 긍휼을 베푸셨다.

●●● 구원

주님이 말씀하셨다. "내가 애굽에 있는 내 백성의 고통을 분명히 보고 … 내가 내려가서 그들을 애굽인의 손에서 건져내고 그들을 그 땅에서 인도하여 아름답고 광대한 땅, 젖과 꿀이 흐르는 땅 … 에 데려가려 하노라"(출 3:7-8). 하나님은 모세를 일으켜 이집트의 이교도 왕에게 명령하셨다. "내 백성을 보내라"(출 5:1). 왕은 하나님의 권위를 무시하고 하나님의 명령을 거부한 끝에 심판을 받았다. 하나님은 재앙을 차례대로 일으켜 이집트를 황폐하게 만드셨고, 마침내 이집트 전역을 죽음으로 치셨다.

하나님은 죽음을 보내기 전에 자기 백성에게 명령하고 약속하셨다. 각 가정은 어린양을 죽여 그 피를 문설주에 발라 죽음이 이미 지나갔음을 표시해야 했다(출 12:7). 하나님은 "내가 피를 볼 때에 너희를 넘어가리니"(출 12:13)라고 말씀하셨다.

유월절 밤, 하나님의 백성은 그분의 제물 덕분에 노예 신분을 벗고 구원받아 심판을 면했다. 이 일 후에 하나님은 그들과 언약을 맺으셨다. "나는 너희 중에 행하여 너희의 하나님이 되고 너희는 내 백성이 될 것이니라"(레 26:12).

하나님은 자신의 백성에게 명령과 제물을 주셨다. 우리가 하나님의 명령을 들어야 하는 까닭은, 하나님의 백성으로서 하나님의 길로 행해야 하기 때문이다. 하나님의 이름으로 사는 사람은 하나님의 성품을 반영해야 한다. 그러나 하나님의 백성에게는 명령보다 더 필요한 것이 있다. 우리는 하나님의 영광에 영영 못 미치는 죄인이므로 제사를 드려야 한다.

하나님의 백성은 죽임당한 어린양의 피로 구원받아 심판을 면했다. 마찬가지로 그들은 자신의 죄를 씻기 위한 제사를 드려야 하나님과의 관계가 지속되었다. 하나님의 약속은 무엇인가? 하나님은 제사를 통해 죄인을 용서하겠다고 약속하신다.

하나님의 백성은 이런 관계에 만족하지 못했다. 그들은 왕을 원했다. 하나님은 그들이 바라는 대로 왕을 허락하셨지만, 제왕은 재앙으로 돌변했다. 하나님은 또 다른 왕을 주셨고, 그에게는 특별한 약속을 하셨다.

● ● ● 다스림

"네 수한이 차서 네 조상들과 함께 누울 때에 내가 네 몸에서 날 네 씨를 네 뒤에 세워 그의 나라를 견고하게 하리라 그는 내 이름을 위하여 집을 건축할 것이요 나는 그의 나라 왕위를 영원히 견고하게 하리라"(삼하 7:12-13).

하나님의 백성은 다윗 왕 시절에 유례없는 복을 맛보았다. 적들을 제압하고 국경을 방비하던 하나님의 백성은 번성했다. 그런데 다윗 이후에는 어떻게 될까?

모든 아버지는 아들이 잘살기를 바란다. 하나님이 다윗의 후손에 대해 말씀하시자 다윗은 귀를 기울였다. 하나님은 다윗의 친아들을 세워 그의 왕국을 굳건히 하겠다고 약속하셨다. 다윗의 아들은 하나님의 이름을 위해 집을 세우고 싶었던 다윗의 꿈을 이룰 것이었다.

그러고는 다윗이 가만히 앉아서 생각해 보아야 이해할 수 있을 정도로 무척이나 큰 약속을 하셨다. 하나님은 다윗의 아들이 세울 왕국을 영원히 견고하게 하리라고 약속하시면서, "나는 그에게 아버지가 되고 그는 내게 아들이 되리니"(삼하 7:14)라고도 말씀하셨다. 눈에 보이는 다윗의 첫아들은 솔로몬이다. 그는 아버지 다윗을 이어 왕이 되었다. 그러나 다윗의 왕국이 영원하리라는 약속(삼하 7:16)은 다윗과 솔로몬을 모두 능가하는 아들을 예견한다. 영원히 지속될 왕국이 세상 어디에 있는가? 그리고 어떤 의미에서 다윗의 아들이 하나님의 아들이 될 것인가?

우리는 구약성경을 관통하면서, 하나님의 계획과 약속을 성취할 사람의 그림을 완성해 나간다. 하나님은 자신의 영광을 나타낼 백성에게 생명을 주고, 악을 파괴하고, 세상의 저주를 없애고, 열방의 백성에게 복을 내리고, 죄를 씻는 제사를 통해 죄인을 용서하겠다고 약속하신다.

한 여자가 이 약속을 성취할 분을 낳을 것이다. 그는 아브라함의 씨와 다윗의 후손이 될 것이고, 하나님의 통치라는 귀한 복을 받는 왕이 될 것이다. 하나님은 그의 아버지가 될 것이고, 그는 하나님의 아들이 될 것이다. 하나님은 아들의 왕좌를 영원히 견고하게 하실 것이다. 하나님의 약속은 무엇인가? 하나님은 자기 백성이 하나님이 통치하는 복을 누리며 살게 될 거라 약속하신다.

여러 왕이 다윗의 왕위를 계승했다. 좋은 왕도 있었지만 대부분 나쁜 왕이었다. 하나님의 백성은 잡신을 숭배했고 잡신들의 길을 따랐다. 하나님이 보내신 예언자들은 백성에게 순종할 것을 촉구했다. 그러나 백성은 예언자들의 메시지를 외면했고, 결코 식언하는 법이 없는 하나님은 백성을 징계하고 바로잡으셨다.

● ● ● 바로잡음

"여호와께서 이와 같이 말씀하시니라 바벨론에서 칠십 년이 차면 내가 너희를 돌보고 나의 선한 말을 너희에게 성취하여 너희를 이 곳으로 돌아오게 하리라 여호와의 말씀이니라 너희를 향한 나의 생각을 내가 아나니 평안이요 재앙이 아니니라 너희에게 미래와 희망을 주는 것이니라"(렘 29:10-11).

하나님이 그분의 백성에게 주신 땅은 적에게 짓밟혔고, 백성은 포로로 잡혀갔다. 그들은 하나님의 징계를 받아 바벨론에 살면서 70년 동안 통곡하며 회개했다. 하나님은 혹독한 징계를 내리면서도 자기 백성을 위한 목적을 이루어가셨다. 하나님은 죄인을 받아주되 결코 죄인으로 두지 않으신다. 끊임없이 우리에게 자신의 길을 따르라 재촉하고, 우리가 그 길에서 벗어나면 회초리를 드신다. 하나님은 지금 무엇을 약속하시는가? 하나님은 자신의 모든 백성이 하나님의 길을 걸으리라 약속하신다.

하나님의 구원이 삶에서 완성되면, 우리는 마음과 정신과 영혼과 힘을 다해 하나님을 사랑하고, 이웃을 사랑하고, 이 사랑의 기쁨을 하나님의 백성과 영원히 나누게 될 것이다. 그날이 오기까지, 하나님은 분명히 버리라고 말씀하신 죄에서 자기 백성이 뒹굴고 있는 것을 용납하지 않으실 것이다. 하나님은 변화를 거부하는 자기중심적인 죄인을 영생의 기쁨으로 데려가지 않으신다. 하나님은 우리를 순종의 자리로 부르신다. 우리가 하나님의 말씀을 듣지 않으면 우리를 포기하지 않으시는 하나님은 사랑의 회초리를 드실 것이다.

70년이 지나자, 하나님은 벌을 내렸던 자기 백성을 약속의 땅으로 다시 데려가셨다. 하나님은 불가능하게만 보였던 회복을 은혜로운 기적으로 가능하게 하셨다. 그리고 나서 한 사람에게 앞으로 하실 일에 대한 환상을 보여주셨다.

● ● ● 회복

"또 내게 이르시되 인자야 이 뼈들은 이스라엘 온 족속이라 그들이 이르기를 우리의 뼈들이 말랐고 우리의 소망이 없어졌으니 우리는 다 멸절되었다 하느니라 그러므로 너는 대언하여 그들에게 이르기를 주 여호와께서 이같이 말씀하시기를 내 백성들아 내가 너희 무덤을 열고 너희로 거기에서 나오게 하고 이스라엘 땅으로 들어가게 하리라 내 백성들아 내가 너희 무덤을 열고 너희로 거기에서 나오게 한즉 너희 는 내가 여호와인 줄을 알리라"(겔 37:11-13).

하나님의 약속은 상상 이상이기에 믿기지 않는다. 에스겔 시대에 하나님의 백성도 그랬다. 예루살렘은 무너져 폐허가 되었고, 백성 대 다수는 피난을 떠났든지 목숨을 잃었다. 생존자들은 바벨론 정권 밑 에서 포로생활을 하고 있었다.

하나님의 백성은 하나님의 약속을 알았지만, 고통의 나날 가운데 악이 파괴되고, 하나님의 복이 열방에 내리고, 다윗 왕국의 기쁨이 회 복되리라는 약속을 먼 나라의 소문으로만 여겼다. 이 상태에서 하나 님의 백성은 하나님을 찬양할 수 없었다.

하나님은 예언자 에스겔에게 마른 뼈가 흩어져 있는 계곡의 환상을 보여주셨다. 그 모습은 "우리의 뼈들이 말랐고 우리의 소망이 없어졌 으니 우리는 다 멸절되었다"(겔 37:11)고 하는 이스라엘 백성의 상태 와 똑같았다. 그들은 절망에 빠져 있었다.

환상을 보던 에스겔이 뼈를 향해 하나님의 말씀을 전하자 뼈들이 모이기 시작했다. 근육이 생기고 살이 붙고 피부가 전신을 감쌌다. 하나님의 영이 아담에게 숨을 불어넣으셨던 것처럼 송장에 숨을 불어넣으셨다. 하나님은 무덤에서 새 생명을 일으키셨다. 하나님은 지금 무엇을 약속하시는가? 하나님은 죽음을 이기는 새 생명을 약속하신다.

● ● ● **결론**

구약성경은 하나님의 놀라운 약속의 이야기다. 한 걸음 물러나 마음에 새겨보라.

① 하나님은 자신의 영광을 나타내는 사람에게 생명을 주겠다고 약속하신다.
② 하나님은 악을 파괴하고 세상에서 저주를 없애겠다고 약속하신다.
③ 하나님은 열방의 백성에게 복을 주겠다고 약속하신다.
④ 하나님은 죄를 씻는 제사를 통해 죄인을 용서하겠다고 약속하신다.
⑤ 하나님은 자기 백성이 하나님의 영원한 통치를 받는 복을 누리게 하겠다고 약속하신다.
⑥ 하나님은 모든 백성이 하나님의 길을 걷게 될 거라 약속하신다.
⑦ 하나님은 죽음을 이기는 새 생명을 약속하신다.

무엇에 견주어도 이보다 놀라운 약속은 없다. 이런 약속은 하나님만이 하실 수 있고 하나님만이 지키실 수 있다. 이제 하나님이 어떻게 약속을 지키셨고, 이러한 약속의 의미가 무엇인지 알아보기 위해 신약성경으로 건너가 보자.

약속을 지키시는 그리스도 : 복음서 이야기

하나님은 자신만이 지킬 수 있는 크나큰 약속을 하셨기에, 인간의 몸으로 예수 그리스도가 되셨다. 창조주가 피조물 안으로 오신 것이다. 하나님은 우리를 보호하고 약속을 지키기 위해 우리 곁으로 오셨다. 하나님과 함께 계셨던 말씀, 하나님이셨던 말씀, 만물을 창조하셨던 말씀이 육신이 되어 우리 가운데 사셨다(요 1:2, 14). 복음은 우리에게 예수 그리스도가 자기 백성을 위해 성취하신 일을 전한다.

● ● ● 성육신

"천사가 대답하여 이르되 성령이 네게 임하시고 지극히 높으신 이의 능력이 너를 덮으시리니 이러므로 나실 바 거룩한 이는 하나님의 아들이라 일컬어지리라"(눅 1:35).

천사는 마리아에게 예수님은 "지극히 높으신 이의 아들"과 "하나님의 아들"이 될 것이라고 말했다(눅 1:32, 35). 마태는 그분의 이름이 "하나님이 우리와 함께 계시다"(마 1:23)라는 뜻이라고 했다. 요한은 육신이 되신 하나님의 말씀이라고 설명했다(요 1:14).

하나님은 약속을 말씀하셨다. 그분의 말씀이 육신으로 나셨을 때 하나님의 약속은 실현되었다. 하나님만이 하나님의 약속을 지키실 수 있다. 그래서 기독교의 찬양과 감사가, 예수 그리스도는 하나님이시며 인간이시라고 고백하는 것과 밀접한 관련이 있는 것이다. 우리가 태어났듯이, 그리스도도 우리의 생을 살고 우리의 죽음을 맞기 위해 태어나셨다. 그분은 우리를 위해 우리에게 찾아와 우리 곁에 서셨다. 그분은 하나님으로서는 자신의 약속을 지키시고, 사람으로서는 하나님이 우리에게 약속하신 것을 지키신다.

또 천사는 예수님을 "거룩한 이"(눅 1:35)라고 선언한다. 이것은 세계사에서 전무후무한 일이다. 천성이 거룩한 '사람', 이 사람은 하나님이므로 당연히 하늘에 속한 분이고 다른 사람도 하늘로 데려갈 수 있다.

거룩한 예수 그리스도 안에서 이루어진 하나님과 사람의 결합으로 우리를 위한 소망의 문이 활짝 열렸다. 존 칼빈이 이것을 아름답게 설명했다.

> 간단히 말하면, 하나님으로는 죽음을 느낄 수 없고, 사람으로는 죽음을 이길 수 없었다. 그래서 거룩한 본성에 사람의 본성을 더해, 사람의 약한 본성으로는 죽음을 맞아 죄를 속하시고, 또 다른 본성의 능력으로는 죽음과 싸워 우리를 위해 승리하셨다.[2]

이것이 성육신의 목적이다. 오직 신인(神人)만이 하나님이 인간에게 약속하신 것을 실현할 수 있었다. 우리 주 예수 그리스도는 하나님의 거룩한 이로 탄생하여 완전하고 죄 없는 인생을 사셨다.

●●● **유혹**

"예수께서 성령의 충만함을 입어 요단 강에서 돌아오사 광야에서 사십 일 동안 성령에게 이끌리시며 마귀에게 시험을 받으시더라 이 모든 날에 아무 것도 잡수시지 아니하시니 날 수가 다하매 주리신지라"(눅 4:1-2). 성령은 그리스도를 사탄의 시험 앞으로 이끄셨고, 그리스도는 사탄과 대결하셨다. 그리고 그리스도는 아담이 실패한 곳에서 승리하셨다. 뱀은 아담과 하와에게 그랬듯이 예수님을 세 번 유혹했다. 두 사건에는 뚜렷한 공통점이 있지만, 차이점도 놓쳐서는 안 된다.

분명한 차이는 환경이었다. 아담과 하와는 나무마다 열매가 주렁주렁 매달려 있는 동산에서 유혹받았다. 그러나 그리스도는 먹을 것이 없는 광야에서 굶주린 상태로 유혹받으셨다.

누가 먼저 행동했는지도 달랐다. 에덴에서는 사탄이 먼저 여자를 찾아갔다. 그러나 광야에서는 그리스도가 먼저 사탄에게 가셨다. 성령께서 그리스도를 이끌어 마귀와 대결하게 하신 것이다. 그리스도께서 사탄을 추적하여 광야로 불러내 대결을 주도하셨다.

가장 큰 차이는 결과였다. 아담이 실패했던 일을 그리스도는 성공하셨다. 사탄은 최고의 솜씨로 그리스도를 유혹했지만, "얼마 동안 떠나"(눅 4:13) 있을 수밖에 없었다. 거룩한 이를 유혹으로 이기겠다는 것은 좋은 수가 아니었다.

그리스도가 유혹을 이기셨다는 것은 우리에게 큰 의미가 있다. 아담이 실패하는 바람에 우리는 비참한 신세가 되었다. 그는 모든 후손을 실패자로 만들었다. 우리는 나면서부터 실패한 아담에게 속한다. 그의 실패는 우리의 실패다. 우리는 "죄 아래에 있다"(롬 3:9).

그러나 그리스도께서 승리하심으로 우리에게는 소망이 생겼다. 아담이 모든 후손을 실패자로 만들었듯, 그리스도는 자신에게서 '새 생명'을 얻는 모든 사람을 승리자로 만드셨다. 은혜와 믿음을 통해 우리는 승리하신 그리스도께 속한다. 그분의 승리는 우리의 승리다. 우리는 "은혜 아래"(롬 6:14) 있다.

우리에게는 실패한 아담의 약점이 있다. 그러므로 유혹에 넘어가지 않도록 조심하라. 그러나 우리에게는 성령이 주시는, 승리하신 그리스도의 능력도 있다. 그래서 유혹을 받아도 흔들리지 않는다. 예수님은 광야에서 승리하신 후 성령의 능력으로 갈릴리로 돌아가셨는데, 그 소문이 사방에 퍼졌다(눅 4:14). 그 다음에 일어난 일을 알면 오늘날 우리에게 일어나는 일에 대해서도 알 수 있다.

● ● ● **거절**

"주의 성령이 내게 임하셨으니 이는 가난한 자에게 복음을 전하게 하시려고 내게 기름을 부으시고 나를 보내사 포로 된 자에게 자유를, 눈 먼 자에게 다시 보게 함을 전파하며 눌린 자를 자유롭게 하고 주의 은혜의 해를 전파하게 하려 하심이라 … 회당에 있는 자들이 이것을 듣고 다 크게 화가 나서"(눅 4:18-19, 28).

회당에 모인 작은 무리에게, 예수님이 성경을 읽어주고 강해하시는 모습을 상상해 보라. 그분은 소망의 말씀을 전하시는데도 사람들은 기뻐하기는커녕 화를 냈다. 우리를 돕기 위해 오신 예수 그리스도는 사역 초기부터 일부 사람들에게 버림받으셨다. 이것은 복음서를 관류하는 주제다.

예수님이 손이 마비된 사람을 고쳐주신 일이 있었다. 놀라운 기적이었지만 바리새인들의 반응을 보라. "그들은 노기가 가득하여 예수를 어떻게 할까 하고 서로 의논하니라"(눅 6:11). 또 난폭한 행동으로 마을사람을 두렵게 했던 귀신 들린 사람을 그리스도께서 고쳐주신 일도 있었다. 그러나 주민들은 두려워 피했던 사람이 말짱한 정신으로 말쑥하게 입고 앉아 있는 모습을 보자, 마을에서 떠나달라고 예수님께 부탁했다(눅 8:37).

예수님을 십자가에 못 박으라고 외쳤던 무리는 이런 행태의 절정을 보였다. 빌라도는 중재를 원했지만 무리를 이길 수 없었다. "그들이 큰 소리로 재촉하여 십자가에 못 박기를 구하니 그들의 소리가 이긴지라"(눅 23:23).

우리는 그리스도를 반대하는 세상에 살고 있다. 그리스도가 "자기 땅에 오매 자기 백성이 영접하지 아니하였으나"(요 1:11)라는 말씀을 이해하지 못하면 우리는 이 세상을 이해할 수 없다.

사람들은 자연재해가 발생하면 "하나님은 두 손 놓고 계시나?" 하고 묻는다. 그러나 그분이 오셔서 폭풍을 잔잔케 하셨을 때 우리는 그분을 거절했다. 우리는 학교에서 총기 사고가 일어나면 "하나님은 왜 아무 일도 하지 않으시지?" 하고 묻는다. 그러나 그분이 오셔서 귀신을 쫓아내셨을 때 우리는 그분에게 떠나줄 것을 요구했다. 우리는 암에 걸리면 "하나님은 왜 이런 일을 허락하시나?" 하고 묻는다. 그러나 그분이 오셔서 병자를 고쳐주셨을 때 사람들은 그분을 거절했다.

"자기 땅에 오매 자기 백성이 영접하지 아니하였으나" 감사하게도 말씀은 여기서 끝나지 않는다. "영접하는 자 곧 그 이름을 믿는 자들에게는 하나님의 자녀가 되는 권세를 주셨으니"(요 1:12).

우리는 그리스도를 반대하는 죄와 죽음의 세상에 살고 있지만, 하나님을 찬양하는 생명과 기쁨의 가족에 속해 있다. 이것이 그리스도인의 자세다. 우리는 부패한 세상에서 고통도 느끼지만, 그리스도 안에 있는 모든 사람의 소망도 품는다.

세상은 예수님을 버렸지만 그분은 제자 셋을 대동하고 산으로 오르셨다.

●●● 변화

"기도하실 때에 용모가 변화되고 그 옷이 희어져 광채가 나더라"(눅

9:29). 베드로와 야고보, 요한은 예수 그리스도의 영광과 광채를 보았다. 그들은 천사들이 하늘에서 보고 있는 것과 훗날 모든 사람이 보게 될 것을 보았다. 번갯불이 얼마나 밝은가? 세 제자가 친구로 알았던 예수님은 어제나 오늘이나 아버지의 영광의 광채시다(히 1:3).

그러나 그게 전부가 아니다. "문득 두 사람이 예수와 함께 말하니 이는 모세와 엘리야라 영광중에 나타나서 장차 예수께서 예루살렘에서 별세하실 것을 말할새"(눅 9:30-31). 모세와 엘리야는 수백 년 전에 살았던 인물이다. 그런데 그들이 실제로 나타나 예수님과 함께 영광을 나누었다.

그 후에 구름에서 전능자의 음성이 들렸다. "이는 나의 아들 곧 택함을 받은 자니 너희는 그의 말을 들으라"(눅 9:35). 오늘날 세상은 그리스도를 반대한다. 그러나 하나님은 우리에게 그리스도의 말씀을 들으라고 하신다. 하나님은 그리스도를 택하셨다. 그리스도께서는 죽은 사람도 영광으로 살려내실 수 있다!

제자들은 산에 머물지 않았다. 구름은 걷혔다. 모세와 엘리야는 자취를 감추었다. 예수님의 얼굴은 평소의 얼굴로 돌아왔다. 제자들은 우리와 마찬가지로 믿음으로 살아야 했다. 그들은 산에서 내려와 할 일이 많은 악한 세상으로 돌아갔다.

●●● 십자가 죽음

"해골이라 하는 곳에 이르러 거기서 예수를 십자가에 못 박고"(눅 23:33). 우리의 죄는 공포의 극단으로 치달아 십자가에서 가장 흉측한 모습을 드러냈다. 우리는 모두 하나님의 명령에 불순종한 것도 모자라, 하나님의 아들을 십자가에 못 박았다. 인류는 하나님의 심판을 받아 마땅했지만, 하나님은 우리가 받을 심판을 다른 곳으로 돌리셨다.

병정들이 예수님을 십자가에 못 박는 동안 우리 주님은 "아버지 저들을 사하여 주옵소서 자기들이 하는 것을 알지 못함이니이다"(눅 23:34)라고 기도하셨다. 예수님은 기도하시면서 홀로 하나님의 심판을 받으셨다. 예수님은 심판의 날이 올 것을 아셨고, 심판의 날은 왔다. 예수님은 아버지를 향해 외쳤다. "그들을 심판하지 마십시오. 제가 심판을 받겠습니다!"

이것이 갈보리에서 일어난 일이다. 죄인인 우리가 받을 형벌을 예수님이 받으셨다. 그리스도는 우리의 심판을 대신 받는 피뢰침이 되셨다. 그분의 고난과 죽음으로 우리는 용서받았다. 예수님이 저주받으신 까닭은, 그분이 "우리 죄를 담당"(벧전 2:24)하셨기 때문이다. 예수님은 우리의 무거운 죄를 담당하셨고(사 53:6), 우리 죄를 위한 제물이 되셨다.

그리스도의 죽음은 자기 백성의 죽음을 바꾸어 놓으셨다. 예수님이 우리를 대신해 죽음으로 죄를 담당하셨기 때문에, 우리는 죽어도 죄를 안고 죽지 않는다. 우리가 그리스도 안에 있으면 죄를 담당하고 죽는 것은 우리와 무관한 일이 된다.

우리의 죄가 공포의 극단으로 치달았을 때 하나님은 영광스럽게 사랑을 베푸셨다. 하나님의 사랑을 의심하는 사람이 있다면 십자가를 보라. 어떤 사랑도 그 사랑과 비교할 수 없다. 그 사랑과 비슷한 사랑은 어디에도 없다. 그리스도 안에서 우리를 향한 하나님의 사랑은 우리가 감히 꿈꿀 수 있는 것보다 훨씬 더 크다.

● ● ● ● **부활**

"여기 계시지 않고 살아나셨느니라"(눅 24:6). 부활절 아침, 여자들은 예수님의 무덤을 찾았다가 빈 무덤을 발견했다. 그들이 들은 희소식은 '예수님이 죽지 않으셨다'가 아니라 '예수님이 살아나셨다'였다. 하나님의 아들은 사람이 되기 전에 하늘에 계셨다. 그분은 십자가에 못 박힌 몸을 무덤에 버려두고 하늘로 돌아가실 수 있었다. 천사들도 "그분의 몸은 무덤에 있지만 두려워하지 마라. 그분의 영혼은 천국에서 아버지와 함께 계신다."라고 말할 수 있었다. 그러나 그랬더라면 우리의 구원을 위한 하나님의 계획은 무산되었을 것이다.

하나님이 창조하신 천사는 영은 있지만 몸이 없고, 동물은 몸은 있지만 영이 없다. 그런데 사람은 몸과 영이 결합된 독특한 존재다.

죽음은 하나님이 결합하신 것을 나눈다. 죽음은 우리의 본성을 파멸시킨다. 그래서 죽음은 무서운 적이다. 그러나 그리스도는 죽임을 당하셨고, 죽음을 이기셨으며, 죽음에서 나오셨다. 그리스도는 우리의 영혼과 몸을 구원하러 오셨고, 우리의 흠 없는 전인(全人)을 하늘에 계신 우리의 아버지께 큰 기쁨으로 드린다(유 1:24).

그 다음 그리스도는 제자들의 마음을 열어, 성경 전체 메시지의 출발점과 목적지가 자신의 죽음과 부활임을 가르치셨다. "이에 그들의 마음을 열어 성경을 깨닫게 하시고 또 이르시되 이같이 그리스도가 고난을 받고 제삼일에 죽은 자 가운데서 살아날 것과 또 그의 이름으로 죄 사함을 받게 하는 회개가 예루살렘에서 시작하여 모든 족속에게 전파될 것이 기록되었으니"(눅 24:45-47).

예수님은 사도들이 전해야 할 메시지를 명확하게 말씀하셨다. 바로 회개와 용서다. 회개란 죄에 대한 마음과 예수 그리스도를 향한 태도를 완전히 고치는 것이다. 예수님을 반대하는 세상에서 떨어져 예수님의 은혜를 믿고 권위에 복종하면서 예수님의 곁에 서는 것이다.

용서란 예수 그리스도께서 사랑으로 우리를 안아주시는 것이다. 예수님은 우리의 죄를 씻으시고, 하나님 아버지와의 관계를 회복하시며, 성령을 통해 우리의 삶으로 들어와, 새로운 믿음생활을 하며 하나님께 순종할 수 있는 능력을 주신다.

● ● ● **승천**

"예수께서 그들을 데리고 베다니 앞까지 나가사 손을 들어 그들에게 축복하시더니 축복하실 때에 그들을 떠나 [하늘로 올려지시니]" (눅 24:50-51). 제자들이 본 예수님의 마지막 모습은 손을 들어 축복하시는 모습이었다. 그리스도께서는 십자가 구원 사역을 마치셨다. 그러나 제자들에게 복을 주는 사역은 승천하시는 중에도 계속되었다. 그들의 마음과 정신에는 그리스도께서 승천하시는 모습이 뇌리에 낙인처럼 찍혔을 것이다.

지금도 그리스도께서는 아버지 우편에서 자기 백성을 축복하신다. 그리스도의 두 손은 우리를 심판하는 손이 아니라 축복하시는 손이다. 그리스도는 우리를 정죄하지 않고 축복하신다. 그리스도의 말씀은 생명이다. 우리가 '그리스도 안'에 있으면 그리스도의 모든 것이 우리 것이 된다. 죄를 담당하신 그리스도의 죽음과 부활도 모두 우리의 죽음이고 부활이다. 훗날 우리도 승천할 것이다.

주께서 호령과 천사장의 소리와 하나님의 나팔 소리로 친히 하늘로부터 강림하시리니 그리스도 안에서 죽은 자들이 먼저 일어나고 그 후에 우리 살아 남은 자들도 그들과 함께 구름 속으로 끌어 올려 공중에서 주

를 영접하게 하시리니 그리하여 우리가 항상 주와 함께 있으리라 (살전 4:16-17)

그리스도가 영광으로 임하실 때 그분의 모든 백성은 승천할 것이다. 이미 죽은 사람들의 몸은 부활할 것이고, 아직 살아있는 사람들의 몸은 변화될 것이다. 그리스도 안에서 구원받은 하나님의 백성은 영원히 그분과 함께 지낼 것이다.

● ● ● 결론

하나님이 예수 그리스도 안에서 우리에게 주신 놀라운 약속은 다음과 같다. 모두 예수님이 이 땅에 오셔서 사시고 죽으시고 부활하신 덕분에 이루어진 일이다.

① 우리는 하나님의 영광을 온전히 드러내는 새로운 피조물이 되었다.
② 우리는 악의 저주에서 구원받았다.
③ 우리는 열방에서 구원받은 수많은 백성과 어울려 하나님의 복을 누린다.
④ 우리는 우리의 죄를 씻기 위해 제물이 되신 그리스도를 통해 하나님과 화해했다.
⑤ 우리는 하나님의 복된 다스림을 영원히 받는다.
⑥ 우리는 전심으로 하나님을 사랑하고 이웃을 내 몸처럼 사랑하면서 하나님의 길을 걷는다.
⑦ 우리는 죽음을 이기고 새 생명을 얻는다.

하나님은 예수님 안에서 모든 언약을 지키겠다고 다짐하신다(고후 1:20). 예수님은 하나님의 약속을 지나가게 하는 신호등의 파란불이며, 하나님이 약속하신 모든 것은 우리의 것으로 믿어도 된다.

지금부터는 신약성경의 서신서를 들여다보자. 우리는 그리스도께서 성취하신 모든 것을 성령이 어떻게 우리 삶에 적용하시는지 보게 될 것이다.

약속을 전하는 교회 : 사도행전 이야기

승천하기 전 예수님은 제자들에게 성령을 보내주겠다고 약속하셨다. 그리스도는 하늘의 성부께 돌아가지만 그리스도의 임재와 능력은 성령에 의해 제자들과 함께, 그리고 제자들 안에 있을 것이다.

그리스도의 약속은 오순절에 이루어졌다. 베드로는 전 세계에서부터 예루살렘으로 모인 큰 무리에게 복음을 전했다. 예수님의 생애와 죽음과 부활에 대해 설명한 후 성령으로 충만해 "너희가 십자가에 못 박은 이 예수를 하나님이 주와 그리스도가 되게 하셨느니라"(행 2:36) 하고 선언했다.

사람들은 분명 베드로의 말을 믿었다. 믿지 않았다면 언쟁을 벌였든가 그 자리를 떠났을 것이다. 그러나 그들의 행동은 달랐다. "그들이 이 말을 듣고 마음에 찔려 베드로와 다른 사도들에게 물어 이르되 형제들아 우리가 어찌할꼬 하거늘"(행 2:37).

베드로의 대답은 회개였다(행 2:38). 이것이 중요하다. 믿음과 회개는 떼려야 뗄 수 없는 관계다. 동전의 양면과도 같다. 믿음이 없이는 회개도 없고, 회개가 없이는 믿음도 없다. 우리가 예수 그리스도 안에 있는 하나님의 사랑과 은혜를 볼 때 믿음과 회개는 동시에 시작된다.

베드로는 이어서 "너희가 회개하여 각각 예수 그리스도의 이름으로 세례를"(행 2:38) 받으라고 말했다. 베드로는 공개적으로 주 예수 그리스도와 하나가 되어 하나님의 약속의 표와 날인을 받으라고 했다. 하나님은 자신이 부르신 모든 사람에게 죄를 용서하고 성령을 주겠다고 약속하셨다(행 2:38-39). 하나님은 당신을 용서하신다. 그리고 당신과 화해하신다. 그리스도는 당신에게 성령도 주시고 성령의 새 생명도 주신다.

베드로가 설교했던 도시는 바로 50일 전에 예수님이 십자가에 처형당했던 도시다. 오순절에 그곳에 있었던 사람들 중에는 "그 피를 우리와 우리 자손에게 돌릴지어다"(마 27:25)라고 소리치며, 예수님을 십자가에 처형하라고 외쳤던 사람도 있을 것이다. 베드로는 바로 '그들'에게 그리스도의 용서와 성령에 대해 말한다. "이 약속은 너희와 너희 자녀와 모든 먼 데 사람 곧 주 우리 하나님이 얼마든지 부르시는 자들에게 하신 것이라"(행 2:39).

'당신'을 위한 약속이다. 당신이 주 예수 그리스도를 믿고 죄를 떠난다면 하나님은 당신의 모든 죄를 용서하신다. 당신에게 성령을 주시고, 옛 습관은 모두 끊고, 새로운 삶을 살게 하신다.

'당신의 자녀'를 위한 약속이다. 2천 년 전 세대에만 국한되지 않는다는 뜻이다. 과거에 끝난 약속이 아니다. 이 약속은 결코 옛것이 아니다. 수백 년을 가로질러 오늘날 우리에게 이른다.

"모든 먼 데 사람"을 위한 약속이다. 그리스도 안에서 용서와 새로운 삶은 모든 사람을 위한 약속이다. 오늘날 하나님이 멀리 느껴진다면 이 약속은 당신을 위한 약속이다.

하나님은 아브라함의 씨를 통해 열방의 백성이 복을 받을 것이라 약속하셨다. 예수 그리스도 안에 있는 용서와 새로운 삶은 아프리카, 아시아, 아메리카, 유럽, 호주, 극지방의 모든 사람을 위한 약속이다. 교회의 사명은 예수 그리스도의 복음을 모든 사람에게 전하는 것이다.

이 약속은 "주 우리 하나님이 얼마든지 부르시는 자들"을 위한 약속이다. 하나님은 복음을 통해 부르신다. 베드로가 그리스도를 전하는 자리에서 하나님은 사람들을 부르셨다. 당신이 복음을 읽는 지금도 하나님은 당신을 부르신다. 지금 당신을 위한 용서와 새로운 삶이 예수 그리스도 안에 있다.

약속을 이루시는 성령 : 신약성경의 서신서 이야기

그리스도 안에 있는 새로운 삶은 어떤 것일까? 회개하고 믿는 사람 안에서, 성령이 하나님의 약속을 이루시면 무슨 일이 생길까? 하나님은 예수 그리스도를 통해, 당신 안에서 당신을 위해 무슨 일을 하셨을까?

신약성경 서신서는 우리를 하나님의 약속 안으로 데리고 들어가, 예수 그리스도 안에서 우리가 받은 모든 것을 활짝 펼쳐 보여준다. 인간의 인생을 관류하는 하나님의 구원 역사에 주목하자. 시작은 중생이다.

● ● ● 중생, 새로운 생명을 받다

"우리 주 예수 그리스도의 아버지 하나님을 찬송하리로다 그의 많으신 긍휼대로 예수 그리스도를 죽은 자 가운데서 부활하게 하심으로 말미암아 우리를 거듭나게 하사 산 소망이 있게 하시며 … 너희가 거듭난 것은 썩어질 씨로 된 것이 아니요 썩지 아니할 씨로 된 것이니 살아 있고 항상 있는 하나님의 말씀으로 되었느니라"(벧전 1:3, 23).

하나님이 천지를 창조하실 때 지구는 공허하고 형체가 없었다. 흑암과 물의 혼돈이었다. 하나님의 영이 수면 위를 운행하셨다(창 1:2). 하나님은 빛을 창조하시고, 세상에 생명을 만드셨다. 하나님은 지구를 아름답게 빚으셨다.

태초에 수면 위를 운행하신 하나님의 영은 인생에 부는 바람과도 같다(요 3:8). 그분은 그리스도의 영광을 볼 수 없는 사람들을 밝게 비추신다(고후 4:4). 그리고 하나님께 죽었던 사람들에게 새로운 생명을 주신다(엡 2:1).

예수님은 "영으로 난 것은 영이니"(요 3:6)라고 말씀하셨다. 성령으로 거듭난 사람은 영혼이 변화되어 새로운 정신과 마음으로 그리스도를 사랑하고 믿고 마음껏 따른다. 예수님은 이런 기적을 '거듭난다' 혹은 '성령으로 난다'라고 말씀하셨다(요 3:7-8). 모든 믿음 이면에는 중생하게 하시는 하나님의 은혜가 있다.

중생과 믿음의 상호작용은 신비롭기에 우리는 예배할 수밖에 없다. 하나님의 자녀는 주 예수 그리스도를 믿는 사람이다. "영접하는 자 곧 그 이름을 믿는 자들에게는 하나님의 자녀가 되는 권세를 주셨으니"(요 1:12).

그런데 남들은 믿지 않는데 왜 당신은 믿을까? 그리고 그 전이나 후가 아니고 왜 그때 믿게 되었을까? 하나님이 먼저 당신의 중생을 시작하셨다. 하나님이 당신의 눈을 열어 그리스도의 영광을 보여주셨다. 성령은 혼돈의 흑암과도 같은 당신의 인생 위를 운행하셨고, 그리스도 안에서 당신을 새롭게 창조하셨다.

하나님이 당신의 영혼에 하늘의 새 생명을 주시는 놀라운 일을 하셨음을 아는가? 하나님은 당신에게 새로운 마음을 주셨다. 하나님의 영을 당신에게 불어넣어주셨다. 예수 그리스도가 죽음을 이기고 부활하신 일을 통해, 살아있는 소망을 가진 자로 다시 태어나게 하셨다(벧전 1:3).

● ● ● 연합, 그리스도 안에 있다

"무릇 그리스도 예수와 합하여 세례를 받은 우리는 그의 죽으심과 합하여 세례를 받은 줄을 알지 못하느냐 그러므로 우리가 그의 죽으심과 합하여 세례를 받음으로 그와 함께 장사되었나니 이는 아버지의 영광으로 말미암아 그리스도를 죽은 자 가운데서 살리심과 같이 우리로 또한 새 생명 가운데서 행하게 하려 함이라"(롬 6:3-4).

나는 세례를 줄 때 세례받는 사람을 물속으로 넣는다. 성령의 세례를 받을 때도 세례받는 사람은 '성령 안으로' 들어가 그리스도와 하나가 된다. 세례는 그리스도와 연합하는 놀라운 현실이다.

마르틴 루터는 신약성경에서 지혜를 얻어 그리스도와 신자의 연합을 결혼에 비유해 설명했다.

믿음으로 … 신랑과 신부가 하나가 되듯이 영혼은 그리스도와 연합한다. 사도가 가르치듯 이런 신비로 그리스도와 영혼은 한 몸을 이룬다. 한 몸을 이루었다면 진짜 결혼한 것이고 … 따라서 그들은 모든 것을 공유한

다. … 그러므로 신자의 영혼은 그리스도의 모든 것을 제 것처럼 자랑하고 기뻐할 수 있다.[3]

얼마 전 나는 영국에서 섬겼던 교우들을 떠올리면서, 자주 연락하지 못한 나 자신을 책망했다. 또 마감을 제때 지키지 못한 여러 일도 떠올리면서 "오호라 나는 곤고한 사람이로다"라는 좌절의 하루를 보냈다. 이튿날 아침, 아내는 식탁에 앉아 크리스마스카드를 쓰고 있었다. 아내는 영국으로 보내는 크리스마스카드 백 장을 손수 일일이 쓰고는 아래 '캐런과 콜린 드림'이라고 서명했다.

나는 사람들에게 연락하지 못해 부끄러워하고 있었는데, 지난 14년 동안 나는 해마다 빠짐없이 그들에게 편지를 썼던 것이다! 나를 보면 잘한 게 하나도 없는데, 아내의 남편으로 보면 아내의 일을 공동으로 한 것이니 기뻤다. 내 서명이 든 편지가 해마다 발송되었으니까!

그리스도는 우리가 스스로 할 수 없는 일을 우리를 위해 대신하셨다. 그분은 우리가 살지 않았고 또 살지 못했던 생을 사셨다. 우리가 '그리스도 안'에 있으면 그분이 하신 모든 일은 우리의 것이 된다. 그분의 생애와 죽음과 부활이 우리의 생애와 죽음과 부활이 되는 것이다.

이것이 그리스도와의 연합이다. 그분에게 연합의 의미는 십자가에 못 박히는 것이었다. 우리에게 연합의 의미는 의롭게 되는 것이다.

●●● 칭의, 의롭게 되다

"그러므로 우리가 믿음으로 의롭다 하심을 받았으니 우리 주 예수 그리스도로 말미암아 하나님과 화평을 누리자"(롬 5:1). '의롭다'는 말은 판결을 뜻하는 법률 용어다. 하나님이 의롭다고 하시면 그는 의로운 사람이 된다. 그러나 유죄를 선고하시면 죄인이 된다. 칭의와 정죄는 사실에 대한 판단이다.

정의로운 사회에서 죄인은 유죄 선고를 받고 결백한 사람은 무죄 선고를 받는다. 무죄 선고를 받았다고 결백한 것은 아니다. 결백하니까 무죄 선고를 받는 것이다. 마찬가지로 유죄 선고를 받았다고 해서 죄인인 것도 아니다. 죄를 지었으니까 유죄 선고를 받는 것이다.

순수한 정의의 문제에서, 하나님은 죄인을 불의하다 하시고 의인은 의롭다 하실 것이다. 그런데 놀라운 일이 벌어진다. 하나님이 죄인을 의롭다고 하시는 것이다. 이런 크나큰 모순을 곰곰이 생각해 보라. 하나님이 죄인을 의롭다고 하신다! 어떻게 그러실 수 있는가!

하나님은 예수님을 우리 죄를 위한 속죄 제물로 삼으셨다(롬 3:25). 이 말은 예수님이 죽으셨을 때, 죄악과 부정에 대한 하나님의 진노와 적의가 예수님께 쏟아졌다는 뜻이다. 그리스도는 십자가에서 우리의 죄에 대한 하나님의 심판을 받으셨다.

믿음으로 그리스도와 하나 된 우리가 '그리스도 안'에 있으면, 하나님은 우리의 모든 죄를 그리스도의 죄로 여기고 그리스도의 의를 우리의 의로 여기신다. 우리 대신 그리스도께서 정죄받으시고, 우리는 그리스도 안에서 의롭게 되었다. 하나님은 자신의 의를 십자가를 통해 보이시는 동시에, 그리스도를 믿는 사람을 의롭다고 하셨다(롬 3:26).

하나님이 의인에게만 의롭다고 하시면, 우리에게 무슨 소망이 있겠는가. 하나님이 불의한 사람을 의롭다고 하시는 것이 복음이다(롬 4:5). 우리가 믿음으로 예수 그리스도와 연합했듯이, 그리스도의 속죄 제물의 능력도 우리의 것이 된다. 우리는 죄악에 대한 정죄의 두려움에서 해방되어 하나님의 놀라운 사랑을 받는다.

● ● ● 입양, 사랑받는 자녀가 되다

"때가 차매 하나님이 그 아들을 보내사 여자에게서 나게 하시고 율법 아래에 나게 하신 것은 율법 아래에 있는 자들을 속량하시고 우리로 아들의 명분을 얻게 하려 하심이라 너희가 아들이므로 하나님이 그 아들의 영을 우리 마음 가운데 보내사 아빠 아버지라 부르게 하셨느니라 그러므로 네가 이 후로는 종이 아니요 아들이니 아들이면 하나님으로 말미암아 유업을 받을 자니라"(갈 4:4-7).

그리스도를 통해 하나님은 우리를 가족으로 입양하시고, 자신의 아들과 딸로 사랑하신다. 어떤 사랑도 그리스도 안에서 하나님의 사랑과 비교할 수 없다. 하나님 외에 "내가 결코 너희를 버리지 아니하고 너희를 떠나지 아니하리라"(히 13:5)고 말할 수 있는 사람은 없다.

하나님은 우리를 영원히 사랑하신다. 우리가 태어나기도 전에, 심지어 창세 전부터 하나님은 우리를 사랑하셨다. 그리스도는 세상에 오셨을 때나, 십자가에 못 박혔을 때나, 죽음에서 부활하셨을 때나 우리를 보고 계셨다.

우리가 우리 자신을 하나님이 아끼시는 자녀라고 믿는 것은 성령의 특별한 역사다. "우리에게 주신 성령으로 말미암아 하나님의 사랑이 우리 마음에 부은 바 됨이니"(롬 5:5). 우리는 성령 덕분에 하나님의 사랑을 받을 수 있다. 성령은 하나님이 십자가에서 결정적으로 증명하신 사랑으로 우리를 인도하신다.

우리는 신앙생활 중에 어려운 점이 있거나 감정이나 상황이 나쁘면, 하나님이 나를 사랑하지 않으신다고 여기는 버릇이 있다. 그리고 건강하고 승진하고 인생이 잘 풀리면 하나님의 사랑을 받고 있다고 여긴다. 그러다 일이 엇나가면 본능적으로 또 하나님의 사랑을 의심하고 최악의 상황을 예상한다.

우리는 하나님이 십자가에서 보여주신 헤아릴 수 없는 사랑을 늘 기억해야 한다. "자기 아들을 아끼지 아니하시고 우리 모든 사람을 위하여 내주신 이가 어찌 그 아들과 함께 모든 것을 우리에게 주시지 아니하겠느냐"(롬 8:32).

●●● 성화, 거룩하게 되다

"평강의 하나님이 친히 너희를 온전히 거룩하게 하시고 또 너희의 온 영과 혼과 몸이 우리 주 예수 그리스도께서 강림하실 때에 흠 없게 보전되기를 원하노라 너희를 부르시는 이는 미쁘시니 그가 또한 이루시리라"(살전 5:23-24).

성화란 신자 안에서 일어나는 성령의 끊임없는 역사다. 우리는 성령의 역사로 하나님이 부르시는 삶을 살게 된다. 모든 그리스도인이 이것을 바라고 구한다. 라일(J. C. Ryle) 주교는 이렇게 말했다.

> 대부분의 사람은 죽으면 천국에 가고 싶어한다. 그런데 천국에서 정말 잘 지낼 수 있을지를 고민하는 사람은 거의 없는 듯하다. 천국은 거룩한 곳이다. … 혹시라도 거룩하지 못한 사람이 천국에 가게 되면 그가 천국에서 무엇을 할 수 있을까?[4]

존 오웬(John Owen)이 했던 말을 바꾸어 말해 보자.

이 세상에서 거룩하지 못한 사람이, 천국에서 하나님을 기뻐하는 복을 누릴 거라는 생각보다 어리석고 해로운 것도 없다. 그런 사람은 하나님을 기뻐하지도, 하나님을 보상으로 여기지도 못할 것이다. 거룩은 천국에서 완성된다. 그러나 시작은 늘 이 세상이다.[5]

칭의와 성화는 늘 그리스도 안에 붙어 있으며, 이 두 관계를 파악하는 것은 복음을 이해하는 데 필수다. 우리는 흔히 칭의와 성화를 혼동하거나 분리하는 실수를 저지른다. 신앙생활을 잘해야 하나님께 인정받는다고 여기는 사람은 칭의와 성화를 혼동하고 있는 것이다. 그러나 그렇지 않다. 우리는 그리스도가 완성하신 사역을 믿어 의롭게 된다.

또 믿음으로 의롭게 되므로 그리스도께 순종하는 일은 크게 중요하지 않다고 여기는 사람은 칭의와 성화를 분리하는 것이다. 이것 역시 잘못된 생각이다. 칭의와 성화는 그리스도께 속했다. 우리가 그리스도를 믿으면 칭의와 성화는 우리의 것이 된다. 칭의와 성화는 분리되지 않는다.

그래서 성경은 "모든 사람과 더불어 화평함과 거룩함을 따르라 이것이 없이는 아무도 주를 보지 못하리라"(히 12:14)고 말한다. 거룩해야 구원받는다는 말은 아니지만, 거룩을 좇는 것은 자신의 피로 우리를 의롭게 하신 그리스도 안에 우리가 있음을 증명한다.

바울은 신자들의 성화를 위해 기도했다. "평강의 하나님이 친히 너희를 온전히 거룩하게 하시고 또 너희의 온 영과 혼과 몸이 우리 주 예수 그리스도께서 강림하실 때에 흠 없게 보전되기를 원하노라 너희를 부르시는 이는 미쁘시니 그가 또한 이루시리라"(살전 5:23-24).

신앙생활에 진전이 없더라도 실망하지 말고 이 약속을 붙들자. 하나님의 은혜로 우리 안에서 시작된 일은 완성될 것이다. 하나님은 영광을 받으시고, 우리는 기뻐할 것이다. 하나님이 우리에게 마음의 소원을 주실 것이다. 우리는 하나님 아들의 형상을 영원히 본받을 것이다(롬 8:29).

● ● ● 영화, 그리스도의 영광이 나타나다

"우리 생명이신 그리스도께서 나타나실 그 때에 너희도 그와 함께 영광 중에 나타나리라"(골 3:4). 인생은 모순투성이다. 모든 그리스도인의 인생도 마찬가지다. 우리는 그리스도를 사랑하지만, 세상과 육체와 마귀의 유혹에 끌린다. 우리는 그리스도를 믿지만, 의심과 불안에 시달린다. 우리는 그리스도 안에서 새로운 삶을 살지만, 몸은 질병과 노화와 죽음을 피하지 못한다.

그리스도인의 인생은 모순투성이지만 늘 그런 것은 아니다. 그리스도에 대한 우리의 사랑은 완성될 것이다. 우리의 믿음은 눈을 뜨고 부활한 몸으로 영생의 기쁨을 누릴 것이다. 우리는 그리스도와 함께 영원히 영광스럽게 지낼 것이다.

장래의 영광을 바라보는 것은 그리스도인의 삶에서 매우 유익하다. 모든 것이 우리에게 맞서는 것처럼 보일 때, 우리는 장래의 영광을 보고 난관을 극복해야 한다. 바울도 그렇게 했다. "그러므로 우리가 낙심하지 아니하노니 우리의 겉사람은 낡아지나 우리의 속사람은 날로 새로워지도다 우리가 잠시 받는 환난의 경한 것이 지극히 크고 영원한 영광의 중한 것을 우리에게 이루게 함이니"(고후 4:16-17). 사도 바울은 자신이 체득한 절망을 이기는 방법을 우리에게 들려준다.

하나님은 시련을 통해, 영원히 하나님의 영광과 우리의 기쁨이 될 고유한 그리스도의 형상을 우리 안에 아로새기신다. 그날 하나님이 약속하신 모든 것은 우리의 것이 될 것이다.

① 우리에게 하나님의 형상이 충만하게 나타날 것이다.

② 우리는 악의 저주에서 구원받을 것이다.

③ 우리는 열방에서 구원받은 백성과 함께 영생의 기쁨을 누릴 것이다.

④ 우리는 예수님의 보혈로 구원받아 하나님의 임재에 들어갈 것이다.

⑤ 우리는 그리스도가 다스리는 복된 나라에서 영원히 살 것이다.

⑥ 우리는 마음과 영혼과 뜻과 힘을 다해 하나님을 사랑하고 이웃을 내 몸처럼 사랑할 것이다.

⑦ 우리는 주 예수 그리스도를 통해 죽음을 이기고 얻은 새 생명을 영원히 기뻐할 것이다.

● ● ● ● 완성, 하나님을 보다

"또 내가 새 하늘과 새 땅을 보니 처음 하늘과 처음 땅이 없어졌고 바다도 다시 있지 않더라"(계 21:1). 요한은 새 하늘과 새 땅을 보았다. 다른 땅이 아니라 새 땅이었다. 지구는 마침내 저주에서 풀려나고 부패할 운명에서 해방될 것이다(롬 8:21).

그 다음 요한은 "거룩한 성 새 예루살렘이 하나님께로부터 하늘에서 내려"(계 21:2)오는 것을 보았다. 성에는 동서남북으로 열린 문이 있었다. 열방의 백성을 모아 영원한 나라에서 기쁨을 누리게 하겠다는 약속을 지키셨다는 뜻이다.

한 가지 그림만으로 그리스도가 우리를 위해 준비하신 것의 영광을 모두 포착하는 것은 불가능하다. 그래서 요한은 성 외에 남편을 위해 아름답게 단장한 신부의 모습도 보았다(계 21:2). 그리스도는 천국 기쁨의 중심이다. 우리는 그분을 기뻐하고 또 기뻐할 것이다.

요한은 하늘 보좌에서 들리는 큰 음성을 들었다. "보라 하나님의 장막이 사람들과 함께 있으매 하나님이 그들과 함께 계시리니 그들은 하나님의 백성이 되고 하나님은 친히 그들과 함께 계셔서"(계 21:3). 하나님과 우리 사이를 단절시킨 모든 것이 사라졌다. 하나님은 구원 받은 모든 백성에게 영생을 주신다.

하나님은 우리의 눈에서 모든 눈물을 닦아주실 것이다. 하나님의 백성은 더 이상 슬픔을 느끼지 못할 것이다. 죽음도 통곡도 울음도 고통도 찾을 수 없을 것이다.

결론

하나님은 하나님만이 지킬 수 있는 놀라운 약속을 하셨다. 그 약속은 육신이 되신 말씀, 곧 예수 그리스도 안에서 성취되었다. 또 중생, 그리스도와의 연합, 칭의, 입양, 성화, 영화, 하나님의 구원 계획의 완성에 따르는 영원한 기쁨이다.

이 약속은 예수 그리스도 안에 있는 모든 사람의 것이다. 당신을 위한 약속이 될지도 모른다. 당신과 당신의 자녀와 멀리 있는 모든 사람을 위한 약속이다. 회개하고 주 예수 그리스도를 믿으라. 믿으면 그분의 이름을 힘입어 생명을 얻게 될 것이다(요 20:31).

복음이란 무엇인가

브라이언 채플(Bryan Chapell)

그가 체포된 사건의 발단은 오래 전부터 시작되었다. 우리 가족이 동생의 지적 능력을 설명할 때 "동생은 남들보다 배우는 게 느리다"고 말한다. 데이비드는 지적 수준은 낮았지만 체력과 의지력은 점점 강해졌다. 부모님은 데이비드를 돌보는 데 지쳤을 뿐 아니라 부부 사이에 문제가 많아 결국 이혼했고, 그 바람에 동생은 많은 어려움을 겪었다. 데이비드는 나이가 들면서 독립심은 강해졌지만, 발달장애는 늘 문제가 되었다. 결국 나쁜 친구들과 어울리면서 문제를 일으켰고, 결과는 불 보듯 뻔했다.

데이비드에게는 자신의 체포와 투옥을 이해할 능력이 없었다. 아는 것이라고는 정신연령이 어린아이 수준인 성인이 감옥에서 느끼는 압도적인 두려움이 전부였다. 데이비드는 구석에서 몸을 웅크리고 벌벌 떨었다.

같은 감방에 있던 죄수는 동생의 두려움을 보고 뭔가를 떠올렸다.

그 자신에게도 문제가 많았으나, 그는 데이비드에게 하나님의 은혜의 메시지를 전했다. "예수님이 당신을 도우실 수 있습니다. 그분을 믿으세요." 데이비드는 어릴 적 주일학교 특수아동반에서 배웠던 것을 떠올렸다. 그는 용서 구하는 기도를 하고 예수님을 구주로 영접했다.

데이비드는 감옥에서 오랜 시간을 보내야 한다. 예수님과도 영원이라는 오랜 시간을 보낼 것이다. 데이비드는 용서받고 회복되며 사랑받고 변화될 것이다. 이것이 내 동생을 위한, 그리고 예수님을 믿는 모든 사람을 위한 복음이다.

복음은 '좋은 소식'이다. 성경은, 하나님이 구주를 보내 죄인을 구원하고, 만물의 영광을 회복하며, 긍휼과 정의로 만물을 다스리겠다는 약속을 지키신 것을 복음이라고 가르친다. "그리스도 예수께서 죄인을 구원하시려고 세상에 임하셨다"(딤전 1:15)는 말씀은 복음을 잘 요약해 준다.[1]

하나님의 구원과 회복, 통치는 우리의 영혼에 해당하는 말이지만 영적인 데만 국한된 것은 아니다. 만물을 오염시킨 인간의 죄에 대한 영원한 형벌에서, 하나님은 예수 그리스도를 보내 자기 백성을 구원하신다. 그런데 이것이 전부가 아니다.

우리는 먼저 성경이 우리를 감동시키려고 복음을 선언하는 것이 아님을 알아야 한다. 하나님은 데이비드나 우리 같은 죄인들이 구주 예수님의 복음을 믿어, 죄의 권세와 죄책감에서 영원히 풀려나게 하시려고 복음을 계시하신다. 복음의 핵심적인 면면을 살펴보자.

요구한 것을 친히 준비하시는 하나님[2]

우리는 '죄인'이라고 불리는 것을 싫어한다. 죄인이라는 말은 살인자와 아동학대자에게도 쓰기 때문이다. 그런데 성경은, 하나님은 거룩하시다고 말하면서 완전하신 하나님을 가까이할 수 없는 모든 사람을 '죄인'이라고 말한다. 죄인이란 하나님의 기준에서 벗어났다는 뜻이다. 조금이라도 죄를 지으면 우리는 하나님의 뜻에 어긋난다(롬 3:23; 약 2:10). 하나님은 우리에게 거룩한 성품을 주셨다(벧전 1:16). 따라서 우리는 잘못을 행하면 자신을 해칠 뿐 아니라 하나님과의 관계도 해치는 셈이다(엡 4:30).

● ● ● **하나님의 형상**

하나님과 우리의 문제는 첫 부모의 죄로 인간의 품성이 부패한 데서 시작되었다(롬 5:12). 아담과 하와 이후의 모든 사람은 사랑하는 사람을 실망시키고, 상처를 주고, 자신의 이상을 버린다는 것이 무슨 의미인지 알고 있다. 우리는 모두 수치심을 느끼고 후회한다. 이것은 우리가 모르는 영적인 현실을 보여주는 것인지도 모른다. 즉, 우리는 하나님을 닮은 존재지만 그런 존재로 살지 못하기 때문에 죄책감을 느끼는 것이다(롬 3:10).

우리는 하나님의 형상대로 창조되었다(창 1:26-27). 하나님은 우리가 하나님을 사랑하고 그분의 형상이 깃든 다른 사람들을 사랑할 수 있게 하려고 우리를 창조하셨다. 죄를 짓는다는 것은 그런 본성을 거스르는 것인데, 우리가 죄를 지으면 마음속 깊숙이 있는 뭔가가 움츠러든다. 우리가 느끼는 죄책감은 죄가 하나님과 우리를 갈라놓을 때마다 마음이 느끼는 고통의 울림이다.

하나님과 가까이 지내려면 거룩해야 하는데, 우리는 본성과 행동으로 하나님을 멀리한다. 이것을 고칠 방법이 없을까? 우리 힘으로는 고칠 수 없다. 진흙투성이의 손으로 흰 셔츠를 깨끗하게 할 수 없는 것처럼 우리는 불완전한 피조물인지라 스스로 거룩해질 수 없다.

하나님과 우리의 관계를 회복할 수 있는 길은 오직 하나님뿐이다. 하나님은 우리를 거룩한 사람으로 만들어 관계를 회복하신다. 하나님이 먼저 우리를 찾아오셨다(요일 4:19). 하나님은 예수님을 통해 우리를 죄에서 구원하셨다. 그분은 우리가 할 수 없는 일을 대신해 주셨다. 그래서 우리는 하나님이 하신 일을 '은혜의 복음'이라고 한다. 은혜란 '선물'이다. 진흙투성이의 옷을 입고 있는 사람에게 깨끗한 옷을 주는 것처럼, 스스로 해결할 능력이 없는 사람에게 주는 선물이다.

● ● ● **거룩하신 하나님**

예수님이 우리를 어떻게 거룩한 사람으로 만드시는지는 예수 그리스도의 이름이 많은 것을 말해 준다. 예수라는 이름의 뜻은 '구원자'다. 예수님의 목적은 우리를 죄의 결과에서 구원하는 것이었다. 그리스도의 뜻은 실제 이름이라기보다 '기름부음을 받은 자'라는 뜻으로, 예수님의 목적에 대한 설명에 가깝다. 성부 하나님은 예수님께 기름을 부어 인류를 거룩하게 할 특사로 삼으셨다. 하나님은 기름 부은 자를 보내 자기 백성을 구원하겠다고 수백 년 동안 예언자들을 통해 약속하셨다(행 3:18-20). 그런데 사람들은 기름 부은 자가 하나님의 아들이라는 사실을 알고는 깜짝 놀랐다.

예수님께는 하나님의 형상이 완벽하게 나타났다. 그분은 하나님인

데도 사람이 되셨다(갈 4:4-5; 빌 2:6-11). 성육신이다. 예수님은 모든 면에서 사람과 똑같으셨지만, 단 하나 죄는 없으셨다(히 4:15). 예수님은 죄를 짓지 않았을 뿐 아니라, 성령에 의해 동정녀 마리아의 몸에 기적적으로 잉태되었기 때문에 여느 사람과 달리 본성이 부패하지 않았다(마 2:20-23).

거룩하신 그리스도가 우리에게 하시는 일은 두 가지다. 첫째, 하나님을 위해 사는 법을 가르치신다. 사랑이 가득하고 이기심이 전혀 없는 인생이 있다면 예수님의 인생처럼 보일 것이다(요일 3:16). 우리는 예수님을 통해 충만하게 사는 법과 하나님이 뜻하신 사람이 되는 법을 배운다. 가장 인간적이면서도 하나님과 친밀하게 지내는 사람, 그런데 그런 사람이 되는 것이 우리의 능력 밖이라면 어떻게 할까? 어떻게 해야 할까? 그리스도는 그 다음 일을 하신다. 하나님을 '위해' 사는 법을 가르치실 뿐 아니라, 하나님의 기준을 지키면서 하나님과 '더불어' 살 수 있게 하신다.

● ● ● 정의로운 하나님

거룩하신 예수님은 우리 죄를 씻기 위한 완벽한 제물이었다. 이상하게 들릴지 모르지만 이것이 처음부터 끝까지 성경이 전하는 메시지다. 우리의 죄는 단순히 하나님을 성가시게 하는 일이 아니다. 인간의 죄는 헤아릴 수 없는 고통을 일으켰다. 하나님은 우리가 분노하고, 학대하고, 고통을 외면하고, 불의를 무시하는 것을 간과하지 않으신다. 거룩하신 하나님은 그런 죄에 대해 못본 척하지도 귀를 막지도 않으신다. 정의를 부르짖는 피해자들의 외침에 긍휼하신 하나님은 예수님의 희생으로 정의를 베푸신다.

하나님의 아들은 죄가 없었기에 우리를 대신해 기꺼이 십자가에서 형벌을 받으셨다. 이 일은 우리가 보상할 수 있는 범위를 훨씬 능가한다. 그리스도의 의는 우리의 불의를 채우고도 남을 만큼 무척이나 크기 때문에, 전 세계와 모든 시대의 죄를 갚고도 남는다(롬 5:15-19; 히 9:26-28; 벧전 3:18; 요일 2:2). 하나님은 예수님의 희생을 우리의 형벌에 대한 대속으로 인정하셨다(벧전 2:24). 우리가 갚을 수 없는 의에 대한 빚을 예수님이 대신 갚으신 것이다(시 47:7-9; 딛 2:11-14). 예수님의 고통이 우리 죄를 속량했다(요일 4:10). 지옥에 가야 할 우리가 예수님의 죽음으로 구원받은 것이다(갈 3:13-14).

자책감으로 몸부림치는 사람에게 그리스도가 하신 일은 놀라운 복음이다. 내 동생 데이비드가 감옥에 갇혀 있더라도 자신의 범죄에 대한 빚을 다 갚을 수 없듯이, 하나님의 법을 어긴 우리도 거룩하신 하나님께 진 빚을 청산할 수 없다. 그런데도 영적으로 파산한 우리를 위해 그리스도가 영적인 빚을 갚아주셨기에, 데이비드와 당신과 나는 수치심을 느끼지 않고 살 수 있다.

● ● ● **그리스도의 의**

그리스도의 희생은 하나님의 정의를 충족한다(롬 3:20-26). 나는 마치 죄를 지어본 적이 없는 사람처럼 되는 것이다(사 1:18). 하나님이 죄인을 향해 거룩하다고 선언하시는 것을 신학자들은 '칭의'라고 한다. 칭의는 그리스도의 십자가에서 놀라운 교환이 이루어진 결과다. 예수님은 친히 우리의 죄를 담당하시고 자신의 의를 내어주셨다(고후 5:21; 벧전 3:18). 예수님은 우리를 자신처럼 거룩하게 만들기 위해 죄 많은 우리처럼 되셨다.

그리스도께서 구원의 길을 마련해 주셨기에 나는 동생의 죄를 고백할 수 있다. 그것은 우리도 마찬가지다. 아무리 극악무도한 죄를 지었더라도 예수님의 희생이 대속하지 못할 죄는 없다.

이러한 복음의 한 가지 증거는 이 글의 서두에서 인용한 구절의 후반부다. 사도 바울은 "그리스도 예수께서 죄인을 구원하시려고 세상에 임하셨다 하였도다 죄인 중에 내가 괴수니라"(딤전 1:15)라고 썼다. 바울은 변화되기 전에 예수님을 모독하고 제자들을 살해했다. 그러나 지금은 그리스도께서 자신의 죄를 속량하심을 알고 기뻐한다. 바울의 죄가 가벼웠기 때문이 아니라 십자가의 은혜가 크기 때문이다. 예수 그리스도의 희생은 가장 악독한 죄인과 가장 악독한 죄를 대속하는 데 모자람이 없다.

● ● ● 하나님의 사랑

그런데 우리가 구원받았다는 것을 어떻게 확신할 수 있을까? 예수님조차 누군가는 지옥에 갈 것이라고 말씀하셨다(요 3:18; 마 23:33). 따라서 그리스도의 대속은 모든 사람을 구원하고도 남지만, 모든 사람이 구원받는 것은 아니다. 우리는 지옥에 가지 않는다는 것을 어떻게 확신할 수 있을까? 하나님은 자신이 요구하는 것을 직접 마련하신다는 데 그 답이 있다.

하나님은 우리에게 용서받을 자격을 갖추라고 하지 않으신다. 죄를 씻기 위해 영적인 업적을 남기라고도, 스스로 깊이 자책하라고도 하지 않으신다. 하나님이 은혜로만 용서하신다는 것(롬 3:23-24), 이것이 복음이다. 하나님은 우리를 사랑하신다. 하나님은 사랑할 테니 뭔가를 하라고 하지 않으신다.

우리가 하나님의 사랑을 얻기 위해 뭔가를 해야 한다면 "네 마음을 다하고 목숨을 다하고 뜻을 다하여 주 너의 하나님을 사랑하라"(마 22:37)는 가장 중요한 계명을 지켜야 하는데, 이 계명을 지키기란 여간 어려운 게 아니다. 우리는 조건적으로 사랑하는 사람을 섬길 수는 있지만 그를 사랑할 수는 없다. 부모가 자녀에게 "네가 수학 성적이 A가 되면, 네가 잔디를 깎으면, 네가 고양이 밥을 주면 사랑할게."라고 한다면 자녀는 부모에게 순종하겠지만, 사랑을 도구로 자녀를 조종하려는 부모를 사랑할 수는 없을 것이다.

우리에게 하나님을 사랑하라고 하시는 주님은 우리를 무조건적으로 사랑하신다. 성경은 "우리가 사랑함은 그가 먼저 우리를 사랑하셨음이라"(요일 4:19)고 한다. 하나님은 무조건적인 사랑으로 우리를 먼저 사랑하셨다.

● ● ● **언약을 지키시는 하나님**

성경은 하나님이 자기 백성과 맺은 언약을 기록하여, 하나님이 우리를 먼저 사랑하셨음을 가르친다. 하나님은 언약을 통해 자기 백성을 무조건적으로 사랑하겠다고 약속하셨다. 하나님의 언약은 계약이 아니다. 계약은 조건이 충족되지 않으면 파기할 수 있지만, 하나님의 언약은 우리의 불이행으로 취소되지 않는다. 그래서 하나님의 백성은 "우리는 미쁨이 없을지라도 주는 항상 미쁘시니"(딤후 2:13)라고 말할 수 있다.

이스라엘이 이집트 종살이에서 해방된 일은 사랑의 언약에 대한 가장 좋은 예다. 수 세기 전 하나님은 아브라함과 그의 후손을 사랑하겠다고 약속하셨다. 그런데도 그들은 계속 하나님을 멀리했다. 그들은 이집트의 노예가 되었고, 하나님은 모세를 보내 그들을 해방시키셨다. 하나님은 그들이 해방된 후에야 그들이 거룩하게 살도록 십계명을 주셨다.

하나님의 사랑의 언약을 이해하는 데는 사건의 순서가 중요하다. 하나님은 해방 '후'에 율법을 주셨다. 하나님은 그들이 순종할 때까지 기다리지 않으셨다(신 5:6). 그분은 "내 말을 들으면 너희를 사랑하겠다"고 말하지 않으셨다. 언약을 성실히 지키시는 하나님은 "내가 너희를 오래 전부터 사랑하여 구원했으니 너희를 복되게 하는 율법을 지키라"고 말씀하셨다.

우리가 하나님을 사랑하거나 하나님께 순종하기 전에 먼저 우리를 사랑하시는 하나님! 우리를 향한 하나님의 은혜가 복음의 핵심이다(롬 5:8). 우리가 올바른 생활을 할 때까지 하나님이 기다리면서 사랑을 미루셨다면, 감옥에 있는 내 동생 같은 사람에게는 아무런 희망이 없다. 데이비드의 생활은 엉망이었다. 데이비드가 자신의 잘못을 바로잡을 수 있는 길은 전혀 없었다. 몸도 자유롭지 못했고, 실수를 돌이킬 지능도 없었다. 그러나 예수님이 자신을 사랑하고 도우신다는 사실을 인정하자 평생을 부자유하게 살며 오랫동안 죄를 지었던 동생에게 그리스도의 은혜가 임했다.

데이비드는 어른이 된 후 간단한 말과 불평으로만 가족과 소통했다. 그런데 예수님의 사랑을 믿은 후로는 가족에게 편지를 쓰기 시작했다. 우리는 그가 글을 쓸 수 있다는 사실도 몰랐다. 글씨와 문법은 어린아이 수준이었지만 시간이 지나자 문장 실력도 늘었다. 자신의 믿음을 설명하는 표현력도 향상되었다. 데이비드는 감옥에서 이런 편지를 썼다. "하나님은 모든 믿는 사람을 위해 기적을 일으키세요. 나는 하나님을 믿어요. 하나님은 독생자 예수님을 보내 우리의 죄를 위해 죽게 하셨어요. 하나님은 세상을 무척 사랑하셔서 독생자를 주셨어요. 누구든지 그분을 믿으면 죽지 않고 영생을 누려요."

데이비드는 요한복음 3장 16절을 자신의 문장으로 바꾸어 쓰면서 그가 알던 모든 사람에게 예수 그리스도의 복음을 전했다. 복음은 세상을 담고도 남을 만큼 크다. 우리의 모든 죄를 담고도 남을 만큼 크다. 복음은 하나님을 믿는 모든 사람의 것이다.

● ● ● 그리스도에 대한 믿음

복음은 예수님을 '믿는' 모든 사람을 구원한다. 하나님은 산을 정복하는 자나, 중독을 극복하는 자나, 가난을 없애는 자나, 일정한 수준의 선에 도달하는 자를 구원하겠다고 하지 않으신다. 하나님은 예수님을 구주로 믿는 사람을 구원하신다(요 3:16).

데이비드의 상황을 보면 믿음에 대해 알 수 있다. 우리는 우리가 조금이라도 괜찮은 사람이니까 예수님을 믿는 것이고, 그래서 예수님이 우리를 사랑하는 것이라고 오해해서는 안 된다. 그런 사람은 자신이 다른 사람들보다 더 낫다고 여긴다. 그런데 믿음은 그런 것이 아니다. 예수님이 죄를 씻기 위해 죽으셨다는 사실을 인정하는 것 같은 작은 일이 어떻게 사도 바울의 모독과 살인을 갚을 수 있겠는가? 내 동생이 그리스도의 희생을 믿는 것으로 어떻게 지난날의 범죄를 보상할 수 있겠는가? 하나님이 정의라는 저울로 우리 믿음의 무게를 잰다면 타당하지 않다. 그 정의의 저울에 올라가는 것은 우리의 믿음이 아니라 그리스도의 희생임을 우리는 분명히 알아야 한다.

우리가 믿어서 하나님의 은혜를 받는 것이라면 우리는 스스로 자신을 구원하는 셈이다. 그러면 우리는 자랑할 수 있다. 그러나 성경의 메시지는 분명하다. 구원자는 예수님이다. 우리가 믿어서 하나님의 사랑이나 은혜를 받는 것이 아니다. 익사 직전에 겨우 구조받아 살아난 사람이 해변에서 으스대며 "내가 죽지 않고 살아난 것은 구조대원에게 살려달라고 외쳤기 때문이야."라고 자랑하면 이상하지 않은가? 그가 자랑할 것이 없다는 것은 누구나 인정할 것이다. 그가 죽지 않고 살아난 것은 전적으로 구조대원의 호의와 능력 덕분이다.

구원의 믿음에 대한 두 번째 오해는 다른 사람을 전적으로 의지하지 않고 믿음이 강하면 된다는 것이다. 사람들은 마음을 굳게 먹든지 신학공부를 충분히 하면, 하나님의 사랑을 받을 만큼 더 큰 믿음을 가질 수 있을 거라 여긴다. 그러나 믿음의 크고 작음이 구원을 좌우한다는 생각은, 믿음을 가지면 남들보다 더 나은 사람이 될 수 있다는 것이나 마찬가지다. 이것도 "내가 구조대원의 손을 남들보다 더 강하게 잡았기 때문에 구조되었어."라고 자랑하는 것이나 다름없다.

우리가 성경적 믿음을 이해하고 싶다면, 자신을 영적으로 기진맥진하여 구조대원(예수님)의 힘에 전적으로 의지하는 사람으로 여겨야 한다. 우리의 소망은 믿음의 힘에 좌우되는 것이 아니다. 믿음만으로 의심과 불안을 이길 수 없다. 우리는 예수님만을 의지해야 한다.

나는 동생이 지적장애와 소모된 감정과 큰 자책감으로 감옥에 웅크리고 있는 모습을 떠올릴 때마다, 그가 자신의 강한 믿음에 소망을 두지 않기를 바란다. 나는 동생이 예수님의 강한 사랑을 소망하기를 바란다. 데이비드는 심력도 약하고 바라는 것도 없다. 데이비드의 소망은, 자신의 지혜와 열정과 힘으로는 하나님의 인정을 받지 못한다는 것을 깨달은 사도 바울이 품었던 소망과 같을 것이다. 바울은 "너희는 그 은혜에 의하여 믿음으로 말미암아 구원을 받았으니 이것은 너희에게서 난 것이 아니요 하나님의 선물이라 행위에서 난 것이 아니니 이는 누구든지 자랑하지 못하게 함이라"(엡 2:8-9)고 썼다.

믿음은 업적도 아니고, 정신 훈련도 아니고, 감정의 느낌도 아니다. 우리는 하나님의 사랑을 받을 만큼 믿음이 크다고 자랑할 수 없다. 구원의 믿음은, 사람에게는 하나님의 사랑을 받을 만한 데가 전혀 없음을 고백하고 하나님께 순종하는 것이다. 우리는 우리를 죄에서 구원하신 예수님만을 의지한다. 우리는 착하게 살면, 지혜롭게 생각하면, 믿음이 강하면, 하나님의 사랑을 받을 수 있다는 말을 믿지 않는다. 우리는 예수님이 구원하신다는 것을 믿을 뿐이다.

우리가 실망하고 절망할 때 하나님을 의지하는 것은, 하나님이 우리 마음에서 역사하셨기 때문이다. 우리는 하나님을 인정한다는 표시로 자아를 버리고 그리스도만을 믿는다. 모든 것을 버리고 예수님께만 소망을 둔다. 그래서 바울은 믿음조차도 하나님의 선물이라고 했다(엡 2:8-9). 구원의 믿음은 우리의 노력으로 이룰 수 없는 것이다. 하나님이 우리의 심장을 뛰게 하지 않았다면 우리는 영적으로 죽었을 것이다(겔 36:26; 엡 2:1).

● ● ● 그리스도 안에서 안식

성경적 믿음은 지식이나 열심, 고행을 믿는 것이 아니라 그리스도의 공로를 의지하는 것이다. 우리는 그분을 강하게 붙잡는 우리의 믿음을 의지하지 않고, 우리를 그분에게로 들어 올리는 그분의 강한 사랑을 의지한다. 천하장사라도 엘리베이터에서는 자신의 근육을 의지하지 않고 엘리베이터를 끌어올리는 케이블을 의지한다. 성경적 믿음 또한 우리가 발휘하는 영적인 실력이 아니라 우리가 보이는 영적인 의존이다. 우리는 예수님을 향한 우리의 강한 믿음을 의지하기보다,

우리를 향한 그분의 강한 사랑 안에서 안식한다(사 30:15; 히 4:9-11). 우리는 인간의 허술하고 불순한 노력이 아니라 전능하신 하나님의 영원하고 변함없는 은혜를 믿는다.

하나님의 무조건적인 사랑에 마음을 열면, 귀하고 놀라운 평화를 발견할 수 있다(롬 5:1-2). 우리는 하나님의 기대에 부응하기 위해 혹은 진노를 풀어드리기 위해 노심초사할 필요가 없다. 하나님은 우리를 영원히 용납하셨다(엡 2:17-19). 예수님께 영혼을 바치는 삶은 날마다 하나님의 호통을 두려워하며 사는 것이 아니다. 그리스도께서 우리를 구원하신 것만 믿으면 된다는 이유로, 그리스도인이 하나님의 심기를 건드리지 않기 위해 근심의 쳇바퀴를 돌리며 살 필요는 없다. 우리는 죄를 덮고, 실패를 극복하고, 우리를 의롭게 하는 은혜 안에서 안식한다.

우리는 더 이상 하나님의 사랑을 받으려고 발버둥치지 않는다. 그분은 우리를 사랑하신다! 하늘의 왕이 우리를 보고 웃으시니, 누가 우리에게 인상을 쓴다거나 우리가 실망스러운 상황을 만난다고 해서 절망할 이유가 없다. 우리의 죄가 무겁든 가볍든, 우리의 인생이 황폐하든 풍성하든, 우리가 좋은 집에 살든 감옥에 살든, 우리는 하나님의 은혜 덕분에 하나님 앞에서 예수님처럼 의롭게 되었다. 하나님은 예수님을 사랑하시듯 우리를 사랑하신다. 죄책감으로 슬퍼하는 사람, 실패를 후회하는 사람, 장래가 불안한 사람에게 하나님의 사랑은 놀라운 안식과 위로를 준다. 그런데 이것보다 더 좋은 소식이 있다.

준비한 것을 완성하시는 하나님[3]

은혜로 의롭게 되는 것은 아주 놀라운 일이지만, 그것이 하나님 계획의 전부는 아니다. 예수 그리스도는 우리를 지난날의 죄에서 구원하실 뿐 아니라 영원히 같이 살자고 하신다. 예수님은 누구든지 자신을 믿으면 "멸망하지 않고 영생을 얻게"(요 3:16) 된다고 말씀하셨다. 하나님의 구원은, 호랑이의 공격에서 간신히 구조됐는데 이튿날 다시 밀림으로 돌아가는 것이 아니다. 복음에는 우리를 영적으로 영원히 안전하게 지키시는 하나님의 방법도 담겨 있다.

●●● 그리스도와의 연합

하나님은 예수님을 사랑하듯 우리를 사랑하실 뿐 아니라, 우리를 자녀로 삼는 은혜도 베풀어주셨다. 사도 요한은 "보라 아버지께서 어떠한 사랑을 우리에게 베푸사 하나님의 자녀라 일컬음을 받게 하셨는가, 우리가 그러하도다"(요일 3:1)라고 썼다. 그런데 우리에게는 부모가 따로 있는데 어떻게 하나님의 자녀가 될 수 있을까? 은혜의 넓은 뜻 안에 답이 있다. 하늘 아버지가 우리를 입양하셨기 때문이다(엡 1:5-6).

그렇다면 입양은 어떤 과정을 거치는가? 핵심 과정은 우리가 이미 알고 있다. 즉, 하나님과 더불어 영적인 삶을 살기 위해 그리스도를 의지하는 것이다. 그리스도를 의지한다는 것은 예수님이 우리를 거룩하게 하심을 고백하고, 우리의 생각과 언행으로는 하나님과의 관계를 바로잡을 수 없음과 우리가 죄인임을 인정하는 것이다. 하나님이 은혜를 베풀어 우리를 의롭다고 하시면, 우리는 예수님처럼 의롭고 사랑스러운 자녀가 된다.

우리는 아직 영적으로 철저히 의지한다는 뜻을 전부 살펴보지 못했다. 우리가 갖은 노력을 해도 하나님과 영적인 생활을 할 수 없다면 우리는 죽은 것이나 다름없다. 이상하게 들리겠지만, 복음은 우리가 죽은 것이 맞다고 한다. 그리고 사실 죽음은 하나님의 가족이 되는 새 생명을 여는 문이다.

그리스도의 죽음과의 연합 사도 바울은 인간이 아무리 선행을 쌓아도 거룩하신 하나님 앞에서 의인이 될 수 없다는 결론을 내린 후 이렇게 덧붙였다. "내가 그리스도와 함께 십자가에 못 박혔나니 그런즉 이제는 내가 사는 것이 아니요"(갈 2:20). 이 말이 무섭게 들릴지 모르지만, 이 말은 우리의 경건이 아닌 예수님의 희생으로 우리가 하나님 앞에 나아간다는 것을 뚜렷하게 보여준다. 우리가 한 일이 아니라 그분께서 하신 일이 우리의 소망이다. 우리의 영적인 신분은 그분의 신분 안에 있다.

그리스도와 함께 죽었다는 말이 무섭게 들릴 수도 있으나, 실은 좋은 일이다. 우리의 모든 것이 십자가에 못 박혔다면 우리의 죄와 단점, 실패도 십자가에 못 박혔기 때문이다. 하나님과 우리를 영적으로 분리하던 모든 것이 십자가에 있기 때문에, 그분은 우리를 가까이하실 수 있다. 그러나 우리가 영적으로 죽었다면 하나님과 친밀해진들 무슨 소용이 있겠는가? 바울은 우리의 영적인 삶(하나님 앞에서 우리의 정체성)이 이제 다른 곳에 뿌리내리고 있음을 상기시킴으로써 우리의 물음에 답한다.

그리스도의 부활과의 연합 우리는 그리스도와 함께 죽었을 뿐 아니라 그리스도와 함께 살아났다. 바울은 "내가 그리스도와 함께 십자가에 못 박혔나니 그런즉 이제는 내가 사는 것이 아니요 오직 내 안에 그리스도께서 사시는 것이라"(갈 2:20)고 했다. 이 말은 우리가 그리스도와 새 생명 누릴 것을 약속할 뿐 아니라, 이제껏 언급하지 않았던 복음의 중요한 면인 부활에 대해 이야기한다.

예수님은 우리의 죄 때문에 십자가에서 고난당하시고, 하나님의 길을 저버린 인간이 받을 형벌을 말소하여 깨끗게 하셨다. 하나님은 계명을 지키지 않으면 분명히 죽는다고 아담에게 말씀하셨다(창 2:17). 아담의 죄는 거룩하신 하나님과 인간 사이의 친밀한 생명의 관계를 끊어버렸다. 하나님은 성령의 능력으로 예수님을 죽음에서 살리시고, 그리스도의 희생으로 원죄의 결과가 정말로 말소되었음을 보여주셨다(롬 8:11; 고전 15:15-20).

예수님의 부활은, 죄를 없애고 우리에게 영생을 주겠다는 하나님의 약속을 증명했다. 우리의 죄와 육체의 죽음은 하나님과 우리의 관계를 끊지 못한다. 육체는 죽어도 영혼은 주님과 영원히 거한다. 하나님이 예수님의 몸을 일으키셨듯이, 훗날 우리의 몸도 부활하면 우리의 몸과 영혼은 예수님과 연합할 것이다. 이렇듯 좋은 소식에 대해서는 잠시 후에 다시 이야기하자.

지금은 예수님이 부활하신 덕분에 모든 신자의 영혼이 이미 그리스도와 하나가 됐다는 사실이 더 중요하다. 그분은 죽으셨지만 부활하셔서 우리와 영적으로 하나가 되어 우리 안에 거하신다. "내 안에 그리스도께서 사시는 것이라"고 했던 사도 바울의 말을 기억하자. 우리는 죽은 것이나 다름없고(우리의 공로로는 하나님 앞에 설 자격이 없기 때문에), 예수님이 우리 안에 거하신다면(우리와 영으로 하나 됐기 때문에) 우리는 예수님의 신분을 가진 것이나 다름없다. 지혜롭고 거룩하고 의로우신 그분이, 어리석고 악하고 반역적인 우리를 대신하신다(고전 1:31). 사도 바울은 그리스도가 우리의 생명이고(골 3:4), "내게 사는 것이 그리스도니"(빌 1:21)라며 기뻐했다. 우리는 영적으로 그리스도와 연합했기 때문에 우리의 모든 수치는 사라졌고, 그분의 명예는 모두 우리의 명예가 되었다.

● ● ● 가족의 특권

그리스도와 신분을 공유하기 때문에 우리는 하나님의 가족이다(히 2:11). 과거가 형편없더라도 상관없다. 옛것은 사라졌고 우리는 그리스도 안에서 새로운 삶을 시작했다(고후 5:17). 누구든지 그리스도와 연합하면 예수님과 다름없는 하나님의 자녀가 된다. 하나님은 우리와 신분을 공유하는 그리스도를 높이기 위해, 우리에게 '입양'을 통해 특별한 약속을 하신다.

불변하는 신분 첫 번째 약속은 불변하는 신분이다. 내 동생이 판사의 선고를 받고 감옥으로 가기 전에, 우리 가족은 법원 구치소에서 동생을 면회했다. 아버지는 갓 구원받았지만, 감옥에 갇힐 아들을 보고 눈물 흘리며 옛 찬송가를 불렀다.

예수님이 나와 함께하시면,
감옥도 왕궁으로 변하리.[4]

아버지는 아름다운 노래로 아버지의 사랑과 데이비드를 위로하시는 주님의 사랑을 전했다. 아버지에게 큰 수치와 절망을 안겼지만, 데이비드는 여전히 아버지의 아들이었다. 그 어떤 것도 데이비드가 아버지의 아들임을 변하게 할 수는 없었다.

마찬가지로 우리가 어떻게 해도 하나님과의 관계는 변하지 않는다

(히 10:14). 우리가 죄를 짓고 하나님을 배신하더라도 우리가 하나님의 자녀라는 사실에는 변함이 없다. 우리의 영적인 신분은 우리의 행동이 아니라 그리스도가 하신 일로 결정된다. 그리스도가 우리 안에 계시므로 하나님은 우리를 사랑하신다. 우리는 하나님의 영원한 사랑을 확신하므로 하나님을 높이고 죄를 짓더라도 하나님께로 돌아간다(롬 2:4).

하나님은 우리가 죄를 지을 때 더 나쁜 길로 빠지지 않도록 회초리를 드시지만, 영적인 징계를 한다고 우리를 사랑하지 않으시는 것은 아니다. 하늘 아버지는 해치기 위해서가 아니라 우리를 돕기 위해 징계하신다. 우리가 하나님의 징계를 심하게 받더라도 하나님은 우리를 변함없이 사랑하시고 영적으로 보호하신다(히 12:5-11). 하나님의 자녀인 우리의 신분은 결코 변하지 않는다.

영원한 보호 변함없는 신분 덕분에 우리는 영원히 하나님께 보호받는다. 순교자나 고통과 비극에 처한 성도의 처지를 보고 사람들은 비웃을지도 모르지만, 하나님이 보호하신다는 것은 믿을 수 있는 사실이다.

끊임없이 시련을 겪는 사람들이 하나님의 영원한 보호하심을 어떻게 믿을 수 있을까? 우리는 이 세상의 삶이 전부가 아니고 가장 중요한 것도 아님을 기억해야 한다. 예수님은 "몸은 죽여도 영혼은 능히 죽이지 못하는 자들을 두려워하지 말고 오직 몸과 영혼을 능히 지옥에서 멸하실 수 있는 이를 두려워하라"(마 10:28)고 말씀하셨다.

하나님은 우리가 이 세상에서 편하게 사는 것보다는 영생을 누리는 데 더 관심이 많으시다. 그래서 우리 주변에 영적인 울타리를 세워, 하나님과 영생을 누리지 못하는 불상사가 생기지 않게 하신다. 예수님을 사랑하시듯 우리를 사랑하시는 하나님이, 우리가 영원한 지옥에

가는 것을 어떻게 허락하시겠는가? 우리는 타락한 세상에서 어려움이 많지만(창 3:17-19), 하나님은 우리를 잃어버릴 만한 일은 조금도 허락지 않으신다(롬 8:35-39).

천국에서 주님의 설명을 들을 때까지 우리가 시련을 겪는 특별한 이유를 알 수는 없지만, 하나님의 목적이 무엇인지는 알고 있다. 사도 바울은 이렇게 쓰고 있다. "하나님을 사랑하는 자 곧 그의 뜻대로 부르심을 입은 자들에게는 모든 것이 합력하여 선을 이루느니라"(롬 8:28). 놀라운 약속이다. 우리에게 일어나는 일은 우연이 아니다. 하나님은 자기 백성을 위해 모든 일을 주관하신다. 바울은 '선'에 대해 설명한다. 모든 것이 선하게 바뀌는 것은 우리로 하나님의 아들을 본받게 하여 "그로 많은 형제 중에서 맏아들이 되게 하려"(롬 8:29) 하심이다.

하나님은 날마다 자녀들의 성장과 번성을 위해 일하신다. 천국은 예수님을 닮은 자녀들로 가득할 것이다. 그리스도를 닮은 성품과 사랑을 마음에 새기고 행동으로 드러내기 위해, 하나님은 우리에게 시련을 허락하신다. 우리는 시련을 통해 현세에 대한 집착을 끊어버리고, 하나님의 영원한 가치를 이해하고 그 가치를 위해 산다(고후 4:17). 그러나 하나님은 우리가 감당하지 못할 일은 결코 허락하지 않으신다(고전 10:13). 우리를 결코 떠나지 않으시고(히 13:5), 깊은 시련만큼 믿음이 크게 자라게 하시며, 우리의 마음을 강하게 하신다(애 3:23).

하나님은 우리와 이웃의 영원한 선을 위해 눈물과 웃음의 양을 조절하신다. 어느 날 밤 데이비드가 감옥에서 쓴 "엄마와 아빠[가 받은 상처]를 생각하면 몹시 슬퍼요. 기도하기 전에 조금 울다가 잘게요."라는 글은 허튼소리가 아니다. 애초에 그런 눈물을 흘리지 않도록 막지 않으신 하나님을 비웃을 사람도 있을 것이다. 그러나 데이비드의 눈물은 하나님의 역사를 부인하는 것이 아니라 그가 기도한 이유였다. 데이비드는 하나님이 자신의 반항과 고통을 사용해 선을 이루실 것을 믿었다. 당시 데이비드는 하나님이 이루시는 선에 대해 몰랐지만, 그런 기도를 통해 하나님의 능력이 나타나자 깨닫게 되었다.

개인의 능력 세 번째 약속은 개인의 능력이다. 모든 것이 합력하여 선을 이룬다는 하나님의 약속보다 더 놀라운 것은 그분의 방법이다. 예를 들면, 모든 것이 합력하여 선을 이룬다는 약속은 기도에 관한 이야기에서 등장한다. 사도 바울은 먼저 우리가 "마땅히 기도할 바를 알지" 못하는 것을 인정한다(정확히 안다는 투로 말했던 일부 동시대인들과는 정반대다). 그러고는 덧붙인다. "오직 성령이 말할 수 없는 탄식으로 우리를 위하여 친히 간구하시느니라 … 성령이 하나님의 뜻대로 성도를 위하여 간구하심이니라"(롬 8:26-27). 이야! 우리는 기도할 때조차 무엇이 최선인지 알 수 없지만, 우리의 기도가 하나님의 뜻을 구하는 완벽한 간구가 되도록 성령께서 도우신다.

우리가 하나님의 뜻이 이루어지길 바라는 마음으로 기도하면(마 6:10), 하나님은 '모든 것'을 주관하여 선을 이루신다. 하나님은 우리의 삶을 새롭게 빚으셔서 영적으로 가장 좋은 것을 우리에게 주신다. 우리는 기도를 통해 하나님과 더불어 새로운 현실을 창조한다. 우리의 기도로 모든 것이 변한다. 우리의 기도에 무슨 능력이 있다든지 기도가 훌륭해서가 아니라, 우리의 기도를 들으시는 하나님 덕분이다.

신약성경 저자들이 자주 말하는 복음은, 예수님이 주님이라는 것이다. 이것은 의례적인 말이 아니라 만물을 창조하신 분이 하나님이 약속하신 분으로서, 자기 백성을 권능으로 구원하러 오셨다는 선언이다(막 1:15; 행 2:36; 10:36). 그 능력의 진가는 종말에 빛을 발하겠지만, 지금도 우리의 기도로 모든 것이 변하고 있다.

우리 가족은 복음의 약속이 공허하지 않다는 것을 알았다(사 65:24; 엡 3:20). 데이비드가 많이 울었던 것은 부모님의 별거 때문이었다. 부모님은 수십 년에 걸친 갈등으로 사이가 멀어졌고, 그 때문에 동생은 더욱 힘든 시기를 보냈다. 데이비드는 신자가 된 후, 15년 가까이 별거하고 있는 나이든 부모님의 관계가 회복되기를 기도했다. 나는 동생에게 부질없는 짓이라고 말할 용기가 없었다. 그러나 나는 동생을 통해 내가 다시 붙잡아야 할 성경의 진리를 새롭게 깨달았다.

큰딸 결혼식을 몇 주 앞두고, 어머니가 아버지와 함께 결혼식에 참석하겠다고 전화로 알려왔다. 그러고는 "우리는 같은 호텔에 머물 거야. 그것도 같은 방에."라고 덧붙였다. 내가 깜짝 놀라 아무 말도 못하자 어머니는 속삭이듯 "불륜은 아니잖니. 우리는 아직 부부잖아." 하고 말했다.

"어머니, 아버지와 화해하신 거예요?" 어머니는 울먹이며 말했다. "네 동생 일로 서로 의지하게 됐어." 나는 눈물을 흘렸다. 모든 것을 주관하여 선을 이루시고 어리석은 자를 들어 지혜로운 자로 부끄럽게 하시는 하나님의 역사에 놀랐다(고전 1:27). 나는 주님을 믿지 않았던 것이다. 그러나 지적장애가 있는 내 동생은 범죄자로 감옥에 갇혀 있으면서도 하나님의 말씀을 의심하지 않고 그분에게 도움을 구했고, 하나님은 최선의 것으로 응답하셨다.

82세, 77세 된 부모님은 이제 서로 손을 잡고 교도소에 있는 동생을 면회하러 간다. 나는 믿지 않는 모든 사람에게 외칠 수 있다. "복음은 사실이다. 복음은 세상을 바꾼다." 나는 우리가 기도하는 대로 하나님이 정확하게 응답하실 거라든가, 우리의 기도가 이 세상에서 모두 이루어질 거라고 약속하는 게 아니다. 그러나 성경의 약속대로 하나님을 사랑하는 자에게는 모든 것이 합력하여 선을 이룰 것이다.

영적 성장 우리가 입양됨으로써 받은 개인의 능력은 세상일뿐 아니라 우리의 내면에도 해당된다. 성도는 무엇보다 구주에게 영광 돌리며 살기를 간절히 기도한다. 그러나 유혹에 둘러싸여 있고 영적으로 약한 탓에 자주 실패한다. 이에 대해 복음은, 하나님이 하나님의 자녀에게 죄와 싸울 힘을 주신다고 약속한다. 이것이 네 번째 약속이다.

우리가 그리스도를 본받아 성장하는 과정을 '성화'라고 한다. 우리가 하나님의 말씀으로 성장하는 데는 여러 가지 실제적인 방법이 있다. 첫째, 성경은 하나님이 우리에게 기대하시는 바를 말해 준다. 우리는 하나님의 뜻을 추측할 필요가 없다. 하나님은 우리가 영적으로 안전하게 하시고, 하나님을 영화롭게 하는 길로 우리를 인도하신다. 세상은 하나님의 율법을 고리타분하게 여기지만, 그리스도인인 우리는 하나님의 계명을 지킬 때 하나님이 무척 기뻐하시고 우리도 큰 만족을 누린다는 것을 안다.

그래서 하나님은 우리가 세상의 거짓말에 속지 않도록 말씀을 배우고, 기도로 하나님과 소통하며, 성도와 더불어 예배하고, 성숙한 사람들의 조언을 구하라고 말씀하신다. 우리는 이런 '은혜로운' 방법으로 거룩하게 성장한다. 이런 방법이 효력이 있는 것은, 우리가 자연스럽게 배우고 행동하는 존재이기 때문이다. 목이 마르면 물을 마셔서 해갈하듯, 유혹과 싸울 때는 성경의 가르침으로 죄를 멀리할 수 있다.

그런데 성화는 자연스러운 과정이 아니다. 성경에 따르면, 우리가 영적으로 싸우는 것은 혈과 육이 아니라 우리 안팎에 있는 영적인 악이다(엡 6:12). 악에 대항하는 일은 인간의 결심만으로는 역부족이다. 그래서 주님은 우리에게 승리에 필요한 초자연적인 능력을 주신다.

우리가 그리스도 예수 안에서 새로운 피조물이라는 말씀을 믿을 때, 우리에게 영적인 능력이 생긴다. 그리스도가 우리 마음에 임하기 전에는 죄를 짓지 않을 수가 없었다. 그러나 예수님은 우리를 변화시키신다. 예수님은 성령을 주셔서 죄를(즉, 죄가 정말로 잘못됐다는 것을) 깨닫게 하시고 우리의 전투력을 높이신다. 우리는 사탄에게 지지 않는다(골 1:13). 사도 요한은 "너희 안에 계신 이[성령]가 세상에 있는 자[사탄]보다 크심이라"(요일 4:4)고 썼다. 예수님을 죽음에서 살리신 그 성령이 우리 안에 계시고, 죄를 이길 능력까지 주신다.

인간은 실패하고 죄를 짓는 존재라며 사탄은 여전히 공갈을 놓는다. 그러나 우리는 더 이상 우리의 힘으로 싸우지 않기 때문에 사탄을 이길 수 있다(롬 8:11). 물론 승리를 믿지 못하면 이미 진 것이나 다름없다. 그래서 하나님의 진리의 말씀을 믿는 것이 영적인 승리의 출발이다. 은혜가 임하면 믿음이 탄탄해지고, 믿음이 강해지면 능력을 발휘할 수 있다.

영적인 안전 우리가 모든 전투에서 이기지 못하더라도 하나님의 사랑은 변함이 없다. 내 친구가 그런 지혜를 담아 내게 편지를 보내왔다. "영적으로 성장하지 못하더라도 하나님의 사랑은 변함이 없다는 것을 아는 사람만이 영적으로 성장할 수 있다네." 불가능하고 뒤떨어지는 말처럼 들린다. 우리가 죄를 지어도 하나님이 변함없이 사랑하신다면 계속 죄를 지어도 괜찮지 않을까? 그렇다. 반역적이고 무분별한 영혼은 은혜를 이용할 게 뻔하다. 그러나 성경에 순종하는 사람은 다르다.

하나님의 변함없는 사랑이 어떻게 사람을 거룩하게 하는지 말하기 전에 중요한 질문에 답할 필요가 있다. "우리는 왜 죄를 이기지 못할까?" 죄를 이기지 못하는 것은, 우리가 죄를 사랑하기 때문이다. 우리가 죄를 미워한다면 죄는 우리를 유혹하지 못한다. 다시 묻는다. "죄를 사랑하지 않으려면 어떻게 해야 할까?" 죄보다 더 사랑하는 것이 있어야 한다. 우리가 예수님을 더 사랑한다면 죄에 탐닉하는 것보다 그분을 기쁘게 하려고 할 것이다(요 14:15). 예수님을 사랑하면 죄에 대한 사랑이 달아나고, 무기력한 죄는 우리 인생에서 자취를 감출 것이다.

마지막 질문이다. 우리는 왜 예수님을 사랑하는가? 성경의 대답은 간단하다. "우리가 사랑함은 그가 먼저 우리를 사랑하셨음이라"(요일 4:19). 우리가 죄인임에도 불구하고 하나님이 우리를 사랑하신다면 '마음대로 살아도 된다'는 말이 왜 잘못인지 알 것이다. 하나님을 정말로 사랑하는 사람은 하나님을 기쁘시게 한다. 주님이 변함없는 사랑으로 우리를 영원히 사랑하신다는 것을 알면, 우리는 하나님이 기뻐하실 일만 할 것이다(애 3:22-23). 하나님이 자신의 자녀에게 어떤 은혜를 주시는지 아는 사람은 거룩한 생을 추구할 수밖에 없다(롬 12:1-3).

데이비드는 수감되고 나서 오래지 않아 기도모임에서 부르는 찬송가 가사와 성경구절을 편지에 써서 우리에게 보냈다. 편지 말미에는 "하나님의 축복이 가득하길"이라고도 썼다. 데이비드는 내가 상상할 수 없는 유혹과 시련이 가득할 감옥에 있었지만, 하나님의 영광을 선포했다. 그리고 자신이 누리는 은혜를 나누었다. 누가 시켜서 편지를 쓴 게 아니었다. 그리스도의 무조건적인 사랑과 영원한 은혜를 아는 사람이 그렇듯, 그 역시 예수님을 사랑하는 마음을 주체할 수 없었던 것이다.

영원한 유산 다섯 번째로 하나님은 유산을 주겠다고 약속하신다(엡 1:14; 2:7). 하나님께 입양된 자녀는 그리스도와 공동상속인이다(롬 8:17). 여기서 말할 수 있는 것은 매우 한정적이다. 첫째, 영생이다. 구름에 앉아 쉴 새 없이 하프를 연주하는 것이 영생이 아니다. 성도가 죽으면 영혼은 즉시 하늘 아버지의 영광스러운 임재에 들어간다(고후 5:8; 빌 1:21-24). 우리는 온전한 용납과 기쁨과 평화를 누리지만 이것이 전부는 아니다(눅 23:43). 훗날 그리스도가 재림하시면 본래 선하게 창조했던 지구를 재창조하실 것이다(사 65:17-19; 롬 8:21-23). 에덴동산에서 인간이 누렸던 모든 것이 회복될 것이다. 하나님의 섭리가 가득하고, 고통이 사라진 세상이 될 것이다(계 21:4).

만물이 회복되고, 우리의 영과 몸과 마음이 새롭게 될 것이다(고전 15:52-54). 감옥에 있는 내 동생 데이비드는 하나님의 완전한 용서를 알게 될 뿐 아니라, 몸도 다시 거룩해지고 처음으로 정신도 건강해질 것이다. 동생은 천사들보다 빛날 것이다(요일 3:2-3). 그는 새롭고 아름다운 세상에서 허리를 쭉 펴고 빛나는 눈을 반짝이며 기쁨으로 활보할 것이다. 이미 세상을 떠난 가족과 아직 세상에 남아 있는 가족이 동생 데이비드를 비롯해 예수님을 사랑하는 모든 사람과 재회할 것이다(살전 4:14-18). 우리는 주님의 식탁에 둘러앉아 만찬을 나누며, 하나님의 은혜로 온전한 세상에서 영원히 기뻐할 것이다. 죄인을 구원하러 오신 분이 큰 구원을 베푸신 덕분에 우리를 비롯해 온 땅이 회복되어 영원에 이를 것이다(계 21:1).

온전하게 하시고 사용하시는 하나님[5]

● ● ● 개인의 목적

세상과 인간을 구원하신 그리스도의 넓은 사랑은 그분을 사랑하는 모든 사람을 철저히 변화시킨다. 우리는 하나님을 사랑하기 때문에 하나님이 사랑하시는 '사람'과 '일'도 사랑한다. 모독적인 언행을 일삼던 데이비드는 그리스도를 영접하고 얼마 후 이런 편지를 썼다. "나는 예수님을 무척 사랑해요. [이제는] 사람들이 그분의 이름을 함부로 들먹이는 걸 못 참겠어요. 예수님이 얼마나 좋은 분인지 사람들이 알았으면 좋겠어요." 예수님이 우리 마음에 계시면 우리 마음은 예수님의 마음으로 변한다(롬 6:4-11).

예수님을 사랑하는 사람은 예수님이 사랑하시는 사람을 사랑하여 그분을 기쁘게 한다. 우리는 길을 잃은 영혼에게 예수님의 대사가 되고, 가난한 사람에게는 예수님의 손이 되며, 억눌린 사람에게는 예수님의 음성이 되고, 모든 사람에게 주신 만물에는 청지기가 되어야 한다. 우리는 인종, 종교, 계급, 문화를 초월하여 예수님의 가족이 늘어나면 기뻐하고, 그들을 사랑해야 한다. 주님의 도움이 필요했던 우리가 그리스도의 사랑을 베풀 때 그리스도의 구원의 핵심, 즉 하나님의 목적을 발견한다.

우리는 죄 많고 무의미한 인생에서 구원받았다(벧전 1:18). 예수님은 망가진 인생도 쓸모 있는 인생으로 만드신다. 죄를 범하고 감옥에 들어와 내 동생과 같은 감방에 있던 사람을 예수님은 버리지 않으셨다. 인종도 다른 그가 동생에게 복음을 전했을 때, 두 사람은 그리스도의 사랑을 깨달았고 영적으로 영원한 형제가 되었다.

여느 때라면 만날 수도 없는 인종이나 배경을 가진 사람들이 지적 장애가 있는 데이비드를 감옥에서 돕고 또 도왔다. 자신의 편견을 초월하는 사랑을 깨닫자 데이비드 역시 그리스도의 사랑을 베풀었다. 동생이 그들을 믿고 친구가 되자, 감옥은 천국의 영원한 형제들의 영광으로 빛나기 시작했다.

그리스도는 개인을 변화시킬 뿐 아니라 공동체를 변화시키신다. 우리는 열방의 모든 사람의 마음에 하나님의 통치가 이루어지도록, 교회를 통해 말과 행동으로 그리스도의 복음을 전한다(골 1:22-2:4). 하나님나라는 성경이 첫 장부터 펼쳐놓는 이야기다. 우리 하나님은 상처 난 창조물을 고통 속에 버려두지 않으신다. 세상과 인간을 타락하게 한 반역에도 불구하고, 하나님은 세상과 인간 둘 다 버리지 않으셨다. 하나님은 인간을 구원하여 하나님의 은혜를 알고 베풀게 하셨다. 따라서 하나님의 구원은 죄인을 위한 것이고 죄인을 통한 것이다. 우리는 하나님을 찬양하고, 하나님을 위해 살도록 서로 독려하며, 다른 사람을 이해하고, 그분의 변화시키는 사랑을 경험할 수 있도록 돕기 위해 교회에 모인다.

오래 전 펼쳐진 구원의 이야기는 우리를 위한 우리의 이야기이며, 더 넓게 우리를 감싸 안는다. 우리에게는 우리가 생각하는 것 이상의 목적이 있다. 우리는 여러 사람과 더불어 그 목적을 이루고, 그리스도의 한 몸으로서 다함께 기뻐한다. 우리는 하나님나라를 이루는 일에 공동체로 참여하여 하나님을 영화롭게 한다(엡 2:21). 우리는 서로 독려하고 가르치고 굳세게 하고 용서하는 공동체 속에서, 세상을 변화시키는 소금과 빛으로 변모한다(마 5:13-16; 엡 3:10-21).

● ● ● ● 구원의 목적

우리는 구원받아 그리스도의 변화시키는 사역에 참여하는 큰 특권을 얻었다. 우리는 이 중요한 목적을 위해 왕을 높이고 인간관계, 일, 오락, 예배 등 삶의 전방위에서 하나님의 은혜를 증언한다. 하나님은 우리의 전부를 다스리시고, 우리는 전인으로 하나님의 영광을 발산한다.

우리의 삶에서는 성(聖)과 속(俗)의 구별이 사라진다. 모든 것이 하나님의 것이다. 그리스도는 만물을 은혜로 통치하러 오셨고, 또 오실 주님이시다. 주님은 우리를 되찾기 위해 구원하셨다. 우리가 전 생애를 기꺼이 주님께 드리면, 주님은 우리 개인과 공동체의 수고를 세상을 구원하는 영원한 목적에 기쁘게 쓰신다.

복음서 저자들이 예수님의 복음을 선포할 때, 만유의 주님이 오셨다는 말을 빼놓지 않았다. 그것이 독재의 시작을 알리는 말이었다면 기뻐할 일은 없었을 것이다. 그러나 왕이 죄인을 구원하러 오는 것이라면, 그리고 죄인들이 받은 구원이 새로워진 마음, 능력의 삶, 세상을 변화시키는 것이라면 그분의 목적과 그들의 구원은 진실로 복음이다. 천사들이 갈망할 정도로, 그분을 사랑하는 우리도 소중하게 간직할 만큼 좋은 소식이다(벧전 1:10-12). 우리가 몸, 생각, 습관, 죄책감, 관계, 환경에 갇혀 있을지라도 예수 그리스도는 우리에게 오셔서 구원과 영원한 자유를 주신다. 이것은 놀라운 소식이다. 이것이 복음이다!

그리스도의
구원

07

샌디 윌슨(Sandy Willson)

아들이 대학을 졸업하던 때였다. 학교의 전통에 따라 졸업식 전날 밤 모교 출신의 명사가 연설을 했다. 물론 역사적으로 졸업식 연설은 목사가 복음을 설교하던 자리다. 그런데 오늘날에는 기독교 학교가 아닌 이상 그러한 전통대로 목사의 설교를 기대할 수는 없다. 나도 그런 연설을 기대하지 않았다. 사실 졸업식 연설에 초대된 연사는 유대인 랍비였다. 공교롭게도 그는 내가 아는 사람이었다. 그는 명석하고 설득력이 있으며 재미있는 사람이었다. 그의 연설도 깊이와 활력이 있고 유익했다. 최고의 연설이었다. 그의 말에는 반대할 것이 하나도 없었다.

나는 식장을 나서면서 교회의 설교에 대해 곰곰이 생각했다. 일반적으로 교회의 설교는 랍비의 설교보다 재미가 없다. 그리고 랍비가 반대할 만한 내용도 없다. 슬픈 일이지만 TV와 라디오, 교회에서 듣는 설교에는 대부분 기독교다운 특징이 없다. 착한 사람들이 수긍할 만한 '상식'으로 가득한 경우가 대부분이다. 다른 곳에서도 들을 수 있는 '자기계발식' 지혜에 성경이야기나 진리를 끼워 맞춘다. 내 친구 랍비도 성경의 이야기와 원칙을 훌륭하게 활용했다. 그렇다면 기독교 설교의 특징은 무엇일까?

기독교 설교는, 기본적으로 예수 그리스도가 자기 백성을 구원하신 사실을 전해야 한다. 복음은 예수 그리스도를 선포한다. 복음은 그리스도를 영화롭게 하여 성부 하나님께 영광을 돌린다. 그리스도가 누구인지 무슨 일을 하셨는지에 대해 오해하거나 잘못 이해하면 영원한 구원마저 위태롭게 된다. 그래서 복음연합은 예수 그리스도와 그분의 구원을 신앙고백의 핵심으로 삼았다. 우리는 이것을 가르치고 설교하고 권장한다.

영원한 성자, 그리스도

"사랑의 감동으로 성부에게 순종하여…."[1] 신앙고백서는 "왜 예수 그리스도는 십자가에서 돌아가셔야 했는가?" 하는 물음으로 시작한다. 우리는 성경이 설명하는 답이 오직 하나라는 것을 안다. 예수 그리스도께서 우리를 사랑하시는 것은 우리의 본성이 아니라 자신의 본성 때문이다. 사랑이 아니면 예수 그리스도를 이해할 길이 없다. 그분이 하는 모든 일의 동기는 사랑이다. 사랑을 받을 수 없다면 그리스도도 영접할 수 없다. 사랑을 베풀 수 없다면 그리스도를 섬길 수 없다. 그분의 모든 언행과 우리를 위한 큰 희생의 중요한 동기는 우리를 향한 조건 없는, 아낌없는, 변함없는 사랑이다.

이 사랑이 더 놀라운 것은, 예수 그리스도가 이 땅에 오기 전부터 하나님의 영원한 아들로서 존재하셨다는 것이다. 요한은 "태초에 말씀이 계시니라 이 말씀이 하나님과 함께 계셨으니 이 말씀은 곧 하나님이시니라"(요 1:1)고 했다. 또 그분을 가리켜 "독생자"(요 1:14)라고도 불렀다.[2] 그분은 "만세 전에 하나님으로 나신 하나님, 빛으로 난 빛"(니케아 신조)이었다. 그분은 영원 전부터 완전하게 만족하셨고, 성부와 성령 하나님과 동등하셨다. 성부와 친밀하고 영원히 만족스러운 관계 속에서 영원한 복의 기쁨을 누리고 있었기 때문에 친구가 필요하지 않으셨다.

복된 환경을 버리고 이 땅으로 오게 한 사랑은, 그분이 영원 전부터 성부와 누리던 사랑이다. 우리를 위한 사랑! 예수님은 아버지의 뜻을 이루는 것이 목적이라 하셨고, 아버지의 뜻은 자기 백성의 구원이었다. 성자 하나님은 성부의 사랑을 완벽하게 공유하신다. 그 사랑은 끝없이 순수하고 강력하며 은혜로워서 사람과 천사는 결코 이해할 수 없다.

겸손하신 구주, 그리스도

"영원하신 성자가 … 인간이 되셨다." 예수 그리스도의 가장 두드러진 특징은 겸손이다. 우리는 하늘 보좌를 버리고 가난한 시골 여자의 아들로 태어난 그분의 겸손의 깊이를 측량할 수 없다. 이 놀라운 사실을 노래하는 찬송과 시는 헤아릴 수 없이 많다.

모든 영광으로 부요했던 당신,
오직 사랑을 좇아 가난하게 되셨다.

보좌를 버리고 구유로 오셨다.

사파이어 가득한 대궐을 버리고 마구간으로 오셨다.

모든 영광으로 부요했던 당신,

사랑을 좇아 가난하게 되셨다.[3]

바울도 함께 노래한다. "그는 근본 하나님의 본체시나 하나님과 동등됨을 취할 것으로 여기지 아니하시고 오히려 자기를 비워 종의 형체를 가지사 사람들과 같이 되셨고 사람의 모양으로 나타나사 자기를 낮추시고 죽기까지 복종하셨으니 곧 십자가에 죽으심이라"(빌 2:6-8).

인간이 자신의 처지에서 구원받기 위해서는 이런 겸손이 필요하다. 인간은 스스로 자신을 구원할 수 없다. 예수님이 우리를 위해 하셨던 일을 우리는 결코 할 수 없다. 우리를 구원할 유일한 길은, 부패한 세상에 사는 우리의 가련한 처지로 하나님이 겸손히 몸을 낮추시는 것 외에는 없었다. 우리를 구원하기 위해 하나님이 오셔야 했다. 하나님은 정확히 그 일을 하셨다.

역사적으로 볼 때 예수 그리스도의 생애는 두 시기로 구분할 수 있다. 치욕과 영전(榮轉)이다. 그분의 치욕은 성육신, 하나님의 율법에 대한 완전한 순종, 고난과 죽음과 장사됨을 이른다. 신앙고백서의 차례도 동일하다. 치욕의 면면은 하나님 백성의 구원에 무척 중요하므로, 이것을 믿고 묵상하고 기리고 빛으로 삼아 사는 것이 옳고도 유익하다.

● ● ● **성육신**

"육신이 되신 말씀. 완전한 하나님이자 완전한 인간이었던 한 사람.

인간 예수는 이스라엘에 약속한 메시아로서 성령의 놀라운 역사로 잉태되어 동정녀 마리아에게서 나셨다." 예수 그리스도의 잉태와 탄생은 단순히 특별한 사건이나 기적이 아니라 '독특한 일'이었다. 분명한 것은 구약성경도 특별한 임신과 출생에 대해 기록한다는 것이다. 가장 좋은 예는 아브라함(99세)과 사라(90세)가 낳은 이삭이다. 사무엘(삼상 1), 삼손(삿 13), 세례 요한(눅 1)도 특별한 출생에 해당하지만 부모는 모두 인간이었다.

하나님과 인간 사이에서 태어난 사람은 오직 나사렛 예수뿐이다. 오랜 세월 동안 심지어 오늘날에도 동정녀 탄생 교리는 훌륭하지만 불필요하다고 말하는 사람들이 있다. 그 교리를 위해 굳이 싸울 필요도 지킬 필요도 없다는 것이다. 반면 위대한 신학자 아타나시우스(Athanasius, AD 296-373)는 그리스도가 완전한 인간이라고 가르쳤다. 하나님은 그리스도가 되기로 한 대상만 구원하실 수 있었기 때문에, 그리스도가 완전한 인간이 아니라면 인간은 완전한 구원을 받을 수 없다는 것이다. 안셀무스(Anselm, AD 1033-1109)는, 그리스도의 희생으로 하나님의 모든 백성이 구원받으려면 그리스도가 틀림없이 완전한 하나님이어야 한다고 가르쳤다. 그게 아니라면 한 사람이 기껏 한 사람만을 대속할 수 있다.

우리는 오늘도 이 사실을 믿는다. 안셀무스와 아타나시우스가 가르쳤기 때문이 아니라 마태와 누가가 하나님의 감동으로 쓴 복음서가 그 사실을 가르치기 때문이다(마 1; 눅 1-2). 그리스도의 성육신에 깃든 겸손의 깊이를 우리가 어떻게 알 수 있을까? 빌과 멜린다 게이츠 부부가 서해안의 대궐 같은 집을 버리고 케냐 나이로비의 키베라 빈민촌으로 이사간다 하더라도 성육신에 깃든 자기부인의 경지에 조금도 이르지 못할 것이다. 구주는 우리를 정말로 사랑하신다!

● ● ● 아버지에 대한 완전한 순종

"그분은 하늘 아버지께 완전히 순종하고, 죄를 짓지 않고, 기적을 일으키고…." 얼마 전 테네시 주 멤피스에 있는 제2장로교회의 배려로 우리 부부는 4주간 휴가를 보냈다. 우리는 여행을 다니면서 주일마다 다른 교회를 방문했는데, 아주 멀리 떨어져 있는 두 교회에서 연속으로 그리스도가 참을성이 부족하고 화를 잘 내고 둔감했다는 설교를 들었을 때는 경악했다. 나는 내 귀를 의심했다. 설교자는 대체 무슨 생각으로 그런 설교를 했던 것일까? 자신이 이단적으로 설교했음을 알기나 할까? 그리스도가 조금이라도 죄인이었다면 그분은 '불결한' 제물로서 우리의 죄를 씻을 수 없다는 것을 알기는 했을까?

그러나 고맙게도 성경은 그분이 우리의 죄를 씻을 만한 제물이었다고 선포한다. 그리스도는 우리와 다름없이 유혹받았지만, 언행과 생각으로 죄를 짓지 않았기 때문이다. 그분의 생명은 우리의 죄를 씻을 만한 제물일 뿐 아니라, 성경에 따르면 그리스도는 우리를 위해 인류의 첫 아버지인 아담이 실패한 일을 이루려고 기꺼이 자신을 율법 아래 두셨다. 예수님은 우리를 위해 모든 의를 이루려고 율법 아래에 나서(갈 4:4-7), 할례와 양육을 받고(눅 2), 요한에게 세례를 받으셨다(요 1).

● ● ● 고난, 죽음, 장사됨

"…본디오 빌라도에 의해 십자가에 못 박히고…" 예수님은 공생애 3년 동안 갖은 고난을 당하셨다. 빈민과 병자, 유가족들은 도움을 청했고, 종교지도자들은 멸시했으며, 제자들은 불신했고, 이스라엘을 점령한 잔인한 로마에 의해 목숨을 잃으셨다. 그러나 가장 큰 고난은 성부의 손에서 비롯되었다. 예수님은 처형되기 전날 밤 겟세마네 동산에서 심한 압박과 고뇌 속에서 기도하셨다. "아버지여 만일 아버지의 뜻이거든 이 잔을 내게서 옮기시옵소서 그러나 내 원대로 마시옵고 아버지의 원대로 되기를 원하나이다"(눅 22:42). 그러고는 십자가에서 메시아의 시편(시 22)을 완성하신 후 성부에게 외치셨다. "나의 하나님, 나의 하나님, 어찌하여 나를 버리셨나이까"(마 27:46).

왜 하나님은 정의가 땅에 떨어진 듯한 일을 허락하셨고, 심지어 그 일을 미리 정하셨을까(행 2:22-23)? 코란에 따르면 예수님은 죽지 않으셨다. 예수님을 닮은 누군가(유다)가 죽었다는 것이다. 코란에는, 알라가 허락하지 않으므로 예수님 같은 의로운 선지자가 그런 치욕을 당하는 법이 없다. 그러나 놀라운 것은, 하나님이 그 일을 허락하셨을 뿐 아니라 영원 전에 선포하셨다는 것이다(벧전 1:19-20). 예수님은 우리를 사랑하여 여느 범죄자처럼 채찍에 맞고 십자가에 못 박히는 모욕을 참으셨다. 놀라운 사랑이다! 하나님이 어찌 나를 위해 죽으셔야 했단 말인가?

영전하신 주님, 그리스도

예수님이 십자가에서 죽으신 이튿날 토요일, 제자들이 느꼈을 말 못할 절망감은 우리가 상상으로만 짐작할 뿐이다. 제자들은 예수님을 오랫동안 기다렸던 메시아라고 믿었다. 메시아는 통치자이고 통치하려면 살아있어야 한다. 그런데 예수님은 죽으셨다. 예수님의 죽음은 그들이 3년 동안 주님을 따르며 듣고 보았던 모든 것에 정면으로 대치되었다.

제자들은 주님을 섬기며 같이 먹고 자고 함께 기도했다. 예수님은 나쁜 말을 하신 적도, 모난 태도를 보이신 적도, 약자들을 냉정하게 대하신 적도 없었다. 성직자와 학자들에게 궁지에 몰리시는 법도 없었다. 제자들은 예수님이 풍랑을 잔잔하게 하시는 것도, 귀신을 쫓아내시는 것도, 소경을 고치시는 것도, 심지어 죽은 자를 살려내시는 것도 보았다. 제자들은 예수님을 '그리스도'라 불렀고, 예수님은 성령이 그런 진리를 가르쳐주었다고 말씀하셨다. 그분이 메시아임은 틀림없는 사실이었다. 그런데 어떻게 예수님이 죽으실 수 있는가? '죽은 메시아'란 '뒤긴 얼음'이라는 말처럼 어울리지 않는 모순이다.

성 금요일 이틀 후 일요일 아침, 예를 갖추기 위해 향료를 가지고 예수님의 무덤을 찾았던 여자들은 역사상 유례없는 부활을 처음 목격한 증인이 되었다. 죽으셨던 예수님이 부활하셨다! 신학자들이 말하는 그리스도의 영전이 시작된 것이다. 그리스도의 영전은 부활, 승천, 하나님 우편 재위, 영광의 재림으로 이루어진다.

●●● 부활

"…삼일 만에 죽음에서 육체가 부활하여…" 예수 그리스도의 부활은 하나님의 권능으로 역사하신 구원의 정점이라 할 수 있는 사건이다. 홍해를 가른 일보다 더 훌륭하고, 시내산을 뒤흔든 일보다 더 경이롭고, 여리고 성을 무너뜨린 일보다 더 멋있고, 다윗이 골리앗을 이긴 일보다 더 인상적이다. 부활은 창조 세계의 미래 질서를 좌우하는 사건이다. 모든 진실한 신자는 역사적 사건인 부활을 굳게 믿는다.

그리스도의 부활은 몇몇의 주장대로 상상도 '영적인 부활'도 아니다. 예수님은 갈보리 십자가에서 찢기고 죽으신 그 몸으로 부활하셨다. 제자들은 이 사실을 용기 있고 강력하고 단호하게 선포했다. "너희가 십자가에 못 박은 이 예수를 하나님이 주와 그리스도가 되게 하셨느니라"(행 2:36). 제자들은 주 예수님이 "성결의 영으로는 죽은 자들 가운데서 부활하사 능력으로 하나님의 아들로 선포"(롬 1:4)되신 데 크게 기뻐했다.

●●● 승천

"…승천하셨다…" 제자들이 기뻤던 것은, 예수님이 부활하셨기 때문만이 아니라 하늘로 오르시는 것을 직접 보았기 때문이다(눅 24; 행 1). 예수님은 십자가와 빈 무덤으로 우리의 모든 원수를 정복하셨고, 그들이 보는 앞에서 왕으로서 승천하셨다. 바리새인들의 교만도, 사두개인들의 계략도, 로마인들의 잔인함도 더 이상 그분을 어쩌지 못했다. 가이사도 빌라도도 로마 병정도 사탄도 더 이상 그분에게 손을 댈 수 없었다. 예수님은 영원히 안전하고 영원히 행복한 하나님 우편으로 승천하여 그곳에서 영원히 다스리신다.

고난받은 주를 보라,
영광스러운 그 모습.
승리하고 오실 때
만민 경배하리라.
왕관 드려, 왕관 드려,
승리하신 주님께.
왕의 왕이 되신 주께
면류관을 드리세.

보좌 위에 계신 주께

면류관을 드리세.

천군천사 소리 높여

주를 찬송하도다.

왕관 드려, 왕관 드려,

승리하신 주님께.

왕의 왕이 되신 주께

면류관을 드리세.[4]

● ● ● **통치**

"예수님은 성부 하나님의 우편에 앉아 중재하는 왕으로 하늘과 땅에서 하나님의 모든 주권을 행사하신다. 그분은 우리의 대제사장이자 의로운 대변자다." 몇 해 전 나는 목사와 선교사들 부부의 모임에서 기도를 인도했다. 나는 기도하기 전에 눈을 감고 예수 그리스도를 상상해 보라고 했다. 잠시 후 상상 속에서 '본' 것을 이야기해 보자고 했다. 한 사람은 예수님이 어린이들을 사랑하고 축복하시는 것을 보았고, 또 한 사람은 여러 사람을 가르치시는 것을 보았다. 다른 사람은 오병이어 기적을 행하시는 것을 보았고, 또 다른 사람은 겟세마네 동산에서 기도하시는 것을 보았다.

이야기를 듣던 우리는 놀라운 점을 발견했다[우리가 대부분 킹제임스 가족성경(King James Family Bible)의 간단한 삽화를 떠올렸다는 사실은 제외한다]. 우리가 상상했던 예수님의 모습은 승천하기 전 모습이었다. 우리는 예수님의 과거 모습을 상상했을 뿐 현재 모습은 그리지 않았다. 예수 그리스도의 영전은 역사적 사건일 뿐 아니라 현재 사실이기도 하다. 예수님은 이제 없어질 몸이 아니라 영원한 영광을 입고 계신다. 사도 요한은 환상으로 예수님의 현재 모습을 보았을 때 죽은 것처럼 쓰러졌다. 하나님만이 그를 되살리실 수 있었다(계 1:17).

높은 곳에서 압도적인 광채를 내뿜는 그리스도는, 요한이 알고 사랑하고 예배하고 섬기던 그리스도였다. 그리스도는 지금 우리를 중재하고 다스리고 옹호하는 왕으로 통치하신다. 성자 하나님이 우리의 몸을 입으신 덕분에 우리를 완벽하게 대표하고 보호하신다. 그러므로 우리는 하나님 외에는 아무것도 두려울 것이 없다(마 10:28).

● ● ● **영광의 재림**

그리스도는 종말에 왕과 주로서 영광스럽게 재림하실 것이다. 그분 안에서 또 그분 아래서 만물은 영원한 찬양을 부르며 통일된다(엡 1:10).

대표자와 대속자, 그리스도

"우리는 예수 그리스도께서 성육신, 생애, 죽음, 부활, 승천을 통해 우리를 대표하고 대속하신 것을 믿는다. 그분은 우리로 하나님의 의가 되도록 이 모든 일을 하셨다…" 지금껏 살펴본 그리스도의 영원한 신성, 성부에 대한 사랑의 충성, 겸손, 하나님 우편의 비할 데 없는 영광만으로도 우리가 예수 그리스도를 찬양하고 경배할 이유는 충분하다. 그러나 성경에는 그분을 사랑하고 섬길 더 개인적인 이유들이 있다. 그분은 모든 일을 우리를 위해 하셨다.

예수님은 우리를 위해 이 세상에 태어나셨다(갈 4:4-7). 그리고 우리의 죄를 씻기 위해 십자가에 못 박히셨다(갈 3:13). 예수님은 우리를 의인으로 만들려고 부활하셨고(롬 4:25), 우리가 지낼 곳을 마련하시려고 승천하셨다(요 14:12). 그리스도는 우리가 스스로 할 수 없는 일을 대신하려고 우리의 대속자가 되셨다. 이것이 기독교 신앙의 핵심이다. 이것이 없는 복음은 능력을 잃는다.

개혁을 가르치는 종교가 많다. 우리가 본받아야 할 훌륭한 모범을 내세우기도 한다. 아브라함과 모세(유대교), 예수(기독교), 모하메드(이슬람), 부처와 달라이 라마(불교), 공자(유교) 등. 그러나 오직 한 종교(복음주의 기독교)만이 이미 누군가가 우리를 대신해 '그런 인생을 살았고' '우리의 죄에 대한 형벌을 받아서' '부활의 생명과 높은 신분을 얻었기 때문에', 영적으로 말하면 우리도 이미 하나님의 우편에 앉아 있다고 가르친다. 우리를 대신해서 살고 죽으신 우리 주 예수 그리스도를 통해 우리가 하나님의 의가 됐다는 것(고후 5:21)은 기독교 신앙의 깊은 신비다(골 1:25; 딤전 3:16).

● ● ● **우리를 위한 완전한 생애**

성경은 첫 사람 아담이 실은 우리의 첫 대표자였다고 가르친다(롬 5:12). 그가 성공하면 우리도 성공하는 것이고, 실패하면 우리도 실패하는 것이다. 그런데 그가 실패했으니 우리도 실패한 것이다. 그가 죄를 지었으니 우리도 죄를 지은 것이다. 그가 죄인이 되었으니 우리도 죄인이 된 것이다. 불공평하게 들리는가? 당신이라면 잘할 자신이 있다고 생각하는가? 그것은 교만이다. 우리가 죄인이라는 사실이 다시금 증명되었다.

그러나 하나님은 인간이 타락한 직후에 새로운 대표자를 약속하셨다. 훗날 우리의 원수 사탄을 깨부술 하와의 씨(창 3:15), 예수님이다. 두 번째 아담인 그분은, 우리가 그분을 믿을 때 그분의 완벽한 행동과 순종의 혜택을 보도록 완전히 우리를 위해 사셨다. 예수님이 하신 모든 일은 우리의 행적으로 남는다. 하나님이 보시는 그리스도인의 '성적표'에는, 하나님의 사랑하는 아들 예수님이 이루신 일이 기록되어 있다. 우리는 그리스도가 감싸고 있고, 하나님은 아들의 완전한 생애를 우리의 생애로 여기신다. 예수님이 '우리를 위해' 죄를 짓지 않고 완전한 생애를 사셨다는 것은 복된 사실이다.

● ● ● ● 우리를 위한 고통스러운 죽음

우리는 도덕적 문제와 영적인 문제의 심각성을 과소평가한다. 아담의 타락으로 우리는 하나님의 진노를 면하지 못할 죄인이 되었다. 사람의 본성은 성한 데 없이 부패했다. 우리는 하나님과 단절되어 그분의 적이 되었다. 도덕적 영적으로 자신을 변화시킬 수도 구원할 수도 없다. 우리 주 예수 그리스도의 대속의 죽음만이 우리의 심각한 문제를 해결할 수 있다.

정작 죽어야 할 사람은 우리인데 예수님이 우리를 대신해 죽으셨다. 자신의 영광을 위해, 그리고 우리를 향한 영원한 은혜로 하나님이 우리의 죄를 사랑하는 아들에게 전가시키셨기 때문에 예수님이 죽으셨다. 예수 그리스도는 피를 흘리는 희생적 죽음으로 우리의 죄악을 몸소 지고, 그 죄악을 우리에게서 멀리 치우셨다. 세례 요한은 예수님을 가리켜 "보라 세상 죄를 지고 가는 하나님의 어린양이로다"(요 1:29, 36)라고 했다. 예수 그리스도는 우리의 죄를 대신 짐으로 우리의 죄를 속량하셨다. "하나님이 죄를 알지도 못하신 이를 우리를 대신하여 죄로 삼으신 것은 우리로 하여금 그 안에서 하나님의 의가 되게 하려 하심이라"(고후 5:21).

바울은 왜 예수님이 나무로 된 십자가에서 죽으셔야 했는지를 설명한다. "그리스도께서 우리를 위하여 저주를 받은 바 되사 율법의 저주에서 우리를 속량하셨으니 기록된 바 나무에 달린 자마다 저주 아래에 있는 자라 하였음이라"(갈 3:13). 예수 그리스도는 우리를 대신해 저주받아 모든 죄인에 대한 하나님의 의로운 진노를 푸셨다. 하나님의 노여움을 가라앉히신 것이다. 그분은 우리가 하나님의 진노를 받지 않게 하셨고, 하나님의 의로운 정의가 요구하는 것을 충족시키셨다. "아들을 믿는 자에게는 영생이 있고 아들에게 순종하지 아니하는 자는 영생을 보지 못하고 도리어 하나님의 진노가 그 위에 머물러 있느니라"(요 3:36)고 하셨기 때문에, 대속의 희생이 아니면 우리는 구원받을 수 없다.

바울은 "[우리의] 허물과 죄로 죽었던 … 본질상 진노의 자녀"(엡 2:1, 3)라는 말로 우리의 타락한 본성을 묘사했다. 그런데 우리가 아직 죄인으로 하나님의 원수였을 때 그리스도께서 우리를 위해 죽으셨다(롬 5:8). 결국 그리스도의 보혈과 우리를 위한 희생적 죽음으로 하나님은 우리와 화해하셨고, 우리는 우리의 죄로 에덴동산에서 잃어버렸던 하나님과의 친밀한 관계를 회복했다. 바울은 이렇게 설명한다. "모든 것이 하나님께로서 났으며 그가 그리스도로 말미암아 우리를 자기와 화목하게 하시고 또 우리에게 화목하게 하는 직분을 주셨으니 곧 하나님께서 그리스도 안에 계시사 세상을 자기와 화목하게 하시며 그들의 죄를 그들에게 돌리지 아니하시고 화목하게 하는 말씀을 우리에게 부탁하셨느니라"(고후 5:18-19). 그분의 고통스러운 죽음은 '우리를 위한' 것이었다.

● ● ● 우리를 위한 승리의 부활

우리는 죄 때문에 이 세상의 모든 불행과 죽음, 영원한 지옥을 피할 수 없게 되었다. 예수님은 우리를 파괴하려는 죄와 죽음과 통치자들과 권세들을 대속과 구원으로 정복하셨다. 그분이 무덤에서 부활하심으로 우리는 마침내 하나님 앞에서 영원히 의인이 되고 부활하여 영생한다. 우리는 예수 그리스도를 믿음으로 그분과 더불어 영적으로 이미 부활했으며, 훗날 그분처럼 새로운 몸으로 부활할 것이다. 우리의 미래는 그리스도와 연결되어 있다. 우리의 치욕이 그분의 치욕이 되었듯, 그분이 영전하셨으니 우리도 영전할 것이다. 우리는 부활하여 하나님 앞으로 올라갈 것이다. 그리고 그리스도와 더불어 다스리고, 훗날 그분처럼 영광스러운 몸이 될 것이다. 그분의 당당한 부활은 '우리를 위한' 것이었다.

● ● ● 우리를 위한 영광스러운 승천

예수님은 제자들과 모였던 다락방에서 제자들이 걱정하지 않도록, 자신이 떠나는 것이 좋은 두 가지 이유를 말씀하신다. 첫째, 예수님은 보혜사 성령을 보내실 것이다. 성령께서 그들을 지도하고 독려하고 가르칠 것이다. 둘째, 예수님은 아버지 집으로 가서 제자들이 머물 곳을 마련하실 것이다.

어린 시절 나는 1년에 한 번 외할머니의 작은 집에서 며칠씩 노는 것이 가장 즐거웠다. 외할머니는 스모키산에 있는 작은 산골 마을에서 검소하게 살았다. TV도 농구장도 근사한 장난감도 없고, 마을에 작은 가게 하나뿐인 산골로 놀러가는 것을 여덟 살 꼬마가 왜 그리 좋아했는지 이상하게 여길 사람도 있을 것이다. 그것은 몇 달 전부터 우리를 기다리고 있는 외할머니 때문이다. 외할머니는 작은 현관에 서서 우리를 맞았다. 우리는 외할머니의 따뜻한 품으로 달려갔다. 외할머니는 별명을 지어 우리를 부르셨다. 우리는 비가 오는 밤이면 멋진 빗소리를 내는 양철지붕 밑 이층 방으로 올라가서 짐을 풀고, 외할머니가 준비한 맛있는 음식과 간식을 먹었다. 우리는 외할머니의 계획에 따라 등산도 하고 관광도 하고 간단한 놀이도 했다. 무엇보다 우리는 어머니의 어머니가 지닌 순전하고 쾌활하고 변함없는 사랑을 누렸다.

자, 가진 것도 상상력도 제한된 일흔다섯 살의 외할머니도 우리를 신나는 장소로 인도할 수 있다면, 능력과 상상력이 무한하고 자원도 풍부하며 우리를 한없이 사랑하시는 주 예수 그리스도가 우리를 위해 어떤 일을 하실지 상상할 수 있겠는가? 그분은 우리가 도착하기를 손꼽아 기다리신다. 자기 백성을 부를 별명도 다 정하셨다. 우리가 늘 기뻐할 수 있게 지낼 곳도 마련하셨다. 우리는 그분의 사랑의 대양에서 헤엄칠 것이다. 그분의 영광스러운 승천은 '우리를 위한' 것이었다.

유일한 소망, 그리스도

"하늘 아래 우리를 구원할 다른 이름은 없으므로 우리는 다른 이름으로는 구원받을 수 없음을 믿는다." 기독교 신앙에는 비신자들이 수세기에 걸쳐 불쾌하게 여길 만한 부분이 있다. 인간의 마음이 본래 부패하다는 것, 인간이 스스로 자신을 구원할 수 없는 무능력한 존재라는 것, 지옥이 있다는 것이다. 사도 바울 당시에도 사람들이 싫어했던 가르침이 있었다. 하나님이 이스라엘을 심판하신다는 것, 이방인을 교인으로 받아들이는 것, 구약성경의 율법을 지키지 않아도 된다는 것이다.

오늘날 사람들이 가장 싫어하는 교리, 현대 미디어가 복음주의 그리스도인과의 회견에서 빠뜨리지 않고 물어보는 것은 예수님만이 구원의 길이라는 성경의 가르침일 것이다. 그들이 불쾌하게 여기는 까닭은 분명하다. 그리스도인들이 자신만이 유일하고 참되고 살아계신 하나님을 알고 있다고 주장하며, 다른 사람들은 모두 잘못 알고 있고 결국 무서운 지옥에 갈 것이라고 말하기 때문이다.

더욱이 몇몇 그리스도인들은 불쾌하기 짝이 없는 교만과 무신경한 태도로, 모든 비신자들과 타종교 집단에 대한 심판을 예고하며 그런 주장을 펼친다. 그런데 복음연합은 왜 이런 교리를 타협할 수 없는 것으로 삼는 것일까? 그 이유는 다음과 같다.

① 누구든지 이 진리를 진심으로 믿지 않으면 그리스도의 복음을 전혀 이해할 수 없다. 인간이 타락했다는 성경의 가르침(도덕적 타락, 영적인 죽음, 정의로운 심판과 영원한 지옥)을 믿어야만 하나님이 베푸신 유일한 구원의 길을 충분히 이해하고 받아들일 수 있다. 우리는 의롭지 않기 때문에 의로우신 그리스도만을 믿어야 한다. 우리는 본래 죄와 허물로 죽었기 때문에 그리스도가 주시는 기적의 부활의 생명을 받아야 한다. 우리의 죄에 대한 하나님의 정의는 반드시 실현되어야 하므로, 우리는 그리스도의 완전한 대속의 속죄를 받아야 한다. 우리는 하나님 앞으로 나아갈 자격이 없기 때문에 하나님의 보좌 앞에서 우리를 변호하시는 그리스도를 의지해야 한다. 이것이 우리의 죄 문제를 해결하기 위해 그리

스도가 이루신 유일한 구원의 길이다. "내가 곧 길이요 진리요 생명이니 나로 말미암지 않고는 아버지께로 올 자가 없느니라"(요 14:6).

② 또 다른 영생의 길이 있다면, 하나님은 전 우주의 역사에서 가장 큰 불의를 행하셨다는 비난을 면하지 못할 것이다. 그리스도가 십자가에서 죽으신 사건은 사람이 보기에도 인류 역사상 지울 수 없는 가장 큰 불의였다. 우리가 보았듯이 예수님은 나쁜 말도 하지 않았고, 악한 생각도 품지 않았으며, 못된 행동도 하지 않은 유일한 인간이다. 그분은 빈민들을 사랑으로 섬기셨고, 약자와 소외된 자들을 긍휼히 여기셨으며, 병자들을 고치셨다. 지상에서 가장 훌륭한 인간이었는데도 어떤 범죄자보다 혹독한 벌을 받으셨다. 더 놀랍게도 하나님은 이런 일을 미리 정하셨다. 하나님은 자신의 아들을 죄인들에게 넘겨 나무 십자가에 못 박히는 죽음의 고난을 당하게 하셨다(행 2:23). 사람들을 죄악에서 구원할 또 다른 길이 있었다면, '예수의 길'에 못지않은 플랜B가 있었다면, 예수 그리스도는 죄인들을 위해 불필요하게 죽었다고 할 수 있을 것이다. 하나님은 무자비하고 기괴한 방법으로 정의를 짓밟은 장본인이라고 할 수도 있을 것이다. 그러나 예수님 외에 다른 길은 없다. 그러므로 자신의 독생자를 희생하겠다는 하나님의 엄숙한 뜻은 세상에 유례없는 불의가 아니라 가장 큰 사랑이다.

③ 또 다른 구원의 길이 있다면, 그 길은 인간의 도덕적 행동이 될 것이다. 기독교의 복음만이 은혜의 구원에 대해 말한다. 그러므로 또 다른 구원의 길은 특별히 바울이 서신서에서 말했던 은혜로만 구원을 얻는다는 가르침과 상충된다. 또 다른 구원의 길이 있다면 은혜는 헛되고 쓸모없게 된다. 기독교의 복음은 있으나마나 하게 된다.

④ 또 다른 구원의 길이 있다면, 성경이 분명히 전하는 말씀(요 14:6; 행 4:12; 롬 3:19-20; 딤전 2:5-6)과 결코 어울리지 않는다. 이 중요한 교리

에 대해 성경을 신뢰할 수 없다면 그밖의 영역에서 우리가 어떻게 성경을 믿을 수 있을까?

⑤ 또 다른 구원의 길이 있다면, 복음은 들어본 적 없으나 천국에는 가고 싶어하는 사람을 위한 구원의 길일 것이다. 그러나 자연인(natural person)이 천국에 가고 싶어한다고 여길 만한 근거가 무엇인가? 성경의 가르침에 따르면, 천국 시민은 예수 그리스도를 찬양하는 일만 한다는데 자연인은 그런 일을 싫어한다. 그리스도를 사랑하지 않는 사람은 천국을 좋아하지 않는다. 반대로 정말로 천국에 가고 싶어하는 사람은 모두 천국에 갈 것이다. 악한 인간에게 천국에 가고 싶은 마음이 생기려면 복음을 듣고 믿어야 한다. 따라서 교회의 가장 중요한 일은 물론 지상명령에 순종하는 것이다.

예수 그리스도의 구원 역사에서 하나님의 사랑을 발견한 사람은, 하나님이 마련하신 구원의 길이 하나뿐이라는 데 놀라지 않는다. 도리어 하나님이 구원의 길을 하나라도 마련하셨다는 데 어리둥절하고 정신이 아득할 따름이다. 자신을 잘 아는 그리스도인 제자라면 자기가 얼마나 이기적이고 교만하며 제 욕심만 챙기고 전능하신 하나님의 거룩한 계명을 변명의 여지없이 거역하는지를 깨닫고는, 말로 표현할 수 없는 하나님의 사랑과 인내와 자비와 신뢰에 놀라 어쩔 줄 모를 것이다.

하나님은 왜 인간을 구원하실까? 그것은 바로 자신의 영광을 위해서다. 그래서 그분은 은혜받을 자격이 없는 죄인들에게 은혜를 베푸신다. 그리스도인들은 '놀라운 정의'라든지 '놀라운 진노' 따위의 찬송가를 지어 부르지 않았다. 우리는 그분의 진노와 정의에 놀라지 않는다. 우리는 그분의 진노에 대해 에덴동산에서 사전에 경고를 들었다.

아니다. 그리스도인들은 "나 같은 죄인 살리신"(존 뉴턴)과 "주 보혈로 날 사심은"(찰스 웨슬리)을 지어 불렀다.

　사람들을 돕고 지도하고 구원한다는 모든 종교지도자들 가운데 오직 예수 그리스도만이 정말로 그런 일을 하셨다. 그것도 자신의 피를 쏟아서.

우리의 전부, 그리스도

　복음연합의 신앙고백서는 "하나님은 이 세상에서 천하고 멸시받고 없는 사람들을 선택하여 있는 사람들을 폐하시므로 그분 앞에서 자랑할 수 있는 사람은 아무도 없다. 그리스도 예수는 우리를 위해 하나님의 지혜가 되셨다. 즉, 우리의 의와 거룩과 구원이 되셨다."라고 쓴다(고전 1:28-30).

　20여 년 전 주일예배를 마쳤을 때, 나는 내가 설교를 나무랄 데 없이 잘했다는 기분이 들었다(건강한 신학과 깊은 통찰력과 적절한 예화). 교인들의 칭찬도 내 생각이 옳았음을 증명했다. 그런데 한 점잖은 할머니가 나를 찾아왔다. 나는 내심 칭찬을 기대했다가 할머니의 말에 화들짝 놀라 마음을 겸손하게 낮추었다. "목사님, 좋은 말씀 감사해요. 그런데 다음 주에는 예수님에 대한 이야기를 하셨으면 해요." 나는 그 순간 예수님이 내 설교뿐 아니라 내 삶의 중심에서 빠져 있다는 것을 깨달았다.

　그리스도를 중심에 모시려면 두 가지를 해야 한다. 첫째, 자신을 비워야 한다. 우리는 그분이 없으면 안 된다는 것을 알 때만 다른 사람에게 그분을 선포한다. 사도 바울은 성적으로 문란하고, 우상을 숭배하고, 간음하고, 동성애에 빠지고, 훔치고, 욕심 부리고, 술 취하고, 욕설하고, 사취하는 자는 하나님나라에 들어갈 수 없다고 했다. 그러고는 덧붙였다. "너희 중에 이와 같은 자들이 있더니"(고전 6:9-11).

바울은 고린도 교우들에 대해 "육체를 따라 지혜로운 자가 많지 아니하며 능한 자가 많지 아니하며 문벌 좋은 자가 많지 아니하도다"(고전 1:26-27)라고 썼다. 하나님은 우리가 선택받을 만한 일을 했거나 할 것이기 때문에 우리를 선택하신 것이 아니다. 우리를 선택하신 것은 완전한 은혜다. 하나님은 우리가 자격 미달인데도 우리를 선택하셨다. 바울은 이것을 바탕으로 자신을 평가한다. "그런즉 자랑할 데가 어디냐 있을 수가 없느니라"(롬 3:27). 우리가 복음으로 구원받았다면 "내 속 곧 내 육신에 선한 것이 거하지 아니하는 줄을 아노니"(롬 7:18)라고 인정할 수밖에 없다.

둘째, 우리가 그리스도를 믿고 우리 자신을 자랑하지 말아야 한다면 그리스도를 자랑해야 한다. "그러나 내게는 우리 주 예수 그리스도의 십자가 외에 결코 자랑할 것이 없으니 그리스도로 말미암아 세상이 나를 대하여 십자가에 못 박히고 내가 또한 세상을 대하여 그러하니라"(갈 6:14). 이제 우리가 자랑할 것은 하나님 외에는 없다. 다윗 왕은 "내 영혼이 여호와를 자랑하리니 … 나와 함께 여호와를 광대하시다 하며 함께 그의 이름을 높이세"(시 34:2-3)라고 외쳤다. 우리는 왜 그분을 자랑하는가? 그분만이 우리를 위해 영원한 가치가 있는 모든 것을 이루셨기 때문이다. 우리는 하나님의 자녀가 되었고, 인생의 기쁨과 지혜와 장래의 소망을 얻었다. 그분은 우리의 모든 것이다. 그리스도는 죄인들을 영광스럽게 구원하여 우리 인생의 중심이 되셨다.

우리는 복음서를 통해 그리스도를 삶의 중심에 모시는 것이 무슨 뜻인지 알 수 있다. 예를 들면, 마태복음에서 그리스도를 중심에 모시는 사람은 그분을 예배한다(마 2). 그분의 메시지를 믿는다(마 4). 그분의 가르침에 따른다(마 5-7). 하나님을 '아버지'라고 부른다(마 6). 그분의 치유를 받는다(마 8-9). 그분의 사역에 참여한다(마 10). 자신의 십자가를 진다(마 16). 그분의 교회를 사랑한다(마 18). 그분의 사랑에 보답한다(마 26). 그분의 십자가를 자랑한다(마 27). 그분의 부활을 기뻐한다(마 28). 진짜 인생은 이런 것이다.

공허한 우리와 풍성하신 그분, 죄인인 우리와 의로우신 그분, 어리석은 우리와 지혜로우신 그분을 떠올리면 예수 그리스도의 구원의 명백한 뜻을 발견할 수 있다.

① 우리는 그분으로만 만족해야 한다. 불평을 그치고 끊임없이 세상의 쾌락을 추구하는 들뜬 마음을 버리자. 그분으로 충분하지 않은가? 그분을 믿는데 무엇이 더 필요한가? 빌립보서 4장 10-20절을 펼쳐서 어떤 상황에서도 만족할 줄 아는 바울의 말을 들어보라.

② 우리는 기독교 사역을 그리스도의 복음으로 채워야 한다. 그분을 설교하고 그분을 가르쳐야 한다. 교회 안의 상담은 그분과의 관계에 집중해야 한다(이것이 모든 상담 문제의 최종 해답이다). 예배와 기도모임도 그분에게 집중해야 한다. 교회의 모든 프로그램과 선교도 그분 안에서 마쳐야 한다. 이유가 있다. 주 예수 그리스도를 영화롭게 하고 그분의 구원을 기뻐할 때, 우리는 그리스도 안에서 자신의 모든 것을 계시하신 삼위일체 하나님을 영화롭게 하기 때문이다.

그리스도의 구원은 기독교 신학의 정수다. 모든 그리스도인의 마음에도 그리스도의 구원이 있기를 간절히 바란다.

칭의

08

필립 그레이엄 라이켄(Philip Graham Ryken)

피고인이 공정한 재판관 앞에서 선고를 기다린다. 검사가 나라의 법을 낭독한다. 피고인은 유죄 선고를 피할 수 없음을 깨닫는다. 검사가 낭독하는 법 중에 어기지 않은 것이 하나도 없다. 무슨 판결이 나든 그는 죄인이 될 것이다. 마침내 재판관이 피고인을 향해 변론을 허락한다. 그러나 그는 묵묵부답이다. 공포에 질린 그는 아무것도 변론할 수 없다.

칭의의 필요성

이것은 로마서의 첫 장에 기록된 법적으로 희망 없는 인간의 처지를 묘사한 대목이다. 인간은 피고석에 서 있다. 종교인과 비종교인, 유대인과 이방인, 신자와 무신론자가 모두 하나님의 보좌 앞에 서서 심판을 받아야 한다. 정의의 기준은 하나님의 완전한 법이다. "모든 사람이 죄를 범하였으매 하나님의 영광에 이르지 못하더니"(롬 3:23)[1]라고 했으니, 하나님의 법 앞에서 모든 사람은 죄인이다. 의인은 한 사람도 없다(롬 3:10; 시 14:3).

그러므로 율법의 모든 계명은 죄인을 고발한다. 우리는 변론할 말이 없다. "우리가 알거니와 무릇 율법이 말하는 바는 율법 아래에 있는 자들에게 말하는 것이니 이는 모든 입을 막고 온 세상으로 하나님의 심판 아래에 있게 하려 함이라 그러므로 율법의 행위로 그의 앞에 의롭다 하심을 얻을 육체가 없나니 율법으로는 죄를 깨달음이니라"(롬 3:19-20).

인간의 문제는 간단명료하다. 바로 죄다. 우리는 하나님의 진노를 피할 수 없는 죄인이다. 또 우리는 우리 자신을 구원할 수도 없다. 하나님의 의로운 조건은 우리를 구원하지 못한다. 우리는 그 조건을 지킬 수 없으므로 그 조건은 우리를 고발할 뿐이다. 그러므로 우리가 하나님 앞에서 구원받기 위해 뭔가를 했다고 내세울 만한 것은 아무것도 없다. 이 재판은 범죄가 증명될 때까지 결백을 주장할 수 있는 재판이 아니라, 의롭다고 선고하지 않으면 죄인으로 남아 있을 수밖에 없는 재판이다.

우리는 법률적 관점에서 상황이 절망적이라는 것을 깨닫지 않으면 칭의라는 성경 교리를 이해조차 할 수 없다. 죄인의 절망에 대한 좋은 예는 도널드 스마토(Donald Smarto)의 생애에서 찾을 수 있다. 스마토는 가톨릭 신학을 공부하는 동안 한 연극에서 추기경 역할을 맡아 공연했다. 수도원에서는 그의 공연을 돕기 위해 교구에서 쓰는 화려한 의복을 빌려주었다. 스마토가 쓴 자서전에 따르면 "나는 의복을 빌려주겠다는 말에 가슴이 뛰었다. 의복이 도착한 날, 나는 방으로 들어가

문을 잠그고 주홍색 의복과 장식 띠와 망토를 가방에서 조심스럽게 꺼냈다."**2**

스마토는 밤마다 공연 전에 의복을 입었는데, 차츰 옷에 중독되었다.

> 연극은 8시에 시작하는데도 점점 더 일찍 의상을 입었다. 단추를 모두 채우는 데 30분이면 충분했지만, 종연을 며칠 앞두고는 다섯 시간이나 이른 오후 2시부터 의상을 입고 있었다. 나는 전신거울을 보면서 내 모습에 도취되었다. 시간이 가는 줄도 몰랐다. 나는 내 모습이 마음에 들었다. … 나는 거룩하다는 기분이 들었다. 죄인이라는 사실은 까맣게 잊었다. 나는 하나님이 기뻐하실 일을 한다는 자신감이 들었다.**3**

스마토의 잘못된 믿음은 그 의복을 입은 사람의 실체를 보는 순간 산산이 부서졌다. 그는 영화를 보고 있었다.

> 주교가 무대에 올랐다. 반짝이는 보석으로 장식한 아름다운 의복을 입은 주교가 커튼을 열고 천천히 걸어 나왔다. 그런데 갑자기 돌풍이 불어 의복이 들춰지자 주교의 늙고 앙상한 몸이 드러났다.
> 문득 내 마음에서는 '저게 내 모습이다…'라는 생각이 들었다. … 나는 급히 생각을 멈추었다. … "저건 내가 아니야!" 하고 말했다. … 내 머리에서 그 장면을 지우고 싶었지만 소용이 없었다. … 나는 계속 내 기분을 달랬다. 그리고 하나님께 아뢰었다. "내 기분을 바꾸어주세요. 나는 위선자가 아닙니다. 배우가 아닙니다. 나는 '좋은' 사람입니다!" 나는 내가 했던 착한 일들을 계속 떠올렸다. … 그런데도 마음이 편하지 않았다.**4**

우리는 흉측한 죄악의 실상을 알아야만 진심으로 하나님께 도움을 청할 수 있고, 특별히 용서와 예수 그리스도의 의를 구할 수 있다. 제임스 뷰캐넌(James Buchanan)이 쓴 칭의에 관한 유명한 책에도 있듯이 "칭의를 공부하는 데 필요한 것은 뛰어난 지능도 깊은 학문도 아니다. 하나님 앞에서 자신이 죄인임을 자각하는 양심이다."[5]

칭의의 중요성: 경첩, 기초, 으뜸 조항

사도 바울은 인간의 불행한 처지를 자세히 설명한 후 "이제는 율법 외에 하나님의 한 의가 나타났으니"(롬 3:21)라는 말로 법적 구제에 대해 선언한다. 바울의 논조는 "이제는"이라는 말에서 크게 바뀌는데, 이 말은 구원의 역사에 일대 전환점을 마련한다. 지금까지 우리는 죄인이었다. 하나님의 정의에 이르지 못한 우리는 하나님의 정의의 법정에서 결코 의롭다는 말을 들을 수 없었다. 그러나 이제는 하나님이 '주시는' 의가 나타났다. 하나님은 우리를 의롭다고 할 수 있는 길을 여셨다. 성경대로 말하자면 우리를 위한 '칭의'의 길을 마련하신 것이다.

구원은 이신칭의보다 훨씬 더 중요하다. 그러나 칭의가 복음의 핵심만큼이나 중요하다고 해도 과언은 아니다. 칭의는 성경의 중심 주제다. 특별히 신약성경에는 '의롭게 하다'(dikaioō)라는 말이 형태만 달리해 2백 번 이상 등장한다.[6] 이 말이 자주 쓰이는 데서도 성경신학에서 칭의의 중요성이 얼마나 큰지 알 수 있다.

교회사의 여러 신학자들도 칭의의 중요성을 간파했다. 존 칼빈은 칭의를 가리켜 "구원의 문을 여는 중요한 '경첩'"[7]이라고 했다. 영국의 종교개혁자 토머스 크랜머(Thomas Cranmer)는 칭의를 "기독교의 반석이자 '기초'"[8]라고 말했다. 칭의에 대해서는 마르틴 루터의 말이 가장 유명할 것이다. 그는 칭의를 "기독교 교리의 '으뜸 조항'"이라고 했다. "칭의가 무너지면 모든 게 무너진다."[9] 경첩이든 기초든 구원을 결정하는 조항이든 칭의를 뭐라고 생각하든지 간에, 칭의가 없으면 구원의 소망도 없다. 루터는 이런 말도 했다. 이 교리는 "하나님의 교회를 낳고, 기르고, 세우고, 보호하고, 지킨다. 이것이 없으면 하나님의 교회는 한 시간도 존재할 수 없다."[10]

칭의의 의미: 의롭다는 선언

칭의는 기독교 복음의 중추를 이룬다. "죄인이 어떻게 거룩하신 하나님 앞에서 의롭게 되는가?"라는 중요한 물음에 답하기 때문이다. 답은 칭의에 대한 성경의 가르침에 있다. 복음연합의 신앙고백서에서는 칭의를 다음과 같이 정의한다.

우리는 의롭게 된 모든 사람의 빚을 그리스도께서 순종과 죽음을 통해 남김없이 청산하셨음을 믿는다. 완전한 순종은 그리스도만을 믿는 모든 사람에게 오직 믿음으로 전가되므로, 그분은 죄인인 우리가 받을 형벌을 대신하여 희생하고, 우리를 위해 하나님의 정의를 정말로 완전하게 갚으셨다.

칭의라는 말은 법정에서 정당하다고 선언할 때 쓴다. 법률용어인

'칭의'는 사람의 법적 신분을 뜻한다. 칭의와 관련된 성경용어는 법적 관계에서 유래를 찾을 수 있다. 히브리어 '의롭게 하다'(*dikaioō*)라는 동사는 본래 법정에서 쓰는 말로, 기본적으로 '무죄 선고'를 뜻한다.[11] 의롭게 한다는 말은 '유리한 판결을 내리다' '죄가 없음을 선포하다' '법적으로 용서를 선언하다'는 뜻이다. 칭의는 혐의를 푸는 일이다. 하나님 그리고 하나님의 법과 올바른 관계를 맺고 있다는 법정의 판단이다. 적어도 법률에 관한 한 피고인은 유죄가 아니라 무죄라는 판결이다.

칭의의 반대 개념인 정죄와 비교해 보자. 정죄는 불의하다는 선언이다. 적어도 법률에 관한 한 유죄라는 판결이다. 정죄가 범죄자를 죄인으로 만드는 것은 물론 아니다. 범죄자를 죄인으로 만드는 것은 자신의 행위이며, 죄를 범하는 순간 그는 죄인이 된다. 그러므로 범죄자가 마침내 정죄되면 법정은 죄인을 죄인으로 선고할 뿐이다.

칭의는 정죄와 정반대 개념이다. 의롭게 한다는 것은 무죄를 선고하는 것이다. 칭의는 사람을 의인으로 '만드는 것'이 아니라 의롭다고 '선언하는 것'이다. 그러므로 칭의는 사람을 의롭게 만드는 과정이 아니라 의롭다고 하는 선고다. 일부 신학자들의 주장처럼, 의는 믿음에 더해진 공덕과 성례를 통해 전달되는 것이 아니라 믿음으로만 전가된다.

'실제로 의롭게 되는 것'이 아니라 '법적으로 의롭다고 선언한다'는 칭의의 진짜 의미는 성경에서 찾을 수 있다. 예를 들면, 신명기 25장 1절에서는 "사람들 사이에 시비가 생겨 재판을 청하면 재판장은 그들을 재판하여 의인은 의롭다 하고 악인은 정죄할 것이며"라고 가르친다. 재판장이 사람을 악인으로 만들지 않는 것은 분명하다. 그는 악인의 죄를 밝혀 정죄한다. 이와 비슷하게 '무죄를 선언한다'[실은 '의롭게 하다'(*hatsdiq*)라는 히브리어 동사]는 것은 '의롭다고 선언한다'는 뜻이다.

잠언 17장 15절을 보자. "악인을 의롭다 하고 의인을 악하다 하는 이 두 사람은 다 여호와께 미움을 받느니라" 여기서도 "의롭다 하고"(*hatsdiq*)는 분명히 법적 선언을 뜻한다. 악인을 의롭다 하는 것을 하나님이 미워하신다고 해서, 악인을 훌륭하고 반듯한 시민으로 변화시키는 일을 하나님이 반대하신다는 것은 아니다. 악인을 의롭게 한다는 의미가 그를 의인으로 만드는 것이라면, 하나님은 틀림없이 찬성하셨을 것이다! 그분이 반대하시는 것은, 죄가 있는 사람에게 죄가 없다고 말하는 것이다. 이는 거짓이고 해악이다.

신약성경에서도 칭의는 비슷한 뜻으로 쓰인다. 구약성경과 마찬가지로 의롭게 한다는 것은 정죄의 반대다. 예를 들면, 아담의 죄와 그리스도의 선물을 비교하는 바울의 말에서 그 두 가지는 뚜렷하게 대조된다. "심판은 한 사람으로 말미암아 정죄에 이르렀으나 은사는 많은 범죄로 말미암아 의롭다 하심에 이름이니라"(롬 5:16). 칭의란 피고인에게 무죄를 선고하는 것이다. 구원의 문맥에서 보면, 인간이 하나님의 눈에 차고 관계가 바르게 회복되었다는 선언이다.

칭의는 무죄 선고만을 뜻하지 않는다. 무죄 선고는 죄가 없다는 선언이다. 그러나 하나님은 칭의를 선언하실 때, 죄인의 죄를 모두 지우시지는 않는다. 하나님은 죄인을 향해 의롭다고 선언하신다. 칭의란 예수 그리스도의 완전한 삶과 희생적 죽음에 대한 믿음을 근거로, 죄인이 성자와 마찬가지로 의롭다고 하는 하나님의 법적 선언이다.

몇몇 신학자는 법률적 범주만을 너무 강조하는 데 반대한다. 그들은 십자가를 무죄한 희생자가 다른 죄인들의 형벌을 대신 받는 사법 거래로 여기는 데 반대한다. 그러나 성경은 사법적 칭의를 가르친다.

근거도 충분하다. 하나님의 구원의 은혜를 설명하는 방법은 많지만 법률적 칭의는 복음의 핵심이다. 하나님은 아버지인 동시에 심판주이므로, 하나님과 우리의 관계는 반드시 의로워야 한다. 이런 의로움(곧 칭의)에 대한 법적 근거를 없애면 죄인이 구원받아 하나님을 알기란 불가능하다. 설상가상으로 우리가 믿는 하나님은 용서할 권리도 없으면서 사람을 용서하시는 불의한 사랑의 하나님으로 둔갑한다.

칭의의 근거:
하나님이 값없이 주시는 은혜

칭의가 의를 필요로 한다면 그 의는 어디서 오는 것일까? 앞서 보았듯이 우리의 문제는 의롭지 않다는 것이다. 그렇다면 무엇을 근거로 무죄를 선고하는 것일까?

칭의의 근거는 하나님이 값없이 주시는 은혜다. 사도 바울은 간단하게 말한다. 우리는 "하나님의 은혜로 값없이 의롭다 하심을 얻은 자"(롬 3:24)다. 복음연합의 신앙고백서에서는 이것을 조금 더 자세히 풀어서 설명한다.

성부는 우리를 위해 그리스도를 주셨고, 그리스도는 우리를 대신해 순종하여 형벌을 받으셨다. 따라서 칭의는 받을 자격이 없는 우리에게 값없이 주시는 은혜다. 죄인들의 칭의는 완전한 정의와 풍성한 은혜의 하나님을 영화롭게 한다.

우리가 은혜로 의롭게 되었다는 것은, 우리는 의롭게 될 자격이 없다는 뜻이다. 이것은 분에 넘치는 하나님의 호의다. 토머스 크랜머는 『구원』(*Homily on Salvation*)에서 이렇게 썼다. "하나님 앞에서 자신의 행위로 <u>스스로</u> 의롭다고 할 수 있는 사람은 아무도 없다. 하나님이 직접 받으실 만한 사람이 되려면 모든 사람은 필연적으로 의롭게 될 수 있는 또 다른 길을 찾아야 한다."**12** 복음은 하나님이 죄인에게 의를 선물로 주신다는 메시지다. "의롭다 하신 이는 하나님이시니"(롬 8:33).

여기가 신약성경의 해석을 놓고 논쟁을 벌이는 지점이다. 하나님이 선물로 주시는 칭의는 로마서 3장 21절("이제는 율법 외에 하나님의 한 의가 나타났으니 율법과 선지자들에게 증거를 받은 것이라")과 22절("하나님의 의")에 두 번 언급된다. 그런데 원칙적으로 말하자면 이 구절의 의는 NIV 역본처럼 '하나님이 주시는 의'(righteousness from God)가 아니라 '하나님의 의'(righteousness of God)다.

이 표현은 여러 가지로 해석할 수 있다. '하나님의 의'에서 조사(영어의 전치사) '~의'(of)는 소유를 뜻하는 '소유격'(possessive genitive)이다. '하나님의 백성'이라는 표현을 예로 들면, 백성은 하나님께 속하고 하나님은 그들이 속해 있는 분이다. 그래서 '하나님의 의'는 하나님이 소유하고 계시는 의, 그분에게 속해 있고 그분의 구원에서 나타나는 의를 말할지도 모른다. 우리는 이런 의를 시편 98편 2절에서 찾아볼 수 있다. "여호와께서 그의 구원을 알게 하시며 그의 공의를 뭇 나라의 목전에서 명백히 나타내셨도다"

그러나 달리 해석할 수도 있다. '하나님의'(of God)라는 말은 의의 근거를 설명하는 것인지도 모른다. 이것은 기원을 뜻하는 속격이다. 예를 들면, '베토벤의 음악'이라는 표현에서 '음악'은 베토벤이 작곡한 음악을 말한다. '하나님의 의'가 속격이라면 하나님은 의의 기원이 된다. '하나님의 의'(righteousness from God)라고 옮긴 NIV 역본은 분명히 기원으로 해석했다. 하나님이 죄인에게 베푸시는 의는 하나님께로부터 나온다.

어느 해석이 옳을까? 의는 하나님에게 속한 것일까, 하나님이 선물로 주시는 것일까? 틀림없이 둘 다 옳다. 의는 하나님의 중요한 성품으로 그분에게 속해 있다. 바울은 로마서 3장에서 하나님이 죄인을 의롭다고 하실 때 누구보다 의로우신 분은 하나님이라는 극적인 결론을 내렸다. 하나님은 칭의로써 "자기의 의로우심을 나타내사 자기도 의로우시며 또한 예수 믿는 자를 의롭다"(롬 3:26)고 하신다.

하나님의 의는 또한 '그분이 의로우시기 때문에 스스로 요구하는 의'[13]이고, 믿는 모든 사람에게 은혜의 선물로 주시는 의다. 그러므로 하나님이 우리에게 주시는 의가 있다. 하나님이 소유하실 뿐 아니라 베푸시는 의. 칭의에서 중요한 문제는, 단순히 하나님은 의로운 분인가가 아니라 우리가 의로울 수 있는가 하는 것이다. 바울은 우리가 의로울 수 있음을 의심하고 20절에서 "그러므로 율법의 행위로 그의 앞에 의롭다 하심을 얻을 육체가 없나니"라는 놀라운 결론을 내린다.

이제 바울은 21절에서, 우리가 행위가 아니라 하나님이 주시는 의 덕분에 하나님 앞에서 의롭다는 말을 들을 수 있다는 복음을 선포한다. 그러고는 22절에서 하나님의 의가 "모든 믿는 자에게 미치는" 것이라는 말로 21절의 해석을 뒷받침한다. 아울러 하나님의 은혜와 의의 '선물'을 풍성히 받는 사람에 대해 말하는 로마서 5장 17절에서도 이것을 확증한다.

그러므로 의란 단순히 하나님이 보이시는 성품이 아니라 그분이 베푸시는 선물이기도 하다. 존 스토트(John Stott)의 유명한 말처럼 칭의란 '불의한 자를 의롭다고 하시는' 하나님의 '의로운 방법'이다."[14]

우리가 선물을 받아 의롭다는 말을 듣는다면 칭의의 근거는 마땅히 하나님의 은혜다. 받을 자격이 없는 죄인에게 값없이 주시는 선물, 이것이 은혜다. 바울이 빌립보 교우들에게 "그 안에서 발견되려 함이니 내가 가진 의는 율법에서 난 것이 아니요 오직 그리스도를 믿음으로 말미암은 것이니 곧 믿음으로 하나님께로부터 난 의라"(빌 3:9; 히 11:7)라고 증언할 때 염두에 두었던 것이 바로 의의 선물이다.

마르틴 루터의 '밖에서 온 의'라는 말도 같은 뜻이다. 우리에게는 의가 없기 때문에 우리는 밖에서 온 의에 의해서만 의롭게 될 수 있다. 이것은 하나님이 예수 그리스도를 믿는 믿음을 통해 우리에게 주시는 의다.

칭의의 근본:
예수님의 완벽한 생애와 희생적 죽음

하나님은 어떤 법적인 근거로 의를 선물로 주시는 것일까? 성경의 가르침에 따르면, 하나님은 "경건하지 아니한 자를 의롭다"(롬 4:5)고 하신다. 그런데 우리가 경건하지 않은데, 하나님은 어떻게 우리를 의롭다고 하실 수 있을까? 불의한 자를 의롭다고 하면 하나님도 불의한 하나님이 되는 게 아닐까? 의로운 하나님이 죄를 눈감아주신다는 것은 정의에 어긋난다. 그러므로 죄인을 의롭다고 하실 뜻이 있다면 법적인 근거가 있어야 한다. 존 스토트는 말했다. "칭의와 사면은 다르다."

엄격히 말해, 사면은 원칙이 없는 용서다. 잘못을 눈감아주고 — 심지어

잊어버리고 — 정의를 저버리는 용서다. 그러나 칭의는 자비롭고 정의로운 행동이다. … 하나님이 죄인을 의롭다고 하실 때는 나쁜 사람을 좋은 사람이라고 하시는 것도, 또 그 사람을 죄인이 아니라고 하시는 것도 아니다. 그분이 선고하시는 것은, 그분 자신이 성자 안에서 불법에 대한 형벌을 받으셨기 때문에 죄인에게는 율법을 어긴 책임이 없다는 법적인 칭의다.[15]

불의한 자를 의롭다고 하시는 하나님이 어떻게 의로울 수 있을까? 이 신학적 문제에 대한 답은 이렇다. 하나님은 예수 그리스도의 완전한 생애와 희생적 죽음을 근거로 죄인을 의롭다고 하신다. 예수님의 생애가 완전하다는 것은 그분이 하나님의 율법을 조금도 어기지 않고 완전하게 지키며 사셨다는 뜻이다. 복음연합은 신앙고백서의 "그리스도의 구원"에서 "그분은 하늘 아버지에게 완전하게 순종하고"라고 쓴다. 이것은 성경의 "그는 죄를 범하지 아니하시고"(벧전 2:22)라는 구절과도 일치한다. 예수님은 하나님이 요구하시는 대로 의롭게 사셨다.

나아가 우리가 예수님을 믿음으로 영접할 때, 마치 우리가 하나님이 요구하시는 대로 의롭게 산 것처럼 그분의 의는 우리의 의가 된다. 복음연합의 신앙고백서를 다시 인용하면 "완전한 순종은 그리스도만을 믿는 모든 사람에게 오직 믿음으로 전가되므로, 그분은 죄인인 우리가 받을 형벌을 대신하여 희생하고 우리를 위해 하나님의 정의를 정말로 완전하게 갚으셨다."

예수님은 완전하게 사셨기에 십자가에서 죽으실 때 우리의 죄를 씻는 완전한 제물이 되셨다. 이것 또한 칭의의 근거다. 우리는 "그리스도 예수 안에 있는 속량으로 말미암아 하나님의 은혜로 값 없이 의롭다 하심을 얻은 자 되었느니라 이 예수를 하나님이 그의 피로써 믿음으로 말미암는 화목제물로 세우셨으니"(롬 3:24-25). 예수님은 자신의 피로써 우리의 칭의를 확보하셨다. 바울이 로마서 5장 9절에서 말한 대로 이제 우리는 "그의 피로 말미암아 의롭다 하심"을 받았다. 십자가가 없으면 칭의도 없다. 따라서 복음은 예수 그리스도의 고통스러운 죽음으로 받는 구원의 의에 기초한다. 존 스토트는 이렇게 썼다.

> 하나님의 구원 역사는 유혈을 통해 이루어졌다. 즉, 그리스도의 대속이다. … 예수님의 죽음은 화목제물이었다. 하나님은 예수님의 죽음으로 우리를 향한 진노를 돌이키셨다. 예수님의 죽음은 속전이었다. 우리는 예수님의 죽음 덕분에 구원받았다. 예수님의 죽음은 무죄한 자에 대한 정죄였다. 예수님의 죽음으로 죄인은 의롭다는 선고를 받았고, 무죄한 자에게 우리를 대신해 죄가 전가되었다.[16]

우리는 앞서 도널드 스마토의 충격적인 깨달음에 대해 이야기했다. 그는 화려한 의복처럼 밖으로 보이는 자신의 의 밑으로 드러나는 해골과 같은 흉측한 죄를 발견했다. 그게 전부가 아니다. 그날 밤 수도원으로 돌아온 스마토는 자신이 하나님 앞에서 의롭다는 것을 증명하기 위해 씨름했다. 그는 자신이 의로운 사람이라고 되풀이해서 말했다. 그리고 수도원 밖에 있는 옥수수 밭으로 나가 달빛 아래서 방황했다. 이윽고 구름이 달을 가리자 사방이 어두워졌다. 그는 어둠 속에서 비틀거렸다. 심장이 고동쳤다. 그리고 하나님께 외쳤다. "내가 옳은 일을 하고 있다고 말씀해 주세요. 내가 하는 모든 일을 기뻐하신다고 말씀해 주세요. 분명하게 말씀해 주세요!"

깊은 절망에 빠진 스마토는 이상한 소리를 들었다. 그는 윙윙거리는 소리가 나는 쪽으로 걸어갔다. 손을 내밀자 손끝에 단단한 나무가 만져졌다. 물론 전신주였다! 그런데 그가 고개를 들자 구름이 열리고 전화선을 매단 빗장이 나타났다. 그것은 달빛 아래 우뚝 선 십자가였다. 말하자면 구원받고 싶었던 도널드 스마토는 십자가 밑에 서서 예수님을 바라보고 있었던 것이다. 스마토는 자신이 만난 예수님과 십자가에 대해 이렇게 썼다.

이제는 안다. 정말로 안다. 그리스도는 나를 위해 죽으셨다. 더 중요한 것은 내가 죄인이라는 것, 조금 전까지 내가 생각했던 것처럼 내가 좋은 사람이 아니라는 것이다. 나는 순간 전신주를 얼싸안고 울었다. 나무 전봇대를 한 시간 가까이 끌어안고 있었다. 나무에 못 박혀 상처에서 피가 떨어지는 예수님을 상상했다. 그 피가 내 몸으로 떨어져 내 죄와 허물을 씻어내는 듯했다.[17]

죄를 대속하고 하나님 앞에서 죄인을 의롭게 하기 위해 피 흘리는 희생제물. 도널드 스마토가 예수님을 극적으로 만나며 느꼈던 것은, 십자가 발치에서 회개하는 모든 사람이 느끼는 것이다.

칭의의 정의(righteousness): 삼중 전가

예수님은 십자가에서 죽으실 때 범죄자 취급을 받으셨다. 로마인들은 반역자와 살인자 같은 가장 비열한 범죄자를 처형할 때 십자가형을 내렸다. 예수님은 반역자도 살인자도 아니었다. 앞서 보았듯이 예수님은 조금도 죄를 짓지 않으셨다(히 4:15). 그런데도 하나님은 우리의 죄를 씻기 위해 예수님의 죽음을 허락하셨다. 전문용어를 쓰자면, 하나님은 우리의 죄를 그리스도에게 '전가'하셨다. 전가한다는 말은 지불 책임을 다른 사람에게 넘긴다는 뜻이다. 애초에 우리가 죄인이 된 것도 정확히 이런 것이었다. 아담의 죄가 우리에게 넘어온 것이다(롬 5:12-19). 우리는 아담의 죄가 전가되어 죄인이 되었다.

다행히 우리의 죄가 예수 그리스도에게로 전해지는 두 번째 전가가 있다. 예수님은 완전하게 의로웠는데도 죄인으로 죽으셨다. 하나님이 어떻게 이런 일을 허락하실 수 있는가? 답은 전가에 있다. 하나님은 이사야를 통해 약속하신 대로 우리의 죄를 그리스도에게 넘기셨다. "나의 의로운 종이 자기 지식으로 많은 사람을 의롭게 하며 또 그들의 죄악을 친히 담당하리로다"(사 53:11). 우리의 죄가 이런 식으로 그리스도께 전가되어, 그리스도는 자신의 죄가 아닌 우리의 죄로 정죄받아 죽으셨다. 그리스도는 불의한 자가 되어 십자가에 못 박히셨다. 하나님은 그리스도가 우리의 죄를 담당하는 것을 보시고, 우리의 죄를 그리스도의 육체에서 정죄하셨다(롬 8:3). 성경이 말하듯이 "하나님이 죄를 알지도 못하신 이를 우리를 대신하여 죄로 삼으신 것"(고후 5:21)이다. 그리고 "그리스도께서도 단번에 죄를 위하여 죽으사 의인으로서 불의한 자를 대신"(벧전 3:18)하셨다.

그러나 이야기는 그리스도의 죽음으로 끝나지 않는다. 성경은 세 번째 전가에 대해 말한다. "하나님이 죄를 알지도 못하신 이를 우리를 대신하여 죄로 삼으신 것은 우리로 하여금 그 안에서 하나님의 의가 되게 하려 하심이라"(고후 5:21). 우리가 의롭게 되려면 우리의 죄가 그리스도께 전가되는 것으로는 부족하다. 그리스도의 의가 반드시 우리에게 전가되어야 한다. 그런 후에야 우리가 의롭다는 선고가 가능하다. 하나님은 정확히 그렇게 하셨다. 따라서 우리는 그리스도의 완전한 생애와 희생적 죽음을 근거로 우리에게 전가된, 하나님이 주시는 의를 받았다.

여기서는 능동적 의와 수동적 의를 구별하는 것이 좋다. 예수님의 능동적인 의는 율법의 가르침을 성취하신 것이고, 수동적인 의는 죄의 형벌을 치르신 것이다. 그리스도는 우리를 대신해 하나님의 율법에 순종하셨고(능동적 의), 우리의 불순종에 대한 형벌을 받으셨다(수동적 의).

능동적 의와 수동적 의는 예수 그리스도의 완전한 의의 두 가지 면이다. 완전한 칭의에는 두 가지가 모두 필요하다. 우리가 '무죄하다'는 선고를 받으려면 대속의 죽음을 통한 그리스도의 수동적인 의를 받아야 한다. 그러나 우리가 확실히 의롭게 되려면 그리스도의 적극적 의가 우리에게 전가되어야 한다. 그러므로 그분의 대속의 죽음뿐 아니라 그분이 순종하며 사셨던 생애도 우리를 구원한다.

이런 의의 전가는 몇몇의 주장처럼 '법적 허구'가 아니라 예수 그리스도와 우리의 영적 관계에 기초한 법적 사실이다. 구원의 다른 모든 혜택과 마찬가지로 칭의 역시 우리가 그리스도와 연합하는 데서 흐른다. 우리의 의는 예수님이다(고전 1:30). 따라서 우리는 그분의 곁에 있어야 의롭게 된다. 칼빈의 설명대로 "그리스도는 우리의 그리스도가 되어 자신이 받으신 선물을 우리와 공유하신다. 그러므로 우리는 그리스도를 입고 그분의 몸에 접붙여졌기 때문에, 간단히 말해 황송하게도 그리스도께서 우리와 연합하셨기 때문에, 그분이 바깥 멀리서 우리에게 의를 전가하신다고 생각하지 않는다. 그래서 우리는 그분과 의로운 친교를 나눈다는 데 기뻐한다."[18]

그러므로 구원은 삼중 전가에 달려 있다. 첫째, 아담의 타락으로 죄가 인류에게 전가되었다. 둘째, 신자의 죄는 회개를 통해 그리스도께 전가된다. 셋째, 믿음으로 그리스도의 의가 믿는 죄인에게 전가된다. 바울은 이런 사실을 로마서 5장에서 요약했다.

> 그런즉 한 범죄로 많은 사람이 정죄에 이른 것 같이 한 의로운 행위로 말미암아 많은 사람이 의롭다 하심을 받아 생명에 이르렀느니라 한 사람이 순종하지 아니함으로 많은 사람이 죄인 된 것 같이 한 사람이 순종하심으로 많은 사람이 의인이 되리라 (롬 5:18-19)

의의 전가는 인류가 원죄를 통해 상실한 의를 회복한다. 그런데 놀랍게도 하나님의 의로운 성품은 조금도 해치지 않는다. 하나님은 그리스도를 십자가에 못 박아 죄를 벌하심으로 우리의 죄를 정의롭게 해결하셨다. 또 그리스도 안에서 우리를 의롭다 하심으로 우리를 정의롭게 대하셨다. 하나님은 "곧 이 때에 자기의 의로우심을 나타내사 자기도 의로우시며 또한 예수 믿는 자를 의롭다"(롬 3:26) 하시려고 십자가를 통해 칭의의 역사를 완성하셨다.

그러므로 죄인에 대한 칭의는 하나님에 대한 칭의나 해명이기도 하다. 하나님은 십자가를 통해 죄인을 정의롭고 자비롭게 대하여 자신의 정의를 증명하신다. 모든 일이 끝났다. 우리의 죄는 그리스도께 전가되어 그분이 정죄를 받으셨다. 그분의 의는 우리에게 전가되어 우리는 의롭게 되었다.

칭의의 수단:
그리스도에 대한 믿음

앞서 우리는 칭의에 대해 정의를 내렸다. 이제는 더 깊은 신학적인 성찰을 통해 칭의에 대한 이해를 조금 더 살찌워보자.

> 칭의란 예수 그리스도가 성취하신 일을 근거로, 하나님이 우리의 모든 죄를 용서하시고 우리는 무죄를 선고받아, 하나님에 대한 우리의 법적 신분이 영원히 변화되었다는 것을 뜻한다. 그리스도가 없다면 우리는 원죄와 실제로 지은 죄 때문에 하나님께 정죄받는다. 우리가 의롭게 되면 우리는 하나님께 정죄가 아니라 무죄를 선고받는다.[19]

웨스트민스터 소요리문답에는 더 간단한 정의가 실려 있다. "칭의란 하나님이 값없이 주시는 은혜로, 그분은 오직 믿음으로 우리에게 전가되는 그리스도의 의를 근거로 우리의 모든 죄를 용서하시고, 우리를 의로운 자로 여겨 용납하신다."

이 문장에서 가장 중요한 부분은 '오직 믿음으로'라는 표현인데, 칭의의 유일한 수단을 믿음으로 정의하기 때문이다. 로마서 3장에는 믿음이라는 말이 적어도 여섯 번 등장한다. "곧 예수 그리스도를 '믿음'으로 말미암아 모든 '믿는' 자에게 미치는 하나님의 의니"(22절). "이 예수를 하나님이 그의 피로써 '믿음'으로 말미암는 화목제물로 세우셨으니"(25절). 26절에서 하나님은 "예수 '믿는' 자를 의롭다" 하시는 분이다. 27절의 믿음의 원칙에 따라 믿음은 자랑할 수 없다. "그러므로 사람이 의롭다 하심을 얻는 것은 율법의 행위에 있지 않고 '믿음'으로 되는 줄 우리가 인정하노라"(28절; 5:1 참조). 이 본문이 계속 강조하는 것은 복음의 핵심, 즉 우리가 '믿음으로' 의롭게 된다는 것이다.

때때로 사람들은 하나님 앞에서 의롭게 되기 위해 뭔가를 해야만 하지 않을까 고민한다. 믿는 것 외에 우리가 달리 할 수 있는 일은 없다. 이것이 기독교가 타종교와 다른 점이다. 사람의 노력으로는 의를 이룰 수 없다. 무엇보다 비신자들은 이런 차이를 이해하지 못한다. 그들은 하나님 앞에서 우리가 반듯한 사람이 되기 위해 뭔가를 해야 하는 것이 아니냐고 반문한다.

1세기의 어느 묘비명에는 인간이 스스로 의롭게 될 수 있다는 잘못된 믿음에 대한 놀라운 예가 있다.

> 여기 레지나가 누워 있다. … 레지나는 다시 살아나 빛으로 돌아올 것이다. 레지나는 확실히 약속된 생명을 얻어, 거룩한 땅을 차지할 자격이 있는 훌륭하고 경건한 사람으로 살아날 소망이 있다. 이렇듯 이웃을 사랑하고, 율법에 순종하고, 결혼생활에 헌신한 경건한 생, 순결한 생으로 그녀는 소중한 영광을 보장받았다. 이러한 공덕으로 레지나의 미래에 대한 소망은 굳건하다.[20]

레지나의 묘비명은 종교적인 사람들에게는 전형적인 글귀다. 사람이 천국에 가려면 반드시 의로운 행동을 해야 한다는 것이다. 그런데 율법을 지켜서 하나님의 인정을 받고자 하는 사람들은 영혼이 망가지는 율법주의에 빠지고 말았다. 마르틴 루터는 예의 도발적인 언사로 우리가 노력해서 은혜를 얻을 수 있다고 여기는 것은 "죄를 지어 하나님을 달래는 짓"[21]이라며 그런 믿음이 잘못 되었음을 지적했다.

예수님은 제자들에게 칭의에 대해 설명하실 때 믿음과 순종을 조심스럽게 구별하셨다. 제자들이 물었다. "우리가 어떻게 하여야 하나님의 일을 하오리이까" 예수님은 "하나님께서 보내신 이를 믿는 것이 하나님의 일이니라"(요 6:28-29)고 말씀하셨다. 빌립보의 간수도 사도 바울에게 똑같이 물었다. "내가 어떻게 하여야 구원을 받으리이까" 바울은 예수님이 대답하신 것처럼 대답했다. "주 예수를 믿으라 그리하면 너와 네 집이 구원을 받으리라"(행 16:30-31). 달리 말하면, 하나님 앞에서 의인이 되기 위해 우리가 할 수 있는 일은 전혀 없다는 것이다. 그가 믿은 유일한 의는 "율법 외"(롬 3:21)의 의다.

따라서 우리가 할 수 있는 유일한 일은 예수 그리스도를 믿어 구원받는 것이다. 우리가 그분을 믿고 그분이 십자가에서 하신 의로운 일을 믿는다면, 하나님은 우리를 의롭다고 하실 것이다. 우리는 하나님의 율법을 지켜서가 아니라 유일하게 율법을 지키신 예수 그리스도를 믿어 하나님의 인정을 받는 것이다.

마르틴 루터의 회심은 행위로 의롭게 되는 것과 믿음으로 의롭게 되는 것의 차이를 매우 아름답게 보여준다. 루터는 수도사 시절, 사도 바울이 갈라디아서에 인용한 예언자 하박국의 말에 큰 감동을 받았다. "의인은 믿음으로 살리라"(갈 3:11; 합 2:4).

루터는 에르푸르트에 있는 수도원에서 이 구절을 읽었는데, 처음에는 의미가 불분명했다. 그 후 질병과 절망으로 어두운 나날을 보내면서, 자신이 하나님의 진노를 샀다고 여겼다. 이탈리아에서 침대에 누워 지내던 루터는 죽음이 두려워 그 구절을 계속 되뇌었다. "의인은 믿음으로 살리라. 의인은 믿음으로 살리라."

다행히 루터는 건강을 회복했고, 오래지 않아 로마로 가서 성 요한 라테란 성당을 찾았다. 본디오 빌라도의 재판정에서 가져온 성당의 계단이라며, 그 계단을 오르는 순례자에게는 누구든지 면죄부를 주겠다고 교황이 약속한 터였다. 순례자들은 성당 계단에 그리스도의 보혈이 묻어 있다는 믿음으로, 거룩한 계단을 무릎으로 오르며 자주 멈춰 서 기도하고 계단에 입을 맞추었다.

루돌슈타트도서관에 보관된 원고에서, 루터의 아들은 아버지의 이야기를 계속 들려준다. "그가 라테란 계단에서 계속 기도하는데, 느닷없이 예언자 하박국의 말이 떠올랐다. '의인은 믿음으로 살리라.' 그 순간 기도를 멈추고 비텐베르크로 돌아가, 그 말씀을 자신의 모든 교리의 주요 토대로 삼았다." 루터는 하나님의 은총을 받기 위해 자신이 할 수 있는 일이 있다는 것을 더 이상 믿지 않았고, 하나님의 아들을 믿는 믿음으로 살기 시작했다. 그는 그 후에 이렇게 말했다.

> 그 말씀이 떠오르기 전까지 나는 하나님을 미워했고 그분에게 분노했다. … 그러나 하나님의 영에 의해 "의인은 믿음으로 살리라!" "의인은 믿음으로 살리라!" 하는 말씀이 이해되자 새롭게 태어나는 기분이었다. 나는 열린 문을 통과해 하나님의 낙원에 이르렀다.[22]

성경에서 우리가 '믿음으로' 의롭게 된다는 말은 믿음이 칭의의 수단이라는 뜻이다. 우리는 믿음을 통해 예수 그리스도의 의를 입는다. J. I. 패커의 말에 따르면, 믿음이란 "빈손을 내밀어 그리스도를 영접하여 의롭게 되는 것"이다.[23] J. C. 라일도 믿음을 비슷하게 정의했다.

> 구주의 손을 붙잡고, 남편의 팔에 안기고, 의사의 약을 받는 것이다. [믿음이] 그리스도께 드리는 것이라고는 죄인의 영혼뿐이다. 주는 것도, 기여하는 것도, 지불하는 것도, 행하는 것도 없다. 믿음은 그리스도가 선물로 주시는 영광스러운 칭의를 받고, 취하고, 인정하고, 붙잡고, 수용할 뿐이다.[24]

정확히 말하면, 믿음 자체(심지어 이신칭의 교리)가 우리를 구원하는 것은 아니라는 뜻이다. 그리스도가 우리를 구원하신다. 믿음은 우리가 그리스도를 영접하는 수단으로 작용할 뿐이다. 칼빈의 말처럼 "자신의 행위가 아니라 믿음으로 그리스도의 의를 붙잡아 입어 믿음으로 의롭게 된 사람을, 하나님은 죄인이 아니라 의인으로 보신다."[25]

로마서 3장에는 '믿음으로만' 의롭게 된다는 말은 없지만, 특별히 마지막 구절에는 분명히 그런 뜻이 함축되어 있다. "그런즉 자랑할 데가 어디냐 있을 수가 없느니라 무슨 법으로냐 행위로냐 아니라 오직 믿음의 법으로니라 그러므로 사람이 의롭다 하심을 얻는 것은 율법의 행위에 있지 않고 믿음으로 되는 줄 우리가 인정하노라"(27-28절; 갈 2:16).

우리가 행위나 심지어 행위를 더한 믿음으로 의롭게 된다면, 우리는 구원을 자랑할 수 있을 것이다(엡 2:9). 그러나 실제로 자신의 공덕으로 천국에 갈 수 있다고 자랑할 사람은 아무도 없다. 우리는 예수 그리스도의 완전한 생애와 희생적 죽음을 근거로 의롭게 되며, 믿음 외에 더 필요한 것은 없다. 복음연합의 신앙고백서를 인용하자면, "우리는 하나님이 은혜로 예수 그리스도를 믿는 자들을 의롭게 하고 거룩하게 하시는 것"을 믿는다.

칭의의 목표 : 하나님의 영광을 위한 선행(善行)

어떤 사람들은 사도 야고보가 이신칭의 교리를 부정했다고 여긴다. 결국 야고보는 "사람이 행함으로 의롭다 하심을 받고 믿음으로만은 아니니라"(약 2:24)고 말하지 않았느냐는 것이다. 그러나 야고보가 말한 것은 '그가 의롭게 된 것을 증명하는 것은 믿음만이 아니라 행동'이라는 뜻이다. 죄인이 착한 일을 하면 구원받을 수 있다는 통념에 맞서야 했던 바울과 달리, 야고보는 신자는 아무렇게나 살아도 괜찮다는 오해에 맞서야 했다. 신학용어로 두 사람의 차이를 말하자면, 바울은 성화를 칭의의 근거로 삼고자 했던 사람을 상대했던 반면, 야고보는 성화 없이 의롭게 되고자 했던 사람을 상대했던 것이다!

바울뿐 아니라 야고보에게도 '의롭게 하다'라는 말은 '의롭다고 선고하다'라는 뜻이었다. 차이가 있다면, 바울의 경우 신자를 의롭다고 선고하시는 분은 하나님인 반면, 야고보의 경우 의롭다고 선고하는 것은 그의 믿음이 진짜임을 증명하는 그의 행동이라는 것이다. 두 사도는 거의 확실하게 칼빈의 말에 동의했을 것이다. "믿음으로만 의롭게 된다. 그러나 의롭게 하는 믿음만으로는 안 된다."(It is faith alone which justifies, and yet the faith which justifies is not alone.)[26] 믿음과 행위가 모여야 의롭게 되는 것(믿음+행위→칭의)은 아니다. 오히려 믿음이 의롭다 하고 선행을 더한다(믿음→칭의+행위).

달리 말하면, 의롭게 하는 믿음은 '행하는 믿음'이다. 그래서 복음연합은 칭의에 관한 글을 "우리는 값없이 의롭게 되었기 때문에 개인과 교회가 열정적으로 순종한다고 믿는다"는 문장으로 끝맺는다. 성경의 칭의 교리는 착한 일을 하는 데 반대하기는커녕 그런 일을 하도록 촉구한다. 칭의와 성화는 떼려야 뗄 수 없는 관계다.

칭의 자체에 관해서 그리스도의 일과 우리의 일은 상호 배타적이다. 바울이 갈라디아 교우들에게 "사람이 의롭게 되는 것은 율법의 행위로 말미암음이 아니요 오직 예수 그리스도를 믿음으로 말미암는 줄 알므로"(갈 2:16)라고 말했듯이, 칭의는 행위가 아니라 믿음으로 이루어진다. "일을 아니할지라도 경건하지 아니한 자를 의롭다 하시는 이를 믿는 자에게는 그의 믿음을 의로 여기시나니"(롬 4:5). 성경은 칭의에 대해 말할 때면 믿음과 행위를 대립시킨다. 칭의가 믿음에 의한 것이라면 행위에 의한 것은 아니다. 성경은 이렇게 행위를 배제하여 믿음으로만 의롭게 된다고 말한다. 칭의가 행위에 의한 것이 아니라면 믿음으로만 의롭게 되기 때문이다.

믿음과 행위를 구별하는 데는 중요한 까닭이 있다. 이것을 알면 하나님이 뜻하신 칭의의 목적을 이해할 수 있다. 성경적 방법대로 믿음으로만 의롭게 된다면 모든 영광이 하나님께 간다. 우리가 우리의 행위가 아니라 예수님의 구원 역사로 의롭게 된다면, 구원에 대한 모든 찬양은 우리가 아니라 그분에게 돌아간다. 따라서 칭의의 목적은 복음의 다른 모든 면처럼 하나님의 영광이다.

칭의의 수혜자 : 그리스도를 믿는 모든 사람

"당신은 어떻게 하나님 앞에서 의롭게 됩니까?"(60문)라고 묻는 하이델베르크 요리문답은 성경의 칭의 교리를 가장 아름답게 설명한다. 답은 아래와 같다.

오직 예수 그리스도에 대한 참된 믿음으로만 의롭게 됩니다. 비록 내 양심은 내가 하나님의 모든 계명을 크게 어겼고, 단 하나도 지키지 않았으며, 여전히 모든 악으로 향하는 성향이 있다고 고발하지만, 하나님은 내 공로가 전혀 없는데도 순전히 은혜로 그리스도의 완전한 대속의 혜택과

의로움과 거룩함을 선물로 주십니다. 하나님은 마치 내가 무죄하고 죄를 짓지 않은 것처럼, 실로 그리스도께서 나를 위해 이루신 모든 순종을 내 순종으로 여기십니다. 나는 오직 믿는 마음으로만 이 선물을 받습니다.

요리문답은 칭의를 1인칭 시점으로 표현한다. 이것은 중요한 사실이다. 우리가 믿음으로 의롭게 된다면 개개인이 예수 그리스도를 믿어야 한다는 것이다. 칭의는 구원의 길에 관한 일반적인 원리가 아니라, 그리스도를 개인적으로 믿고 헌신하라는 부름이다. 그분 없이는 우리는 정죄받을 수밖에 없다. 사실 성경은 "믿지 아니하는 자는 하나님의 독생자의 이름을 믿지 아니하므로 벌써 심판을 받은 것이니라"(요 3:18)고 경고한다. 그러나 같은 구절에 "그를 믿는 자는 심판을 받지 아니하는 것이요"라는 약속도 있다. 그러므로 우리가 의롭게 되고 정죄받지 않으려면 예수 그리스도를 믿어야 한다.

하나님이 믿는 자들에게 내리신 '영원히 의롭다'는 최종 판결은 지금 우리에게 효력이 미친다. "그러므로 우리가 믿음으로 의롭다 하심을 받았으니 우리 주 예수 그리스도로 말미암아 하나님과 화평을 누리자"(롬 5:1). 우리의 법적 신분은 이미 결정되었다. 우리는 결코 불의하게 될 수 없다. 우리는 하나님의 영광을 위해 현재뿐 아니라 영원히 의롭게 되었다. 하나님의 선언은 최후 심판이 있는 날에 입증될 것이다. "그러므로 이제 그리스도 예수 안에 있는 자에게는 결코 정죄함이 없나니"(롬 8:1).

시인 윌리엄 쿠퍼(William Cowper)는 죄인을 의롭게 하는 믿음의 기쁨을 누린 사람이다. 쿠퍼는 오랫동안 우울증을 앓았고, 시설이 열악한 정신병원에 입원하기도 했다. 그는 몸과 마음의 고통도 컸지만, 자신을 용서받을 수 없는 죄인으로 여겼기에 영적 고통은 말할 수 없이 컸다. 그랬던 그가 하루는 믿음으로만 의롭게 된다는 구원의 메시지에서 법적으로 구제될 수 있는 길을 발견했다. 그는 이렇게 이야기했다.

나는 이제 속박에서 풀려나 그리스도 예수 안에서 하나님이 값없이 주시는 은혜가 활짝 열린 행복한 시간을 보내고 있다. 나는 위로와 가르침을 한번 더 적용해 보려고 창가 의자에 앉아 성경을 펼쳤다. 내가 처음 본 것은 로마서 3장이었다. "그리스도 예수 안에 있는 속량으로 말미암아 하나님의 은혜로 값없이 의롭다 하심을 얻은 자 되었느니라 이 예수를 하나님이 그의 피로써 믿음으로 말미암는 화목제물로 세우셨으니 이는 하나님께서 길이 참으시는 중에 전에 지은 죄를 간과하심으로 자기의 의로우심을 나타내려 하심이니"(24-25절). 나는 즉시 믿을 힘을 얻었고, 찬란한 의의 햇빛이 나를 비추었다. 그분의 대속은 충분했다. 그분이 피를 흘리셨기에 나는 용서받았고 칭의는 완전했다. 잠시 후 나는 복음을 믿음으로 받아들였다.[27]

복음을 믿음으로 받아들이는 사람은 모두 의의 선물을 받을 수 있다. 하나님은 예수 그리스도의 대속을 근거로 그분의 은혜에 따라 완전한 칭의를 값없이 주신다. 예수 그리스도를 믿는 모든 사람은 하나님의 영원한 정의의 법정에서 영원히 의롭다고 선고받을 것이다.

· 참고 도서 ·

존 파이퍼, 『칭의 논쟁』, 신호섭 역(서울: 부흥과개혁사, 2009).

제임스 뷰캐넌, 『칭의 교리의 진수』, 신호섭 역(서울: 지평서원, 2002).

Carson, D. A., ed. *Right with God: Justification in the Bible and the World*. Exeter:
    Paternoster; Grand Rapids, MI: Baker, 1992.

Sproul, R. C. *Faith Alone: The Evangelical Doctrine of Justification*. Grand Rapids, MI:
    Baker, 1995.

Vickers, Brian. *Jesus' Blood and Righteousness: Paul's Theology of Imputation*.
    Wheaton, IL: Crossway, 2006.

성령

케빈 드영(Kevin DeYoung)

솔직하게 이야기해 보자. 크리스마스를 기다리는 이유는 선물을 받기 때문이다. 적게 받는 사람도 있고 많이 받는 사람도 있을 테다. 그러나 대부분 선물을 받는다. 지난 몇 년 동안 나는 책도 받았고(야호), 옷도 받았고(흠), 닌텐도 위(Wii)도 받았고(이건 아이들 선물), 존 칼빈 바블헤드 인형도 받았다(무엇과도 바꿀 수 없다). 모두 훌륭한 선물이다.

꼭 크리스마스 선물이 아니더라도 당신이 가장 좋아하는 선물을 떠올려보라. 가장 좋은 선물은 장래를 약속하는 약혼반지가 아닐까 한다. 그러나 내가 결혼보다 더 확실하고 영원한 것을 약속하는 선물에 대해 말한다면 어떻게 하겠는가? 돈을 좋아하는 사람이 있을지도 모른다. 할 수 있는 것도 누릴 수 있는 것도 많으니까. 그런데 내가 돈보다 세상과 인생을 바꿀 힘이 있는 선물에 대해 말한다면 어떻게 하겠는가? 감성적인 사람이라면 가족과 친구들이 준 오랜 사진을 소중하게 여길지도 모른다. 그러나 내가 당신이 사랑하는 사람의 사진보다 더 좋은 선물, 그와 영원히 함께 지낼 수 있는 선물에 대해 말한다면 어떻게 하겠는가?

이것은 약속과 능력과 임재의 선물이다. 전 세계의 수백만 명이 이 선물을 받았다. 또는 '그분'을 영접했다. 당신의 짐작대로 이 선물은 성령이다. 그리스도를 통해 하나님께 속한 사람들에게 내주하시는 성령보다 더 소중하고, 유익하고, 역동적이고, 강력하고, 사랑스러운 선물은 없다(고전 3:16).

구약과 신약 성경에서 성령

'성령'을 뜻하는 단어는 히브리어로 '루아흐'(*ruach*)이고, 그리스어로는 '프뉴마'(*pneuma*)다. 루아흐는 구약성경에 대략 90회 정도 등장한다. 프뉴마는 신약성경에서 250번도 넘게 사용된다. 두 단어는 모두 바람(wind)이나 숨을 뜻한다. 일반적인 개념은 동일하다. 루아흐와 프뉴마는 활력, 운동, 생명, 활동을 표현한다. 성령은 하나님의 영이면서도 독립적인 영이다. 성령은 그분의 백성에게 임하시는 하나님의 능력이다.[1]

신약성경에서 더 '뚜렷하게' 나타나지만, 성령은 구약에서도 일하셨다. 성령은 천지가 창조될 때 수면 위에 운행하면서, 성부 하나님이 뜻하고 계획하신 일을 명령하고 완성할 준비를 하셨다(창 1:2). 성령은 이스라엘 백성이 이집트에서 해방되는 것을 도우셨다(사 63:7-14). 브살렐과 오홀리압에게는 장인(匠人)으로서 뛰어난 재주뿐 아니라 하늘의 것을 지상에 새기는 성령의 능력도 주셨다(출 35:30-35). 성령

은 구약성경에서 발람, 기드온, 입다, 삼손, 아사랴 같은 사람에게 강
하게 임하기도 하셨다(민 24:2; 삿 6:34; 11:29; 13:25; 14:6, 19; 15:14; 대
하 15:1). 사울이 체험하고(삼상 16:14) 다윗이 두려워했듯이(시 51:11),
성령은 사람에게 임했다가 떠나기도 하셨다.

구약성경에 나타난 성령의 활동은 강력했지만 완전하지는 않았다.
구약성경에서는 성령이 오실 때를 대망했으니 놀랄 일은 아니다. 특
별히 영광스럽게 임할 새 날에 대한 세 가지 예언이 있다. 요엘은 하나
님의 모든 백성에게 임하실 성령을 크게 고대했다(욜 2:28-32). 에스
겔은 하나님의 백성에게 성령이 개인적으로 영원히 내주하실 날을 기
다렸다(겔 36:22-37:14). 이사야는 이새의 뿌리에서 나서 이스라엘을
구원하실, 성령으로 기름 부은 가지를 약속했다(사 11:1-5). 모든 사람
에게 임하시는 성령, 개인에 내주하시는 성령, 성령으로 기름 부은 구
주. 구약성경은 이런 성령의 날을 간절히 원했다. 예언은 새 언약으로
성취된다(고후 3:1-11). 성령은 모든 육체에 임하시고(행 2:14-21), 모
든 신자에 내주하시며(롬 8:9), 성령으로 기름 부은 메시아가 지상에
서 구원사역을 하실 때 그분에게 능력을 더하시고 그분을 영화롭게
하셨다.

신약성경은 성령이 성자의 모든 사역을 도우셨음을 매우 강조한
다. 동정녀 마리아는 성령이 임하여 예수님을 잉태했다(마 1:18, 20; 눅
1:35). 시므온이 성전에서 예수님에 대해 이야기할 때도 성령은 시므
온 위에 계셨다(눅 2:25). 예수님이 세례를 받자 성령이 임하셨다(마
3:16). 성령으로 충만했던 예수님은 성령에게 이끌리어 마귀에게 유
혹받기 위해 광야로 가셨다(마 4:1; 눅 4:1). 유혹을 이긴 후 예수님은
성령의 능력으로 갈릴리로 돌아가서(눅 4:14), 주님의 영이 자신에게
임하여 가난한 자들에게 복음을 선포한다고 회당에서 말씀하셨다(눅

4:18).

　예수님은 하나님의 영으로 귀신을 쫓아내셨다(마 12:28). 히브리서 9장 14절은 그리스도가 영원하신 성령을 통해 하나님께 자신을 제물로 바치셨다고 한다. 로마서 1장 4절에 따르면, 그리스도는 거룩하신 성령을 통해 죽음에서 부활하여 능력으로 하나님의 아들로 선포되셨다. 잉태부터 탄생, 생애, 사역, 죽음, 부활까지 성령은 그리스도의 안팎에서 역사하셨다.

성령은 누구신가

● ● ● 인격체

　성령은 인격체다. 성령은 근심하고(엡 4:30), 중재하고(롬 8:26-27), 증언하고(요 16:12-15), 말하고(막 13:11), 창조하고(창 1:2; 눅 1:35), 생각하고(롬 8:27), 모독의 대상이 되기도 하신다(막 3:28-29).[2] (물론 성경도 '증언한다' '말한다'고 하지만 성경을 인격체로 여기는 사람은 없다. 그런데 그 경우는 사실 하나님이 성경을 통해 말씀하시고 증언하신다는 의미에서 성경을 의인화한 것이다.) 예수님은 마지막 인사를 나누면서(요 14-16) "또 다른 보혜사"('조력자' '중재자' '대변자'로 다양하게 표현할 수 있다), 즉 예수님의 뒤를 이어 지상에서 사역하실 분, 어떤 면에서는 예수님의 대체자인 성령을 보내겠다고 약속하신다. 비인격적인 힘 같은 것은 예수님이 약속하신 성령이 하실 일에 대한 설명과 맞지 않는다.

● ● ● 하나님

성령은 인격체일 뿐 아니라 하나님이다. 시편 139편 7절은 성령이 어디나 계신다는 것을 암시한다. 또 "영원하신 성령"(히 9:14)이기도 하다.[3] 성령에게 거짓말하는 것은 하나님께 거짓말하는 것이나 다름 없다(행 5:3-4). 바울은 "하나님의 성전"과 "성령의 전"을 같은 뜻으로 번갈아 썼다(고전 3:16; 6:19).

● ● ● 성부 성자와는 다른 분

성령은 성부, 성자와 본질적으로 같으면서도 다르다(마 28:19; 고전 12:4-6; 고후 1:21-22; 13:13; 벧전 1:2). 간단히 말하면, 성령은 하나님이 지만 성부나 성자는 아니다.

성령은 성부, 성자와 다르지만, 하나님의 영이고 그리스도의 영이 다(롬 8:9). '하나님의 영이 우리 안에 계신다' '그리스도의 영이 우리 안에 계신다' '그리스도가 우리 안에 계신다'는 말은 모두 같은 말이다 (롬 8:10).[4] 성령은 성부(요 14:26)와 성자(요 16:7; 20:22)가 보내신다.[5] 사실 성부와 성령은 정체성이 겹치는 부분이 많아서 바울은 "주는 영 이시니"(고후 3:17-18)라고 할 수밖에 없었다.

성자와 성령이 한 존재라는 뜻이 아니라 두 분의 목적이 같아서 공동으로 구원의 역사를 펼치신다는 것이다. 예수님은 진리이고(요 14:6), 성령은 제자를 모든 진리로 이끄신다(요 16:13). 예수님은 성부 하나님을 증언하기 위해 오셨고(요 1:14-18), 성령은 그리스도를 증언 하기 위해 오신다(요 15:26). 부패한 세상은 그리스도를 영접하지 않 았고(요 1:11; 5:43), 성령도 영접하지 않을 것이다(요 14:17). 성령은 '또 다른' 보혜사(요 14:16)다. 그분은 부활하여 승천하신 그리스도의 능력이자 임재다.

성령의 역사

성령이 누구인지 알았으니, 이제 성령이 실제로 무슨 일을 하시는 지 알아보자. 성령은 성경에서 볼 수 없기에 성령의 '인격'보다는 역사에 대해 말할 것이 더 많다. 성령을 알 수 있는 가장 좋은 방법은, 성령이 하시는 일을 이해하고 경험하는 것이다. 나는 성령이 하시는 일을 일곱 가지로 나누었다. 성령은 책망하고, 새롭게 하고, 누리게 하고, 영화롭게 하고, 거룩하게 하고, 재능을 주고, 약속하신다.

● ● ● 책망하시는 성령

놀라운 일이다. 예수님은 죽음을 앞둔 최후의 몇 시간 동안 제자들에게 삼위일체에 대해 가르치셨다. 무엇이든 말씀하실 수 있었는데도, 예수님은 자신이 성부와 하나라는 것과 자신이 이제 곧 오실 성령과 연합했다는 사실에 대해 말하는 것이 가장 절실하다고 느끼셨기 때문이다. 다락방에서 오간 대화에서 예수님은 성령을 다섯 차례나 약속하셨다(요 14:16-17, 26; 15:26-27; 16:4하-11, 12-15). 예수님은 성령에 대한 네 번째 언급에서 성령이 책망할 것이라 말씀하신다.

그러나 내가 너희에게 실상을 말하노니 내가 떠나가는 것이 너희에게 유익이라 내가 떠나가지 아니하면 보혜사가 너희에게로 오시지 아니할 것이요 가면 내가 그를 너희에게로 보내리니 그가 와서 죄에 대하여, 의에 대하여, 심판에 대하여 세상을 책망하시리라 죄에 대하여라 함은 그들이 나를 믿지 아니함이요 의에 대하여라 함은 내가 아버지께로 가니 너희가 다시 나를 보지 못함이요 심판에 대하여라 함은 이 세상 임금이 심판을 받았음이라 (요 16:7-11)

예수님이 떠나신다는 말에 제자들이 심란했던 것은 이해하지 못할 일이 아니다(요 16:16). 그러나 예수님은 자신이 떠나지 않으면 '보혜사'가 오시지 않을 테니, 자신이 떠나는 게 더 좋다는 말로 그들을 안심시키셨다. 성자와 성령이 한 자리에 같이 있을 수 없기 때문이 아니라, 성령은 성자의 죽음과 부활과 승천 후에 오시기 때문이다. 그리스도에 의해 시작된 하나님의 통치는 그리스도의 일이 끝난 후에야 성령에 의해 완성될 것이다.

역설적이게도 교회는 예수님이 더 이상 계시지 않는 것이 더 좋다. 1세기에는 예수님을 만나려면 팔레스타인으로 가야 했다. 그런데 오순절 이후 오늘날, 그리스도는 자신의 영에 의해 어디든 계실 수 있다. 우리는 그분을 만나려고 이스라엘을 찾아갈 필요도, 산속에서 살 필요도, 촛불을 들고 그분을 찾아다닐 필요도 없다. 그분을 보는 것도 좋고 따르는 것도 좋지만 우리에게는 더 좋은 것이 있다. 그분은 언제 어디서나 우리 안에 계신다.

제자들에게 성령이 오신다는 것은 희소식이었다. 성령은 그들의 조력자, 위로자, 대변자가 될 터였다. 그러나 세상과 죄인들은 성령의 책망을 받아야 했다[요 16:8, '책망'(*elegcho*)이라는 같은 단어가 쓰였다]. 성령은 거대한 등대처럼 세상의 죄악을 낱낱이 밝히고, 모든 사람에게 회개를 촉구하신다. 마치 세상은 은은하게 비추는 촛불 아래의 낭만적인 분위기에서 최고의 음식을 먹는다고 믿고 있는데, 느닷없이 불빛이 '번쩍' 하는 것과 같다. 성령이 불을 켜시자 바퀴벌레들이 벽을 기어 다니고 쓰레기가 바닥에 나뒹구는 모습이 드러난 것이다. 우리는 자신이 생각하는 것처럼 좋은 사람이 아니다. 성령은 그 사실을 우리에게 보여주신다.

특별히 예수님은 성령이 세상에 대해 세 가지를 책망할 것이라고 말씀하셨다.[6]

① **죄** 세상이 예수님을 믿지 않기 때문이다. 죄의 핵심은 불신이다. 예수님을 인정하지 않는 것보다 더 큰 불신은 없다.

② **의** 예수님이 성부에게 가셨기 때문이다. 세상은 예수님에게 감동하기는커녕 자신을 의롭게 여기며 스스로 자기에게 감동한다(사 64:6). 우리는 예수님이 누구인지, 그분이 무슨 일을 하셨는지 규정하고 싶어한다. 그러나 그분이 승천하신 것만으로도 거룩하신 하나님의 아들이자 성부와 함께 계신 분임이 증명되었다.

③ **심판** 세상 임금이 심판을 받았기 때문이다. 이것은 성령이 유대인에게 제시하는 가장 신랄한 증거다. 그들은 의인을 살해하고, 잘못된 임금을 섬겼다. 그러나 성령은 부활한 그리스도를 증언하기 위해 오실 것이고, 그들은 자신이 좇았던 임금이 패망하고 자신이 살해했던 분이 승리하셨다는 것을 보게 될 것이다. 십자가에서 사탄에게 가한 일격은 사탄뿐 아니라 사탄의 영적인 자녀들을 기다리는 최후 패전의 예고였다. 사탄은 여전히 짖고 물 수 있으나, 밧줄에 묶인 채 죽어가는 신세다.

이 세 가지 약속은 오순절에 성취되었지만(행 2:22-24, 37), 쉬지 않고 책망하시는 성령의 역사는 밝혀야 하고, 용서할 죄악이 있는 곳이라면 어디든 계속된다. 죄를 깨닫게 하시는 성령의 역사는 중생의 첫 요소다. 성령 하나님은 우리의 이기심과 불경건과 그리스도에 대한 무관심을 일깨우신다. 조나단 에드워즈는 이렇게 썼다.

> 역사하시는 성령은 사람의 마음에서 세상의 허영을 벗겨내고, 영원한 행복에 대해 깊이 고민하게 하여 진심으로 구원을 갈망하게 만든다. 그리고 자신의 죄악과 죄책과 불행한 본성의 무서움을 깨닫게 하신다. 성령은 사람의 양심을 흔들어 깨우고, 하나님의 진노의 무서움을 느끼게 하여, 그분의 은총을 간절히 사모하고 구하게 하신다.[7]

성령이 역사하시면 단순히 자신의 실패를 부끄러워하고 실수를 후회하는 것이 아니라, 하나님께 지은 죄를 깨달아 다윗처럼 부르짖게 된다. "내가 주께만 범죄하여 주의 목전에 악을 행하였사오니"(시 51:4). 성령께 책망받아 전능하신 하나님의 목전에 행한 자신의 죄악을 보지 못한 그리스도인은 무감각한 사람이다.

●●● 새롭게 하시는 성령

중생에 대해 잘 알려진 본문은, 예수님이 바리새인이자 유대인 지도자인 니고데모와 말씀하시는 요한복음 3장이다(1절). 니고데모는 복음서에 등장하는 여느 바리새인과 달리 조금 소심하기는 해도 정직한 구도자였다. 니고데모는 예수님께 적개심을 품지 않았다. 사실 그는 예수님께 배움을 청한 진실한 종교인이었다. 니고데모의 가장 큰 문제는 위로부터 나지 않은 것이었다. 니고데모는 예수님을 하나님이 보내신 스승으로 인정한다. 그는 예수님이 하나님의 능력으로 기적을 베푸셨다는 것도 인정한다(2절). 그러나 그것으로는 부족하다. 예수님은 사실 "당신이 기적을 직접 본 것은 중요하지 않소. 나는 당신이 마음으로 기적을 '체험'하길 바라오."[8] 하고 말씀하셨다.

니고데모는 거듭나야 했다(요 3:3). 다시 말해, 우리는 물과 성령으로 거듭나야 한다(5절). 니고데모는 구약성경에서 인용한 이런 흥미로운 비유적 설명(요 3:10)에 대해 알고 있어야 했다. 예수님은 틀림없이 에스겔 36장을 떠올리면서 물과 성령(겔 36:25, 27)에 대해 말씀하셨을 것이다. 에스겔의 예언에서 물은 정화를 뜻하고, 성령의 내주는 새로운 마음을 가리켰다(36:25-26). 따라서 요한복음 3장에서 예수님은 세례에 대해 말씀하신 것이 아니라, 죄악의 얼룩을 씻고 우리를 새롭게 하는 초자연적인 일에 대해 말씀하신 것이다.[9]

이것이 성경이 말하는 새로 태어남, 중생, 거듭남의 뜻이다. 중생은 우리 안에서 성령이 일으키시는 역사다. 디도서 3장 5절은 이것을 "중생의 씻음과 성령의 새롭게 하심"이라고 했다. 바람(프뉴마, *pneuma*)이 어디로든 마음대로 부는 것처럼 성령(프뉴마, *pneuma*)으로 태어난 모든 사람도 마찬가지다. 성령 하나님은 우리의 마음을 뚫고 들어와, 역겨운 죄악과 하나님의 진리의 말씀과 귀하신 그리스도를 깨닫게 하신다.

예수님은 명확하게 말씀하셨다. 성령으로 중생하지 않으면 신앙생활은 불가능하다. 성령께서 능력을 주지 않으면 하나님의 것을 영적으로 분별하고 이해할 수 없다(고전 2:12-14). 생명에 이르는 회개도 그분이 주시는 것이다(행 11:18). 성령은 하나님의 사랑을 우리 마음에 채우신다(롬 5:5). 우리는 그분의 능력으로 하나님의 약속을 믿는다(요 1:12-13). 예수님이 말씀하셨다. "내 아버지께서 오게 하여 주지 아니하시면 누구든지 내게 올 수 없다"(요 6:65).

하나님이 택하신 자는 어떻게 하나님께 갈 수 있을까? "살리는 것은 영이니 육은 무익하니라 내가 너희에게 이른 말은 영이요 생명이 라"(요 6:63). 따라서 우리가 성자를 믿는 것은 성부의 선택과 성령을 받았기 때문이다. 믿음은 선물이다. 믿음은 하나님의 말씀을 통해 역 사하시는 성령에 의해 중생한 사람이 받는 선물이다(벧전 1:23-25).

● ● ● 누리게 하시는 성령

그리스도가 이루신 모든 일을 생각해 보자. 그분은 율법을 지키셨 다. 사람으로 태어나 하나님의 정의를 이루셨다. 죽음과 죄악, 마귀를 정복하셨다. 언약을 지키는 메시아로서 자기 백성에게 영적인 복을 아낌없이 베풀기 위해 승리하셨다(엡 1:3). 예수 그리스도는 지혜와 의로움과 거룩함과 구원이 되셨다(고전 1:30).

그리스도와의 연합 그런데 그리스도께서 이루신 모든 일이 어떻게 우리의 것이 될 수 있는가? 우리는 이런 물음에 관심이 없다. 존 칼빈 은 이렇게 묻는다.

성부가 독생자에게 내리신 은총, 그리스도가 사사로이 쓰는 게 아니라 가난하고 궁핍한 사람들을 부유하게 하실 은총을 우리가 어떻게 누릴 수 있을까? 첫째, 그리스도가 우리 외부에 계시고 우리가 그분과 단절되 어 있는 한, 그분이 인류의 구원을 위해 하신 모든 일은 우리에게 무익하 고 쓸모없다는 것을 알아야 한다.[10]

우리는 그리스도의 은총을 어떻게 누릴 수 있는가? 칼빈은 대답한 다. "그리스도와 우리의 연합은 성령으로 단단해진다."[11]

로마서 8장 9-11절에서 바울은 비슷한 말을 한다. 성령이 우리 안에 계시면 우리에게는 그리스도의 영이 깃든다(10절). 성령이 우리 안에 계시면 우리는 예수 그리스도의 생명을 얻는다(11절). 간단히 말하면, 우리에게 성령이 계시면 그리스도도 계시고, 그리스도가 계시면 성령도 계신 것이다. 성령은 그리스도의 영이므로 우리는 성령으로 그리스도와 연합한다. 그분은 입양의 영으로 우리를 그리스도의 형제가 되게 하여 성부 하나님의 자녀로 만드신다(롬 8:15; 갈 4:6; 히 2:17). 하나님은 우리가 입고 있는 '첫 아담'이라는 유니폼을 성령으로 찢으신 후, '둘째 아담'이라는 팀으로 이적하신다.

우리는 구원의 이런 면에 대해 자주 생각하지 않지만, 존 머레이 (John Murray)는 그리스도와의 연합이 "구원 교리 전체의 중심 진리"[12]라고 말한다. 그리스도와 우리의 연합이 워낙 중요하기 때문에, 바울은 '그리스도 안'이라는 표현을 160번이나 사용했다.[13] 칭의, 화해, 구원, 입양, 성화, 영화, 이 모든 것이 그리스도와 연합한 우리의 것이다. 그리스도는 성령에 의해 공간을 초월하는 신비롭고 초자연적인 방법으로 우리 안에 계시며, 우리는 그리스도와 교통하고 그분의 모든 은총을 누린다.

성령 세례와 그리스도와의 연합 특별히 언급해야 할 구절이 있다. "우리가 유대인이나 헬라인이나 종이나 자유인이나 다 한 성령으로 세례를 받아 한 몸이 되었고 또 다 한 성령을 마시게 하셨느니라"(고전 12:13). 이 구절의 의미에 대한 논쟁은 그리스도인들 사이에서 계속되고 있다. 이 세례는 모든 그리스도인이 받는 세례인가, 몇몇 그리스도인에게 한정된 특별한 축복인가? 답은 아주 명확하다.

'성령으로 세례를 받는다'(en pneumati)는 표현은 신약성경에서 일곱 차례 등장한다. 세례 요한이 주 예수님은 성령으로 세례를 주실 거라는 예언을 기록한 복음서에서 네 번 언급된다(마 3:11; 막 1:8; 눅 3:16;

요 1:33). 다섯 번째는 사도행전 1장 5절이다. 예수님이 요한의 예언에 대해 말씀하시는 대목이다. 여섯 번째는 사도행전 11장 16절이다. 베드로는 예수님이 승천 전에 사도행전 1장 5절에서 말씀하신 것을 떠올린다. 지금까지 성령 세례에 대한 언급은 모두 오순절에 임하신 성령에 대한 예언이나 회상이다.

일곱 번째 본문은 고린도전서 12장 13절로, 오순절을 직접 언급하지 않는 유일한 구절이다(고린도 교우들과 바울은 성령 세례를 받기 위해 예루살렘에 가지 않았다). 그러므로 몇몇 그리스도인은, 고린도전서 12장 13절이 개종 후에 일부 그리스도인들만 누릴 수 있는 두 번째 축복을 뜻한다고 가르쳤다. 그러나 두 번째 축복이라는 설명은 터무니없다. 우선 이 구절은 '모든 사람'이 성령으로 세례를 받았고 '모든 사람'이 성령을 마셨다는 것을 강조한다.

바울이 무엇을 말하든지 간에, 그는 고린도 교우들이 모두 성령 세례를 받았다고 여긴 것이 분명하다. 더욱이 본문의 범위를 더 넓혀서 보면, 바울이 몇몇만 체험할 수 있는 독특한 두 번째 축복에 대해 말하고 있는 것이 아님을 알 수 있다. 바울은 몸의 다양한 은사에 대해 강조한 후 고린도 교우들의 연합에 초점을 맞춘다. 그들은 서로 다른 은사가 있지만, 모두 한 성령으로 세례를 받았다.

모든 그리스도인은 성령 세례를 받는다. 중생한 모든 그리스도인은 내주하시는 성령에 의해 그리스도와 연합하기 때문이다. 성령 세례는 우리가 그리스도와 연합하는 것이나 다름없다. 오순절에 임하셨던 그 성령이 지금 모든 신자 안에 계신다. 성령이 내주하시는 모든 신자는 그리스도와 연합하고, 그분의 은총을 아낌없이 누린다.

이렇게 설명해도 좋다면, 성령 세례란 움직이는 컨베이어 벨트에 얹힌 크리스피크림 도넛 위로 폭포수처럼 쏟아지는 훌륭한 글레이즈와 같다. 글레이즈는 모든 도넛에 내리며, 글레이즈가 있어야 도넛이 제 맛이 난다. 이와 비슷하게 예수님은 우리에게 성령으로 세례를 주시며, 우리는 그분의 능력을 알고 그분의 축복으로 가득해진다. 존 스토트의 말대로 성령 세례는 (새 언약에서만 실현되는) 뚜렷이 구별되는 축복이자 (개종 때 임하는) 최초의 축복이고 (모든 진실한 신자에게 임하는) 차별 없는 축복이다.[14]

● ● ● 영화롭게 하시는 성령

소제목을 보고 성령이 그리스도인을 마지막 영화의 단계까지 어떻게 인도하시는지, '구원의 순서'에 대해 설명한다고 여기는 독자가 있을 것이다. 그러나 예수님은 다락방에서 그런 말씀을 하지 않으셨으니, 내가 설명하는 것은 구원의 순서가 아니다. 예수님은 조금 다른 영화에 대해 말씀하시면서, 성령에 대해 다섯 번째 약속을 하신다.

> 그러나 진리의 성령이 오시면 그가 너희를 모든 진리 가운데로 인도하시리니 그가 스스로 말하지 않고 오직 들은 것을 말하며 장래 일을 너희에게 알리시리라 그가 내 영광을 나타내리니 내 것을 가지고 너희에게 알리시겠음이라 무릇 아버지께 있는 것은 다 내 것이라 그러므로 내가 말하기를 그가 내 것을 가지고 너희에게 알리시리라 하였노라 (요 16:13-15)

이것은 성령에 대한 예수님의 마지막 말씀이다. 십자가 죽음을 앞두고 예수님이 강조하셨던 것은 우리가 자주 간과하는 중요한 사실, 즉 성령은 그리스도를 영화롭게 하신다는 것이다. 예수님은 열두 제자에게, 성령이 그리스도의 영광을 그들에게 나타내기 위해 장래에 하실 일에 대해 말씀하신다(요 7:39). 그러나 부차적으로 예수님의 약속은, 제자들이 곧 보게 될 진리를 통해 성령이 우리 마음에서 그리스도를 영화롭게 하시는 일에 관한 것이기도 하다. 이 본문을 이해하면 우리가 흔히 저지르는 두 가지 실수를 피할 수 있다.

첫 번째 실수는 '성령과 성경을 맞세우는 것'이다. 예수님은 당신이 누구와 결혼할 것인지, 어느 직장을 선택해야 할지 성령이 말씀하실 거라 약속하지 않으셨다. 예수님은 그런 것을 염두에 두고 성령이 "너희를 모든 진리 가운데로 인도하시리니"(요 16:13)라고 말씀하신 것이 아니다. 예수님은 사도들에게 말씀하고 계신다(요 16:12). 그들은 "모든 진리"를 알게 될 사람들이었다.

그들이 알게 될 "모든 진리"란 초신성에서 DNA까지 우주의 모든 지식에 관한 것이 아니었다. '진리'란 길과 진리와 생명이신 예수 그리스도에 대한 모든 것이다. 성령은 앞으로 일어날 일을 밝히시는데(요 16:13), 미래사에 대해 알려주시는 게 아니라 장차 일어날 중요한 사건, 즉 예수님의 죽음과 부활과 영전을 펼쳐 보이신다. 성부와 성자를 대변하는 성령은, 예수님의 말씀을 일깨우고 그분의 신분과 공로의 진짜 의미를 알게 하실 것이다(요 14:26).

이것은 사도들이 설교할 진리와 신약성경의 기록에 대한 책임이 성령께 있다는 뜻이다. 우리는 사도들과 그 권위 아래 있는 사람들이 성령의 계시를 받아 성경을 썼기에 성경을 믿는다. 성경은 성령의 책이다. 사도들이 믿었던 대로, 성령은 구약성경의 영감의 원천이며(행 4:25; 28:25; 히 3:7; 벧후 1:21), 요한복음 16장에서 예수님이 간접적으로 약속하신 대로 신약성경의 영감의 원천이기도 하다.

그러므로 우리는 몰몬교도들처럼, 신약성경의 교리에 새로운 계시가 계속 추가된다고 주장하는 사람들을 조금도 용납할 수 없다. 또 성경의 세세한 것까지 지키는 일은 성령을 모욕하는 행위라는 자유주의 신학자들의 제안도 가차 없이 물리친다. 말씀과 성령은 떼려야 뗄 수 없는 관계다. 우리는 성경을 읽으면서 성령의 음성을 듣는다. 우리는 성경을 읽으면서 성령의 인도를 반드시 구해야 한다.

우리가 피할 수 있는 두 번째 실수는 '성령과 그리스도를 맞세우는 것'이다. 성령은 섬기는 영이다. 성령은 들은 것만 말씀하시고(요 16:13), 임의로 선포하지 않으신다. 성령의 사명은 자신이 아니라 성자를 영화롭게 하는 것이다(요 16:14). 삼위일체 하나님의 삼위는 완전한 하나님인데도 거룩한 섭리에 따라, 성자는 성부를 알리고 성령은 성자를 영화롭게 한다. 우리에게 꼭 필요한 성령의 역할을 간과하고 성령을 무시하는 것은 애석한 일이다. 그렇다고 그리스도에게만 지나치게 집중한다는 생각은 금물이다. 우리가 그리스도만 바라보더라도 성령은 슬퍼하지 않으신다.

그리스도를 기뻐하는 것은 성령이 역사하신다는 증거다! 교회가 집중할 것은 비둘기가 아니라 십자가다. 성령의 뜻도 마찬가지다. J. I. 패커의 말대로 "성령이 우리에게 전하는 메시지는 절대 '내게 집중하라, 내 말을 들으라, 내게 오라, 나를 알라'가 아니라 늘 '그분에게 집중하라, 그분의 영광을 보라, 그분에게 귀를 기울이라, 그분의 말씀을 들으라, 그분에게 가서 영생을 누리라, 그분을 알라, 그분이 주시는 기쁨과 평화를 맛보라'다."[15]

성령이 성자를 계시하고 그분을 영화롭게 하는 일을 하시기 때문에, '익명의 그리스도인'이 있다는 생각이 왜 무섭도록 잘못됐는지 알 수 있다. 한 대학 교수의 말이 떠오른다. 그는, 주권은 하나님께 있고 성령은 임의로 부는 바람처럼 중생과 그리스도의 연합을 주도하기 때문에 무슨 종교를 믿든지 구원받을 수 있다고 주장했다. 그는 사람이 그리스도를 몰라도, 그분을 믿지 않아도 그리스도 안에서 구원받을 수 있다고 믿었다. 이렇듯 '포괄적인' 사고는 인기가 높다. 사랑받는 작가 C. S. 루이스조차 이렇게 말했다.

그리스도에 대한 기독교 교리를 전부 믿지는 않지만, 이상하게도 그분에게 강하게 끌리면서 스스로 이해하는 것보다 더 깊이 그분에게 속한 사람들이 있다. 종교가 달라도 하나님의 은밀한 영향으로 자신의 종교에서 기독교와 일치하는 부분에 집중하는 사람들, 스스로 깨닫지 못하지만 그리스도에게 속한 사람들이 있다. 예를 들면, (자신은 여전히 믿는다고 할지라도) 불가의 여러 가르침은 뒷전으로 돌리고 자비에 대한 가르침에 점점 더 헌신하는 선의를 가진 불교도가 그런 사람이다.[16]

나는 루이스에게 배운 것이 많지만, 그는 오순절에 성령이 하신 일과 오순절 시대에 성령이 하시는 일에 대해 오해했다. 성령은 그리스도의 것, 즉 그분의 가르침, 그분의 죽음과 부활에 대한 진리를 알려서 그분을 영화롭게 하는 일을 하신다. 성령은 그리스도를 계시하지 않고 무차별하게 일하시는 분이 아니다. 성령이 하시는 가장 중요한 일은 틀림없이 그리스도를 영화롭게 하는 것이며, 그리스도에게 조명을 집중하여 백성들이 그분을 보고 맛보게 하지 않고는 그 일을 하지 않으신다.

●●● 거룩하게 하시는 성령

베드로가 처음으로 쓴 편지의 인사말은 삼위일체 하나님이 어떻게 구원에 관여하시는지를 명확하게 보여준다. '흩어진 나그네 곧 택하심을 받은 자들'은, 성부 하나님이 미리 알아서 선택하시고 성령이 거룩하게 하셔서, 예수 그리스도께 순종하고 그분의 피가 뿌려진 사람들이다(벧전 1:2). 성령은 두 가지 방법으로 거룩하게 하신다. 첫째, 성령은 우리를 '그리스도 안에서' 따로 구분하여 그분의 피로 우리를 깨끗하게 씻으신다. 둘째, 성령은 '우리 안에서' 역사하여 우리가 그리스도께 순종할 수 있게 하신다. 성령의 성화를 통해 우리는 새로운 자리를 얻고 새로운 능력으로 충만하게 된다.

우리는 성화에 대해 이야기할 때 새로운 능력을 떠올린다. 성화는 자리에 관한 문제이기도 한데, 신학용어로서 성화는 대개 우리가 두려움과 떨림으로 구원을 좇아 살 때, 우리 안에서 하나님이 기쁨으로 역사하시는 성화의 진행을 뜻한다(빌 2:12-13). 또는 로마서 8장 9-13절이 말하듯이, 우리는 더 이상 육체에 있지 않고 성령 안에 있다(자리). 그러므로 우리는 성령에 의해 육체의 일을 죽여야 한다(능력).

우리는 거룩하게 성장하기 위해 노력해야 하지만(벧후 1:5), 성령께서도 우리를 늘 도우신다. 성경은 변화받은 후 "당신도 변할 수 있다!"라고 외치는 열정적인 치어리더처럼, 섬기라고 우리를 재촉하는 값싼 해설 식 광고가 아니다. 우리는 이미 변화되었다. 우리는 그리스도 안에서 이미 새로운 피조물이고(고후 5:17), 속사람은 능력으로 강건하여(엡 3:16) 성령에 의해 복음의 열매가 열리고 있다(갈 5:22-23). 성경이 이렇게 말하는 것은, 하나님이 성령으로 우리 안에 거하시기 때문이며, 우리는 그 성령으로 하나님의 성품을 공유할 수 있다(벧후 1:4). 물론 우리 안에는 여전히 싸움이 그치지 않는다. 그러나 우리는 성령에 의해 성장하고 승리할 수 있다. 신약성경이 우리에게 요구하는 것은 간단하다. 당신답게 되라는 것이다.

성령은 정확히 어떻게 우리의 거룩한 성장을 도우실까? 빛의 비유를 다시 생각해 보자. 앞서 보았듯이, 성령은 우리의 어두운 구석을 비추고 죄를 폭로하여 회개로 이끄는 빛이다. 성령은 또한 하나님의 말씀을 비추는 등불로 귀중한 진리를 가르치신다(고전 2:6-16). 그리고 요한복음 16장에서 보듯이, 성령은 그리스도께 조명을 비추어 우리로 그분의 영광과 아름다움을 보고 변하게 하신다.

바울도 고린도후서 3장 18절에서 이렇게 말한다. "우리가 다 수건을 벗은 얼굴로 거울을 보는 것 같이 주의 영광을 보매 그와 같은 형상으로 변화하여 영광에서 영광에 이르니 곧 주의 영으로 말미암음이니라" 모세가 시내산에서 주님의 영광을 보고 얼굴이 밝게 변했듯이, 우리도 그리스도의 얼굴에서 하나님의 영광을 보면 그렇게 변할 것이다. 우리의 얼굴에서 빛이 나는 까닭은, 우리가 바라보는 분의 얼굴을 점점 닮아가기 때문이다. 사람은 바라보는 것을 닮는 법이다.

아내는 피겨스케이팅 보는 것을 좋아한다. 그 예술성과 아름다움을 사랑한다. 그리고 젊은 여자선수들의 의상을 좋아한다. 나는 선수들의 동작을 보면 가벼운 현기증이 나지만, 놀라운 것만큼은 인정한다. 선수들은 어려서부터 피겨스케이팅을 보면서 자랐을 것이다. 그들은 레이백스핀과 더블악셀과 트리플살코에 입을 다물지 못했을 것이다. 소녀 시절에는 크리스티 야마구치(Kristi Yamaguchi)나 미셸 콴(Michelle Kwan)의 공연을 넋을 잃고 지켜봤을 것이다. 그들은 "나도 하고 싶어. 대단해! 믿을 수 없어! 어떻게 해야 저렇게 되지?"라고 외쳤을 것이다. 물론 세계 정상급 피겨스케이팅 선수가 되려면 피나는 연습을 해야 한다.

성화에도 우리가 노력해야 할 부분이 있다. 이 두 경우, 노력하도록 자극하고 동기를 부여하고 본보기가 되는 것은 영광이다. 훌륭하고 뛰어난 것을 보는 것 자체가 변화를 불러온다.

그래서 성령이 죄를 폭로하고, 진리를 계시하고, 그리스도의 영광을 드러내 우리를 거룩하게 하실 때, 한눈파는 것은 대단히 큰 잘못이다. 성경은 이런 것을 성령을 거스르고(행 7:51), 소멸하며(살전 5:19), 근심하게 하는(엡 4:30) 잘못이라고 일침을 놓는다. 이 세 가지 표현의 의미는 조금씩 다를지라도, 모두 우리가 성령의 역사에 반대하는 것을 말한다. 우리가 하나님의 말씀을 거절하고, 성령이 지적하시는 죄에서 눈을 돌리며, 그리스도인으로서 말과 행동이 일치하지 않으면, 우리는 성령께 죄를 짓는 셈이다.[17]

● ● ● 재능을 주시는 성령

성령은 우리로 그리스도를 본받아 살게 할 뿐 아니라 그리스도처럼 섬길 수 있도록 준비시켜주신다. 이것을 성령 '충만'이라 부르기도 한다. 성령은 용기, 지혜, 믿음, 기쁨으로 충만하시다(행 6:3; 11:24; 13:52). 풍선에 바람을 불어넣으면 더 부풀 듯, 성령은 내주하여 우리를 채우신다. 성령 충만이 꼭 감정 충만으로 이어지는 것은 아니다. 반드시 즉흥적으로 변하는 것도 아니다. 그러나 우리가 예배하고 감사하고 순종할 때면 늘 우리를 채우신다(엡 5:18-21).

영적 은사 성령이 우리에게 주시는 재능을 '은사'라고 한다. 은사 (charisma)라는 말은 융통성 있게 쓰인다.[18] 일반적으로 은사란 하나님 백성의 안팎에서 하나님의 은혜가 나타남을 뜻한다.[19] 고린도전서 12장 4-6절에서, 은사는 직분이나 사역이라는 말을 대신한다. 신약성경에 기록된 주요 은사는 성령이 주시는 재능을 완전하게 묘사하지 않는다(롬 12:6-8; 고전 12:8-10, 28; 엡 4:11). 은사 목록을 보면 겹치고 모호하며 임시적인 데가 있다. 바울은 "교회에는 다양한 사람들이 하나님의 지도를 받아 다양한 일을 한다. 예를 들면…"이라고 말한다. 다시 말해, 공동의 선을 위해 하나님의 은혜가 나타나는 곳이면 영적 은사도 나타난다.

영적 은사의 목적은 다른 사람에게 좋은 인상을 남기는 것도, 개인적으로 강력한 체험을 하는 것도 아니다. 성령은 공동의 선과 교회의 덕을 위해 일하신다(고전 12:7; 14:12, 26). 은사는 그리스도의 몸을 위해 봉사하고 사역하라고 주신 것이다.

더욱이 성령은 뜻에 따라 그리스도인 개개인에게 은사를 나누어주신다(고전 12:11). 물론 큰 덤프트럭에 은사를 가득 실어 하나님의 백성에게 무차별적으로 뿌리시는 것은 아니다. 성령은 은사가 날아다니는 머니 부스에 우리를 집어넣어, 통제할 수 없는 상태에서 은사를 주시는 것도 아니다. 성령은 개개인에 맞는 은사를 정성스럽게 나누어주신다. 모든 사람에게는 성령이 주신 재능이 있다. 곧 우리가 섬길 수 있다는 뜻이다. 이것은 우리가 섬겨야 한다는 뜻이기도 하다. 우리는 교회 안팎에서 공동의 선을 위해 일해야 한다. 교회는 영화를 보러 가는 관객이 아니라 군대에 입대하는 군인에 가깝다. 군인은 맡은 바 임무에 충실해야 한다. 동료가 전투하고 있는데 참호에 숨어 팝콘을 씹고 있어서는 안 된다.

논란을 일으키는 은사 영적 은사에 대해 이야기하면서 '기적의 은사'에 대해 빠뜨릴 수 없다. 은사 중지론자(中止論者)는, 방언과 예언 같은 몇 가지 은사는 사도 시대 이후로 중지되었다고 주장한다.

① 기적의 은사는 처음 교회와 복음을 증명하기 위해 필요했을 뿐이다.

② 고린도전서 13장 8-10절에 따르면 예언과 방언과 지식은 "온전한 것이 올 때" 중지된다. 소수의 중지론자들은 성경의 완성으로 온전한 것이 왔다고 주장한다.

③ 방언과 예언 같은 계시 은사는 성경의 권위와 능력을 해친다.

④ 오늘날 우리가 보는 기적의 은사는 신약성경에 기록된 은사와 비슷한 데가 없다.

은사 지속론자는 모든 은사가 오늘도 가능하다고 주장한다.

① 은사가 중지되었다는 명확한 말이 없으므로 여전히 모든 은사가 가능하며, 우리는 은사를 간절히 사모해야 한다(고전 14:1).

② 고린도전서 13장의 "온전한 것"은 정경의 완성이 아니라 그리스도의 재림을 가리킨다(여러 중지론자도 이런 해석을 인정하지만 다른 결론을 도출한다).

③ 계시 은사는 성경의 권위 아래 있다. 늘 확인해야 한다.

④ 오늘의 은사가 1세기의 은사와 같든지 다르든지 우리는 성령의 역사를 환영해야 한다.

두 진영은 생각보다 공통점이 많다.

① 모든 선언은 성경으로 확인해야 한다.

② 성경에 더할 것은 없다.

③ 주님이 개인에게 하신 말씀을 다른 사람에게 전하는 것은 현명하지 못한 행동이다.

④ 우리는 '예언'이든 '깨달음'이든 무엇이라고 부르든지 간에 성령이 질

서에 따라 하시는 일에 마음을 열어야 한다.

복음주의 진영에서 최근 몇 년 동안, 은사 중지론자와 지속론자들이 은사에 대한 차이점보다 복음에 대한 공통점이 더 많음을 깨닫고, 같이 협력하고 예배하는 것은 매우 바람직하다.

● ● ● 약속하시는 성령

에베소서 1장 3절에서 바울은 그리스도 예수 안에서 우리가 누리는 축복에 대해 찬양한다. 축복의 콘서트는 성령의 날인에서 마지막 절정에 이른다. "그 안에서 너희도 진리의 말씀 곧 너희의 구원의 복음을 듣고 그 안에서 또한 믿어 약속의 성령으로 인치심을 받았으니 이는 우리 기업의 보증이 되사 그 얻으신 것을 속량하시고 그의 영광을 찬송하게 하려 하심이라"(엡 1:13-14).

인치심 약속한 성령으로 인치심을 받는다는 것이 무슨 의미일까? 우리에게는 모호하게 들릴지 모르지만 에베소 교우들에게는 그렇지 않았을 것이다. 고대에는 이 말에 세 가지 의미가 있었다. 첫째, 증명이다. 이를테면 왕의 옥쇄가 찍힌 편지 같은 것이다. 둘째는 안전이다. 도난방지를 위해 가축에 찍은 낙인 같은 것이다. 셋째는 소유권이다. 책의 첫 장에 있는, 주인이 누구인지 말해 주는 값비싼 돈을새김 같은 것이다. 바울은 이런 생각을 떠올리게 하는 심상을 사용한다.

성령의 인치심은 우리를 진짜 신자로 증명하고, 우리의 영원한 안전을 보장하며, 우리가 하나님의 백성이라는 증거다. 하나님이 자신의 소유를 증명하기 위해 영적인 돈을새김을 우리에게 남기시는 것이다.

내 말에 반대할 그리스도인도 있겠지만, 성령의 인치심은 개종할 때 일어난다. 피터 오브라이언(Peter O'Brien)이 말했듯이 "인치심은 사람들이 실제로 성령을 영접했다는 보증이다. 바울은 복음을 듣는 것과 믿는 것과 성령을 영접하는 것을 하나로 꿰었고, 이것은 개종·입교에 중요한 요소다."[20]

ESV 역본은 원문의 모호한 분사를 '때'로 옮겼다. 말씀을 듣고 믿었을 때 우리는 인침받았다. 믿음과 인치심은 동시에 일어난다. 그래서 바울은 멀리서 고린도 교우들에게 편지를 쓰면서도, 그들이 모두 약속한 성령의 인치심을 받았다고 확신했다. 인치심은 중생과 성령의 내주와 동시에 우리 안에서 객관적으로 일어나는 일이다.

객관적으로 일어나는 일이라고 해서 우리의 주관적 체험이 불가능하다는 뜻은 아니다. 우리는 하나님의 사랑을 우리 마음에 부어달라고 기도해야 한다(롬 5:5). 성령이 우리를 보증하심을 아는 것뿐 아니라, 성령은 우리가 받을 유산의 보증이라는 복음도 깊이 음미해야 한다(고후 5:5; 엡 4:30). 호수의 실제 얼음 두께가 50센티미터인데도 5센티미터일 거라고 의심하는 것처럼, 우리의 확신은 흔들려도 성령의 인치심은 변하지 않는다. 얼음이 깨지지 않을 것이라 믿고 자유롭게 스케이트를 타는 편이 훨씬 낫다.

약속한 성령의 인치심은 모든 그리스도인이 가지고 있는 선물이다. 구원을 보장받은 우리는 기뻐하는 것이 마땅하다(엡 1:18). 하나님의 약혼반지나 다름없는 성령이 우리에게 속삭이신다. "이 약속은 시작에 불과해. 내가 네게 얼마나 큰 복을 줄지 상상도 못할 걸. 머지않아 네가 믿을 수 없는 혼인잔치가 열릴 거야. 내가 내 영을 네게 준 것은 네 믿음을 위해서야."

어서 문을 두드리라 성령이 누구인지 또 무슨 일을 하시는지 알았으니 이제 우리는 어떻게 해야 할까? 예수님은 우리에게 좋은 충고를 건네셨다. 그런데 이야기 하나 먼저 하자.

토요일 아침 7시, 이른 아침이다. 때는 겨울, 내가 사는 동네는 아직 어둑새벽이다. 그러나 허기 앞에서는 장사가 없는 법, 당신은 팬케이크를 만들기 위해 일어난다. 밀가루와 기름을 꺼내고, 달걀을 가지러 냉장고로 간다. 필요한 것은 가족의 허기를 달래줄 달걀 하나. 그런데 아차, 달걀이 없다.

당신은 옆집으로 달려가 조심스럽게 대문을 두드린다. 잠시 후 문이 열린다.

"무슨 일이에요? 토요일 아침부터…. 아이들도 자고 있고 나도 자야할 시간인데."

"미안해요. 달걀 하나만 빌려줘요."

"아홉 시 반에 다시 와요."

당신은 닫히는 문틈으로 얼른 발을 집어넣으며 한 번 더 부탁한다.

"제발요. 여기서도 저기 냉장고가 보이네요. 10초도 걸리지 않을 거예요. 달걀 하나만 주세요. 그리고 다시 자면 되잖아요."

인내심을 조금 발휘한 덕에 당신은 달걀을 얻고 당신의 가족은 팬케이크를 먹는다.

예수님도 이런 이야기를 하신 적이 있다. 그리고 마지막에 이런 말씀을 덧붙이셨다.

내가 또 너희에게 이르노니 구하라 그러면 너희에게 주실 것이요 찾으라 그러면 찾아낼 것이요 문을 두드리라 그러면 너희에게 열릴 것이니 구하는 이마다 받을 것이요 찾는 이는 찾아낼 것이요 두드리는 이에게는 열릴 것이니라 너희 중에 아버지 된 자로서 누가 아들이 생선을 달라

하는데 생선 대신에 뱀을 주며 알을 달라 하는데 전갈을 주겠느냐 너희가 악할지라도 좋은 것을 자식에게 줄 줄 알거든 하물며 너희 하늘 아버지께서 구하는 자에게 성령을 주시지 않겠느냐 하시니라 (눅 11:9-13)

가족에 대한 당신의 사랑보다 당신에 대한 하나님의 사랑이 훨씬 더 크다. 크리스마스 아침에 독사가 든 상자를 선물로 받는 아이는 없다. 우리는 악하지만 아들딸과 손자손녀에게 멋진 선물을 주고 싶어한다. 하물며 하나님은 우리에게 얼마나 좋은 선물을 주고 싶어하실까?

어서 가서 문을 두드리자. 그분에게 가장 좋은 선물을 달라고 하자. 성령의 임재를 구하고 또 구하자. 성령의 능력으로 교회를 채워달라고 하나님께 구하자. 그리스도를 더 깊이 알고, 더 많이 회개하고, 더 거룩하게 살고 싶지 않은가? 사랑과 믿음과 용기와 예배가 교회에 가득하길 바라지 않는가? 더 충만하고 싶지 않은가?

구하기만 하면 된다. 구하면 주겠다고 예수님이 직접 약속하셨다. 성령께 구하라. 당신에게 주실 것이다. 찾으라. 찾아낼 것이다. 문을 두드리라. 문이 활짝 열릴 것이다.

하나님나라

10

스티븐 엄(Stephen Um)

현대인들은 권위를 인정하는 데 어려움을 느낀다. 자칭 탕아라는 사람들은 어떤 권위자도 자신에게 자유를 줄 수 없다고 믿기에, 자신의 권위 외에는 모든 권위를 부정한다. 외부의 권위는 본래 억압적이라고 여긴다. 이것이 사실이더라도, 인간에게는 외부의 권위가 전혀 필요 없다고 오해하기 쉽다. 영화 "몬티 파이튼의 성배"(*Monty Python and The Holy Grail*)의 한 장면은 이런 반권위적인 정서와, 억압과 강제로 변질될 수 있는 주권에 대한 풍자를 보여준다.

아서 왕: 할머니!

데니스: 남자인데….

아서 왕: 아, 남자로군. 미안하오. 저기 있는 성에는 어떤 기사가 살고 있소?

데니스: 나는 서른일곱이오.

아서 왕: 뭐라고?

데니스: 나는 서른일곱이오. 노인이 아니란 말이오.

아서 왕: 그렇다고 무턱대고 '남자'라고 부를 수는 없지 않소.

데니스: '데니스'라고 부르면 되오.

아서 왕: 당신 이름이 데니스인 줄 몰랐소.

데니스: 뭘, 알고 싶지도 않았을 텐데…. 그렇지 않소?

아서 왕: 할머니라고 불러서 미안하다고 했지 않소. 하지만 뒤에서 보면
영락없이….

데니스: 내가 반대하는 건 당신이 처음부터 나를 열등한 존재로 대했다
는 거요.

아서 왕: 나는 왕이오.

데니스: 아, 왕이라고? 좋소. 그런데 어떻게 왕이 됐소? 일꾼들을 착취해
서, 우리 사회의 경제적 사회적 차별에 만연한 쓸모없는 제국주의 신
조를 고수해서….

아서 왕: 나는 당신의 왕이오.

여자: 나는 왕이 있는 줄 몰랐어요. 우리는 모두 독립적으로 산다고 생각
했는데….

아서 왕: 나는 당신의 왕이오.

여자: 나는 당신에게 투표하지 않았어요.

아서 왕: 왕에게 투표하는 나라는 없소.

여자: 그럼 당신은 어떻게 왕이 되었나요?

(천상의 음악이 흐른다)

아서 왕: 희미하게 빛나는 옷을 입은 호수의 여인이 수면 위로 엑스칼리
버[Excalibur, 아서 왕의 전설에 등장하는 성검(聖劍)]를 높이 들고는,
신의 섭리에 의해 나 아서가 엑스칼리버를 지니게 될 것을 알려주었

기 때문이오.

데니스: (말허리를 자르며) 자, 연못에 누워 있는 이상한 여자들이 검을 배급하는 것으로 나라를 세울 수는 없는 노릇이오. 최고의 권력은 대중이 위임하는 것이지 바보스러운 수중의식에서 나오는 게 아니란 말이오.

개인이 주도하는 결정은 돈 큐피트(Don Cupitt) 같은 포스트모던 사상가들이 지지하는 문화적으로 우세한 해석이다. 그는 "최고 기관과 합법적인 신화와 진리가 가진 권위의 시대는 끝났다"[1]고 선언한다. 큐피트는 강한 권위를 가지고 이런 선언을 하는데, 자신을 부정하는 말이더라도 모순적인 선언이다. 이것은 선택의 모순이자 역설이다. 현대인들은 다양한 선택이 자유를 준다고 믿지만, 실은 사람을 나약하게 만들고 결국에는 의욕을 빼앗고 군림한다.[2] 리처드 버캠(Richard Bauckham)은 이렇게 말했다.

그러므로 하나님은 틀림없이 현대가 초래한 자유의 위기와 관련이 있다. … 하나님을 믿는다는 것이 … 인간의 독립심과 어울리지 않는다고 여기는 사람이 많다. … 교회사에서는 하나님이 해방자보다 억압자로 보일 때가 지나칠 정도로 많다. 그분은 지상의 독재 권력의 모범이자 원천인 하늘의 폭군이었다. 이것은 분명히 성경이 전하는 하나님의 모습이 아니다. 그분은 주권자 하나님으로서 지배가 아니라 종의 섬김으로 주권을 실현하셨기 때문에, 그분의 주권은 모든 사람의 주권으로부터 해방을 선포한다(빌 2:6-11).[3]

기독교 신앙에서 권위와 주권이란 무엇일까? 포스트모더니즘은 개인의 고유한 권위를 부추겨, 개인의 바깥에 있는 계몽운동의 합리주의나 근대 이전의 종교적 권위에 맞서게 한다. 반대로 성경의 메시지는 개인을 지배하는 것이 아니라 은혜의 권위를 지지한다. 권위는 처음부터 은혜롭게 자신을 우리에게 내어주신 하나님의 것이다.[4] 즉, 친밀감이 깊어지면 필연적으로 자립의 정도도 자연스럽게 줄어든다.

성경은 하나님, 그분의 말씀, 그분이 계시하시는 진리라는 부정할 수 없는 사실을 전한다. 그러므로 하나님의 주권은 성경 전체의 핵심이자 중요한 주제다. 이 장에서는 하나님나라가 만드는 신학과 정체성, 공동체에 대해 살펴보자.

신학

하나님나라는 성경에서 중요한 가르침이다. 성경은 하나님나라를 '하늘나라' '그리스도의 나라' '주님의 나라' '나라'라고 말한다. 성경은 한 권으로 이루어진 책이므로, 주석가들은 신약과 구약을 관류하는 단 하나의 성격적 주제를 찾기 위해 노력했다. 매우 중요한 상보적 성경 주제가 많지만, "[신약과 구약을] 하나로 묶는 역동적인 개념은 하나님의 통치"[5]라는 견해가 우세하다.

성경이 말하는 '나라'에 관한 설명이 아주 많다는 데는 호기심을 가질 만하다. 하나님나라를 현재의 주관적인 영역으로 축소하여 인간의 마음에서 역사하시는 성령의 능력으로 해석하는 사람들이 있는 반면, 하나님나라를 장래에 새롭게 펼쳐질 천상의 영적인 질서나 지상의 교회로 규정하는 사람들도 있다. 또 개인 구원에 대한 언급 없이 인간 문명을 위한 이상적인 사회 프로그램으로 여기는 환원주의적 관점을 표방하는 사람들도 있다. 그러므로 그들에게 하나님나라를 '일으킨다'는 것은 가난과 불의, 불평등 등의 모든 사회 문제를 근절한다는 뜻이다.

성경의 가르침은 하나님나라가 현실이기도 하고(마 12:28; 21:31; 막 10:15), 장래의 축복이기도 하며(고전 15:50; 마 8:11; 눅 12:32), 새로운 생명을 주는 영적인 구원의 축복이기도 하고(롬 14:17; 요 3:3), 미래 사회에 대한 통치(계 11:15)이기도 하다는 서로 본질적으로 다른 점을 강조하기 때문에, 오랜 역사에 걸쳐 다양한 해석이 이어졌다.

이런 차이를 해소하려면 성경이 뜻하는 '나라'의 의미를 알아야 한다. 하나님나라는 무엇일까? 현대의 사전은 나라를 '영토'나 '영역'으로 정의한다. 이런 정의가 하나님의 지위, 명령, 지배, 통치, 왕권을 강조하는 성경을 잘못 해석하게 하는 단서를 제공했다.[6]

누가복음 19장에 기록된 예수님의 비유에는 하나님나라의 기본적인 뜻이 명확하게 나타난다. 이 비유에는 "왕위를 받아가지고 오려고 먼 나라로"(12절)[7]가는 귀인이 등장한다. 그는 자신이 지배력을 행사할 수 있는 장소를 확보하기 위해서가 아니라, 자신의 땅을 다스릴 권위와 왕권, 권리를 얻기 위해 먼 나라로 갔다(눅 19:15, 그는 '왕위'를 받는다). (예수님은 헤롯을 염두에 두셨을 공산이 크다. 그는 가이사의 축복을 받아 유대를 다스릴 왕이 되기 위해 로마를 찾았다.)

하나님나라는 기본적으로 구원 역사의 여러 단계에서 드러나고 실현되는 하나님의 주권적 통치다. 성경 교리의 바탕은 유일하고 참되고 영원히 살아계시는 통치자 하나님이 존재하시어, 자신이 창조한 만물을 다스리신다는 사실이다. "늘 현존하지만 아직 완성되지 않은 하나님나라는 만물의 마지막 구원을 향해 하나님이 행사하시는 주권이다."[8]

● ● ● 창조 안에서 하나님의 통치

왕권의 신학에 대해 논의할 때, 창조주로서 우주를 통치하시는 하나님을 부적절하게 강조하는 사람들이 많다(시 24:1; 47:1-9; 83:18; 93:1; 95:3-7; 103:19; 113:5; 단 4:25-26; 5:21; 마 5:34; 엡 1:20; 골 1:16; 히 12:2; 계 7:15). 왕이신 야훼의 통치와 이스라엘 군주들의 역사는 뚜렷한 관련이 있지만(삼상 8), 하나님의 왕권은 주권적 통치와 하나님이 창조하신 우주의 질서를 지키는 일에서 시작된다. 골즈워디(Goldsworthy)는 이렇게 말했다.

> 하나님의 주권적 통치는 세상의 유예 기간에 인간 자유의 한계를 정한 나라에서 집약적으로 나타났다(창 2:15-17). 그곳의 축복은 사람과 하나님의 관계뿐 아니라 사람과 자연의 관계에도 깃들어 있었다. 자연은 인간의 지배에 복종했고, 인간의 식량으로 쓰이는 열매를 내었다.[9]

창조주 하나님의 통치는 "하나님과 인간의 언약 관계로 볼 수 있는 에덴의 산상수훈(창 1:28)을 조건으로, 인간에게 세상을 다스릴 권한을 주시는 것"[10]으로 나타났다.

하나님나라라는 주제는 성경이 묘사하는 역사의 변화와 전개를 통해 잘 증명되었다. 하나님이 곧 왕이라는 것은 하나님을 주권자로 여기는 유목민에게 기초적인 개념이었다. 그분은 그들과 동행하며 자신의 특별한 백성이 될 후손을 보호하고 지키셨다.

하나님의 통치에 대한 묘사는 주로 이스라엘과 아브라함의 후손에 집중되었다.[11] 창세기 4-11장은 강성한 나라, 풍요로운 땅, 약속의 통치와 관계에 대해 중요한 언약(창 12:1-3)을 받은 아브라함의 후손에 대해 기술한다. 이 세 가지 약속을, 하나님나라에 대한 성경의 설명을

강조하는 것, 즉 하나님의 백성·하나님의 영토·하나님의 통치로 해석하기도 한다.[12]

● ● ● 이스라엘의 해방 중에 임한 하나님의 통치

하나님은 이집트에서 종살이하던 이스라엘 백성을 해방하고, 이집트에 재앙을 내리고, 홍해를 가르고, 이스라엘 백성을 광야에서 보호하고, 직접 현현하기도 하면서, 주권적으로 이스라엘 역사에 개입하셨다(출 15; 신 6:20-24; 26:5-10; 수 24:5-13; 시 78, 105, 106, 114, 135, 136; 느 9:9-15). 그들은 "하나님의 통치 역사를 완성하는" 일련의 구원 행위가 곧 야훼의 주권인 것과 "그 역사가 하나님의 뜻에 따라 미래를 향해 움직인다는 것"을 인정했다.[13] 하나님은 자신이 주권적으로 이스라엘 백성을 바로의 손에서 해방하여 약속의 땅으로 인도한다고 말씀하셨다(출 15; 19:5-6).

● ● ● 이스라엘 왕정과 예언자 시기의 하나님의 통치

왕들이 이스라엘을 다스리는 동안 구원 역사는 비극으로 가득했다. 이스라엘은 세상을 축복하는 구별된 나라이자 지상을 다스리는 부지 배자로 부름받았지만(대상 29:23; 대하 6), 애석하게도 이스라엘의 역사는 충절보다는 부정으로, 예배보다는 우상숭배로, 순종보다는 반역으로 얼룩졌다. 천사들은 "절대적인 자발성"[14]으로 하나님을 늘 예배하면서 찬양을 멈추지 않지만, 인간은 하나님을 왕으로 경배하기를 거부했다. 그래서 하나님을 반대하는 악한 나라가 많다. 예언자들은 "악인을 심판하고 인간을 새로운 피조물로 구원하실"(겔 36, 47; 사 35,

55, 65; 슥 14)¹⁵ 메시아가 오리라는 희망의 메시지를 전했다.

구원 역사의 무대에서 하나님의 통치가 시작되고 만물이 회복될 크고 영광스러운 미래의 그날(사 26:1-15; 28:5-6; 33:5-24; 44:5; 겔 11:17-21; 20:33-38; 호 2:16-17; 슥 8:1-8), 공의로운 나라(사 11:3-5; 렘 23:5-6), 영원한 평화의 나라(사 2:2-3; 9:5-6; 11:6-7; 35:9; 미 5:4; 슥 9:9-10)가 열릴 것이다.¹⁶

● ● ● 신약성경에서 메시아의 통치

신약성경에서 예수님과 세례 요한은 하나님나라가 가까이 왔다고 선언하는데(마 3:2; 4:17; 막 1:15), 지상에서 하나님나라의 마지막 단계 는 성육신과 그리스도의 계속된 사역으로 임하고 있었다(마 2:2; 4:23; 9:35; 27:11; 막 15:2; 눅 16:16; 23:3; 요 18:37). 그리스도의 사역은 이미 진행되고 있었지만, 그리스도가 영광스럽게 재림하시는 날 완성될 것 이다(고전 15:50-58; 계 11:5).

하나님나라의 마지막 단계를 선포하는 중요한 사명은, 망가지고 타 락한 인간을 하나님나라로 인도하는 것이다(마 5:20; 7:21; 요 3:3). 하 나님의 강력한 통치가 실현된 나라가, "왕이 스스로 하나님의 결정적 인 구원 행위를 선언하고 그것을 행하는 새로운 방식으로 역사적인 삶 속에"¹⁷ 들어오고 있었다. 그분은 제자들에게 비유를 들어 하나님 나라에 대해 가르치셨다(마 13:11). 복음의 축복과 특권은 이미 부분 적으로 허락되었지만(엡 1:3), 예정된 사람들은 장래에 약속된 영광도 받을 것이다(마 25:31, 34).¹⁸

구약성경에는 극적인 긴장감이 감돌고 외관상으로는 불가능할 것 같은 해답을 제시하는 사건에서, 서로 공통된 주제가 드러나는 경우가 참 많다.[19] 오직 그리스도 안에서만 갈등이 해소되고, 완벽하게 의롭고 평화로운 통치뿐 아니라 구원을 베푸는 통치가 완성된다. 에덴동산 이후로 타락한 인류는 하나님의 영광을 누릴 자유를 잃어버렸다. 따라서 완전한 진짜 왕을 끊임없이 갈구하는 드라마가 인간 역사에 펼쳐질 터였다.

특별히 이스라엘에서 왕정이 이어지는 동안 백성들이 하나님의 통치에 복종하는 법을 배우지 못한 것은 성경 역사의 비극이다. 이스라엘 백성은 스스로 창조하고 성장하고 자신을 구원하는 일을 그치지 않았고, 유일신에게 복종하지 않은 채 우상을 숭배하는 노예가 되었다. 아담, 노아, 아브라함, 야곱, 모세, 다윗부터 이스라엘 백성을 구하기 위해 애썼던 그밖에 모든 위대한 사람들에 이르기까지 하나님의 백성을 대표하는 사람들은, 굴종과 속박에서 벗어나 치유와 해방으로 나아가지 못했다. 하나님은 전혀 뜻밖의 해법을 마련하셨다. 하나님이 직접 성육신하여 타락한 인류를 찾아오셨고, 고난받는 메시아의 공로로 만물을 회복하셨다. 역설적이게도 하나님은 자신이 버린 인간과 자신을 동일시하셨다.

하나님이 죽음을 통해 자신이 버린 인간과 자신을 동일시하신 모순적인 그림은, 이사야 52장 13절부터 53장 12절에 나타난 여러 사람의 죄를 지고 대신 고난받는 종과 관련이 있다.

하나님의 고유한 성품과 그분이 이스라엘과 세상을 [최종적으로] 구원하신 것을 연결짓는 이 본문에서, 초기 그리스도인들은 하나님의 고유한 신성에 대해 그리고 멸시와 죽임을 당하고 높은 자리에 오르는 주님의 종이라는 수수께끼 같은 인물에 대해 읽었다.[20]

반역한 인간이 구원받고 망가진 만물이 회복되는 소망은, 인간이 되신 예수 그리스도 안에서 펼쳐지고 성취된다. 하나님나라는 메시아인 왕이 역사 안으로 들어와 활동하자 객관적인 현실이 되었다. 성경은 하나님의 백성, 그분의 영역, 그분의 능력이 강조되는 하나님나라를 설명하면서, 하나님의 진짜 백성이자 임재이며 권위인 예수님을 완전한 최종 해답으로 제시한다.

하나님 백성의 성취 누가는 아담을 하나님의 아들이라고 기록한 반면(눅 3:38), 출애굽기 4장 22절에서는 하나님의 백성 이스라엘을 하나님의 장자라고 말한다. 아들이라는 주제는 완전한 둘째 아담이자 "사랑하는 아들"(눅 3:22)인 예수님으로 완성되었다. 참된 이스라엘은 첫째 아담과 이스라엘이 실패했던 일, 즉 만군의 왕에게 순종하는 일을 해내셨다. 따라서 사탄은 에덴동산에서는 '아담'을, 광야에서는 '이스라엘'을 정복했지만, 예수님을 유혹하는 사건에서는 역전된다. 그러므로 하나님의 백성 이스라엘의 회복에 대한 모든 예언은 '그분 안에서 성취되어야' 한다.[21]

하나님 임재의 성취 "성막은 … 하나님 말씀의 중심이자 인간의 영광으로서 예수를 묘사한다."[22] 모세는 하나님의 빛나는 영광을 보는 게 불가능했지만(출 33:20), 성육신하신 말씀이 하나님을 본 이후로(요 1:18; 3:11) 신자들에게는 가능해졌다(요 1:14).

그러므로 요한복음의 성전 주제를 적절히 소개하는 것은, 궁극적으로 예수님이 하나님이 계시는 장소를 상징한다는 묘사다. 그분은 "하나님의 영원한 인간 성전"[23]으로서 "전혀 새로운 접근 방식"[24]으로 자기 백성에게 임하셨다. 이것은 메시아 시대 최후에 임하는 하나님의 성전을 상징한다. 그리스도의 몸(요 2:19-22)인 '성전'에서 마지막 제물을 바칠 것이지만, 예수님은 사흘 후 진짜 영적인 성전이 죽음에

서 일어나 예루살렘 성전을 대신할 것이라고 말씀하셨다.[25]

하나님나라와 예수님의 임재는 떼려야 뗄 수 없는 관계다(히 12:22-23).[26] 하나님은 진짜 성전에 살아 계신다는 것을 보임으로 자신을 완전히 계시하셨다. 예수님은 임시로 세운 것을 대신하신다. 이제 하나님의 백성은 땅의 소유권과 일시적인 상속을 통해서는 누릴 수 없는 새로운 창조의 풍성한 축복과 영생을 누릴 수 있게 되었다.

마침내 교회는 거룩하신 하나님 앞에 드러났다. 성막은 지성소의 '가리는 휘장' 뒤 언약궤의 속죄소 위에 있는, 보이지 않는 보좌에 앉으신 하나님의 영광으로 하늘과 땅이 만나는 곳이었다. 진짜 성전이 우리 가운데 임하자 진입은 훨씬 쉬워졌다(골 2:17). 진짜 성전인 신인(神人)은 십자가에 못 박혀 우리의 죄를 씻기 위해 몸이 찢기고 피를 흘렸다. "이에 성소 휘장이 위로부터 아래까지 찢어져 둘이"(마 27:51) 되었다.

삼위일체 하나님 안에서 친교를 누리던 분이 친히 교회의 죄악을 씻기 위해 버림과 핍박과 멸시받는 이방인이 되어, 잃어버린 자와 소외된 자를 찾기 위해 먼 나라로 오셨다(히 13:11-12). 가리는 휘장은 찢어졌고 천사가 든 불타는 검은 완전한 제물을 불살라, 교회인 우리가 거룩하신 하나님 앞으로 영원히 출입할 수 있게 되었다.

출애굽기 40장 33절은 "모세가 이같이 역사를 마치니"라고 기록하고 있다["하나님이 그가 하시던 일을 … 마치시니"(창 2:2)]. 이것은 예수님이 구원을 완성하고 마지막으로 하신 "다 이루었다"(요 19:30)라는 말씀을 암시한다. 교회는 속박에서 풀려나 영이신 하나님을 자유롭게 누리며, 진짜 성전과 성령 안에서 그분을 예배한다.

하나님 통치의 성취 예수님은 진짜 사람이자 하나님의 마지막 임재일 뿐 아니라 하나님 왕권의 최후 권위이기도 하다. 예를 들면, 생수

(또는 생명 자체)를 허락하는 행위는 생명을 베풀 권위가 있는 창조주의 일이다. 그런데 예수님이 바로 그 일을 행하셨다(요 4:13-14, 10). 구약성경에 기록된 창조와 구원의 이야기에 따르면, 하나님은 생명에 관한 권위를 지닌 유일한 분이다(창 1:11-12, 20-31; 2:7; 욥 33:4; 사 42:5; 겔 36:26). 생명을 허락하는 일은 하나님의 속성이며 그분의 고유한 일이다.

예수님도 그런 일을 하셨다. 다시 말해, 예수님은 하나님의 고유한 활동인 창조와 새 창조에 참여하셨다.[27] 요한복음 4장에서 예수님은 여자에게 "내가 주는 물을 마시는 자는 영원히 목마르지 아니하리니 내가 주는 물은 그 속에서 영생하도록 솟아나는 샘물이 되리라"(14절)고 말씀하셨다. 예수님은 생명을 주신다. 하나님의 자녀가 되는 권세도 주신다["영접하는 자 곧 그 이름을 믿는 자들에게는 하나님의 자녀가 되는 권세를 주셨으니"(요 1:12), "아버지께서 죽은 자들을 일으켜 살리심 같이 아들도 자기가 원하는 자들을 살리느니라"(요 5:21)를 보라].

그리스도인의 정체성

우리의 신앙고백서에 따르면 "믿음으로 그리스도와 연합하고 성령의 중생을 통해 하나님의 은혜로 구원받은 사람들은 '하나님나라에 들어가고' … 새 언약의 축복을 누린다." 그리스도인이 하나님나라에서 갖는 신분은 정체성에 영향을 준다. 하나님의 주권적인 통치는 구원 계획을 통해 그리스도의 삶에서 은혜의 역사, 은혜의 혜택, 은혜의 결과로 나타난다.

● ● ● 은혜의 역사

왕이신 하나님의 통치는 예수 그리스도를 통해 이루어졌다. 죄인은 하나님의 은혜로 중생하고 화해하여 하나님나라에 들어간다. 이기심에 젖어 있는 인간은 자신의 권위 외에는 어떤 권위도 인정하지 않으므로 은혜를 거부한다. 심상치 않은 권력 다툼이다. 성경이 묘사하는 인간은 죄의 권세와 육체의 욕망 아래 살아간다(엡 2:1-3). 그러므로 우리는 자비로운 하나님을 믿어 죄악에서 구원받아야 한다. 리처드 버캠은 이렇게 말했다.

우리는 스스로 풀려날 수 없는 죄악의 충동을 인간의 타락한 본성에서 비롯된 내면의 충동으로 보아야 한다. 또 인간 본성의 기본 욕망을 자극하고 탐욕과 욕정과 질투와 허영심을 이용해 인간을 부리는 소비주의처럼 외부에서 작용하는 세력으로 여겨야 한다. 현대인은 사회를 통제하는 저열한 세력과 내면의 악독한 성질에 사로잡혀 있다.[28]

바울은 인간의 마음이 부패하다고 했지만, 우리가 총명하지 못해서 마음이 굳어진 게 아니라 우리의 마음이 굳고 부패해서 총명하지 못한 것이라고 말했다(엡 4:18). 하나님은 타락한 인간을 구원하기 위해 왕권을 행사하셨다. 죄는 우리가 추구하는 행복과 의미와 정체성을 근본적인 것부터 통치하기 위해, 마음의 중심이나 중요한 가치를 차지하여 하나님을 대신한다(출 20:1-2; 롬 1:25). 죄는 하나님을 대신하고 싶어하는 욕망이다. 반대로 하나님은 예수님 안에서 우리를 대신하여 은혜를 나타내셨다.[29] 하나님은 우리의 형벌을 대신 받는 완전한 속죄를 치르시고, 은혜로 인한 칭의와 용서로 우리를 구원하셨다.

내면에서 일어나는 죄악의 충동 때문에, 성경은 외적인 삶보다 내적인 삶을 더 강조한다. 우상숭배가 반복되면(갈 4:8) 간음과 독단으로 번진다(약 4:13-16). 직업이든 관계든 돈이든 학문연마든 섹스든 개인의 중심을 무엇으로 삼든지 예수님을 중심에 모시지 않으면, 실용적인 우상이 개인의 마음을 악용하고 짓밟고 지배할 것이다.

예수님을 위해 사는 사람은 왕의 인정을 받아 자유를 누릴 것이다(갈 5:1). 사람은 하나님의 완전하고 거룩한 율법을 지키기는커녕 자신의 기대나 기준에도 부응하지 못하는 존재이기 때문에, 자존심을 위해 사는 사람은 저주에 짓눌려 살게 될 것이다. 개인의 정체성은 자기가 어떤 사람이냐가 아니라 누구의 사람이냐에 따라 결정된다. 종교를 믿는 사람이든 믿지 않는 사람이든 방법은 달라도 하나님을 구주로 모시지 않는 것은 똑같다. 그들은 하나님 외의 것을 구원으로 여기며 자신의 인생을 통제하려고 한다.[30]

성경은 복음의 다양한 면을 아름답게 묘사한다. 요한복음의 '영생의 복음'과 공관복음(마태복음, 마가복음, 누가복음)의 '하나님나라 복음'을 맞세우는 사람들이 있기도 하지만, 복음서 필자들은 복음서를 기록할 때 신학적 초점뿐 아니라 특정 독자를 염두에 두었다.

더욱이 요한복음과 공관복음은 '영생'과 '하나님나라'를 연결시킬 수 있다. 요한복음에서 예수님은 바리새인 니고데모에게 중생과 하나님나라의 새로운 삶을 연결시켜 새로운 생명에 대한 진리를 소개하셨다(요 3:3, 5). 마가도 이와 비슷한 말씀을 기록했다. "만일 네 손이 너를 범죄하게 하거든 찍어버리라 장애인으로 '영생에 들어가는 것'이 두 손을 가지고 지옥 곧 꺼지지 않는 불에 들어가는 것보다 나으니라"(막 9:43). 한편 47절에서는 "만일 네 눈이 너를 범죄하게 하거든 빼버리라 한 눈으로 '하나님의 나라에 들어가는 것'이 두 눈을 가지고 지옥에 던져지는 것보다 나으니라"고도 말씀하셨다. 이렇듯 마가는 하나님나라를 '영생'이라고 했다.

　요한은 하나님나라를 '생명'과 '영생'이라는 말로 표현했다. 요한에게 영생은 곧 하나님나라였다. 두 단어는 영생을 주시는 권위가 구주에게 있다는 것뿐 아니라 인간의 마음을 다스리는 주권자를 가리키는 데도 번갈아 쓰였다.

● ● ● 은혜의 혜택

　그리스도와 연합하고 죄 사함과 영생을 얻는 것이 유익한 이유는, 하나님나라의 새로운 시민이 되기 때문이다(엡 2:19; 빌 3:20). 바울의 심상은 그리스도인의 사생활뿐 아니라 사회생활까지 아우른다. 바울은 외국에서 타향살이 하는 시민의 다양한 권리와 의무에 대해 설명한다. 그리스도인은 언행을 통해 복음을 빛내고, 타인을 섬기며, 그리스도를 영화롭게 한다. 그들이 그렇게 행동하는 이유는, 그들이 하나님나라라는 전혀 다른 사회의 일원이고 주님과 연합했기 때문이다.

　로마시민은 고향을 떠나 여행하더라도 제국 안에서는 어디에 있든지 변함없는 권리와 의무를 행사한다. 마찬가지로 예수님이 왕으로 있는 나라에서 그리스도인의 권리와 의무는 그분의 주권이 미치는 곳까지 변하지 않는다. 바울이 로마황제에게 상소할 권리가 있었듯, 하나님나라 시민은 왕이신 예수님의 최종 권위에 상소할 수 있다.

　그러나 그리스도인은 예수님이 여느 황제와는 다른 왕임을 알아야 한다. 그분은 백성의 일이면 아무리 사소한 일이라도 관심을 갖고 처리하신다. 복음은 그리스도인의 법적 지위와 영원한 신분을 확증하므로, 하나님나라의 시민은 등급이 없다는 사실을 확신할 수 있다.

　시민이면 시민이고 시민이 아니면 시민이 아니다. 자녀면 자녀이고 자녀가 아니면 자녀가 아니다. 천국시민이 행위에 따라 등급이 결정된다는 것은 거짓말이다. 순종을 잘하면 1등 시민이고, 순종을 게을리 하면 2등 시민이 된다는 것도 거짓말이다.

시민이 될 수 있는 기본 요건은 무엇일까? 인종도 민족도 언어도 복장도, 문화나 사회경제적 배경도 아니다. 그저 귀화하면 시민이 된다. 그러면 그리스도인이 되는 요건은 무엇일까? 사회적 문화적 인종적 도덕적 등급이 아니라 왕의 은혜로 시민권을 받으면 된다. 과거에는 이방인이었지만(엡 2:19) 지금은 새로운 사회에서 완전한 권리와 특권을 가진 시민이 되었다.

● ● ● 은혜의 결과

시민에게는 권리와 특권뿐 아니라 나라의 왕을 대변할 책임도 있다. 하나님의 백성은 "오직 [초자연적으로 귀화하여] 성도들과 동일한 시민"(엡 2:19)으로서, 근본적으로 다르고 반문화적이며 세계적인 공동체다. 그들은 영적인 공용어를 쓰고 오직 왕에게만 충성한다. 그들은 같은 권리와 의무를 가지고 있을 뿐 아니라, 유일하고 참된 왕을 영화롭게 하고 그분에게 복종하는 목표와 기쁨도 똑같다.

우리는 하나님보다 자신을 칭송할 때가 많다. 그러나 은혜로 구원받은 우리는 예수님이 왕임을 깨닫는다. 왕으로서 예루살렘으로 들어가시는 예수님(요 12:12-19)은 왕이면서도 온유하고 거룩하면서도 겸손하시다. 이것은 모순이다. 왕이 종처럼 겸손하게 오는 모습은 앞뒤가 맞지 않는다. 우리가 정말로 바라는 것은 우리를 왕족으로 만들어 주실 완전한 왕이다. 우리는 용맹하면서도 사랑스럽고 대범하면서도 유순한 이상적인 왕을 바란다.

요한은 요한복음에서 십자가에 대해 말할 때, '영광을 받다' '들리다'라는 표현을 자주 썼다. 요한이 말하고자 하는 것은, 하나님의 영광에 대해 알고 싶다면 기적이 아니라 십자가를 보라는 것이다. 예수 그리스도는 역설적인 방식으로 세상에 오셔서 영광을 받으셨다. 그분은 사실 "나는 내가 얼마나 위대한 왕인지 너희에게 보여주려고 하늘의 부귀영화를 버리고 세상에 왔고, 스스로 가난하게 되어 가난한 너희를 부유하게 만들었다"고 말씀하신 것이다.

사람들은 메시아 왕을 잘못 기대하고 있었고, 십자가에서 대관식이 거행된다는 것을 예상하지 못했다. 앞뒤가 맞지 않는 모순적인 왕, 왕이면서도 온순하고 거룩하면서도 겸손한 예수님을 떠올릴 때면, 우리도 그분을 본받아 어린양 같으면서도 사자처럼 용맹하고, 대범하면서도 자비로운 마음을 품은 왕이 되길 바란다. 이런 거룩하고 뛰어난 성품에 대해 켈러(Keller)는 이렇게 정리했다.

세상의 눈에는 모순처럼 보인다. 그러나 우리에게는 진짜 왕이다. 예수 그리스도는 능력이 무한한데도 한없이 무르고, 끝없이 정의롭지만 영원히 자비롭고, 초월적으로 높지만 얼마든지 가까이할 수 있는 분이다. 우리는 지금 격정적이고 예측할 수 없는 뭔가를 느낀다. 크고 강하지만 완벽하고 조화롭다. 깊은 매력, 정말로 정말로 깊다. 우리가 모두 갈망하는 주권과 왕권이다. 사랑을 베푸는 왕. 왕은 더 높아지고 사랑은 더 깊어진다. 어린 나귀를 타고 오시는 부드러운 왕을 직접 만난다면 우리는 부드러운 왕이 될 것이다. 더 용맹하면서도 더 겸손해질 것이다. 그러나 우리가 어떻게 구원받았는지 알아야만, 구원은 힘을 주는 게 아니라 힘을 빼는 것임을 알아야만 그렇게 될 수 있다. 구원은 착한 일을 해서 얻는 게 아니라 하나님의 은혜에 순종하여 받는 것이다.[31]

공동체

모든 사람과 기관과 집단은 저마다 문화의 핵심가치를 바꾸어 사회를 변혁하는 데 관심이 많다. 그래서 우리도 사회변혁을 위해 힘쓴다. 누구나 입을 열면 특별한 문화적 맥락에서 사용하는 특별한 말을 하고, 자신이 믿는 '진선미'에 대한 다양한 정의와 가치관으로 치장한 세계관을 앞세운다. 누구나 그가 사회변혁에 대해 외친다고 생각한다.

우리는 "교회가 국가의 공공 책임을 떠안아야 하는가?"(이를테면 교육, 빈곤, 사회적 불의, 예술 따위)라는 물음에 답하기에 앞서 생각해 볼 것이 있다. 교회는 국가나 도시의 공공 영역에 대한 법적 권위는 없지만, 그런 권위가 없다고 변방에 머물러 있어야 하는 것은 아니다. 교회는 자비를 베풀고 사회정의를 실천할 책임이 있다(약 1:27).[32]

바울은 갈라디아서 6장 10절에서 "그러므로 우리는 기회 있는 대로 모든 이에게 착한 일을 하되 더욱 믿음의 가정들에게 할지니라"고 기록한다.[33] 야고보는 "고아와 과부를 그 환난중에 돌보고 또 자기를 지켜 세속에 물들지 아니하는"(약 1:27) 것이 진짜 경건이라고 했다. 다시 말하면, 교회는 개인의 경건과 공공의 자비를 실천해야 한다. 예를 들면, 공교육의 실패가 교회의 책임은 아니더라도 지역 학교와 손잡고 방과 후 학습을 제공하는 '선행'을 할 수 있다.

그리스도인은 이웃과 우정을 쌓아야 한다. 마을모임에도 참석하고, 좋은 일을 하는 단체에 힘을 보태기도 해야 한다. 복음을 전하는 최우선 과제를 게을리하라는 뜻이 아니다. 오히려 자신만 사랑하던 우리가 이웃을 사랑하기 시작하면 영혼의 변화는 필연적으로 일어날 수밖에 없다.

이것은 세상의 사고와 관행과는 몹시 모순된 것처럼 보이기 때문에 권력, 인정, 지위, 부에 대한 세상 가치가 완전히 역전되는 '또 다른 나라' '또 다른 도시'(마 5:14-16)를 창조한다. 복음은 약자와 강자, '외부인'과 '내부인'의 자리를 거꾸로 뒤집는다. 영적으로 말하면 약해지는 게 이롭고, 성공하고 성취하는 것은 무척이나 위험하다. 그리스도의 은혜로만 구원받는다는 것을 마침내 이해하고 나면, 우리는 권력과 지위와 성취에서 구원을 찾는 일(심리적인 성취든 사회변혁이든 영적인 축복이든 셋 다든)을 그만둔다. 그런 세력은 붕괴한다. 십자가의 역전, 하나님의 은혜는 세상 지위와 물질의 세력에서 우리를 해방한다. 우리는 그런 것에 연연하지 않고 새로운 인생을 살기 시작한다.[34]

도시에 살면서 필요한 신용, 신분, 교육, 훈련, 영향력을 찾는 사람들이 있다. 몇몇은 도시의 삶 속에 함몰된 채 살고 있다. 그러나 그리스도인이라면 반문화적인 삶으로 또 다른 사회, 즉 하나님나라를 세우기를 바란다. 그리스도인은 하나님의 임재와 통치에 활발히 참여하고, 하나님은 백성을 구별하여 다른 공동체로 조직해 자신의 권위가 세상에 드러나기를 기대하신다.[35]

그리스도인은 문화에 동화되든 분리되든, 항복하든 도망가든, 지나치게 상황화하든 부실하게 적응하든 양자택일 외에는 방법이 없다는 말을 믿지 않는다. 예레미야는 하나님의 백성에게 외국 문화에 순응하지 말고, 도시의 경제적 문화적 삶 속으로 들어가 활동하라고 독려한다(렘 29). 그는 백성에게 영적으로 두 가지 문화를 살라고 하는 것이다. 그들의 사명은 도시를 예배하는 것도 문화를 미워하는 것도 아니라 도시를 사랑하는 것이다.

배리 슈워츠(Barry Schwartz)는 사람들이 심리적 독립을 추구한다고 보았다.[36] 우리는 사회적 비교, 복합적인 기회, 후회, 적응, 높은 기대치에 대한 만족을 극대화하기 때문에 고지에 오르기 위한 목표, 기대, 바람을 가지고 있다. 그는 사람들이 심리적으로 개인의 독립을 추구한다고 했지만, '생태학적 독립'에 대한 관점도 있다고 밝혔다. 즉, 우리가 목표를 위해 심리적 독립을 추구하면 조만간 개인의 생태학적 독립과 갈등을 일으켜 뭔가를 포기할 수밖에 없다는 것이다(모든 사람이 자신의 목표를 추구하면 개인의 독립을 유지하는 구조는 허물어진다). 자신의 목적과 다른 사람의 목적이 상충할 때는 자신의 목적을 추구함과 동시에 다른 사람의 목적을 존중할 수 없다. 개인의 이익이 공공의 이익과 상충할 때 공공의 이익을 추구하기란 여간 어렵지 않다. 그런데 이것을 생각해 보자.

> 복음은 반문화, 교회라는 '하나님나라 공동체'를 세운다. 우리는 "왕 같은 제사장"으로 미래에 도래할 나라의 기준을 세상에 보여준다(벧전 2:9-10). 우리는 왕이 인생의 모든 일 — 사업, 인종 간의 관계, 가족생활, 예술, 문화 — 을 어떻게 회복하고 새롭게 하시는지 보여주는 '모범'이다.[37]

하나님나라가 주도하는 또 다른 사회에서는 신학적으로 알찬 설교, 활발한 전도와 변증, 교회성장뿐 아니라 회개, 개인의 변화, 거룩한 삶을 강조하고, 평범한 사람들을 찾아가며, 문화적으로 예술·상업·학문·정부에 적극 관여하는 일도 조화롭게 해낼 것이다.[38] 우리 사회의 구조와 마음의 본성은 만유의 왕이신 그리스도의 다스림을 받아 계속 회복되고 변화될 것이다.

교회
: 하나님의 새로운 백성

11

팀 새비지(Tim Savage)

　지구상에서 가장 전략적인 단체, 이 단체의 사역으로 수많은 사람이 악에서 구원받고 절망에서 벗어난다. 이 단체는 모든 문명에 새로운 생명을 전한다. 하나님의 영광으로 고동치는 사람들의 연합체. 인간의 모임 중에 이렇게 칭송받을 만한 것이 무엇일까? 오직 하나, 예수 그리스도의 교회다.[1]

　교회의 폭발적인 성격에 대해 잘 아는 그리스도인이 드물다. 몇 해 전 나는 존 스토트 목사를 집회 장소로 안내하면서, 그에게 현대 그리스도인들이 가장 간과하고 있는 교리가 무엇인지 물었다. 나는 '신학'("하나님에 대한 우리의 관점이 몹시 편협해요.")이나 '구원론'("우리는 자기의에 치중하죠.")일 거라 짐작했는데, 그는 조금도 지체하지 않고 '교회론'이라고 답했다. 나는 그것을 듣고 적잖이 놀랐다. 교회론은 내가 중요하게 여기는 교리가 아니었고, 중요하게 여길 만한 교리도 아니었다. 그런데 그 후 몇 년 동안 교회에 대한 성경의 가르침을 묵상한 끝

에 생각이 달라졌다. 예수 그리스도의 교회는 하나님의 창조 계획의
중심이다.

교회와 하나님의 의제

성경에 따르면, 하나님은 우주적인 계획을 실행하시는 분이다. 하
나님은 자신의 영광을 위해 만물을 다스리신다. 사도 바울은 에베소
교우들에게 쓴 글에서, 하나님이 "하늘에 있는 것이나 땅에 있는 것이
다 그리스도 안에서 통일되게 하려"(엡 1:10) 하신다는 놀라운 사실을
밝힌다.[2] 그러고는 몇 구절 뒤에 이렇듯 포괄적인 '통일'이 정확히 어
디서 이루어지는지도 명확하게 말한다. "그를 만물 위에 교회의 머리
로 삼으셨느니라"(엡 1:22).

놀랍게도 교회는 하나님의 야심찬 창조사업의 중심이다. 교회는 세
상에서 하나님의 일을 실행하는 본부이며, '만물'이 그리스도 아래로
모이는 지점이다. 하나님이 무슨 일을 하시는지 보고 싶다면 — 이런
장관을 누가 마다할까? — 교회를 보아야 한다. 하나님으로 충만한 사
람들이 모여있는 곳은 교회 외에는 없다(엡 1:23; 3:19).

그리스도와 교회는 떼려야 뗄 수 없는 관계다. 교회는 그리스도의
몸이고, 그리스도는 교회의 머리다(골 1:18). 교회에는 그리스도의 부
활의 능력이 있다(엡 1:19-20). 교회는 그리스도의 사랑의 화신이다
(엡 5:2). 교회는 그분으로 충만하다(골 2:9-10). 교회는 그리스도에게
까지 자란 "온전한 사람"(엡 4:13)이다. 그리고 교회는 그리스도와 구
별된 존재다. 교회는 그분의 신부다(엡 5:25-27). 그리스도는 교회를
자기의 몸처럼 돌보고 아끼신다(엡 5:29). 교회는 성부의 지혜의 보고

다(엡 3:10). 하나님은 교회에서 모든 영광을 받으신다(엡 3:21). 교회는 신성한 빛을 밝히는 등대이고, 하늘 영광을 미리 맛보는 곳이다(엡 1:18).

● ● ● 가족으로서 하나님의 백성

그리스도와 유기적으로 하나이면서도 구별된 교회는 같은 핏줄의 가족으로 그려보는 것이 가장 좋다. 교회 구성원은 '혈연관계'다. 그들은 아버지가 같으며, 하늘과 땅의 모든 가족이 아버지의 이름을 잇는다(엡 3:14). 그들의 장남은 그리스도다(히 2:17). 그분이 십자가에서 흘리신 보혈 덕분에 그들은 하늘 아버지와 화해했고(골 1:20), 모두 형제자매가 되었다(골 1:2).

교회는 '특별히 가족으로서 하나님의 창조 역사의 중추'를 이룬다. 하나님은 늘 가족을 통해 일하시므로 그리 놀랄 일은 아니다. 하나님은 처음부터 가족을 중심으로 계획을 세우셨다. 교회의 고유하고 강력한 역할을 이해하고 싶다면 태초로 거슬러 올라가 최초의 가족인 아담과 하와의 가족을 보고, 부부로서 그들의 모습이 후에 예수 그리스도의 교회의 모습과 어떻게 겹치는지 주목하면 된다.

● ● ● 최초의 가족

여섯째 날의 창조 드라마는 언제 읽어도 놀랍다. 그날 하나님은 자신의 '명작'인 인간을 창조하시고, 아름다운 낙원 동산을 그에게 맡기셨다. 새로운 피조물에게는 부족한 것이 없었다. 사랑의 하나님은 그에게 복을 아낌없이 내리셨다. 그런데 놀랍게 그에게도 부족한 것이 있었다. '좋지 않다'고 말할 만한 것이었다. 고독한 남자의 곁에 짝을 이룰 '조력자'가 없었다(창 2:18). 그는 두 조각 퍼즐의 한 조각에 불과했고, 나머지 조각은 어디에도 보이지 않았다. 그에게는 동반자가 없었을 뿐 아니라 창조 세계에서 자신의 목적을 이룰 수도 없었다.

하나님의 형상으로 창조된 인간은 창조주를 반영해야 했다(창 1: 26). 혼자서는 감당할 수 없는 일이었다. 그래서 하나님은 "남자와 여자"를 창조하셨다(창 1:27). 그분은 가족 안에서 인간관계가 필요하도록 인간을 창조하신 것이다. 하나님이 성부와 성자, 성령으로 존재하는 삼위일체 하나님이라는 사실을 떠올리면, 신성이 깃든 대인관계라는 부분은 크게 놀랄 일이 아니다. 따라서 하나님의 형상이 드러나려면 최소한 두 사람이 있어야 한다. 사람이 높은 소명을 감당하려면 도움이 필요하다. 즉, 가족이 필요한 것이다.

최초의 가족은 수준 높은 명령을 받았다. 하나님은 자신의 형상으로 아담과 하와를 지으신 후 명령을 내리셨다. "생육하고 번성하여 땅에 충만하라, 땅을 정복하라"(창 1:28). 인구과잉의 지름길처럼 들리는 명령이지만, 실은 생태학적 축복의 명령이었다. 하나님은 하나님의 형상을 다스리기 위해, 하나님의 형상을 반영하는 가족 단위로 지구를 채울 뜻으로 가족 단위로 번성하라고 명령하셨다. 지혜로운 하나님은 삼위일체 하나님의 형상을 지구 곳곳에서 드러낼 수단으로서 가족을 택해 주권적인 명령을 내리셨다.

● ● ● **하나님의 백성, 하나님의 형상 그리고 그리스도**

그런데 궁금한 것이 있다. 하나님 형상의 어떤 면이 가족을 통해 드러나는 것일까? 더 구체적으로 하나님 형상의 속성이란 실제로 무엇일까? 오랜 세월이 흐르는 동안 이런 물음에 대한 해답은 추측이 무성했다. 창세기의 짧은 본문뿐 아니라 구약성경 전체에서도 하나님 형상의 속성에 대해 알아낼 수 있는 게 많지 않다. 이런 까닭에, 구약 시대와 신약 시대 사이에서 성경을 연구했던 랍비들은 하나님의 형상을 하나님의 영광과 관련지었다. 하나님의 형상을 나타내는 것은 그분의 영광을 드러내는 것이다. 이런 해석은 성령의 감동으로 한 것이 아니므로 오늘날 우리와는 상관이 없는 듯하다. 다만 기독교로 개종하여 서신서를 기록한 한 바리새인 랍비가 하나님의 형상과 하나님의 영광을 또다시 관련지었다. 게다가 그 랍비는 성령의 감동을 받아 그 편지(요한서신)를 썼다! 사도 바울은 하나님의 형상과 예수 그리스도의 영광을 더 전략적으로 연관시켜 새로운 기초를 마련했다.

바울에 따르면, 하나님의 형상과 영광은 그리스도 안에서 완전하게 나타난다(고후 4:4; 골 1:15). 따라서 하나님 형상의 속성은 더 이상 추측의 문제가 아니다. 예수 그리스도의 얼굴에서 빛나는 하나님의 영광을 보기만 하면 된다(고후 4:6). 바울이 하나님의 형상을 예리하게 정의한 대목은 빌립보서 2장의 유명한 찬양이다.

> 그는 근본 하나님의 본체시나 하나님과 동등됨을 취할 것으로 여기지 아니하시고 오히려 자기를 비워 종의 형체를 가지사 사람들과 같이 되셨고 사람의 모양으로 나타나사 자기를 낮추시고 죽기까지 복종하셨으니 곧 십자가에 죽으심이라 (빌 2:6-8)

하나님과 동등하며 말할 수 없이 부요하신 분이 오래 전 가장 가난한 자로 죽으셨다. 상상할 수 없이 높은 자리에서 상상할 수 없이 낮은 자리로 내려오셨다. 극에서 극을 가셨다. 이것은 자신을 비운 그리스도의 죽음을 설명하는 표현들이다. 역사상 희생적 사랑이 이렇듯 완벽하게 표현된 일은 없었다. 바울에 따르면, 하나님의 형상이 가장 뚜렷하게 드러난 일이기도 하다. 우리는 예수님 안에서 하늘 아버지의 형상을 본다. 우리는 십자가에서 하나님의 모습을 보고, 그분의 형상대로 창조된 가족의 모습을 본다. 영원한 사랑의 모습이다.

●●● 하나님의 백성, 하나님의 형상 그리고 사랑

이것은 성경에서 우리가 아는 하나님의 모습과도 일치한다. 사도 요한은 "하나님은 사랑"(요일 4:8, 16)이라고 했다. 그분의 사랑은 포스트모던인들의 피상적이고 조건적이며 감상적인 사랑과는 비교할 수 없는 사랑이다. 하나님의 사랑은 초자연적이다. 주님만이, 그분의 형상을 지닌 자만이 할 수 있는 사랑이다. "큰 사랑"(요 15:13), 생명을 버리고(요일 3:16), 남의 생명을 보듬고(눅 10:25-37), 사람을 살리기 위해 모든 것을 버릴(막 10:45) 준비가 된 사랑. 더욱이 삼위일체 하나님 안에서 오가는 사랑. 성부는 성자를 사랑하고(요 17:26), 성자는 성부를 사랑하며(요 15:9), 성령은 성부와 성자를 영화롭게 한다(요 14:26).

많은 작가들도 이처럼 남을 위하는 사랑이 하나님의 특징이라고 말한다. "영원히 또 필연적으로 삼위일체 안에 존재하시는 하나님은 사랑 자체다."[3] '삼위일체' 하나님은 '관계 속에서 영원한 사랑'을 보여 주신다.[4] 자신을 희생하는 사랑은 삼위일체 하나님의 역동적인 존재 방식이다.[5] 하나님의 모습은 '아무것도 창조하지 않았을 때조차도 남을 위하는 사랑'이다.[6]

하나님은 우리를 사랑하실 뿐 아니라 우리가 그 사랑을 다른 사람에게 전하기 바라신다. 그분의 형상대로 지어진 우리는 거룩하신 하나님께로부터 울려나는 사랑, 삼위일체 하나님 안에서 오가는 사랑으로 가족을 사랑할 수 있다.

우리가 소명을 다하고 사랑을 나누는 가족이 지상에 번성할 때, 우리는 세상을 번영케 할 수 있다. 자신을 희생하는 하나님의 형상이 깃든 가족들이 지면에 널리 퍼지면, 자연 만물에서는 창조주에게 드리는 열렬한 감사의 찬양이 터져 나온다.

●●● 하나님의 백성, 하나님의 형상 그리고 죄

그런데 문제가 생겼다. 하나님의 백성은 자신이 맡은 일에 최선을 다하지 않았다. 자신을 희생하며 사랑하는 대신 제 욕심을 채웠다. "여자가 그 나무를 본즉 … 그 열매를 따먹고 자기와 함께 있는 남편에게도 주매"(창 3:6). 애석하게도 최초의 가족이 지은 죄는 모든 가족에게 전해졌다. "모든 사람이 죄를 범하였으매 하나님의 영광에 이르지 못하더니"(롬 3:23). 그분의 영광스러운 형상을 널리 전하기는커녕 가족은 자신의 영광을 추구하여 지상에 무서운 어둠을 초래했다. 지상의 모든 해악은 아담의 한 가지 죄에서 자라났다. 학대든 인종갈등이든 국제분쟁이든 인간관계의 모든 분열은 하나님의 영광스러운 사랑을 실천하지 못한 데서 기인한다.

하나님이 죄인을 사랑하기보다 정죄하셨더라면, 우리는 하나님의 백성에 대해 깊이 살펴볼 수 없었을 것이다. 분명히 말하지만, 하늘 아버지는 죄를 몹시 싫어하신다. 죄는 하나님에 대한 모욕이다. 죄는 세상에서 그분의 영광을 손상시키고, 그분의 형상대로 창조된 사람들의 광채를 어둡게 한다. 자녀의 잘못을 보고도 회초리를 들지 않는 아버지를 어떻게 좋은 아버지라고 할 수 있겠는가? 아버지가 자녀에게 책임을 물었다고 누가 아버지를 비난할 수 있겠는가?

하나님 백성의 구원

그러나 놀랍게도 하늘 아버지는 인류를 구원할 계획을 마련하셨다. 그분은 수많은 가족 중에서 한 가족을 지명하고는, 세상에 하나님의 영광스러운 형상을 다시 비추라고 이르셨다. 첫째, 하나님은 홍수에서 살아난 노아의 가족에게 번성하여 땅에 충만하라고 말씀하셨다(창 9:1). 그러나 애석하게도 노아의 가족은 아담과 하와를 망가뜨린 죄악에 빠지고 말았다.

하나님은 아브라함 가족을 다시 선택해 땅의 모든 족속이 아브라함으로 인해 복을 얻게 하라고(창 12:3) 말씀하셨다. 그런데 아브라함 가족 역시 죄악에 빠져 하나님의 영광과 형상을 간신히 이어가는 존재가 되고 말았다. 하나님은 계속해서 은혜를 베풀어 자신의 백성을 새롭게 하시고, 이스라엘이라는 새로운 나라를 일으켜 언약을 충실히 지키셨다. 그리고 세상에 하나님의 성품을 전하라고 말씀하셨다. 그러나 이스라엘은 가끔 성공하기도 했지만, 자신의 소명대로 살지 못하고 실패를 거듭했다.

하나님의 가족은 하나님이 맡겨주신 사명을 이룰 능력이 부족했다. 존재의 근원에 문제가 있었다. 그들은 근본적으로 하나님을 영화롭게 할 뜻이 없었고, 제 욕심을 채우기에 바빴다. 마음이 딱딱하게 굳어버린 탓에 이스라엘은 하나님의 뜻과는 정반대로 살았다.

하나님은 선민의 실패에 당황하시는 법이 없다. 자신의 창조 계획을 단념하지도 않으신다. 그러는 중에도 계획의 가장 중요한 부분은 차근차근 진행 중이었다. 구약성경은 계획의 전부를 밝히지 않고 단편적인 단서로만 기대를 불러일으켰다. 하나님은 "이스라엘 집과 유다 집에 새 언약을" 맺어 죄악을 뿌리 뽑겠다고 말씀하셨다(렘 31:31). 그리고 "내가 나의 법을 그들의 속에 두며 그들의 마음에 기록"하고(렘 31:33), "또 새 영을 너희 속에 두고 새 마음을 너희에게 주되"(겔 36:26-27)라고 말씀하셨다.

하나님은 성령을 통해 인간에게 새로운 마음을 이식하실 것이다. 바로 사도 바울이 사랑의 법이라고 한 마음의 법이다. "온 율법은 네 이웃 사랑하기를 네 자신 같이 하라 하신 한 말씀에서 이루어졌나니"(갈 5:14). 뜻밖의 약속이다. 하나님은 태곳적부터 마음이 조금도 죄악에 물들지 않고, 내주하시는 하나님의 성령과 사랑의 법으로 가득한 새로운 가족을 계획하셨다. 만물은 이런 가족이 등장하기를 간절히 기다리고 있다!

●●● 새로운 백성에 대한 예언

예언자 이사야는 새롭게 창조된 가족을 간절히 원했다. 그는(창세기를 떠올리게 하는 말로) 하나님이 "이방의 빛으로 삼아 나의 구원을 베풀어서 땅 끝까지 이르게"(사 49:6) 할 새로운 '이스라엘'을 가리켜 주님의 종이라고 했다. 이사야는 이런 가족이 정확히 언제 나타날지는 밝히지 않지만 중요한 단서를 제시한다. 한 아이가 태어날 것이고(사 9:6-7), 그 아이는 말할 수 없는 고난을 견디는 종이 될 것이다(사 52:13-53:12).

당시에는 해석하기가 무척 어려운 단서였다. 그 종은 하나님의 가족으로 표현되기도 하고(사 41:8) 개인으로 표현되기도 했다(사 49:6-

7). 그 종이 어떻게 사람의 모임도 되고 개인도 되는지를 알아내는 것은 독자의 몫이다. 그런데 시간이 흐르자 모든 게 분명해졌다. 지중해 동쪽 해안 변두리 지방의 작은 마을에서 한 아이가 태어난다. "때가 차매 하나님이 그 아들을 보내사"(갈 4:4).

●●● 그리스도와 하나님의 백성

이름은 예수, 사명은 메시아가 되는 것, 호칭은 주님인 이 아들은, 이사야가 예언한 영원한 계획을 성취할 인물이었다. 사도 바울은 기뻐하며 그 계획의 정의를 내렸다. "이 비밀은 만세와 만대로부터 감추어졌던 것인데 … 이 비밀은 너희 안에 계신 그리스도시니 곧 영광의 소망이니라"(골 1:26-27). 마침내 하나님은 예언자의 예언대로 인간의 마음에 들어오시고, 하나님의 영광스러운 형상을 새기시며, 사랑의 법은 죄악을 밀어냈다. 스스로 자기를 비워 십자가 죽음으로 하나님의 사랑을 보여주신 그리스도께서 이제 우리 마음에 계신다. 그리스도가 우리 마음에 계시기 때문에 하나님의 초자연적인 사랑은 우리 마음에서 완성된다(요일 4:12).

●●● 그리스도의 몸, 개인과 교회

우리는 지금 교회의 속성과 역할에 대해 집중적으로 알아보고 있다. 우리는 그리스도가 마음 안에 사랑으로 임하신다는 것을 알아야 한다. 사도 바울은 양피지에 "너희 안에 계신 그리스도시니 곧 영광의 소망이니라"(골 1:27)는 문장을 쓰면서, '너희'라는 대명사를 사용해 이 축복은 여러 사람에게 주는 것임을 밝혔다.

물론 그리스도가 개인의 마음에 거하시지 않는다는 뜻은 아니다. 그분은 분명히 개인의 마음에 거하신다. 그런데 그리스도가 거하시는 마음은 서로 단절된 마음이 아닌 가족의 마음이다(고후 4:6). 이렇듯 사랑으로 충만한 가족을 어디서 찾을 수 있을까? 성경은 분명하게 말한다. 예수 그리스도가 머리인 몸, 그분의 이름이 새겨진 교회에서 찾을 수 있다고 말이다.

우리는 드디어 경이롭고도 거룩한 공동체를 알 수 있는 자리까지 왔다. 그런데 여러 가지 의미를 살펴보기 전에 중요한 핵심부터 짚고 넘어가자. 교회의 일원이 되는 데는 아무런 제약이 없지만, 자동적으로 될 수 있는 것은 아니다. 큰 희생을 치러야 한다. 우리는 나면서부터 죄인이므로 주님이 내주하실 만한 존재가 전혀 아니다. 십자가에서 이룬 역사상 전례 없는 자기희생이라는 대약진으로, 그리스도는 우리의 죄악을 씻고 자신의 의로 우리를 덧입히셨다(골 2:13-14; 고후 5:21).

게다가 십자가의 치욕스러운 죽음까지 기꺼이 감당할 정도로 평생 자신의 영광을 추구하지 않는 최초의 사람이 되어 죄악의 속박을 박살내셨다(요일 3:5). 죄의 형벌을 치르고 죄의 권세를 없앰으로 죄악을 정복하신 그리스도는 우리를 거룩한 공동체의 일원으로 만드셨다. 그리스도께서 큰 희생을 치르신 덕분에 우리는 그리스도의 몸이 되었다.

우리는 십자가를 개인의 구원으로 해석할 때가 많다. 개인이 예수 그리스도의 복음을 믿으면 하나님의 진노에서 구원받아 영원한 천국으로 갈 수 있다는 것이다. 이것은 힘껏 찬양해야 마땅하고 조금도 틀림없는 사실이다. 그런데 그리스도께서 하신 일을 개인의 구원을 위한 일로 제한하는 것은 우리 시대의 개인주의 관점으로 성경을 읽기 때문이다. 그리스도의 육체로 개인의 화해를 이룬 모든 사람은 그리스도의 연합한 몸으로 편입된다. "다 한 성령으로 세례를 받아 한 몸이 되었고"(고전 12:13). 그리고 무엇보다 하나님의 창조 계획에는 더 큰 차원이 있으니, 그리스도 안에서 또 그리스도에 의해서 새롭게 구성된 하나님의 백성이 연합한 몸이라는 것이다.

● ● ● 그리스도의 몸, 지역과 전체

그리스도를 믿는 신자들의 세계적 공동체인 예수 그리스도의 교회는 몸이 매우 크다. 즉, 보편적인 교회다. 그런데 그 중요한 특징이, 지역 교회가 강해야 보편적인 교회도 강해진다는 것이다. 하나님의 창조 계획의 드라마가 펼쳐지는 곳은 특별히 지역 교회다. 그래서 사도 바울은 갈라디아와 에베소의 지역 교회를 위해 구체적으로 기도하고, 고린도와 빌립보의 지역 교회를 방문하며, 로마와 데살로니가의 지역 교회에 편지를 썼다. 우리는 개인적으로 서신서를 읽으면서 말씀을 자신에게 적용하지만, 서신서는 바울이 지역 교회라는 공동체 전체를 건강하게 세우기 위해 쓴 편지다.

하나님의 계획에서 몸에 대한 부분에는 특별한 면이 있다. 세상은 인간관계의 집합이다. 대부분 분열과 갈등으로 깨졌고, 제 욕심만 채우는 죄로 폐허나 다름없이 망가졌다. 불일치는 결혼(북미에서는 두 쌍 중 한 쌍이 이혼한다) 같은 인간관계의 작은 단위에서부터 국가(현재 전 세계에 40여 개의 전쟁이 발발했다) 같은 큰 단위까지, 그리고 그 사이를 차지하는 모든 것[갈등의 골이 깊은 성(gender), 인종, 정당, 세대, 성적 취향 등]에 만연해 있다. 인간관계의 마찰과 분열은 사라지지 않는 세상의 어둠이다.

교회의 연합

그런데 지역 교회는 특별히 세상의 어둠을 잘 없앤다. 하나님의 가족은 결속력이 뛰어나다. 깨졌던 인간관계는 초자연적으로 회복되었고, 서로 미워하기로 유명한 유대인과 이방인조차 한 몸이 되었다. 이것이 어떻게 가능할까? 그들은 그리스도의 피로 가까워졌다(엡 2:13). "또 십자가로 이 둘을 한 몸으로 하나님과 화목하게 하려 하심이라 원수 된 것을 십자가로 소멸하시고"(엡 2:16). 그리스도는 분열을 일삼는 죄악과 사회적 질병이나 다름없는 이기주의와 교만의 숨통을 끊어 인류를 한 가족으로 모으셨다. 그들은 "건물마다 서로 연결하여 주 안에서 성전이 되어 가고 … 성령 안에서 하나님이 거하실 처소가 되기 위하여 그리스도 예수 안에서 함께 지어져"(엡 2:15, 19-22) 간다.

하나님은 그리스도를 통해 새롭게 만들어진 가족 안에 머물 자리를 만드신다. 좋은 일이다. 거룩한 인류의 마음에 깃든, 개개인을 더욱 강하게 결속하는 자신을 비우는 사랑으로 새롭게 하나가 된 가족은 세상의 망가진 가족들을 비추는 소망의 등대다. 전 세계로 퍼지는 지역 교회를 통해 그리스도의 영광스러운 통일이 고통스러운 인간관계 속에서 뚜렷이 드러나고 있다.

● ● ● 영적인 은사

우리는 하나님이 우리를 정확히 어떻게 사랑하시는지 알아야 한다. 놀랍게도 그리스도 안에서 거듭난 모든 사람은 하나님의 은혜, 성령의 은사, 고유하고 특별한 재능을 초자연적으로 받아 지역 교회로 나아간다. 봉사, 교육, 믿음, 관리 등 재능의 종류는 무척이나 다양하다

(롬 12:6-8; 고전 12:7-10).

하찮은 재능은 아무것도 없다. "그리스도의 선물의 분량대로"(엡 4:7) 나눈 은사는 크나큰 은혜이고, "한 성령이 행하사"(고전 12:11) 효과가 크고 강한 은사다. 하나님은 지역 교회가 하나님의 영광을 위해 번성하는 데 자원이 모자라지 않도록, 자기 백성에게 알맞은 은사를 전략적으로 주신다. 하나님은 "원하시는 대로 지체를 각각 몸에"(고전 12:18) 두신다.

영적인 은사에 대해 알아야 할 중요한 것이 있다. 은사는 성령이 "그리스도의 몸을 세우려"(엡 4:12) 그리스도의 몸의 성장을 위해 지체들에게 아낌없이 베풀어주시는 것이다. 지역 교회의 모든 교우가 자신의 은사로 섬기고 다른 사람들에게 정성을 기울이면, 교우들이 영광스럽게 연합하는 놀라운 일이 일어난다. "그에게서 온 몸이 각 마디를 통하여 도움을 받음으로 연결되고 결합되어 각 지체의 분량대로 역사하여 그 몸을 자라게 하며 사랑 안에서 스스로 세우느니라"(엡 4:16). 정말이다!

한 몸을 이룬 지체들이 서로서로 아낌없이 베풀면 솔기 하나 없이 더 완벽한 하나가 된다. 자신을 모두 쏟으면 사람들이 모인다. 물리법칙과는 정반대의 효과인 듯하다. 자신을 비울수록 밀도가 더 높아진다는 말을 들어보았는가? 그러나 전혀 틀린 말이 아니다. 몸의 각 지체가 헌신하고 봉사하면 모든 지체가 더욱 하나가 되고, 하나가 될수록 그리스도를 더욱 닮아가게 된다.

그들 사이에 오가는 것은 바로 개개인이 품고 있는 그리스도의 사랑이다. 그리스도의 사랑을 다양하게 표현하는 지역 교회는 "그리스도의 장성한 분량이 충만한 데까지"(엡 4:13) 이르고 "범사에 그에게까지" 자란다. "그는 머리니 곧 그리스도"(엡 4:15)다. 그들을 보는 것은 곧 주 예수님을 보는 것이나 다름없다.

● ● ● 교회의 능력

이런 광경에는 핵융합 같은 폭발적인 능력이 있다. 원자는 눈에 띄지 않는 가장 작은 경이로운 물질이지만, 원자 두 개가 융합하면 폭발적인 반응이 일어난다. 융합한 여러 원소가 또다시 여러 원소와 융합하면 모든 도시에 전기를 공급할 만한 열핵 에너지가 생성된다.

보잘것없어 보이는 작은 원소가 어떻게 그런 폭발적인 힘을 낼 수 있을까? 나는 캘리포니아 주 샌오노프리의 핵발전소가 보이는 해변에서 서핑하던 시절, 그런 물음에 빠져들었다. 나는 큰 파도를 기다리는 동안, 발전소의 크고 둥근 지붕과 군인들처럼 줄지어 서서 육안으로는 보이지 않는 작은 원자를 이용해 어마어마한 에너지를 공급하는 수많은 철탑을 넋 놓고 지켜보았다. 그것은 믿을 수 없는 광경이었다.

그런데 지역 교회에서 샘솟는 능력에 비하면 핵융합 에너지도 콧바람에 불과하다. 교우들이 서로 그리스도의 사랑으로 섬기면, 도시의 네온사인과 전자레인지를 돌릴 전기뿐 아니라 어둠 속에서 죽어가는 세상을 영적인 빛으로 비추기까지 하는 극적인 '폭발'이 연쇄적으로 일어난다. 불화와 분열에 물든 세상의 남루한 시민들의 눈에 지역 교회의 사랑보다 활력 있는 것은 없을 것이다. 이런 사랑의 원천을 깨달으면 그들은 목청껏 찬양할 것이다(마 5:16).

● ● ● 사랑과 교회

이런 까닭에 사도 바울은 지역 교회에 한 가지만을 주문한다. "이 모든 것 위에 사랑을 더하라 이는 온전하게 매는 띠니라"(골 3:14). "피차 사랑의 빚 외에는 아무에게든지 아무 빚도 지지 말라 남을 사랑하는 자는 율법을 다 이루었느니라"(롬 13:8). "그런즉 믿음, 소망, 사랑, 이 세 가지는 항상 있을 것인데 그 중의 제일은 사랑이라"(고전 13:13). "오직 사랑으로 서로 종 노릇 하라 온 율법은 네 이웃 사랑하기를 네 자신 같이 하라 하신 한 말씀에서 이루어졌나니"(갈 5:13-14). "또 주께서 우리가 너희를 사랑함과 같이 너희도 피차간과 모든 사람에 대한 사랑이 더욱 많아 넘치게 하사"(살전 3:12).

사도 요한도 목소리를 보탠다. "우리는 서로 사랑할지니 이는 너희가 처음부터 들은 소식이라"(요일 3:11). "사랑하는 자들아 우리가 서로 사랑하자 사랑은 하나님께 속한 것이니"(요일 4:7). 사도 베드로도 가만히 있지 않고 "무엇보다도 뜨겁게 서로 사랑할지니"(벧전 4:8)라고 거들었다. 모든 권고는 예수님의 말씀에서 비롯되었다. "너희가 서로 사랑하면 이로써 모든 사람이 너희가 내 제자인 줄 알리라"(요 13:35). 사랑은 하나님 가족의 '필수조건'이다.

실제로 어떻게 사랑하는지에 대한 예는 성경 곳곳에서 발견할 수 있다. "너희가 짐을 서로 지라 그리하여 그리스도의 법을 성취하라"(갈 6:2). "또한 각각 다른 사람들의 일을 돌보아 … 너희 안에 이 마음을 품으라 곧 그리스도 예수의 마음이니"(빌 2:4-5). "항상 선을 따르라"(살전 5:15). "서로 친절하게 하며 불쌍히 여기며 서로 용서 … 하라"(엡 4:32). "즐거워하는 자들과 함께 즐거워하고 우는 자들과 함께 울라 서로 마음을 같이하며"(롬 12:15-16). 지역 교회가 무한한 그리스도의 사랑을 나누는 데는 아무런 제약이 없으므로 또 다른 예가 무한히 늘어날 수 있다. 사랑은 지식을 능가한다(엡 3:19).

사람의 말로는 이런 사랑의 전략적 중요성을 포착할 수 없다. 지역 교회와 사랑은 죄악과 절망에 물든 포스트모던 세상에 대한 유일한 해독제다. 오늘날 사람들은 두 발을 적당히 벌리고 서서 의미 있는 삶을 유지하려고 애쓰지만, 그들은 불안과 혼란의 모래 늪으로 가라앉고 있다. 우정을 원하면서 영혼의 상처에서 허우적거린다. 동반자를 바라면서 외로움의 수렁에 빠져든다. 확신을 구하면서 자신을 불신한다. 안전을 찾으면서 불안으로 침몰한다.

사람들은 어둠 속에서 만족하지 못하며, 피로하고 고독한 상태에서도 공허한 인생에서 벗어날 수 있다면 지푸라기라도 잡을 심정으로 영화, 술, 연예 따위에서 위로를 찾는다. 이것조차 실패하면 그들은 절망에 빠진 나머지 아름답고 실속 있고 초월적인 것, 지긋지긋한 절망을 박살내고 소망을 주는 것이라면 무엇이든 찾고 싶어서, 그 길을 알려줄 사람을 만나기를 기도하기 시작한다.

그런 구원을 외치는 무리가 있다. 주변을 변화시킬 정도로 강렬하게 빛나는 무리…. 그리스도의 몸이다. 예수 그리스도의 십자가 사랑으로 자신을 희생하여 서로 사랑하며, 하나님이 주신 은사로 서로 풍요롭게 하는 교우들의 지역 교회는, 세상이 흡수할 수 없는 빛을 내뿜는다. 모든 사람이 열렬하게 갈구하는 사랑, 시들어 죽은 영혼을 살리는 사랑, 세상에서는 찾을 수 없는 사랑, 지역 교회에서만 찾을 수 있는 사랑이다.

● ● ● **타협을 모르는 교회**

우리는 중요한 물음을 마주한다. 지역 교회는 계획한 목적을 이루고 어두운 세상을 환하게 비추고 있는가? 또 삼위일체 하나님의 사랑을 담는 그릇으로서 고통을 이기며 본분을 지키고 있는가? 사도 바울이 그리스도 안에서 형제자매가 된 교우들에게 무슨 일이 있어도 사랑을 지키고 행하라고 한 것은 당연한 요구였다.

> 그러므로 그리스도 안에 무슨 권면이나 사랑의 무슨 위로나 성령의 무슨 교제나 긍휼이나 자비가 있거든 마음을 같이하여 같은 사랑을 가지고 뜻을 합하며 한마음을 품어 아무 일에든지 다툼이나 허영으로 하지 말고 오직 겸손한 마음으로 각각 자기보다 남을 낫게 여기고 각각 자기 일을 돌볼뿐더러 또한 각각 다른 사람들의 일을 돌보아 나의 기쁨을 충만하게 하라 너희 안에 이 마음을 품으라 곧 그리스도 예수의 마음이니 (빌 2:1-5)

　지역 교회가 연합해야 많은 일을 이룰 수 있다. 연합을 잃지 않도록 정신을 바짝 차려야 한다. 지역 교회가 홀로 이런 일을 고군분투하지 않는 것은 고마운 일이다. 믿을 수 있는 주님이 교회의 성화를 몸소 인도하고 계시기 때문이다. 그분은 주권적으로 자기 백성을 뜻밖의 고난으로 인도하신다. 분열을 일으키는 교만을 정화하는 데 고난만한 것이 없기 때문이다. 다시 말해, 그리스도는 몸소 겪은 갖은 고난을 허락하여 겸손을 빚으신다(겸손하지 않는 사랑은 진짜 사랑이 아니다).

　그분은 백성에게 "항상 예수의 죽음을 몸에 짊어"(고후 4:10)지고 "그리스도의 남은 고난을"(골 1:24) 채우라고 하신다. 더욱 "그의 죽으심을 본받아"(빌 3:10) 주님이 견디신 멸시와 배척을 견디어(고후 13:4) ─ 세상의 이기적인 사랑과는 정반대의 사랑이므로 당연히 세상은 위협을 느낄 것이다 ─ 성도들은 "예수의 생명이 또한 우리 몸에" 나타나도록 준비된다(고후 4:10). 그들은 더 많은 사람들에게 부활 생명을 전하여 "많은 사람의 감사로 말미암아 은혜가 더하여 넘쳐서 하나님께 영광을 돌리게"(고후 4:15) 한다. 주권자 하나님이 허락하시는 고난은 역설적이게도 사랑을 낳고 세상에 증언할 용기를 더한다(벧전 1:6-7).

교회와 전도

지역 교회는 내부의 결속을 지키는 동시에 밖으로는 그런 모습을 보이지 말아야 한다. 고립을 피하라는 뜻이다. 하나님의 계획은 하나님의 가족을 통해 세상에 영광을 나타내는 것이다. "내가 그들의 눈앞에서 너희로 말미암아 나의 거룩함을 나타내리니 … 주 여호와의 말씀이니라"(겔 36:23). 그러나 빛의 소명을 다한다는 교회도 실패할 수 있다. 그들은 세상 말로 외부인을 끌어들이기 위해 예배 형식과 옷차림, 심지어 세상의 입맛에 맞추려고 설교의 내용까지도 바꾼다.

이런 행동은 근본적으로 문제가 있다. 지역 교회는 사람들의 욕구를 채워주려는 통에 그리스도의 복음을 훼손시킨다. 자기를 부인하고 십자가를 지고 예수님을 좇는 사람이 그리스도의 제자임(막 8:34-35)을 깨닫고 방향을 돌이켜야 할 것이다. 처음부터 사람을 끌어들이기 위해 잘못했음을 얼마나 많은 교회들이 자백할지는 미지수다.

● ● ● 세상과는 다른 그리스도의 복음

지역 교회는 세상과 극명하게 남달라야 쓸모 있는 존재가 된다는 것을 기억해야 한다. 일부러 달라질 필요는 없다. 교회답게 행동하면 된다. 모름지기 교회란 그리스도의 희생적인 사랑을 비추는 등대다.

교회다운 교회는 세상을 사랑한다. 주관성의 바다에서 자아를 상실한 시대에, 하나님의 진리의 말씀과 예수 그리스도의 꾸밈없는 복음을 전하는 것보다 세상을 더 사랑하는 일이 있을까? 절망에 빠져 구슬프게 노래하는 세상에서, 그리스도를 예배하며 그분을 높이는 노래를 기쁘게 부르는 것보다 세상을 더 사랑하는 것이 있을까? 영혼을 살찌우는 사랑을 찾아봐도 찾을 수 없는 때, 교회를 새로 찾은 사람들을 그리스도의 십자가 사랑으로 사랑하는 것보다 세상을 더 사랑하는 것이 있을까? 지역 교회는 세상에 없는 것을 분명하게 보여줄 때 세상을 가장 사랑할 수 있다.

지난 세기의 뛰어난 설교자 마틴 로이드 존스(Martyn Lloyd-Jones)는 교회를 향해 강하게 외쳤다.

> 우리는 남달라지는 것을 정말로 두려워하는 것 같다. 그래서 교회는 사람들의 인기를 끌려고 갖은 노력을 한다. … [그러나] 세상은 그리스도인이 남다르기를 바라고 기대한다. 여기서 일반 교인들에게 부족한 것이 무엇인지 알 수 있다. … 교회를 찾은 비신자가 그리스도를 구주로 영접하지 않았는데도 교회를 편하게 느낀다면, 그 교회는 교회가 아니라 오락이나 친목 동아리에 지나지 않는다.[7]

우리는 예수 그리스도의 희석하지 않은 복음을 전하기로 헌신한 지역 교회가 되어야 한다. 사실 복음은 교회의 존재와 행동의 중심이 되어야 한다. 바울은 이것을 두 가지 의미로 파악했다. 그리스도 예수가 주님임을 전하는 것과, 그 주님을 위해 우리가 종임을 전하는 것이다 (고후 4:5). 이것은 욕심 채우기에 급급했던 고대 그리스 로마 시대 사람들의 주목을 끌 만한 이야기도 아니고, 잃어버린 영혼을 찾는 데 알

맞은 전략도 아닌 듯하다. 그러나 바울은 물러나지 않았다. 바울의 설교는 확고부동했다.

재미있게도 바울은 이 문장에서만 전한다는 동사에 두 가지 목적어를 썼다. 하나는 설교의 내용(그리스도 예수가 주님이다)이고, 나머지는 행동의 내용(우리가 너희의 종이다)이다. 바울의 '케리그마'(kerygma, 일반적인 설교와는 다른 의미로 자기에게 위탁된 메시지를 권위 있게 선포하는 것)의 핵심은, 예수님이 주님이라는 것과 자신이 종이라는 것이다. 우리가 바울을 본받아 이렇게 설교하면, 지역 교회가 바울처럼 아니 더 나아가 그리스도처럼(막 10:35-45) 세상의 종이 되면, 우리의 설교는 더욱 원만해지고 사람들은 더 고맙게 여길 것이다.

● ● ● 세상을 그리스도께로

세상을 섬기셨던 그리스도처럼 세상을 섬기는 지역 교회는 두 가지 일을 해야 한다. 세상을 그리스도께 인도하는 일과 그리스도를 세상에 모시는 일이다. 세상을 그리스도께 인도하는 가장 좋은 방법은 사람들을 지역 교회로 초대하는 것이다. 설교자 찰스 스펄전(Charles Spurgeon)이 이런 말을 했다. "나는 우리 교우들이 죄인들을 장막으로 데려와 복음을 들려주는 것을 보고 기뻤다."[8] 반대로 세상을 만나기 위해서는 세상 — 휴식을 취하며 커피 마시는 자리, 스포츠 바, 애완견과 함께 산책하는 곳 — 으로 가야 한다고 주장하는 현대 교회 전략가들에게는 좋은 생각이 아닐 것이다.

지역 교회는 세상 속으로 들어가 복음을 증언해야 한다는 것을 부정할 사람은 거의 없다. 그러나 하나님의 가족이 모여 그리스도를 예배하고, 충실하게 설교하고 신중하게 적용하는 그리스도의 복음을 들으며, 그리스도의 사랑을 나누고 서로 섬기면서, 문제 많은 세상에서 삼위일체 하나님의 형상대로 가족이 제대로 기능하는 교회로 세상을 데려오지 못하면 전략적인 기회를 놓치게 된다. 망가진 인간관계와 가족의 역기능이 만연한 세상에서, 사람들이 더 나은 인간을 만날 수 있는 곳은 하나님의 가족이 모인 곳 외에 어디가 있을까? 우리는 세상을 교회로 초대해야 한다.

바울은 이런 점을 강조하면서, 지역 교회라는 유기체가 다양한 인간관계를 보여준다고 말한다. 바울은 교회의 몸을 이루는 지체를 세 쌍으로 묶었다. 남편과 부인, 부모와 자녀, 고용주와 직원(엡 5:22-6:9; 골 3:18-4:1)이다. 우리는 이것이 사회를 구성하는 세 가지 기본 단위임을 금방 알 수 있다. 그래서 이것이 중요하다는 것은 아니다. 이것이 중요한 것은 하나님의 사회 안에 있기 때문이다.

바울에게 지역 교회는 세상의 기본이 되는 사회 집단이므로, 세상의 일반 집단을 위해 모범을 보일 책임이 있다고 여겼다. 대인관계 특히 부부와 가족, 비즈니스의 관계에서, 지역 교회는 내세의 인간관계(엡 5:22-6:9; 골 3:18-4:1)에 대한 패러다임을 제공해야 한다. 지역 교회는 그리스도의 영광스러운 사랑을 반영하여 세상에 더 나은 인간관계의 모범을 보여주어야 한다. 지역 교회에 초대받지 못한다면, 세상은 어떻게 더 나은 인간관계에 대해 알 수 있고, 어떻게 그리스도의 구원을 믿을 수 있겠는가?

● ● ● **그리스도를 세상으로**

지역 교회의 두 번째 전략은 그리스도를 세상에 모시는 일이다. 모든 지역 교회는 교우 개인을 위한 사역뿐 아니라 열심을 다해 도시 안의 이웃은 물론 적까지도 섬겨야 한다. 가난한 사람들의 생활의 질을 높이고, 인간의 생활이 하나님의 뜻에 따라 번성할 수 있는 환경을 만들어야 한다. 즉, 지역 교회는 하나님의 사랑을 도시에 전하는 사명을 다해야 한다. 이 사명은 구약성경(사 58:6-10)뿐 아니라 신약성경(마 25:34-40)에도 기록되어 있고, 예수님의 가르침과 사역의 뼈대를 이루고 있다.

선한 사마리아인 비유가 좋은 예다. 사람들의 망가진 삶을 보듬고, 그들의 아픔을 우리의 아픔으로 여기는 것이 그리스도의 사랑을 실천하는 길이다. 우리는 그들이 완전히 나을 때까지 아픔을 어루만져야 한다. "가까이 가서 기름과 포도주를 그 상처에 붓고 싸매고 자기 짐승에 태워 주막으로 데리고 가서 돌보아 주니라…"(눅 10:34-37). 이웃을 자신의 몸처럼 사랑하는 것은 자신을 사랑하는 것만큼 이웃을 사랑하는 것이 아니라, 이웃의 삶을 내 것처럼 여기는 것이다. 모든 도시에서 지역 교회는 최고의 이웃이 되어야 한다. 우리는 예수님을 사랑하듯 사람들을 사랑해야 한다![9]

기독교 시대 초기에 로마 제국에 두 가지 무서운 질병이 돌았다. 유능한 의사들조차 치료법을 몰랐고, 이름난 의사 갈렌을 비롯한 여러 의사는 비교적 안전한 교외의 도시로 피신했다. 그런데 지역 교회의 교우들은 도망가지 않았다.

> 그리스도인들은 끝없는 사랑으로 헌신하며 자신을 돌보지 않고 다른 사람을 보살폈다. 그들은 위험에도 아랑곳하지 않고 환자를 치료했고 그리스도 안에서 보살폈다. 그리고 이웃의 질병으로 세상을 떠나더라도 고통을 기쁘게 받아들였다.[10]

비신자들은 그리스도인들의 희생을 보았다. "그들이 얼마나 서로 사랑하는지 보라!"[11] 현대 교회의 일원으로서 이렇듯 거룩한 유산을 이어가는 것은 우리의 특권이다. 우리가 교회로서 그리스도의 사랑을 도시의 궁핍한 사람들에게 어떻게 전할 것인지, 그리스도의 영광스러운 형상을 어떻게 실천하여 반문화적으로 행동할 것인지 전략적으로 생각하고 간절히 기도해야 한다.

● ● ● 지상을 비추는 천국

창세기에서 배웠듯이 하나님의 형상은 전 세계로 퍼져야 한다. 그리스도께 배웠듯 자신을 내어주는 십자가의 사랑에서 그 형상은 오롯이 드러났다. 그 사랑이 사람들의 마음에 들어가면 — 십자가의 공로로 죄를 씻고 의롭게 된 사람들만이 가능하다 — 그 사랑이 하나님의 가족과 예수 그리스도의 교회 안에 자리하면, 지역 교회의 교우들이 삼위일체 하나님의 사랑을 본받아 서로 사랑하면, 하늘나라의 영광이 지상을 비출 것이다.

하나님의 새 언약 백성은 지상에 머무는 동안에도 하늘의 예루살렘에 발을 디딜 것이다. 그들은 눈이 열려 영광스럽고 풍부한 유산을 보게 될 것이다(엡 1:18). 그리고 이기주의에 망가지지 않은 연합한 인간관계, 머리가 하나인 몸, 거룩한 사랑으로 빛나는 사람들, 삼위일체 하나님의 십자가 사랑을 보여주는 교회에 굶주린 열방은 거룩한 가족의 빛으로 나아오게 될 것이다(사 60:1-11).

● ● ● 불완전한 교회

이렇듯 영광스러운 소명을 지닌 지역 교회는 어떻게 유지될 수 있을까? 첫째, 불완전하게 유지될 것이다. 교회의 사랑은 어두운 밤을 비추는 밝은 등대처럼 빛나더라도 천국 영광의 첫 빛줄기보다 더 밝지는 않을 것이다. 그리스도의 몸은 아직 머리 아래가 완전한 질서를 잡지 못했다. 미움과 분열, 죄악이 여전히 인간관계를 공격한다. 그러나 그리스도의 몸이 하나님의 영광에 미치지 못할 때(더 이상 내려갈 수 없는 밑바닥에 떨어졌을 때) 둘째, 지역 교회는 예수 그리스도, 주님의 영광을 바라보며 자신을 내어주는 사랑으로 조금씩 더 영광스럽고 조금씩 더 밝게 그리스도의 형상으로 변화될 것이다(고후 3:18).

● ● ● 그리스도를 바라보라

지역 교회는 그리스도에게서 눈을 떼면 안 된다. 그리스도가 계시는 하늘의 것에 마음을 두고(골 3:1-2), 구주의 재림을 사모해야 한다. 그분이 다시 오시면 우리의 초라한 몸을 그분의 영광스럽고 완전한 몸으로 바꾸실 것이다(빌 3:20-21). 우리가 마침내 그분을 만나면 ― 더 이상 먼지 낀 창이 아니라 깨끗하고 밝은 빛 아래서 ― 오랫동안 이해할 수 없었던 사랑을 완전히 알게 될 것이다. 그제야 그리스도의 완전한 형상이 우리에게서 드러날 것이다(요일 3:2-3).

그 전까지 지역 교회는 예수 그리스도에게 시선을 고정해야 한다. 설교할 때는 그리스도를 높이자. 예배드릴 때는 그리스도를 찬양하자. 세례와 성찬을 할 때는 그리스도를 기념하자. 사실 세례받는 사람은 누구든지 그리스도 안에서, 더 구체적으로 말하면 그분의 죽음 안에서 세례를 받고(롬 6:3), 성찬을 먹는 사람은 누구든지 주님이 오시기 전까지 그분의 죽음을 선포하는 것이다(고전 11:26). 교인을 징계할 때는 겸손하신 유월절 어린양의 지도를 받자(고전 5:7).

모든 것이 그리스도께 돌아간다. 모든 교우는 교회의 머리에 고정되고, 그리스도는 만인과 만물을 하나로 통일한다(골 1:17-18). 훌륭한 지역 교회 지도자 찰스 스펄전이, 자신은 그리스도를 의지하고 있다고 강조했는데 그것은 당연한 일이었다. "주님이 계시지 않다면 나도 여기에 있고 싶지 않습니다. 복음이 사실이 아니라면 나는 죽는 것이 더 좋습니다. 예수 그리스도의 이름이 짓밟히는 걸 보느니 살고 싶지 않기 때문입니다."[12]

결론

지역 교회의 소명은 매우 소중하다. 세상을 비추는 빛이 되는 것, 분열한 가족들 사이에서 연합한 가족이 되는 것, 그리스도와 더불어 사는 것, 하나님의 눈동자가 되는 것, 손수 빚으시는 그리스도의 손에 몸을 맡기는 것, 거룩한 삼위일체 하나님의 영광스러운 형상이 되는 것, 십자가의 영원한 사랑을 전하는 것, 세상에서 가장 아름다운 모임이 되는 것, 이것이 교회와 지역 교회, 하나님의 새로운 백성의 소명이다.

• 참고 도서 •

마크 데버, 『건강한 교회의 9가지 특징』, 이용중 역 (서울: 부흥과개혁사, 2007).

존 스토트, 『살아 있는 교회』, 신현기 역 (서울: IVP, 2009).

존 칼빈, 『기독교강요』, 양낙흥 역 (서울: 크리스챤다이제스트, 2008).

짐 벨처, 『깊이 있는 교회』, 전의우 역 (서울: 포이에마, 2011).

팀 체스터·스티브 스미스, 『교회다움』, 김경아 역 (서울: IVP, 2012).

D. A. 카슨, 『이머징 교회 바로 알기』, 이용중 역 (서울: 부흥과개혁사, 2009).

케빈 드영·테드 클럭, 『왜 우리는 지역 교회를 사랑하는가』, 이용중 역 (서울: 부흥과개혁사, 2010).

Dever, Mark, and Paul Alexander. *The Deliberate Church: Building Your Ministry on the Gospel*. Wheaton, IL: Crossway, 2005.

Edwards, Jonathan. "A Farewell Sermon." *In The Works of Jonathan Edwards*. Vol. 1. Edinburgh: Banner of Truth, 1979.

Keller, Timothy. *Gospel Christianity*. Studies 7 and 8. New York: Redeemer Presbyterian Church, 2003.

Packer, J. I. *Evangelism and the Sovereignty of God*. Chap. 3, "Evangelism." Downers Grove, IL: InterVarsity, 1991.

Strauch, Alexander. *Biblical Eldership: Restoring the Eldership to Its Rightful Place in Church*. Colorado Springs: Lewis and Roth, 1997.

세례와 성찬

12

타비티 안야빌리(Thabiti Anyabwile), J. 리곤 던컨(J. Ligon Duncan)

나[안야빌리]는 매튜를 마주보고 앉아 있었다. 매튜는 창의적이고 탐구적인 자유로운 영혼의 스물다섯 살 청년이었다. 그는 따뜻한 카리브 해의 날씨처럼 쾌활하고 밝은 모습으로 식당에 나타났다. 몇 분 늦게 도착하고는 웃음 띤 얼굴로 스스럼없이 미안하다고 했다.

나는 메뉴를 쳐다보면서 우리가 무슨 이야기를 하게 될지 궁금했다. 매튜는 근 1년 동안 교회에 출석하고 있지만, 그의 영혼이 어떤 상태인지 그가 무슨 질문을 던질지 감을 잡을 수 없었다. 음식을 주문하고 직원에게 메뉴판을 돌려주기가 무섭게 매튜가 말했다. "물어보고 싶은 게 많아요."

"좋아요." 내가 대화를 억지로 이끌지 않아도 된다는 것이 분명해지자 마음이 한결 가벼워졌다. "뭐든지 물어보세요."

그날 매튜는 여러 가지 질문을 던졌다. 그는 하나님의 영광과 죄인에 대한 진노, 성경의 신뢰도, 부활, 예수의 유일성, 미래에 대해 물었다. 우리는 두어 시간 이런 주제에 대한 성경의 가르침을 활발히 토론했다.

그러나 대화가 끝날 무렵, 훌륭한 신학적 물음을 던지기는 했지만 마음에 대한 이야기는 전혀 하지 않은 매튜가 슬슬 걱정되었다. 그래서 물었다. "당신의 죄에 대해서는 어떻게 할 건가요?"

그는 침을 꿀꺽 삼키더니 조금 놀란 표정으로 말했다. "예수님이 잘 처리하셨길 바랍니다." 그러고는 반년 전에 어떻게 그리스도를 구주로 영접했는지 설명했다. 그는 말미에 "교회에 등록하고 싶지만 세례 받을 준비가 안됐습니다."라고 덧붙였다.

매튜는 여러 그리스도인과 마찬가지로 중요한 지점에 서 있었다. 그는 복음을 이해하고 예수님을 구주로 영접했지만, 그것이 지역 교회와 무슨 상관이 있는지는 이해하지 못했다. 다시 말하면, 그는 신앙생활의 첫 출발과 그리스도와의 지속적인 교제를 위해 주님이 정하신 두 가지 성례에 대해 이해하지 못했다. 주님은 교회에 두 가지 성례를 주셨다. 신자가 그리스도의 죽음과 장례, 부활 안에서 그리스도와 연합하는 것을 표현하는 '보이는 말씀'(세례)과 연합을 완성하는 일, 즉 주님과의 지속적인 교제(성찬)다. 성례는 지켜야 할 명령일 뿐 아니라 그리스도가 재림하시기 전까지 우리를 강하고 기쁘게 하는 은혜의 수단이기도 하다.

세례

내가 사는 지역에는 '거의 완벽한 그리스도인'만 세례를 받는다고 믿는 사람들이 많다. 세례를 워낙 중요하게 여기는 사람들 때문에 죄를 짓는 불완전한 '평범한 그리스도인'은 더 이상 세례를 받을 수 없게 되었다. 그리스도인은 세례를 늦출수록 좋다는 것이다. 우리가 점심을 먹는 동안 매튜도 그렇게 말했다.

정반대로 세례를 중요하게 여기지 않는 그리스도인들도 많다. 세례는 '나이를 충분히 먹었을 때' 하는 의식이거나, 해도 좋고 하지 않아도 괜찮은 일쯤으로 여긴다. 영적으로 해야 할 일의 목록에서 아직 불이행으로 남아 있는 항목이며, 처음부터 잊어버린 일이다.

흔히 그리스도인은 세례를 매우 중요하게 여기든지, 아니면 지나치게 하찮게 여기는 실수를 저지른다. 그럴 경우 주님이 직접 내리신 명령과 교회가 2천 년 가까이 기념하고 있는 아름답고 풍요로운 명령을 잃어버릴 위험에 처한다. 해답은 죄인을 대신해 주 예수 그리스도께서 이루신 은혜롭고 능력 있는 일에 우리를 깊이 담그는 세례에 대한 성경적 이해를 바로잡는 것이다.

● ● ● 세례란 무엇인가

간단히 말하면 세례는 표이자 날인이다. 웨스트민스터 신앙고백에 따르면, 세례란 "예수 그리스도를 통해 새롭게 살기로 다짐한 신자가 은혜의 언약으로 그리스도에게 접붙여져 죄를 용서받고 하나님께 헌신하겠다는 표이자 날인"이다(28.1).

표(sign)는 더 큰 현실이나 사상을 가리키는 상징이다. 세례는 "'복음, 복음, 복음'이라고 쓴 네온등이다."[1] 교회는 세례를 통해 예수 그리스도의 죽음과 장례, 부활을 증언하고, 그리스도가 우리를 대신해 이루신 모든 일에서 죄인이 그분과 연합했음을 알린다.

그러나 세례는 날인이기도 하다(성찬도 마찬가지다).

성례는 복음이 전하는 예수 그리스도를 가리켜, 세상에 베푸신 그분의 은혜를 떠올리게 하는 표일 뿐 아니라, 하나님의 은혜와 약속이 특별히 우리의 것임을 보증하는 날인이다. 종교개혁에서 쓰는 '날인'이라는 말은 공식적이고 합법적인 문서에 찍는 밀랍을 뜻한다. 이런 맥락에서 세례는 하나님이 특별히 우리에게 복음의 모든 약속을 지키겠다고 찍는 날인이다. 고대 세계에서 세례는 소유권을 표시하는 낙인이나 문신처럼 몸에 찍힌 표를 뜻하기도 했다. 우리는 세례와 성찬으로 그리스도의 죽음과 부활의 '표'를 받았다.[2]

왕은 공식적인 칙령이나 법률에 옥새를 찍는다. 왕이나 유력자가 보낸 편지에는 기관이나 가문의 날인이나 봉인이 있다. 노예의 몸에는 주인의 표가 있다. 수신자나 대중은 그런 날인이나 표가 누구의 것인지 알아보았다.

하나님은 세례받는 사람에게 자신의 표를 남기신다. 회개하고 믿은 그리스도인은 하늘의 소유라는 날인을 받는다. 하나님은 세례받은 사람에게 말씀하신다. "그는 내 사람이다."

현대 복음주의에서 사람들은 "믿음을 공개적으로 고백한다"고 자주 말한다. 이런 표현은 강단 앞으로 나아간다, 무슨 기도를 한다, 영접카드를 기록한다는 뜻이 되었다. 대체로 이런 행동은 우리가 하나님께 드리는 말씀이 전부다. 불행히도 우리는 자신의 말에 집중하느라 하나님이 백성에게 하시는 사랑의 말씀을 듣지 못한다. 그리고 자신의 말을 결정적인 언행으로 삼는다. 그러나 성경은 이런 것을 조금도 뒷받침하지 않는다. 초대 교회와 사도들은 회개한 죄인이 그리스도에 대한 믿음을 공개적으로 고백하여 하나님의 구원 날인을 받는 길을 마련했는데, 그것이 세례다.

●●● 아름다운 세례

신자는 세례를 통해 그리스도 안에 있는 풍요로운 부를 얻는다. 세례가 무엇을 말하는지 생각해 보면 세례의 아름다움에 눈뜨게 된다.

그리스도의 속죄 첫째, 세례는 예수님이 이루신 속죄를 생생하게 묘사한다. 그리스도께서 하신 일은 죄를 용서하고 구원하는 것이므로 세례의 핵심의미도 바로 그것이다.

> 또 범죄와 육체의 무할례로 죽었던 너희를 하나님이 그와 함께 살리시고 우리의 모든 죄를 사하시고 우리를 거스르고 불리하게 하는 법조문으로 쓴 증서를 지우시고 제하여 버리사 십자가에 못 박으시고 통치자들과 권세들을 무력화하여 드러내어 구경거리로 삼으시고 십자가로 그들을 이기셨느니라 (골 2:13-15)[3]

우리는 세례받을 때 주님이 우리를 대신해 받으신 세례를 기억한다. 주님은 "나는 받을 세례가 있으니 그것이 이루어지기까지 나의 답답함이 어떠하겠느냐"(눅 12:50)고 말씀하셨다. 야망에 부푼 제자들이 주님의 나라에서 주님의 좌우에 앉기를 바라자, 주님은 "너희는 너희가 구하는 것을 알지 못하는도다 내가 마시는 잔을 너희가 마실 수 있으며 내가 받는 세례를 너희가 받을 수 있느냐"(막 10:38)는 말씀으로 그들을 겸허하게 만드셨다. 주님이 마셨던 잔은 죄에 대한 아버지의 진노의 잔이었다. 그분이 견디셨던 고난의 세례는 세상 죄를 속죄하는 십자가의 세례였다(요일 2:2).

교회와 그리스도인은 세례를 통해 예수님이 우리의 죄를 못 박은 십자가, 예수님의 승리가 우리의 승리가 된 십자가를 기억한다. 우리는 세례를 통해 그리스도가 우리 대신 심판을 받아 하나님과 우리를 화해시키셨음을 기억한다.

그리스도와 연합함 둘째, 세례는 죄인이 예수님의 죽음과 장례, 부활과 영적으로 연합함을 뜻한다.

> 그런즉 우리가 무슨 말을 하리요 은혜를 더하게 하려고 죄에 거하겠느냐 그럴 수 없느니라 죄에 대하여 죽은 우리가 어찌 그 가운데 더 살리요 무릇 그리스도 예수와 합하여 세례를 받은 우리는 그의 죽으심과 합하여 세례를 받은 줄을 알지 못하느냐 그러므로 우리가 그의 죽으심과 합하여 세례를 받음으로 그와 함께 장사되었나니 이는 아버지의 영광으로 말미암아 그리스도를 죽은 자 가운데서 살리심과 같이 우리로 또한 새 생명 가운데서 행하게 하려 함이라 만일 우리가 그의 죽으심과 같은 모양으로 연합한 자가 되었으면 또한 그의 부활과 같은 모양으로 연합한 자도 되리라 (롬 6:1-5)

예수님이 죽으셨을 때 우리도 같이 죽었다. 그분이 매장되었을 때 우리도 매장되었다. 그분이 부활하셨을 때 우리도 부활했다! 우리는 믿음으로 그리스도와 하나 됐기 때문에 예수님의 생애와 죽음, 부활의 혜택을 누린다. 예수님이 하신 모든 일은 믿음을 통해 우리의 일이 되었다. 이런 영적인 사실을 묘사하는 것이 세례다.

그리스도와 연합하는 것은 매우 강력해서 세례를 결혼에 비유하기도 한다. 예를 들면, 매리온 클라크(Marion Clark)는 이런 글을 썼다. "하나님은 우리를 택하고, 지참금을 내고, 우리가 그분의 신부라는 것을 모두가 알도록, 그리고 우리가 그 사실을 더 잘 알도록 반지를 준 신랑이다. 세례식은 우리를 향한 그분의 사랑이 꿈이 아니라 현실임을 보여준다."[4] 우리는 세례를 통해 신부인 교회와 연합하는 신랑 그리스도와 서약을 교환한다.

교회와 연합함 세례는 그리스도와 우리의 연합일 뿐 아니라 그분의 몸인 교회와 연합하는 것이기도 하다. 성령의 역사와 믿음으로 그리스도와 한 몸을 이룬 우리는 "한 성령으로 세례를 받아 한 몸이"(고전 12:13) 되었다. 사도 바울도 말했다. "몸이 하나요 성령도 한 분이시니 이와 같이 너희가 부르심의 한 소망 안에서 부르심을 받았느니라 주도 한 분이시요 믿음도 하나요 세례도 하나요 하나님도 한 분이시니 곧 만유의 아버지시라 만유 위에 계시고 만유를 통일하시고 만유 가운데 계시도다"(엡 4:4-6).

세례받은 사람은 믿음으로 그리스도의 몸과 연합했다고 고백한다. 그리스도와 연합하는 것은 그분의 백성과 연합하는 것을 뜻하며, 연합의 가장 뚜렷한 증거는 지역 교회의 일원이 되어 헌신하는 것이다.

부부가 아기를 낳으면 가족과 친구들이 찾아와 새 생명을 축하하고 기뻐한다. 마찬가지로 세례의 표와 날인을 받은 사람도 하나님의 가족인 교회의 일원이 된다. 그들은 가족의 특권을 누리고 책임을 다한다. 도널드 휘트니(Donald Whitney)는 다음과 같은 말로 이것을 잘 설명했다. "하나님이 사람에게 영적인 생명을 주시면, 그는 영적이며 보이지 않는 그리스도의 몸인 보편적인 교회로 들어간다. 물세례에서 그런 영적인 경험을 마음으로 그릴 때, 구체적으로 보이는 그리스도의 몸인 지역 교회로 상징적으로 들어가게 된다."[5]

하나님께 헌신 끝으로 우리는 세례가 하나님께 헌신하는 것임을 알아야 한다. 우리는 세례를 통해 구원자 하나님을 예배하고 섬기는 구별된 사람이 된다. 우리는 하나님께 속한 사람으로서 인침을 받았다. 그래서 사도 바울은 세례에 대해 이야기할 때 신약성경의 윤리를 자주 강조했다.

또 그 안에서 너희가 손으로 하지 아니한 할례를 받았으니 곧 육의 몸을 벗는 것이요 그리스도의 할례니라 너희가 세례로 그리스도와 함께 장사되고 또 죽은 자들 가운데서 그를 일으키신 하나님의 역사를 믿음으로 말미암아 그 안에서 함께 일으키심을 받았느니라 (골 2:11-12)

이와 같이 너희도 너희 자신을 죄에 대하여는 죽은 자요 그리스도 예수 안에서 하나님께 대하여는 살아 있는 자로 여길지어다 그러므로 너희는 죄가 너희 죽을 몸을 지배하지 못하게 하여 몸의 사욕에 순종하지 말고 또한 너희 지체를 불의의 무기로 죄에게 내주지 말고 오직 너희 자신을 죽은 자 가운데서 다시 살아난 자 같이 하나님께 드리며 너희 지체를 의의 무기로 하나님께 드리라 죄가 너희를 주장하지 못하리니 이는 너희가 법 아래에 있지 아니하고 은혜 아래에 있음이라 (롬 6:11-14)

우리는 믿음과 성령의 접붙임으로 그리스도와 연합했기 때문에 '할례받은' 삶을 살고 '육의 몸을 벗을' 의무가 있다. 우리는 '죄에 대해서는 죽고 그리스도 예수 안에서 하나님께 대해서는 살아 있는' 것으로 여기고 자신을 '하나님께 드려야' 한다. 우리는 그리스도와 더불어 죽었기 때문에 죄는 더 이상 우리를 지배하지 못한다. 우리는 불의의 폭군에게서 해방되었다. "우리가 알거니와 우리의 옛 사람이 예수와 함께 십자가에 못 박힌 것은 죄의 몸이 죽어 다시는 우리가 죄에게 종 노릇 하지 아니하려 함이니"(롬 6:6). 우리는 새로운 주인을 모신다. 크리도뱁티스트(credobaptist, 믿음을 고백한 사람에게만 세례를 준다)는 우리가 '물의 무덤'(watery grave)으로 내려가 새롭게 부활한다고 말한다.[6]

세례받은 사람은 의롭게 살 의무가 있다. 우리는 세례를 통해 주님과 더불어 죽고 부활했기 때문에 주님의 명예를 높여야지 더럽혀서는 안 된다. 우리는 옛 삶으로 돌아갈 수 없다. 우리는 새 언약을 맺었다. 그리고 왕에게 충성을 맹세했다. 이제 우리는 하나님나라의 시민이자 종으로 살아야 한다.[7]

내 친구 매튜는 세례의 아름다움을 깨닫지 못했다. 그는 세상을 향해 "나는 예수님을 위해 살기로 했고 실패하지 않을 거야."라고 말하는 것을 세례로 여겼다. 그는 하나님이 "너는 내 사람이다. 내가 너를 새롭게 만들었단다. 내가 네 안에서 살 것이니 너는 나를 위해 살아야 한다"고 말씀하시는 것을 몰랐다.

이렇게 보면 세례는 아름답고도 중요하다. 신자에게 은혜를 베푸는 수단이자 우리를 구원하신 구주와 복음을 잊지 않게 하는 일이다. 더욱이 세례는 주님과 지속적으로 교제할 수 있는 문을 열어준다. 주님과 지속적으로 교제하는 것은 또 다른 표이자 날인인 성찬에서도 이어진다.

● ● ● 피도뱁티스트와 크리도뱁티스트

나[던컨]는 타비티가 세례 교리에 대해 설명하는 방식이 마음에 든다. 목회적 관점으로 그리스도의 삶에서 세례의 중요성을 강조한 것도 마음에 든다. 그는 침례교인이고 나는 장로교인이지만 우리는 지금까지의 내용에 동의한다. 우리는 한 뜻으로 뭉친 복음연합이지만, 세례에 대해서는 의견이 불일치하는 중요한 부분이 있다. 대체로 세례의 의미와 중요성, 역할에는 동의하지만 방법과 대상에서는 의견이 나뉜다. 이런 차이는 사소한 내용이 아니므로 우리는 하나님의 말씀 아래서 서로 양심을 존중한다. 모든 교우도 이런 문제를 진지하게 여기고 이해해 주길 바란다.[8]

복음연합에는 크리도뱁티스트(credobaptist, 신자만 세례를 받을 수 있다고 믿는 타비티 같은 그리스도인)도 있고, 피도뱁티스트(paedobaptist, 신자뿐 아니라 그들의 자녀도 세례를 받을 수 있다고 믿는 나 같은 그리스도인)도 있다. 두 부류는 세례의 근거를 성경의 가르침에서 찾지만, 세례의 대상에 관한 결론은 엇갈린다.

복음주의 피도뱁티스트는 믿음을 고백하는 성인뿐 아니라 신자의 자녀에게도 세례를 베풀어야 한다고 믿는다. 세례는 하나님이 자기 백성을 구원하신다는 은혜로운 약속과 예수 그리스도가 그 약속을 성취하셨음을 확인하고 확증하는 새 언약의 증표다. 우리는 창세기 17장, 마태복음 28장, 골로새서 2장, 고린도전서 7장, 사도행전 2장과 16장 같은 본문을 바탕으로 신자와 그 자녀에게 세례를 준다.

우리가 크리도뱁티스트 친구들의 의견에 동의하는 부분은, 첫째로 그리스도께서 마태복음 28장 19-20절에서 세례를 명하셨다는 것("가서 … 제자로 삼아 … 세례를 베풀고 … 가르쳐 지키게 하라")과, 둘째로 신자는 사도행전 8장에 기록된 것과 같은 세례를 받아야 한다는 것이다.

> 빌립이 입을 열어 이 글에서 시작하여 예수를 가르쳐 복음을 전하니 길가다가 물 있는 곳에 이르러 그 내시가 말하되 보라 물이 있으니 내가 세례를 받음에 무슨 거리낌이 있느냐 이에 명하여 수레를 멈추고 빌립과 내시가 둘 다 물에 내려가 빌립이 세례를 베풀고 (행 8:35-38)

그런데 그 다음 부분에서 우리는 의견이 갈린다. 피도뱁티스트는 그리스도인 신자와 그 '자녀'도 세례를 받아야 한다고 믿기 때문이다. 유아세례에 대한 성경적 논의를 한 문장으로 요약해서 말해 보겠다 (복잡하긴 하다).

> 하나님은 구약과 신약성경에서 신자와 그 자녀에게 약속하신 것이 있는 데, 구약성경에서는 가족의 일원이 되는 증표(할례)를 요구하셨고, 신약 성경에서는 새 언약의 증표(세례)를 정하셨다.

크리도뱁티스트는 피도뱁티스트가 성경을 잘못 해석했다고 할 뿐 아니라, 신약성경은 예수 그리스도를 믿는 사람에게만 세례를 베풀라 고 말했다고도 한다(행 2:41; 8:12; 10:44-48; 롬 6:3-4; 갈 3:27). 예레미 야 31장 같은 본문이 가르치는 것은 새 언약 아래 있는 교회는 '믿는' 제자들의 모임이며, 이런 점에서 자녀가 포함된 옛 언약의 신자들과 는 다르다는 것이다.

반대로 피도뱁티스트는, 지역 교회는 신자와 그 자녀들로 구성되며 이런 점에서 새 언약은 옛 언약과 같다고 믿는다. 따라서 교회론의 차 이는 세례의 대상에 대한 크리도뱁티스트와 피도뱁티스트의 견해가 불일치하는 중요한 지점이다.

세례의 대상에 비해서는 덜 중요하지만 세례의 방법에 대해서도 의 견이 나뉜다. 대체로 크리도뱁티스트는 세례를 베풀 때는 몸이 물속 에 들어가야 한다고 주장한다. 세례의 방법은 예수님의 명령과 밀접 한 관련이 있기 때문에 물속에 들어가지 않는 사람은 세례를 받은 것 이 아니라는 것이다. 한편 대다수 피도뱁티스트는 주수세례(머리 위에 물을 떨어뜨리는 것)가 가장 좋은 방법이라고 믿지만, 세례의 핵심은 방법이 아니므로 침례도 좋지만 필수 요건은 아니라는 것이다.

침례를 주장하는 사람은 몇 가지 근거를 제시한다. 세례는 그리스어로 '담그다'라는 뜻이다. 신약성경에 기록된 세례(마 3:16; 막 1:5, 10; 요 3:23; 행 8:36-38)는 모두 침례다. 바울은 세례를 설명하는 로마서 6장 1-11절(또 골 2:11-12)에서 침례를 가르쳤다. 피도뱁티스트가 주장하는 주수세례는 바울의 본문을 근거로 볼 때 설득력이 부족하다.

주수세례를 주장하는 사람들은 성경에서 '담그다'라는 뜻이 없는 세례의 용례를 제시한다(레 14:6, 51; 행 1:5; 고전 10:2; 히 9:10-23). 신약성경에서 세례의 방법에 대해 묘사하는 본문은 한 군데(행 1-2)에 불과하다. 그 외에는 모두 세례의 장소에 대한 묘사(마 3; 막 1; 행 8)이지 방법에 대한 묘사가 아니다. 신약성경에는 침례가 불가능한 장소(행 9:17-18; 10:47; 16:32-33)가 있다. 무엇보다 물세례는 성령세례를 뜻하며, 성령세례는 담그는 것이 아니라 내리는 것으로 묘사된다(행 1:4-5; 2:2-3; 마 3:11; 눅 3:16; 행 11:15-16).

이렇듯 중요하고 지속적인 차이에도 불구하고 두 집단은 복음연합의 신앙고백서 12항을 지지한다. 나아가 우리는 중생의 세례에 반대한다. 로마가톨릭, 동방정교회, 성공회 고교회파, 앵글로가톨릭, 루터파, 그리스도의 교회가 주장하는 중생의 세례란 물세례가 "중생의 수단이고, 중생의 은혜는 물세례를 알맞게 베푸는 곳에서 충분히 전달된다"[9]는 것이다.

세례가 중요하지 않다는 것도 전혀 아니고, 그리스도인의 순종이 불필요하다는 뜻도 아니다. 그러나 물세례로 중생하지는 않는다. 언약의 증표나 성례가 상징하는 영적인 현실이 무엇인지 성경이 분명하게 말하지만, 그것은 상징일 뿐 그런 현실을 만들지는 않는다.

바울이 로마서 4장 1-12절에서 아브라함의 할례에 대해 말했던 것도 정확히 이것이다. 아브라함은 할례를 받아 의롭게 된 것이 아니라 그 전부터 의로웠다. 하나님이 할례라는 언약의 증표를 주신 것은 아브라함이 할례 전부터 의롭다는 확증이었지 그것으로 의롭게 된다는 것이 아니었다(창 17장). 그래서 우리는 중생에 대해 청교도 신학자 스티븐 차녹(Stephen Charnock)과 같은 생각이다.

중생은 외적인 세례가 아니다. 세례를 중생으로 여기는 사람이 많다. 옛 사람들은 대개 그렇게 여겼다. 세례는 은혜를 주지 않고 은혜를 만나게 한다. 바깥에 있는 물이 내부에 생명을 전달할 수는 없는 노릇이다. 물질인 물이 어떻게 영적인 작용을 할 수 있겠는가? 물이 몸에 닿으면 하나님의 영이 사람의 영혼에 은혜로 역사할 거라는 약속 따위는 없다. 그런 약속이 있다면 세례받은 사람은 모두 중생할 테고 구원받을 테니 견인론은 무용지물이 될 것이다. 세례는 성령이 임하여 은혜를 전하는 수단이다. 그러나 설사약이 몸에 변화를 일으키듯 세례가 영혼에 어떤 변화를 일으킬 수는 없다. 성찬이 그리스도를 먹고 마시는 성례이듯 세례는 중생의 성례다. 믿음 없이 그리스도를 먹고 마실 수 없듯이, 믿음이 없이는 새로운 피조물이라 할 수 없다. 죽은 사람의 입에 아무리 맛있는 고기를 물려주어도 그 몸에는 생명이 없기 때문에 고기를 소화해서 영양분을 섭취할 수 없다. 믿음만이 영적인 생명의 법칙이고, 생명의 법칙에 의해 하나님이 정하신 수단에서 영양분을 섭취한다. 세례받을 때 중생이 일어나고 변화로 이어진다고 주장하는 사람들이 있다. 그러나 영적인 생명처럼 매우 활동적인 법칙이 아주 오랫동안 심지어 수년 동안 세례와 변화 사이에서 죽은 채 동면한다는 것은 쉽게 이해할 수 없다.[10]

중생의 세례를 부정하는 그리스도인은 세례를 '쓸데없는' 공허한 상징으로 축소한다는 비난을 받는다. 그러나 아닌 것은 아닌 것이다. 세례는 하나님이 우리를 거듭나게 하거나 의롭게 하는 수단이아니다. 세례는 하나님의 약속을 확증하고 표를 남기며 그분의 사랑을 보장하고 신자의 믿음을 굳건하게 하여 은혜로 성장하게 하는 수단이다.

그래서 웨스트민스터 대요리문답은 누가 세례받는 것을 볼 때면'자신의 세례를 다지라'고 촉구한다. 자신의 세례를 다지라는 말이 무슨 뜻일까? 은혜 안에서 자라는 데 있어, 특별히 예배 중에 세례식을거행할 때 세례의 축복을 묵상하고, 세례를 쓸모 있게 활용하고, 유익을 극대화하라는 말이다. 대요리문답은 우리에게 이른다.

우리는 우리의 세례를 다져야 할 의무가 있는데도, 특별히 유혹의 자리에 놓일 때와 다른 사람이 세례받는 것을 볼 때 그 의무를 간과하는 경우가 많다. 세례를 다지기 위해서는 세례의 속성, 그리스도께서 정하신 목적, 세례가 주는 특권과 유익, 우리가 했던 엄숙한 맹세에 대해 진지하고도 감사하는 마음으로 묵상해야 한다. 죄악으로 더러운 자신의 모습에, 세례의 은혜에 미치지 못하고 역행하고 있는 모습에, 그리고 우리의 약속에 대해 겸손해야 한다. 죄를 용서받은 것과 세례를 통해 우리에게 약속된 모든 축복을 확신하며 성장해야 한다. 죄악을 이기고 은혜를 베푸신 그리스도 안에서 세례를 받았으니, 그리스도의 죽음과 부활의 능력을 입어야 한다. 그리스도를 위해 명성을 포기한 사람들처럼 믿음으로 살고 거룩하고 의롭게 말하기 위해 힘써야 한다. 한 성령으로 세례를 받아 한 몸이 된 것처럼 지체를 사랑해야 한다.[11]

피도뱁티스트와 크리도뱁티스트는 여기에 한마음으로 동의한다.

주님의 만찬

나[얀야빌리]는 내 결혼을 어제 일처럼 생생하게 기억한다. 무척 무더운 8월이었다(아내가 이 글을 읽을지도 모르니, 날짜는 31일). 우리는 장모님 집 앞마당에서 가족과 가까운 친구들을 모아 놓고 아프리카 전통의상을 입고 식을 올렸다. 우리의 결혼은 은혜와 사랑이 넘치는 즐거운 결혼생활의 시작을 알렸다.

세례가 그리스도와 신자의 결혼이라면, 주님의 만찬은 결혼기념일에 부부가 서로 속삭이는 변함없이 싱그러운 사랑과 서약이라 할 수 있다. 마음에 드는 비유다. 성찬은 필요하지만 단순히 필요해서 하는 것이 아니다. 구원의 역사에서 소중한 사건을 떠올리게 하지만 단순한 기념일이 아니다. 예수님이 직접 거행하신 후로 거의 모든 교파의 교회들이 행하고 있지만 단순한 의식이 아니다. 내가 아내와 함께 먹는 저녁이나 특별한 날 함께 즐기는 음식처럼, 성찬은 주 예수님과 신부인 교회 사이의 은혜와 친교를 잇는 수단이다.

● ● ● 주님의 만찬은 언제 시작되었을까

주 예수 그리스도는 성찬을 직접 정하셨다. 사도 바울이 고린도전서 11장 20절에서 쓴 주님의 만찬은 성찬(고전 11:24)이라고도 하고 성만찬(고전 10:16)이라고도 한다. 이름은 다양하지만 공관복음에서는, 예수님이 수백 년 전통의 유대 절기 유월절 식사를 자신의 죽음과 장례, 부활로 완성될 새 언약 관계에서 재정립하는 아름다운 밤에 대해 기록한다(마 26:26-30; 막 14:22-26; 눅 22:19-20).

하나님은 마지막 재앙으로 이집트에 죽음의 천사를 보내, 전국의 맏아들과 첫 태생의 수컷을 모두 죽게 하셨다. 그리고 이스라엘 사람들에게는 집집마다 깨끗한 어린양을 잡은 후 문설주에 피를 바르면 심판을 피할 거라고 말씀하셨다. 죽음의 천사는 문설주에 제물의 피가 있으면 그 집을 '넘어'(유월)갔다. 하나님은 피가 있는 집은 심판하지 않으셨다. 하나님은 이집트에서 탈출한 이스라엘 백성에게, 특별한 음식을 먹으면서 이집트에서 탈출하여 해방된 것을 기념하라고 말씀하셨다(출 12).

무서웠던 그날 밤 이후 수백 년 동안, 신실한 유대인 가족은 유월절 음식을 먹으면서 다음 세대의 어린 자녀들에게 하나님의 특별한 구원에 대해 설명했다. 예수님이 유월절을 준비하라고 하셨을 때(마 26:17-19), 제자들은 틀림없이 어려서부터 늘 지켰던 명절을 떠올렸을 것이다. 그러나 예수님은 유월절 음식을 드시면서 유월절 음식에 대한 진짜 의미를 밝히며 놀라운 말씀을 하셨다.

> 그들이 먹을 때에 예수께서 떡을 가지사 축복하시고 떼어 제자들에게 주시며 이르시되 받아서 먹으라 이것은 내 몸이니라 하시고 또 잔을 가지사 감사 기도 하시고 그들에게 주시며 이르시되 너희가 다 이것을 마시라 이것은 죄 사함을 얻게 하려고 많은 사람을 위하여 흘리는 바 나의 피 곧 언약의 피니라 그러나 너희에게 이르노니 내가 포도나무에서 난 것을 이제부터 내 아버지의 나라에서 새것으로 너희와 함께 마시는 날까지 마시지 아니하리라 하시니라 (마 26:26-29)

●●● 주님의 만찬은 무엇을 뜻할까

성찬도 세례처럼 하나님의 은혜의 표이자 날인이다. 성찬 역시 주님의 복음, 우리를 대신한 그분의 희생, 그분의 이름을 믿음으로 받는 구원을 가리킨다.

빵과 포도주: 살과 피 예수님은 성찬을 지정한 날 밤 유월절 음식을 재규정하셨다. 수세기 동안 빵과 포도주는 첫 유월절에 잡힌 어린양을 상징했다. 그러나 예수님은 첫 유월절이 무엇을 뜻하는지 밝히셨다. 죄를 씻기 위해 찢긴 살과 흘린 피. 간단히 먹고 마시는 것으로 제자들은 유월절에 희생된 어린양 그리스도를 기억해야 했다(고전 5:7). 그분은 '죄 사함을 얻게 하려고 많은 사람을 위하여' 자신을 희생하셨다.

이런 증표는 믿고 증언하는 공동체를 위한 복음을 설명한다. 내 젊은 친구 매튜는 세례를 받아 언약 공동체의 일원이 될 때 "주의 죽으심을 그가 오실 때까지 전하는"(고전 11:26) 사람이 되는 특권을 얻게 될 것이다. 주님의 만찬은 "성경대로 그리스도께서 우리 죄를 위하여"(고전 15:3) 죽으셨다는 가장 중요한 사실을 숙지하여 선언하고 재현하고 기념한다.

신자는 그리스도의 복음의 혜택을 늘 누릴 수 있다. 그래서 그리스도는 자신의 희생에 대한 우리의 기억을 늘 새롭게 하는 증표나 말씀을 교회에 주신다. 우리는 믿음으로 먹고 마시며 그리스도의 용서를 받아 속죄의 효력을 다시 되새긴다.

음식: 자양분 주님의 만찬이 가장 분명하게 뜻하는 것은 신자의 영적인 자양분일 것이다. 실제 빵과 포도주가 몸의 영양과 흥을 돋우듯 성찬도 신자의 영혼을 기름지게 하고 기쁘게 한다. 우리는 성찬식에서 빵을 먹고 포도주를 마신다. 믿음으로 그리스도를 먹는 것이다. 런던 침례교 신앙고백(1689)에는 이런 대목이 있다.

성찬을 합당하게 먹는 자는 빵과 포도주를 먹으면서 십자가에 못 박히신 그리스도를 영적으로 먹으며, 그분이 죽으신 모든 혜택을 믿음으로 받는다. 그리스도의 살과 피는 실제로 임하는 것이 아니라 신자가 빵과 포도주의 맛을 느끼듯 영적으로 신자의 믿음에 임한다.

이런 식으로 예수님은 그리스도인을 계속 살찌게 하는 음식이 되신다. 예수님은 '생명의 빵'으로 우리의 감각을 자극하신다. 우리는 그리스도를 믿음으로 먹어 그리스도인의 삶을 지탱하는 은혜의 혜택을 누린다. "예수 그리스도를 우리에게 주신 것은 그분으로 우리의 그리스도가 되게 하시고, 그분 안에 있는 풍성한 은혜를 주시며, 우리의 믿음의 양심을 확인할 분을 주시기 위해서다."[12]

이 말은 부분적으로, 성찬은 약한 그리스도인을 위한 것이라는 뜻이다. 당당하고 깨끗하게 성찬을 먹을 수 있는 사람은 아무도 없다. 우리는 너나없이 부족한 사람들이다. 우리는 죄악, 낙심, 불신, 세상과 싸우는 일을 멈추고 성찬으로 나아간다. 우리는 다시 영양을 보충해야 한다. 그리스도가 주시는 힘을 얻어야 한다. 우리는 죄인과 약자를 구원하신 예수님의 은혜를 믿음으로 마시며 필요한 자양분을 얻는다.

집전: 그리스도와의 연합 성찬의 상징인 빵과 포도주뿐 아니라 집전 또는 성찬에 참여하는 것 자체도 중요한 현실을 담고 있다. 리처드 필립스(Richard Phillips)는 성찬을 먹고 마시는 행동이 무엇을 뜻하는지 잘 요약했다.

신자가 빵과 포도주를 먹고 마시는 것은 십자가에 못 박히신 그리스도의 곁에 서겠다는 뜻이다. 아울러 음식과 물이 몸을 지탱하듯 그리스도의 죽음이 영혼에 생명과 힘을 준다는 뜻이기도 하다. 나아가 성찬은 신자와 그리스도의 연합, 신자 간의 연합을 상징할 뿐 아니라 그리스도 교회의 성도들이 세상과는 분명히 다른 존재임을 명확하게 보여준다.[13]

필립스는 수세기 전 성찬에 대해 사도 바울이 했던 말을 잘 바꾸어 썼다.

> 그런즉 내 사랑하는 자들아 우상 숭배하는 일을 피하라 나는 지혜 있는 자들에게 말함과 같이 하노니 너희는 내가 이르는 말을 스스로 판단하라 우리가 축복하는 바 축복의 잔은 그리스도의 피에 참여함이 아니며 우리가 떼는 떡은 그리스도의 몸에 참여함이 아니냐 (고전 10:14-16)

성찬을 먹고 마시는 것은 신자가 그리스도와 연합하는 것을 가리킨다. 따라서 신자는 예수님의 속죄의 혜택을 누리며, 생명의 빵인 그리스도를 계속 의지한다.

> 측량할 수 없는 은혜로 그분이 우리와 교환하신 것은 놀랍기 그지없다. 그분은 우리처럼 인자가 되어 우리를 그분처럼 하나님의 아들로 만드셨다. 그분은 땅으로 내려와 우리를 데리고 하늘로 올라갈 준비를 하셨다. 스스로 사멸의 몸을 입고 우리에게는 자신의 불멸을 주셨다. 우리의 약함을 수용해 자신의 능력으로 우리를 강하게 하셨다. 우리의 가난을 받아 자신의 부를 우리에게 주셨다. 우리를 짓누르는 무거운 죄악을 대신 지고 우리를 의롭게 하셨다.[14]

빵 한 덩이: 교회의 연합 끝으로 주님의 만찬은 교회의 연합을 상징한다. "떡이 하나요 많은 우리가 한 몸이니 이는 우리가 다 한 떡에 참

여함이라"(고전 10:17). 교회가 성찬식을 행할 때 신자들은 심오한 영적 연합에 대해 알고 있어야 한다. 바울은 교회의 연합을 깨뜨린 고린도 교우들을 꾸짖었다. 바울은 그들을 칭찬하지 않고, 그들의 "모임이 유익이 못되고 도리어 해로움이라"(고전 11:17)고 말했다. 고린도교회의 뒤숭숭한 분열은 무엇보다 성찬식에서 드러났다(고전 1:10-13; 11:18-19). 성찬식이 욕심과 식탐으로 얼룩지자 바울은 그것은 성찬식도 뭣도 아니라고 했다(고전 11:20).

"주의 몸을 분별"하여 음식을 "합당"하게 먹어야 성찬이 제 이름을 찾는다(고전 11:27, 29). 다시 말해, 그들은 빵 한 덩이로서 또 한 백성으로서 교회가 연합해, 우리를 대신한 그리스도의 희생을 통해 그분과 한 자리에 있다는 것을 알아야 했다. 그것을 모르면 "자기의 죄를 먹고 마시는 것"(고전 11:29)이나 다름없다. 그럴 경우 성찬식은 심판과 판단의 장소로 변한다(고전 11:28-34).

● ● ● 주님의 만찬은 날인이다

주님의 만찬은 표일 뿐 아니라 날인이기도 하다. 그리스도인은 성찬에 꾸준히 참여하여, 믿음으로 예수님과 하나님의 언약 백성이라는 날인이나 '문신'을 받는다. 복음연합의 신앙고백서가 주님의 만찬을 '지속적인 언약의 갱신'이라고 한 것도 일면 같은 뜻이다. 주님은 성찬을 통해 백성에게 변함없이 사랑과 은혜를 베풀겠다고 말씀하신다.

하나님의 백성은 성찬을 통해 그리스도 안에 있다는 공증된 날인을 받는다. 그리스도는 직접 손을 내밀어 우리에게 언약의 빵과 포도주를 주시고, 우리를 자신의 소유로 삼으신다. 존 머레이(John Murray)는 이렇게 말했다. "우리가 믿음으로 드는 잔은 그분의 보혈로 세운 새 언약이 모두 우리의 것이라는 주님의 증명서다. 은혜롭고 신실하신 그분의 날인이다."[15]

세례가 그리스도와 신부 사이의 '약속'이라면, 성찬은 예수님이 교회에 하시는 반복적인 사랑의 '다짐'이다. 성찬은 우리에게 그분의 사랑이 영원히 변하지 않을 것을 상기시킨다.

●●● 주님의 만찬과 그리스도의 임재

주님의 만찬이 지속적인 언약의 갱신이라면 그리스도와 진짜 연합한다는 뜻이다. 예수님은 성찬에 의미 있게 임하신다. 교회사에는 세 가지 주요 관점이 있다.

화체설 로마 가톨릭교회는, 성찬식을 하는 동안 빵과 포도주가 육안으로 보는 것과 달리 실제로 그리스도의 살과 피로 변하는 기적이 일어난다고 가르친다. 화체설(transubstantiation,化體設)이다. 또 성찬은 주님의 죽음을 기념하는 것이 아니라 재연하는 것이라고 주장한다.

로마 가톨릭교회는 예수님이 비유로 말씀하신 "이것은 … 내 몸이니 … 이 잔은 내 피…"(고전 11:24-25)라는 말씀을 어색하게 문자적으로 제한해 화체설을 뒷받침한다. 더욱이 예수님의 희생이 재연된다는 주장은 성경과도 모순된다(롬 6:10; 히 7:27; 9:12, 26; 10:10). 그리스도 예수는 단번에 죽으시고 부활해 지금은 영원히 사시며 백성을 위해 중재하시기 때문이다.

루터파의 관점도 그리스도의 말씀을 문자 그대로 받아들인다. 단,

루터는 빵과 포도주가 그리스도의 살과 피로 변하지는 않는다고 했다. 그러나 예수님의 살과 피가 빵과 포도주의 안과 밑과 곁에 있다고 했다. 즉, 공존설(consubstantiation)이다.

기념설 또 다른 극단에는 성찬에 대한 그리스도의 임재를 부정하는 그리스도인들이 있다. 그들은 "이것을 행하여 나를 기념하라"(고전 11:24-25)는 말씀을 강조한다. 따라서 성찬은 기념하고 회상하는 일이다. 기념설은 그리스도가 성찬에 임하신다는 로마 가톨릭과 루터파의 견해에 반대했던 스위스의 개혁자 울리히 츠빙글리(Ulrich Zwingli)의 견해로 알려져 있다.

영적 임재설 세 번째 견해는 그리스도께서 성찬에 영적으로 임하신다는 주장이다. 빵과 포도주는 불변하지만 믿음에 의해 그리스도가 성찬에서 자신의 백성을 만나고 교제한다는 것이다.

영적 임재설에 따르면, "이것은 … 내 몸이니" "이 잔은 내 피로 세운 새 언약이니"라는 말씀은 모두 비유다. 빵과 포도주는 그리스도의 살과 피로 변하지 않는다. 그러나 성찬은 기념하는 일만을 뜻하지 않는다. 영적 임재설은 주님의 말씀을 비유나 상징으로 해석하지만, 성찬이 뜻하는 현실과 중요성을 경시하지 않는다. 주님의 만찬에는 크나큰 신비와 영적인 축복이 있다.

아주 멀리 계시는 그리스도의 육체가 우리 안으로 들어와 음식이 된다는 것은 믿을 수 없는 이야기다. 그러나 성령의 은밀한 능력은 우리의 감각을 초월하므로, 헤아릴 수 없는 그분을 우리의 기준으로 측량한다는 것은 아둔한 짓임을 기억하자. 머리로 이해할 수 없다면 믿음으로 이해하자. 성령은 아무리 멀리 떨어진 것이라도 하나로 만드실 수 있다.

그리스도는 자신의 살과 피를 먹고 마시는 신성한 성찬을 통해 우리의 골수를 채우기라도 하려는 듯 우리 안에 생명을 부으실 뿐 아니라 공허한 증표가 아닌 자신의 약속을 지키시는 성령의 능력으로 증명하고 날인하신다. 이것은 감사하는 마음과 신실한 믿음으로 큰 은혜를 받아들이는 신자만이 누릴 수 있지만, 그리스도는 영적인 만찬에 참여한 모든 사람에게 허락하신다.[16]

우리가 주의하며 성찬을 먹을 때, 우리는 주 예수 그리스도의 찢긴 몸과 흘린 피에 대해 성찬이 뜻하는 모든 것을 믿음으로 받는다. 믿음으로 그리스도는 우리와 하나가 되고, 우리는 믿음 대신 육안으로 보고 아버지의 나라에서 구주와 더불어 먹게 될 날을 고대한다(마 26:29).

목회적 소망

나는 매튜가 교우들의 축하 속에서 세례받을 날을 기다리고 있다. 매튜가 믿음으로 그리스도와 연합하는 표와 날인을 받고 기뻐하는 모습을 보고 싶다. 그리고 꾸준히 성찬에 참여하여 그리스도의 역사와 죽음의 혜택을 늘 새롭게 알고 누렸으면 좋겠다. 우리는 "너희는 내 사람이다. 내가 너희를 사랑한다"는 주님의 말씀을 같이 듣게 될 것이다. 우리는 아버지의 나라에서 주님과 더불어 먹을 날을 고대하며, 구주의 희생적 죽음을 기억하고 선언한다. 우리는 성례를 통해 은혜를 새롭게 누리고, 우리 주 그리스도를 모시고 친교의 기쁨을 누린다. 그리스도 예수가 백성에게 주신 풍성한 특권을 누리는 것은 얼마나 큰 기쁨인가!

[던컨] 타비티는 주님의 만찬에 대해 아름답고도 분명하게 성경적으로 또 목회적으로 잘 설명해 주었다. 게다가 빵과 포도주 그리고 성찬의 집전에 그리스도께서 어떻게 '임재'하시는지(또는 하지 않으시는지) 세 가지 견해까지 알려주었다. 이제 전반적인 성례(창 9; 12; 15; 17; 출 12; 24; 사 7; 행 2; 롬 4; 고전 1:17; 벧전 3:18-22)와 특별히 주님의 만찬(마 26:17-29; 막 14:12-25; 눅 22:7-23; 고전 11:17-32)에 대한 성경의 주요 본문이 강조하는 것을 요약해 보자.[17]

주님의 만찬이 무엇이고, 무엇을 하는 것이며, 무엇을 위한 것인지 정확하게 알수록 그리스도인은 더 크게 성장할 수 있다.

① 언약의 표이자 날인인 세례와 성찬인 성례로 언약관계를 맺는 것이 아니다. 세례와 성찬은 그 전에 있었던, 선택에서 비롯된, 약속으로 시작된, 은혜로 확립된, 성부가 주도하신, 성령이 내리신, 그리스도가 뒷받침하신, 믿음으로 맺은 언약관계를 상징하고 뒷받침한다.

② 성례인 세례와 성찬은 하나님의 보증이다. 하나님의 언약에 대한 우리의 믿음을 강하게 하고 자라게 한다. 그래서 성례를 날인에 빗대는 것이다.

③ 하나님은 빵과 포도주 '안'에 임재하지 않으시지만, 성찬의 모든 비유는 영광스럽고 은혜로운 하나님의 임재에 대한 약속을 빼놓지 않는다. 우리는 성령에 의해 하나님의 임재를 느낀다. 다시 말해, 성례를 통해 특별히 반복해서 행하는 성찬을 통해 우리는 "나는 너희 하나님이 되겠고 너희는 내 백성이 되리라"(렘 7:23)는 궁극적 약속과, "하나님이 우리와 함께 계시다"(마 1:23)는 궁극적 소망과, "하나님의 나라 잔치에 참여하리니"(눅 13:29)라는 궁극적 친교를 미리 맛본다.

④ 성례에는 객관적인 면과 주관적인 면뿐 아니라 내부적인 면과 외부적인 면도 있다. 칼빈이 지적했듯이 표상(외면)과 표상이 뜻하는 것(내면)의 차이를 인정하지 않으면 성례는 허물어진다. 더욱이 객관적인 것(표상)은 주관적인 것(표상이 뜻하는 현실)을 위해 존재한다. 따라서 중요한 객관적 수단(믿음)과 결과(믿음의 강성과, 은혜와 확신의 성장) 없이 성례의 효과에 대해 말하면, 성찬에 대한 성령의 목적과 역사를 놓치게 된다.

⑤ 성례에 참여하는 것과 성례가 현실화 되는 것은 별개의 문제다. 성례는 하나님의 목적을 이루는 효과가 있지만 언제나 그런 것은 아니다. 이스마엘과 시몬은 늘 존재하기 마련이다. 불변하는 객관적인 효과를 바라는 사람들, 즉 성례에 참여하고는 자동적으로 은혜가 임하길 바라는 사람들은 성경의 언약 사상의 지지를 받을 생각은 조금도 하지 말고 로마나 콘스탄티노플로 가야 한다.

⑥ 주님의 만찬에 대한 본문에 그리스도의 육체가 현현하리라는 대목은 전혀 없다. 살과 피라는 말은 언약 제물인 그리스도를 묵상하라는 뜻이다.[18]

⑦ 신약성경에 기록된 주님의 만찬은, 첫째 그리스도의 구원에 대해 하나님께 감사하고, 둘째 언약의 음식을 먹으면서 그리스도의 죽음을 새 언약으로 여기며 기념하고, 셋째 헤아릴 수 없이 중요하고 영광스러운 그분의 구원의 죽음을 선언하며, 넷째 그분만 아니라 그분의 몸인 백성들과도 사귀라고 우리를 강하게 촉구한다.

● ● ● **유아성찬과 맺는말**

동방정교회가 오랫동안 전유했던 유아성찬(신앙고백을 하지 못하는 유아와 어린이들에게 성찬을 허락하는 것)이 자유주의와 고교회 개신교 진영(과 예외적으로 소수의 보수적인 개혁 진영)에도 들어왔지만, 대다수 복음주의 피도뱁티스트와 크리도뱁티스트는 예수 그리스도를 믿는 신자만이 성찬에 참여해야 한다는 데 동의한다. 따라서 '복음이 증언 하듯이 예수 그리스도만이 구주가 되심을 믿고, 그리스도의 몸인 교 회의 일원이라는 표(세례)가 있는 사람'만이 주님의 만찬을 합당하게 먹을 수 있다. 주님의 만찬은 주 예수 그리스도 안에서 주님의 몸, 즉 교회를 분별할 줄 아는 신자를 위한 것이다(고전 11:29).

복음연합의 신앙고백서 12항에 대한 설명을 마치면서, 성례의 속 성에 대해 성경이 가르치는 핵심을 간추려보자. 하나님의 성례나 언 약의 표와 날인은 '보이는 말씀'이다(아우구스티누스). 우리는 그 안에 서 하나님의 약속을 본다. 우리는 성례를 통해 말씀을 보고 맡고 만지 고 맛본다. 하나님은 우리가 성경을 봉독하고 설교를 들을 때 우리의 마음과 양심에 말씀하신다. 성례식에서는 특별히 다른 감각을 통해 우리의 마음과 양심에 말씀하신다. 하나님의 약속은 감각적으로 구체 화된다. 성례는 언약의 표이자 날인으로, 약속을 환기하고 보증한다. 즉, 하나님이 백성에게 주신 은혜로운 약속을 확증한다.

성례는 하나님이 능력과 은혜로 이루신 언약의 현실을 서명(상징) 하고 날인(승인)하기 위해 하나님이 정하신 행동이다. 하나님은 이것 이 중요하다 말씀하셨고, 백성은 오직 믿음으로 그 현실에 들어간다. 그러므로 약하고 무른 믿음을 가진 인간은 은혜로운 보증을 반긴다. 성례의 속성은 하나님이 말씀하신 약속을 보완하고 보증한다. 성례가 전하는 은혜는 설교가 전하는 은혜와 같다. 성례는 신자를 거룩하게 하기 때문에 선택받은 사람에게만 효력이 있다.

만물의 회복

13

샘 스톰스(Sam Storms)

"죽으시고, 부활하시고, 다시 오실 그리스도!" 간단한 노래가사지만 복음은 종말론과 밀접한 관련이 있다는 중요한 사실을 보여준다. '죽으시고' '부활하시고'의 두 과거시제는 그리스도인이 '다시 오실 그리스도'를 소망하며 기다리는 바탕을 이룬다. 간단히 말해, 하나님이 성자의 생애와 죽음, 부활을 통해 '하신' 일은 종말에 그분이 '하실' 일의 기반이다.

그리스도인의 소망은 불확실한 미래가 무서워 움켜쥐는 지푸라기가 아니라 2천 년 전에 밝혀진 현실에 뿌리를 깊이 내린 확신이다. 그리스도의 구원의 효과와 하나님 우편에 앉으신 주님으로서 부활과 영전은, 그리스도가 재림하고 새 하늘과 새 땅에서 하나님의 영원한 목적이 완성될 날을 기다리는 모든 그리스도인의 소망의 근거다.

종말에 대한 그리스도인의 소망은 복음연합의 신앙고백서 마지막 13항에 잘 요약되어 있다. 복음주의 교계의 다양한 종말론을 모두 담지는 않았지만, 성경의 권위를 인정하는 사람들이 동의하는 종말론적 소망에 대한 핵심을 헤아려 썼다. 하나님의 종말 목적에 대한 논의를 해치는 교파와 교단의 특징을 배제했으므로, 복음주의자들이 폭넓게 받아들일 만한 신앙고백이다.

> 우리는 주 예수 그리스도가 거룩한 천사들과 더불어 친히 영광스럽게 재림하실 것을 믿는다. 그분은 최후 심판을 하실 것이고, 하나님나라가 완성될 것이다. 우리는 의인과 죄인의 몸이 부활할 것을 믿는다. 주님의 가르침대로 죄인은 심판을 받아 지옥에서 영원한 형벌을 받는다. 의로운 본향 새 하늘과 새 땅에서, 의인은 어린양과 하나님의 보좌 앞에서 영원한 복을 누린다. 그날 교회는 그리스도의 순종과 고난과 승리에 의해 깨끗한 모습으로 하나님 앞에 나아간다. 모든 죄는 없어지고, 죄의 비참한 결과는 영원히 사라진다. 하나님이 전부가 되시고, 그분의 백성은 형언할 수 없이 거룩한 하나님께 사로잡히며, 만물은 그분의 영광스러운 은혜를 찬양한다.

하나님나라의 도래와 완성

그리스도인의 "복스러운 소망"과 성경적 종말론의 중심주제는 "우리의 크신 하나님 구주 예수 그리스도의 영광이 나타나심"(딛 2:13)[1]이다. 그때 그분은 하나님나라를 완성하실 것이다. 하나님나라가 완성될 때 무슨 일이 일어나는지 알려면, 그리스도가 처음 오셨을 때 시작된 하나님의 주권적 통치에 대해 먼저 알아야 한다. 앞서 말했듯이 미래의 열쇠는 과거에 있다.

그리스도가 1세기에 선포하신 하나님나라는 당시 유대인들의 열망과 나란히 세워보기도 하고 맞세우기도 해야 한다. 1세기 이스라엘 사람들의 희망은, 하나님이 아브라함과 그 후손에게 약속하신 땅을 지배하는 것이었다. 아울러 영원한 보좌, 최고의 국가, 무엇보다 권능과 영광으로 하나님의 백성을 다스리는 왕의 임재를 열망했다. 예수님 당시 유대인들의 가슴에서 고동치는 물음은 '야훼가 언제 메시아를 보내 우리를 압제자들에게서 구원하고 조상들에게 하신 약속을 지키실 것인가? 하나님이 약속하신 나라가 어디서 완성될 것인가?' 하는 것이었다.

그리스도가 직접 "때가 찼고 하나님의 나라가 가까이 왔으니 회개하고 복음을 믿으라"(막 1:15, 그리고 마 3:2; 4:17, 23; 10:7; 눅 4:43; 10:9 참조)고 하셨으니, 그분 사역의 중심이 '하나님나라의 도래'를 선포하는 것임을 부정할 사람은 없다. 구약성경의 유대인들은 하나님이 직접 원수를 무찌르고, 이스라엘 백성의 원한을 풀며, 그들을 회복하여 가장 부강한 나라로 만들고, 다윗의 왕위를 계승한 왕이 권능과 영광으로 세상을 다스리는 나라가 하나님나라라고 생각했다.

N. T. 라이트(N. T. Wright)에 따르면 "1세기 전반의 평범한 유대인에게 하나님나라는 이스라엘을 회복하고, 이교도를 정복하며, 평화와 정의와 번영을 누리는 것이었다. 하나님나라가 도래하고 이스라엘의 하나님이 마침내 왕이 되실 거라고 외치는 예언자가 나타나면 유대인들은 열심히 경청했다."[2] 중요한 문제는 야훼가 시온으로 돌아와 자신의 백성에게 임하여 그들을 용서하고 회복할 때가 언제냐는 것이었다. 라이트가 이어서 말한다.

유대인의 희망은 구체적으로 명확하게 백성 전체에 집중되어 있었다. 빌라도가 여전히 유대를 통치한다면 하나님나라가 아니다. 성전이 재건되지 않는다면 하나님나라가 아니다. 메시아가 오지 않는다면 하나님나라가 아니다. 이스라엘이 토라를 제대로 지키지 않는다면(그 기준이 무엇이든) 하나님나라가 아니다. 이교도들이 패망하지 않거나 시온으로 몰려와 가르침을 구하지 않는다면 하나님나라가 아니다. 이렇듯 구체적이고 현세적인 면이 무척 중요했다.[3]

예수님 당시의 종교지도자들과 일반 시민들에게 하나님나라의 도래는 민족의 해방과 이교도 압제자들에 대한 군사적 승리였다. 세례 요한도 그렇게 여겼던 탓에 예수님에 대한 확신이 흔들렸다.

요한이 옥에서 그리스도께서 하신 일을 듣고 제자들을 보내어 예수께 여쭈오되 오실 그이가 당신이오니이까 우리가 다른 이를 기다리오리이까 예수께서 대답하여 이르시되 너희가 가서 듣고 보는 것을 요한에게 알리되 맹인이 보며 못 걷는 사람이 걸으며 나병환자가 깨끗함을 받으며 못 듣는 자가 들으며 죽은 자가 살아나며 가난한 자에게 복음이 전파된다 하라 누구든지 나로 말미암아 실족하지 아니하는 자는 복이 있도다 하시니라 (마 11:2-6)

예수님이 요한의 제자들에게 하신 말씀은, 자신과 자신의 사역에서 구약성경의 소망과 축복이 성취되었다는 것이다. 그러나 유대인들의 예상과는 맞지 않았다. 그래서 요한은 확신이 부족했다.

'종말이 완성되지 않고' 예수님 안에서 성취되었다는 것은 뜻밖의 내용이었다. 구약성경의 예언자들이 대망했던 하나님이 이스라엘에 약속하신 메시아 나라의 도래는, 예수님과 그분의 사역 안에서 이루어졌지만 완성되지는 않았다. 주님 당시의 유대인들은 구약성경에서 읽었던 이스라엘의 정적을 완전히 무찌르고, 축복된 평화와 번영의 시대를 여는 하나님나라의 완성을 기대했다.

그러나 주님은 하나님나라가 종말에 완성되기 전에, 영과 능으로 자신과 사역 안에 임했다는 메시지를 전하셨다. 그러므로 하나님나라는 현재 하나님이 영으로 통치하시는 것과, 권능과 영광으로 다스릴 미래의 나라를 모두 가리킨다. 따라서 조지 래드(George Ladd)가 내린 결론은 옳다.

> 종말이 이르기 전에 하나님나라는 예수님과 사역을 통해 사람들 사이에서 역동적으로 움직인다. 이 시대에 하나님나라는 사람이 복종해야만 하는 하나님의 보편적 통치라는 추상적인 개념이 아니라 사람들 사이에서 역사하는 역동적인 능력이다. … 하나님나라가 종말에 임하고 새 시대를 알리는 그분의 통치가 마지막으로 나타나기 전에, 하나님은 사람들에게 구원의 통치의 축복을 내려 자신의 통치와 나라를 나타내신다.[4]

예수님은 요한의 물음에, 사탄을 제압하신 것을 하나님나라 통치의 예로 드셨다. "하나님나라와 관련해 예수님이 귀신을 쫓아내셨다는 것은, 하나님나라가 종말에 사탄의 악과 파괴를 정복하기 전에 사탄의 왕국을 침략해 그를 패배케 했다는 뜻이다."[5] 마찬가지로 예수님의 말씀은 하나님나라의 임재를 구현하고 표현한다. "예수님이 선포하신 말씀 자체는 선포된 내용을 성취한다. 포로가 놓이고, 맹인이 보고, 억눌린 자가 풀린다. … 주님의 메시지는 새 시대를 열고 … 메시아의 성취의 기적이 이루어진다. 하나님나라가 말씀으로 임한다. 복음은 메시아의 가장 큰 기적이다."[6]

따라서 하나님나라는 사람들을 역동적으로 구원하고 다스리는 하나님의 통치, 즉 그분의 주권이다. 하나님나라가 나타나는 데는 두 가지 결정적이고 극적인 순간이 있다. 첫째, 성자가 역사 속으로 처음 강림하여 사탄을 패배시키고 사람들이 하나님의 복된 다스림을 누리는 순간이다. 둘째, 역사의 종말에 성자가 재림하여 마침내 원수를 영원히 멸망시키고 자신의 백성과 만물을 악에서 구원하여 새 하늘과 새 땅에서 영원히 통치하시는 순간이다.

하나님의 구원 통치라는 뜻밖의 모습으로 나타난 하나님나라가 바로 마태복음 13장에서 비유하고 있는 '신비로운' 형태의 하나님나라다. 물론 하나님이 자신의 나라를 세우신다는 것은 비밀도 아니고 신비도 아니다. 하나님나라가 권능과 영광으로 임한다는 것도 비밀이 아니다. 신비로운 것은 하나님이 자신의 나라를 세우는 목적에 대한 새로운 선언이다. 구체적으로 말하면, 권능과 영광으로 장래에 임할 하나님나라는 '이미 숨겨져 세상 안으로 들어와' 사람들 사이에서 은밀하게 역사하고 있다는 것이다(막 4:26-32). 래드가 이어서 설명한다.

'하나님나라의 신비'는 하나님나라에 대해 예수님이 가르치는 특유한 요소를 이해하는 열쇠다. 예수님은 하나님나라가 가까이 왔다고 선언하셨다. 사실 사람들에게 임했다고 말씀하셨다(마 12:28). 하나님나라는 그분의 말씀과 메시아의 사역에 있었다. 그분 안에 있었고, 메시아의 구원으로 임했다. 구약성경의 예언은 성취되었다. 그러나 하나님나라의 도래와 임재는 전혀 자명하지 않다. 계시가 아니고서는 이해할 수 없는 부분이 있다. 하나님나라의 임재는 구약성경의 대망이 성취된 것이지만, 사람들이 예상하지 못한 방식으로 성취되었다. 하나님나라가 종말에 권능으로 영광스럽게 임하기 전에, 종말론적인 하나님나라의 능력이 인간의 역사 안으로 들어가 사탄의 왕국을 궤멸시키고 사람들을 구원하고 다스리는 것이 하나님의 목적이었다. 이렇듯 하나님나라는 인간의 역사에 새롭게 나타나고, 한 사람 예수 그리스도에게 집중되었다.[7]

그러므로 하나님나라는 그리스도의 초림과 재림에 맞춰 두 번 나타난다. 그분은 먼저 하나님의 의를 회복하시고, 자신의 백성을 구원하기 위해 미천한 몸으로 태어나 고난당하고 죽으셨다(롬 3:23). 바울은 이런 뜻으로 "그가 우리를 흑암의 권세에서 건져내사 그의 사랑의 아들의 나라로 옮기셨으니 그 아들 안에서 우리가 속량 곧 죄 사함을 얻었도다"(골 1:13-14)라고 말했다. 그분은 죄의 저주 아래 있는 땅을 풀어주고, 자신의 백성을 영화롭게 하며, 새 하늘과 새 땅이 영광스럽게 완성되는 날, 주권자로서 영원히 다스리기 위해 능력과 위엄으로 재림하실 것이다.

그러므로 우리는 하나님나라를 "현재 사람이 믿을 수도 있고 불신할 수도 있는 의의 나라나 구원의 나라, 그리고 미래에 영광스럽게 드러날 권능의 나라"로 여겨야 한다. "전자는 밖으로 드러나는 것 없이 미미하게 시작되었고, 그것을 믿는 사람이든 믿지 않는 사람이든 종말까지 어울려 살아야 한다. 그 다음, 하나님나라는 권능과 영광으로 웅장하게 모습을 드러낼 것이다. 하나님나라는 도래할 것이다. 종말이 이르면 하나님의 뜻은 모든 곳에서 영원히 이루어질 것이다."[8]

부활

종말론적 소망을 가진 신자가 자주 간과하는 것이 몸의 부활이다. 그리스도인이 아무런 형체도 없이 천상의 영적인 안개 속을 둥둥 떠 다니며 이리저리 움직일 것이라는 일반적인 생각은 성경보다는 그리스 철학의 이원론에서 비롯되었다. 하나님의 백성은 부활한 몸으로 영원히 살 것이다. 영광스럽게 부활한 몸일지라도 물질이 아닌 다른 몸은 아닐 것이다. 바울은 우리가 어떻게 부활할 것인지 고린도전서 15장 50-57절에 명확하게 기록했다.

형제들아 내가 이것을 말하노니 혈과 육은 하나님나라를 이어 받을 수 없고 또한 썩는 것은 썩지 아니하는 것을 유업으로 받지 못하느니라 보라 내가 너희에게 비밀을 말하노니 우리가 다 잠 잘 것이 아니요 마지막 나팔에 순식간에 홀연히 다 변화되리니 나팔 소리가 나매 죽은 자들이 썩지 아니할 것으로 다시 살아나고 우리도 변화되리라 이 썩을 것이 반드시 썩지 아니할 것을 입겠고 이 죽을 것이 죽지 아니함을 입으리로다 이 썩을 것이 썩지 아니함을 입고 이 죽을 것이 죽지 아니함을 입을 때에는 사망을 삼키고 이기리라고 기록된 말씀이 이루어지리라 사망아 너의 승리가 어디 있느냐 사망아 네가 쏘는 것이 어디 있느냐 사망이 쏘는 것은 죄요 죄의 권능은 율법이라 우리 주 예수 그리스도로 말미암아 우리에게 승리를 주시는 하나님께 감사하노니

바울의 선언에서 "혈과 육은 하나님나라를 이어 받을 수 없고"(50절)라는 말은 중요한 표현이다. 간단히 말하면, 부패하고 썩는 것은 불후의 나라 불멸의 나라를 가질 수 없다는 것이다. 살아있는 것("혈

과 육")도 죽은 것("썩는 것")도 그 상태로는 하나님나라를 상속할 수 없다.

그 다음 바울은 중생보다는 부활을 강조하는데, 그리스도가 재림하실 때 신자는 마침내 부활하여 영화롭게 된다고 말한다(살전 4:13-18). 요컨대 그리스도가 재림하실 때 부활과 영화에 의해 몸과 영이 마침내 변화된 사람들만이 하나님나라를 상속한다.

고린도후서 5장 1-5절은 부활에 관한 매우 중요한 본문이다. 여기서 바울은 몸의 죽음을 천막을 걷는 일에 비유한다. 그러나 죽음에 절망할 필요는 없다. "하나님께서 지으신 집 곧 손으로 지은 것이 아니요 하늘에 있는 영원한 집이 우리에게 있는 줄"(1절) 알기 때문이다. 여러 설명 가운데 가장 좋은 설명은, 우리가 영원히 갖게 될 '영화롭게 부활한 몸'이다.[9]

이 견해를 반박하는 사람들은 바울이 미래시제로 '우리에게 있을 줄'이 아니라 현재시제로 "우리에게 있는 줄"이라고 했다는 데 주목한다. 신자가 죽으면 즉시 영화로운 몸이 생긴다는 뜻인 듯하다. 그러나 고린도전서 15장 22-28절, 51-56절, 데살로니가전서 4-5장, 요한일서 3장 1-3절에서 보듯이, 영화는 그리스도가 재림하실 때 이루어진다는 사실과는 대립한다.

더욱이 성경에는 장래에 일어날 일이지만 무척 확실하기에 이미 일어난 일처럼 현재시제를 사용하는 것이 적절할 때가 많다. 따라서 바울이 현재시제로 표현한 "있는"도 '즉시' 생기는 것이라기보다는 '영원히' 있는 것이라는 의미로 쓰였을 것이다. 그는 소망의 언어로 말한 것이다.

바울이 현재시제를 쓴 것은, 하늘나라에 있는 성도들이 육체의 죽음과 최후 부활 사이의 시간을 느끼지 못하거나 의식하지 못해, 죽음 후에 몸이 즉시 부활하는 것처럼 '보이기' 때문이라고 주장하는 사람도 있다. 그러나 성경은 죽은 사람들이 중간 상태를 의식한다는 것을 분명하게 가르친다(고후 5:6-8; 빌 1:21-24; 계 6:9-11). 죽은 신자가 "세상을 떠나서 그리스도와 함께" 있고(빌 1:23), 그리스도가 오실 때 그분과 "함께"(살전 4:17) 있다면 사람이 죽음과 부활 사이를 의식할 수 있는 듯하다. 그래서 우리는 이것을 '중간' 상태라고 한다.

바울은 자신이 죽을 가능성(혹은 확률)을 그려보는 듯하지만, 그리스도가 오실 때까지 살아있기를 바란다.

참으로 우리가 여기 있어 탄식하며 하늘로부터 오는 우리 처소로 덧입기를 간절히 사모하노라 이렇게 입음은 우리가 벗은 자들로 발견되지 않으려 함이라 참으로 이 장막에 있는 우리가 짐진 것 같이 탄식하는 것은 벗고자 함이 아니요 오히려 덧입고자 함이니 죽을 것이 생명에 삼킨 바 되게 하려 함이라 곧 이것을 우리에게 이루게 하시고 보증으로 성령을 우리에게 주신 이는 하나님이시니라 (고후 5:2-5)

여기서 바울은 그리스도가 오실 때까지 자신이 살아있기를 바란다. 그러면 몸이 죽을 필요가 없고, "벗은 자"(3절)나 "벗고자 함"(4절)으로 표현된 몸과 영혼의 분리를 겪지 않아도 될 테니 말이다. 그가 영화롭게 부활한 몸으로 즉시 주님을 만나고 싶어했던 것은 이해할 만하다.

바울은 고린도후서 5장 2절에서 처소를 입는 비유를 쓰는데, 이것은 4절에서 다시 반복되고 확장된다. 그러나 이것은 단순히 옷을 입는 것이 아니라 옷 위에 옷을 껴입는 것이다. 바울이 현재 입고 있는 몸에 하늘의 몸이라는 외투를 덧입는 것이다. 이렇게 하늘의 영광의 몸은 우리 몸을 덮을 뿐 아니라 흡수하고 변화시킨다(빌 3:20-21; 고전

15:53).

바울(또는 우리)이 그리스도의 재림까지 살아있다면 그는 몸에서 분리된 상태가 아니라 현재의 몸으로 주님을 만날 것이다. 몸이 없다는 것은 벗었다(고후 5:3)는 것이다. 분명히 바울은 육체의 죽음과 일반적인 부활(4절, "벗고자 함") 사이의 육체이탈 상태를 떠올렸을 것이다.

그런데 더 이상 부패나 질병의 영향을 받지 않는 영광스럽고 영원한 몸을 하나님이 주실 것이라고 어떻게 확신할 수 있는가? 대답은 간단하다. 성령이다! 바울이 고린도후서 5장 5절에서 말한 것은 "'성령의 열심'은 정적인 담보물이 아니다. 성령은 신자에게 생명을 주고 예수 그리스도를 죽음에서 일으킨 그 능력으로 역사하여, 사멸할 몸이 영광스럽게 완성될 구원의 몸을 입도록 준비하신다"는 것이다.[10]

그리스도인에게 죽음은 두려워할 것이 아니다. 무슨 질병을 앓고 무슨 고통을 겪든 성령은 우리에게 그리스도처럼 영화롭게 변화된 몸, 질병도 고통도 부패도 없는 영원한 처소인 몸을 약속하신다. 바울은 그리스도가 재림하실 때까지 살아있는 것이 가장 좋다고 말하는 듯하다. 그러면 신자는 자신이 입고 있는 '옷'(육체)이 즉시 영광스러운 '옷'(영원한 부활체)으로 변할 테니 말이다. 바울은 '알몸'이 되는 것을 바라지 않았고, 시간의 옷 위에 영원한 옷을 입어 영원한 옷이 시간의 옷을 회복하고 변화시키길 원했다.

사도 바울은 조심스럽게 신자의 부활과 마지막 영화가 자연에 걸린 저주를 풀 것이라고도 했다.

생각하건대 현재의 고난은 장차 우리에게 나타날 영광과 비교할 수 없도다 피조물이 고대하는 바는 하나님의 아들들이 나타나는 것이니 피조물이 허무한 데 굴복하는 것은 자기 뜻이 아니요 오직 굴복하게 하시는 이로 말미암음이라 그 바라는 것은 피조물도 썩어짐의 종 노릇 한 데서 해방되어 하나님의 자녀들의 영광의 자유에 이르는 것이니라 피조물이 다 이제까지 함께 탄식하며 함께 고통을 겪고 있는 것을 우리가 아느니라 그뿐 아니라 또한 우리 곧 성령의 처음 익은 열매를 받은 우리까지도 속으로 탄식하여 양자 될 것 곧 우리 몸의 속량을 기다리느니라 (롬 8:18-23)

피조물의 해방은 하나님의 자녀와 떼려야 뗄 수 없는 관계다. 하나님의 아들들이 나타날 때(롬 8:19) 자연은 해방을 맛보게 될 것이다. 그래서 자연만물은 하나님의 아들들이 나타나기를 고대하고 있다.

피조물은 그리스도의 재림과 우리의 영화를 간절히 기다리는데, 그 때가 되면 자연도 "썩어짐의 종 노릇"을 그만두고 "하나님의 자녀들의 영광의 자유"를 만끽하게 될 것이다(21절). 피조물이 하나님의 아들들이 나타나기를 기다리는 것(19절)은 피조물도 그 자유를 누려야 해방되기 때문이다(21절). 다시 말하면, 하나님의 자녀와 자연은 현재의 고통과 미래의 영광으로 밀접하게 얽혀 있다. 자녀와 자연은 같이 타락했듯 같이 회복될 것이다.

그리스도가 재림하실 때 우리는 완전한 구원을 누릴 것이다. 그 전까지 영혼과 육체를 더럽힌 모든 죄악은 깨끗이 사라질 것이다. 바울의 요점은 만물도 그렇듯 완전하게 해방되기 때문에 그날을 기다린다는 것이다. 자연이 현재의 부패에서 완전하게 해방되지 않는다면 우리의 완전한 마지막 구원도 심각한 손상을 입는다.

자연 만물도 "하나님의 자녀들의 영광의 자유"에 이를 것이므로, 자연이 조금이라도 불완전하다면 그리스도인에게도 그런 점이 발견될 것이다. 만물이 완전하게 구원받지 못한다면 우리도 마찬가지다.

그러므로 피조물의 구원과 영광은 '우리와 겹쳐서 동시에' 나타날 것이다.

심판

사도 바울은 고린도후서 5장에서 최후 심판이 확실히 있을 거라고 말한다. "그런즉 우리는 몸으로 있든지 떠나든지 주를 기쁘시게 하는 자가 되기를 힘쓰노라 이는 우리가 다 반드시 그리스도의 심판대 앞에 나타나게 되어 각각 선악간에 그 몸으로 행한 것을 따라 받으려 함이라"(고후 5:9-10).

고린도후서 4-5장을 넓게 보면, 이것은 신자를 대상으로 하는 심판이다. 머레이 해리스(Murray Harris)는, 바울이 모든 사람의 행실에 대한 보상을 말할 때면 "모든 사람에게 해당하는 두 가지 형태의 행동(고후 5:10 '선악 간에 행한 것')이 아니라 서로 섞일 수 없는 두 가지 부류의 사람(롬 2:7-10)에 대해 설명한다"[11]고 지적했다.

심판의 초점은 영원한 운명이 아니라 보상이다(요 3:18; 5:24; 롬 5:8-9; 8:1; 살전 1:10). 하나님나라에 들어갈 수 있는지를 결정하는 심판이 아니라 하나님나라 안에서 받을 축복과 신분과 권위를 결정하는 심판이다. 바울도 심판의 때에 대해서는 분명하게 말하지 않는다. 죽음 직후일까, 중간 상태 동안일까, 그리스도의 재림 이후일까? 가장 확실한 것은 죽음 이후라는 것이다(히 9:27).

그리스도가 재림하실 때 심판이 있을 거라는 증거가 있다(마 16:27; 계 22:12). 인류 역사의 종말에 크고 흰 보좌(계 20:11) 앞에서 비신자와 더불어 받게 될 심판이다.

바울은 최후 심판이 '개별적'으로('각각') 이루어진다고 강조한다. 그리스도의 몸으로서 우리의 전체성을 강조하는 것 못지않게, 우리는 개별적으로 몸에 대한 책임을 성실하게 다했는지 심판받을 것이다. "이러므로 우리 각 사람이 '자기 일'을 하나님께 직고하리라"(롬 14:12).

우리는 단순히 재판에 '출두'하는 것이 아니다. 그분 앞에서 우리가 행한 모든 것이 드러난다. 바울이 고린도전서 4장 5절에서 말했듯이 주님은 "어둠에 감추인 것들을 드러내고 마음의 뜻"을 나타내실 것이다. "적절한 보상을 하려면 자백을 듣는 것보다 하나님이 직접 심사하여 밝혀내야 한다"는 머레이 해리스의 말이 옳다.[12]

우리가 임의로 한 모든 생각, 의로운 뜻, 은밀한 기도와 행동, 기억하지 못하는 죄 또는 긍휼이 오롯이 드러나 주님의 심판을 받는다고 하니 정신이 번쩍 들지 않는가? 주님은 우리를 심판하되 정죄하지 않으신다. "그리스도 예수 안에 있는 자에게는 결코 정죄함이 없나니"(롬 8:1).

그리스도인들은 고린도후서 5장 10절에 쓰인 '심판대'(연단)라는 말이 익숙할 것이다. 이 단어는 특별히 바울과 고린도 교우들이 AD 52년에 고린도 갈리오 총독의 법정에서, 바울이 로마법을 어겼다는 혐의를 벗었던 사건(행 18:12-17)을 떠오르게 한다. 고고학자들은 고린도의 아고라 남쪽에서 그 심판대를 발견했다."[13]

그리스도가 재판장이시다. 그분은 "아버지께서 아무도 심판하지 아니하시고 심판을 다 아들에게 맡기셨으니"(요 5:22)라고 말씀하셨다. '선악 간에 그분이 몸으로 행한 것'이 심판의 기준이다. '몸'이라는 말에서 중간 상태가 아니라 이생에 대한 심판임을 알 수 있다. 우리는 주님의 '마땅한 보응'을 받을 것이다.

즉, 말 그대로 행실에 '따라' 혹은 행동한 '만큼' 심판받는다. 우리의 행실은 선(고후 5:9, 그리스도가 기뻐하시는 행동)과 악(그분이 기뻐하지 않으시는 행동)으로 나뉠 것이다.

끝으로, 바울은 심판의 결과에 대해서는 명확하게 기록하지 않지만 분명하게 암시하는 것이 있다. 모두 행한 만큼 받는다는 것이다. 행동에는 보상이 따른다. 고린도전서 3장 14-15절은 조금 더 구체적이다. "만일 누구든지 그 위에 세운 공적이 그대로 있으면 상을 받고 누구든지 그 공적이 불타면 해를 받으리니 그러나 자신은 구원을 받되 불 가운데서 받은 것 같으리라" 상이 무엇인지는 말하지 않지만, 불순종한 사람은 그 상을 잃는 해를 받을 것이다.

예수님은 하늘에서 받을 큰 상에 대해 말씀하셨지만 자세히 설명하지는 않으셨다(마 5:12). 달란트 비유(마 25; 눅 19:12-27)에서는 권위에 대해 암시하시지만 무엇에 대한, 또는 누구에 대한 권위인지는 밝히지 않으신다. 바울은 "각 사람이 무슨 선을 행하든지 … 주께로부터 그대로 받을 줄을 앎이라"(엡 6:8)고 말했다. 고린도전서 4장 5절에 따르면, 심판 후에 "각 사람에게 하나님으로부터 칭찬이" 있을 것이다. 로마서 8장 17-18절과 고린도후서 4장 17절은 하늘의 성도가 받을 영광에 대해 말한다.

물론 요한계시록 2-3장에 기록된 일곱 교회에 보내는 편지에도 살펴볼 약속이 많다. 약속을 이루실 때가 지금인지, 중간 상태인지, 재림 후인지, 그리고 봉사와 순종에 따라 보상이 달라질지, 하나님의 자녀들이 똑같이 보상받을지는 확실하게 알 수 없다(계 2:7, 10, 17, 23; 3:5, 12, 21; 마 18:4; 19:29; 눅 14:11; 약 1:12).

두 가지 결론을 내리자. 첫째, 우리의 행실은 구원을 결정하는 것이 아니라 구원을 증명한다. 행실은 구원의 뿌리가 아니라 열매다. 구원은 오직 그리스도를 믿는 믿음으로 받는다. 선한 행실은 보이지 않는 믿음의 보이는 증거로, 그리스도의 심판대에서 드러날 것이다.

둘째, 우리의 행실이 낱낱이 드러나고 평가받는다고 해서, 후회와 자책으로 천국의 축복을 망쳐놓지나 않을지 두려워해서는 안 된다. 놓쳐버린 기회에 대한 슬픔으로든 죄에 대한 부끄러움으로든, 우리가 눈물을 흘리면 주님이 직접 닦아주실 것이다(계 21:4상). 용서의 은혜에 대한 말할 수 없는 기쁨으로 모든 슬픔을 삼킬 것이고, 그리스도가 우리를 위해 은혜로 성취하신 일과 그분의 광채 외의 것은 모두 아름다운 그리스도께 완전히 가릴 것이다.

지옥과 영벌

요한계시록 14장은 지옥과 영벌에 대해 가장 명확하게 설명하는 본문일 것이다.

> 또 다른 천사 곧 셋째가 그 뒤를 따라 큰 음성으로 이르되 만일 누구든지 짐승과 그의 우상에게 경배하고 이마에나 손에 표를 받으면 그도 하나님의 진노의 포도주를 마시리니 그 진노의 잔에 섞인 것이 없이 부은 포도주라 거룩한 천사들 앞과 어린양 앞에서 불과 유황으로 고난을 받으리니 그 고난의 연기가 세세토록 올라가리로다 짐승과 그의 우상에게 경배하고 그의 이름 표를 받는 자는 누구든지 밤낮 쉼을 얻지 못하리라 하더라 (계 14:9-11)

이 문제는 복음주의자들의 전쟁터나 다름없다. 지옥에서 받는 고난은 영원한 것일까? 지은 죄에 맞게 정당하게 고난 받으면 영혼은 소멸하는 것일까? 세세토록 올라가는 고난의 연기는 고통을 영원히 느낀다는 뜻일까? 아니면 그들을 소멸시키는 영원히 돌이킬 수 없는 형벌의 결과를 뜻하는 것일까? 후자에 동의하는 사람은 '고난이 끝나지 않는 한' 밤낮 쉬지 못할 것이지만, 고난이 영원히 계속될지를 판단하려면 다른 근거가 필요하다고 주장한다.[14]

이런 논쟁에 대한 양측의 주장을 모두 검토하려면 지면이 부족할텐데, 성경에는 죄인이 고통스러운 영벌을 받는다는 것을 뒷받침하는 증거가 많이 있다. 복음연합도 이런 견해를 지지한다. 예를 들면, '파괴하다'라는 뜻을 지닌 단어들의 집합은 쓰임이 다양한데, 그중에는 존재가 사라진다는 뜻도 없고 암시조차 없는 단어도 있다. 용법을 보면, 파괴는 소멸을 전제하지 않는다. 그리고 지옥 '불'이 모든 것을 불태우고 아무것도 남기지 않고 완전히 '파괴'한다고 결론내리기 전에, 이것은 은유이므로 지옥의 존속기간을 전달할 뜻이 없는 은유로는 그런 사실을 증명할 수 없음도 알아야 한다.

신약성경에서 묘사하는 지옥은 완전한 어둠과 불못이다. 문자로만 보자면 어둠과 불이 어떻게 공존할 수 있는가? 따라서 지옥 불이 어떤 '역할'을 할 것이라는 교리적 결론을 도출하는 일은 신중해야 한다. 그렇지만 영원한 불에 던져지는 사람이 있다는 마태복음 18장 8절에 대해 의문이 드는 사람이 있을지도 모른다. D. A. 카슨의 말대로 "언젠가는 없어질 것이라면 왜 불이 영원히 꺼지지 않고 벌레들은 죽지 않느냐(막 9:47-48)"[15]는 물음은 정당한 물음이다.

또 흔히 '시대'라고 옮기는 그리스어 '아이온'(*aiōn*)이 '영원'의 뜻으로 많이 쓰였지만, '제한된 시간'이라는 뜻으로도 많이 쓰였음을 우리는 알아야 한다. 양측 모두 이 문제에 대해서는 불분명하다. 아울러 우리가 유한한 인간으로서 극악한 죄악에 대한 정당한 보상이라며 감정적으로 호소하는 것도 신중해야 한다. 과연 우리가 죄인이기 때문에 죄가 큰 것인지 '주권적이고 초월적인 하나님께 죄를 지었기 때문에' 죄가 큰 것인지 묻는 카슨의 물음은 옳다.[16] 존 파이퍼가 말하듯이 핵심은 "높은 사람에게 얼마나 오래 죄를 지었느냐가 아니라, 얼마나 높은 사람에게 죄를 지었느냐가 죄질을 결정한다"[17]는 것이다. 하나님께 죄를 지은 우리는 하나님의 영원한 영광 때문에 영벌을 받아 마땅하다.

영원한 고난은 하나님이 죄악을 완전히 이기지 못했기 때문이라고 주장하는 사람들이 있다. 그러나 그들은 죄를 '벌하지 않는' 것만이 하나님이 목적하신 것의 좌절이자 정의의 부재임을 모른다. 지옥과 죄인의 존속은 우주적 이원론보다는 악에 반대하는 거룩하고 의로우신 하나님의 영광을 더 찬란하게 보여준다.

더 큰 문제는 영벌보다는 영원한 범죄다. 지옥에 있는 죄인이 영원히 죄를 짓는다면 고난을 면해야 할 이유가 있을까?[18] 죄인이 지옥에서 죗값을 충분히 치르고 어느 시점부터 죄를 짓지 않는다면, 그들이 천국에 가지 못할 이유가 무엇인가?(지옥은 연옥으로 변한다) 그들이 지옥에서 죗값을 충분히 치르지 못한다면, 무슨 근거로 그들을 소멸하는 것이 정의롭다고 할 수 있겠는가?

마지막으로 우리는 마태복음 25장 46절과 요한계시록 20장 10-15절을 반드시 설명해야 한다. 짐승과 거짓 예언자의 정체를 뭐라고 생각하든, 사탄이 사고가 가능하고 감정과 느낌도 있다는 것을 부정할 복음주의자는 아무도 없다. 그러므로 영원한 고난을 분명히 받아야 할 자가 적어도 하나는 있다. "우리는 그를 인간처럼 동정하지 않으며, 어떤 인간보다도 훨씬 더 악하다고 기꺼이 주장한다. 그렇더라도 마귀에게 적용되는 논리가 사람에게는 적용되지 못할 이유를 알수 없다."[19]

지상 천국

그리스도인은 지상에 대한 종말론적 소망을 품지 않을 수 없다. 하나님은 구원의 최종 목표에 자연 만물의 회복도 잊지 않으셨다. 앞서 말했듯이 하나님나라는 자신의 백성에 대한 하나님의 통치를 뜻한다. 따라서 하나님나라를 믿어 영접하는 것은 하나님의 주권의 멍에를 지는 것이다. 한편 하나님의 통치는 지상의 명확한 역사적 범위 안에서 실현된다. 그러므로 하나님이 족장들에게 약속하신 땅을 제외하고는 하나님나라에 대한 의미 있는 검토가 불가능하다.[20]

약속의 땅이란, 현재 교회를 통해 성취되었거나 장래에 이루어질 영적인 축복을 비유한 것이라고 주장하는 사람들이 있다. 그러므로 가나안은 말 그대로 차지할 수 있는 영원한 유산이 아니라 미래에 받을 하늘의 영적인 축복의 모형이라는 것이다.

그런데 래드는 고맙게도 '성경적 구원관에는 늘 땅이 포함되어 있음'[21]을 상기시킨다. 복음주의자들은 그리스도가 재림하고 영원한 나라가 시작되기 전까지 천 년 동안 하나님나라가 지상에서 실현될 것으로 본다(계 20:1-10). 이 기간은, 하나님이 지상에서 백성을 다스릴 것이라는 구약성경의 약속이 실현되는 시공간(적어도 처음에는) 역할을 할 것이다.

그리스도의 왕국은 죄와 어둠의 권세를 무찌르고 역사의 전면으로 드러날 것이다. 하나님이 지상에서 백성을 다스리신다는 구약성경의 예언적 약속이, 영원한 나라가 시작될 새 땅에서 실현될 것이라고 믿는 사람도 있다. 그들의 견해에 따르면, 메시아가 하나님의 백성을 통치하실 거라는 구약성경의 약속은 문자적으로 성취될 것이다. 그러나 그 장소는 회복되지 않은 지상이 아니라 요한계시록 21-22장이 묘사하는 새 땅이 될 것이다.

구약성경에서 새 하늘과 새 땅에 대한 주요 본문은 이사야 65장 17-25절(또 66:22)이다. 그런데 이 본문은 전천년설이든 후천년설이든 무천년설이든 모든 종말론에 문제를 일으킨다. 특별히 20절과 23절이 난해하다. 새 하늘과 새 땅에서는 "날 수가 많지 못하여 죽는 어린이와 수한이 차지 못한 노인이 다시는 없을 것이라 곧 백 세에 죽는 자를 젊은이라 하겠고 백 세가 못되어 죽는 자는 저주 받은 자"(20절)가 된다. 그리고 23절에서는 그 기간에 사람들이 아이를 낳는다는 암시가 있다. 이사야가 묘사하는 것이 영원한 나라의 새 하늘과 새 땅이라면, 완전하지 않은 듯한 하나님 백성의 모습을 설명할 책임은 특정한 종말론을 주장하는 사람들뿐 아니라 모든 그리스도인에게도 있는 셈이다.

우리는 예언서를 해석하는 한 방법을 통해 이 문제를 해결할 수 있다.

예언자는 자신이 이해할 수 있는 범위에서 예언을 선포한다. 다시 말하면, 예언에 쓰이는 언어는 예언자와 청중의 역사적 문화적 배경에 좌우된다. … [그러므로] 신정 국가의 확장과 영광이라는 미래의 나라를 예언할 때면 다윗과 솔로몬의 치세가 자주 병기된다. 이렇듯 예언자는 동시대인에게 익숙하고 만족스러운 '이상적인 과거'로 미래를 묘사한다. 즉, '반복 종말론'(recapitulation eschatology)은 미래를 나라의 옛 영광이

재현되는 것으로 그린다.[22]

갈링턴(Garlington)의 요점은, 구약성경의 필자들이 자신과 동시대인에게 익숙한 사회와 문화에서 차용한 용어, 형상, 개념으로 미래에 대해 말했다는 것이다. 예언자는 오랜 시간이 지난 후 그리스도의 강림으로 변화될 전혀 새로운 세상에서 자신의 예언이 어떻게 실현될지 완전히 알 수 없다. 그래서 청중의 믿음과 두려움, 소망을 새 하늘과 새 땅의 영광을 비롯해 하나님의 종말론적 목적으로 덧입힌다. 따라서 예언자는 미래의 일을 선포할 때 영토, 법률, 예루살렘, 성전, 제사제도, 제사장직 등 현재와 과거에 존재했던 언어와 현실을 사용한다.[23]

또 청중에게 익숙한 동시대의 현실을 이용해 선포한 예언은, 그런 현실을 초월해 성취된다는 것도 알아둘 필요가 있다. 약속은 흔히 단계적으로 또는 격화되면서 실현된다.

따라서 '이상적인 현재'를 과장하는 것도, 예언자가 아직 계시의 전부를 이해할 수 없는 사람들에게 새 하늘과 새 땅이라는 현실적인 미래의 영광에 대해 선포하는 방법이다.[24] 우리는 백 세에 죽는 일을 요절로 여기고, 다시는 영아의 사망으로 고통을 겪지 않을 시대를 선포하는 이사야의 예언을 듣고, 청중이 어떤 표정을 지었을지 상상할 수 있다.

새 하늘과 새 땅이라는 주제는 신약성경에서 크게 확대되어, 하나님이 회복하실 만물의 중심을 이룬다. 가장 뚜렷하게 드러나는 곳은 히브리서 11장이고, 그 다음은 요한계시록 21-22장이다. 히브리서는 아브라함이 마침내 약속의 땅에 도착했을 때, 그가 "이방의 땅에 있는 것 같이"(히 11:9, 13) 외국인과 나그네였다고 말한다. 그에게는 땅을 소유할 권리가 없었는데, 어떻게 땅을 유업으로 받을 수 있느냐고 물으면 본문은 즉시 답한다. "이는 그가 하나님이 계획하시고 지으실 터가 있는 성을 바랐음이라"(히 11:10).

이것은 하나님이 그들을 위해 준비하신 성(히 11:16)으로, 히브리서 12장 22절에서 "살아 계신 하나님의 도성인 하늘의 예루살렘"으로 다시 언급된다. 그리고 "우리가 여기[즉 현재 지상]에는 영구한 도성이 없으므로 장차 올 것을 찾나니"(히 13:14)라는 구절에서 또다시 언급된다. 이것은 틀림없이 터 위에 세운(히 11:10) 하늘의 예루살렘(히 12:22)을 가리킨다.

이것과 관련해 요한은 "하나님께로부터 하늘에서 내려오는 거룩한 성 예루살렘을"(계 21:9-11) 보았다. 아브라함이 가나안에서 외국인과 나그네였던 까닭은, 그가 땅을 하늘에 있는 더 중요한 나라의 형태로 여겼기 때문이다. 구약성경이 약속하는 땅은 물론 지상의 땅이지만, 새 예루살렘을 중심으로 펼쳐진 새 땅 곧 하늘의 땅(또는 "본향", 히 11:16)이기도 하다.

그러므로 가나안 땅을 약속받은 아브라함은 그 약속이 하늘의 예루살렘에서 완전하고 영원히 성취될 날을 기대했다. 아브라함은 가나안뿐 아니라 세상을 상속할 사람이었다(롬 4:13). 히브리서 11장 9-10절에 따르면, 아브라함은 하늘의 도성에서 영원하고 완전한 축복을 받으리라 기대했기 때문에, 가나안에서 순례하는 동안의 불편과 실망을 끄떡없이 인내할 수 있었다.

이 같은 사실은 히브리서 11장 13-16절에서 또다시 드러난다. 족장들은 "또 땅에서는 외국인과 나그네임을 증언"(13절)했다. 그들은 멀리서 바라봤을 뿐 약속이 이루어지는 것을 보지 못하고 죽었다. 그들의 최후 소망은 현세에서 누릴 상속이 아니라 16절이 말하는 대로

"더 나은 본향 … 곧 하늘에 있는 것"이었다.

새 하늘과 새 땅에서 누릴 고귀한 생은 요한계시록 21-22장에서 더 생생하게 펼쳐진다. 하나님 앞에서 우리가 누릴 영광스러운 영생에 대해 설명하자면 지면이 부족하니 간단히 요약하겠다.

지상의 땅과 새 땅의 관계는 우리가 현재 가지고 있는 썩을 몸과 썩지 않을 장래의 영광스러운 몸의 관계처럼 연속과 불연속의 관계다. 우리는 지금과 똑같지만 변화된 모습으로 천국에 있을 것이다. 그러나 도래할 하늘과 땅은 새로운 시간이 아니라 질적인 면에서 새로움을 뜻하는 '새'(kainos) 하늘과 땅이다.

불연속의 한 가지 예는, 새 세상에는 바다가 없다는 것이다. 바다는 대표적으로 야훼가 싸워야 하는 악과 혼돈, 반란적 권세의 상징으로 쓰였다(욥 26:7-13; 사 17:12, 13; 27:1; 51:9-10; 57:20; 렘 46:7-12; 계 17:8; 21:1). 래드가 말했듯이 고대에 바다는 '어둠, 불가사의, 반역'을 뜻했다(시 107:25-28; 겔 28:8; 단 7:3).[25] 요한은 새 세상에는 모든 악, 부패, 불신, 어둠이 사라질 거라는 뜻으로 바다가 없을 것이라 말했다.

하나님이 자신의 백성에게 완전하게 임하시면 옛 세상의 모든 고난은 송두리째 사라질 수밖에 없다. 죄악의 영향력은 영원히 사라질 것이다(계 21:3-4). 슬픔과 고통, 부도덕으로 흘리는 눈물은 자취를 감출 것이다(사 25:8의 성취). 죽음의 원천인 죄가 멸절할 것이므로 죽음도 사라질 것이다. 슬픔과 통곡, 고난이 사라질 것이다. 이 모든 것은 이제 '다 지나간 처음 것들'이다.

새 예루살렘에는 "하나님의 영광"(계 21:11)이 있다. 구약성경에서 하나님의 영광은 성전에 나타나고 머물렀지만, 새 세상에서는 하나님이 백성들 안에 계신다. '밤'이 없다(계 21:25하)는 것은 하나님의 빛나는 임재가 언제나 열려 있다는 뜻이며, 하나님의 거룩한 광채를 어둡게 할 흑암이 없다는 뜻이다. 요한계시록 22장 5절이 말하듯이 하나님이 친히 빛을 비추시므로 어둠은 존재할 수 없다.

요한은 역사의 시작과 종말을 자주 연결시키는데, 우리는 요한계시록 22장 1절에서 그 첫 예를 찾을 수 있다. 종말에 태초의 특징이 엿보이는 것이다. 마지막이 다시 처음으로 역전된다는 뜻은 아니고, 태초의 환경이 역사에 드러난 하나님 목적의 예언적 속성처럼 보인다는 것이다. 그러나 우리가 이 본문에서 보듯 최후의 것이 모든 면에서 최초의 것을 압도한다.[26] 창세기 3장이 잃어버린 낙원에 대해 이야기한다면, 요한계시록 22장은 되찾은 낙원에 대해 이야기한다. (지상의) 천국은 에덴동산에 대한 하나님의 원래 계획이 영광스럽게 완성되는 것일 뿐이다.

우리는 천국에서 무슨 일을 할까? 하나님을 예배하고(계 22:3), 하나님을 뵐 것이다(계 22:4상; 출 33:20; 마 5:8; 요 17:24; 딤전 6:16; 요일 3:1-3). 우리는 그분을 깊이 사귀며 기뻐하고(계 22:4하), 그분의 황홀한 임재를 누릴 것이다(계 22:5상; 민 6:24-26). 우리는 영원히 다스릴 것이다(계 22:5하).

결론

앞서 보았듯이, 그리스도인에게 천국이란 하나님이 임하시는 새 땅에서 누리는 영생이다. 복음연합의 신앙고백서에서 분명히 밝히듯 "하나님이 전부가 되시고, 그분의 백성은 형언할 수 없이 거룩한 하나님께 사로잡히고 만물은 그분의 영광스러운 은혜를 찬양"하는 곳이 천국이다. 조나단 에드워즈의 말로 결론을 대신한다.

우리가 성경에서 천국에 대해 알 수 있는 것이 있다면, 천국의 성도들이 누리는 사랑과 기쁨이 매우 크고 강하다는 것이다. 형언할 수 없이 아름다운 사랑과 기쁨으로 휘몰아치듯, 강렬하고 생생한 감동을 느낀 그들은 불꽃처럼 활활 타오를 것이다. 그런 사랑과 기쁨이 사랑이 아니라면 사랑이라는 단어는 무의미하다. 성부의 얼굴과 구주의 영광을 바라보고, 그분이 하신 놀라운 일 특별히 성도를 위해 목숨을 내놓으신 일을 묵상하는 성도들이, 천국에서 덤덤히 지내고 있을 거라고 누가 말할 수 있겠는가?[27]

진리를 알 수 있을까

14

리처드 D. 필립스(Richard D. Phillips)

유명한 성경교사 제임스 몽고메리 보이스(James Montgomery Boice)는, 비행기 안에서 그가 목사인 것을 알아본 옆자리의 여자와 이야기를 나누었다. 그녀는 기독교 신앙을 반박하느라 바빴다. 먼저 원죄에 반대했다. 원죄는 터무니없는 소리라 받아들일 수 없다는 것이다. 보이스가 물었다. "알겠습니다. 그런데 그게 정말입니까?"

그녀는 이어서 심판과 지옥은 미개하고 부도덕한 생각이라고 말했다. 그러자 보이스가 말했다. "그렇군요. 그런데 그게 정말입니까?"

마지막으로 그녀는 성경이 가르치는 거의 모든 것에 반감을 쏟아냈다. 현대적이지도 않고 자신의 생각에도 맞지 않는다는 것이 설명의 요지였다. 보이스가 뭔가 말하려고 하자 그녀가 불쑥 가로막았다. "아, 알아요, 알아요. 그건 아무것도 중요하지 않아요! 또 '그게 정말입니까?' 하고 물으시려는 거죠?"

아마도 1990년쯤의 이야기일 것이다. 2010년도에 이런 대화가 오갔다면 마지막 부분은 사뭇 달랐을 것이다. 그녀는 진리가 중요하다는 것을 인정하는 대신 대화의 물꼬를 다른 방향으로 틀었을 테니까. 그녀는 이렇게 묻지 않았을까? "목사님이 믿는 것이 진리라는 걸 어떻게 알 수 있죠? 진리를 알 수 있는 사람은 아무도 없어요. 그러니까 내 생각이 중요한 거죠."

그리스도인이 오늘날 같은 포스트모던 세대에 복음의 진리를 전하고 싶다면 단순히 진리를 말하는 것으로는 부족하다. 성경을 보여주고, 성경구절이 기록된 전도용 소책자를 같이 읽는 것으로도 미흡하다. 게다가 "성경이 진리라는 걸 내가 왜 믿어야 해?"라든가 "당신에게는 진리일지 모르지만 다른 사람에게는 진리가 아닐지도 몰라."라는 말이 먼저 날아들지도 모른다. 이것은 인식론, 즉 지식과 진리에 대한 믿음과 가정에 관한 물음이다. 우리는 기독교의 진리를 전하기 전에 진리에 대한 기독교의 뚜렷한 관점부터 전해야 할 때가 있다.

진리를 안다는 것에는 하나님, 인류, 죄, 구원 등에 대한 성경적 믿음도 포함되어 있다. 시작부터 물음에 주관적 믿음을 주입한다고 반대할 사람도 있을 것이다. 진리에 대한 우리의 이론은 미리 전제하고 있는 사실이 있으니까. 우리는 그리스도인으로서 예수 그리스도와의 관계를 통해 형성된 우리의 신분과 존재를 부정할 수 없다.

이 글의 목적은 그리스도인이든 아니든 모든 사람이 받아들일 만한 객관적 인식론을 제시하는 것이 아니다. 대신 복음 신앙의 핵심적 믿음을 반영하고, 그리스도인으로서 존재의 정당성을 입증하는 진리를 인식할 수 있음을 제시할 것이다. 다시 말해, 이 글은 우리가 그리스도인으로서 진리를 안다는 데 대한 물음에 어떻게 답할 수 있는지를 보여준다.

복음을 믿지 않는 이웃과 공유할 수 있는 객관적 인식론의 기반을 세우는 편이 더 낫지 않겠느냐는 물음이 날아들 법하다. 그리스도인에게 예수님의 주권을 무시하는 객관적 인식론의 공통 기반이란 있을 수 없다. 우리는 솔직히 그렇게 할 수가 없다. 그렇다면 '거듭나면 이것을 이해할 수 있다'는 실망스러운 대답밖에는 할 수 없다는 말인가? 천만에! 그리스도인에게는 세상에 전할 복음이 있듯이, 진리와 인식론에 대한 중요한 물음에 답할 수 있는 하나님과 그리스도가 중심이 되는 답이 있다.

오늘날 진리가 처한 위기

우리는 진리를 인식하는 데 있어 두 가지 이론이 팽팽하게 맞서는 역사적인 시대에 살고 있다. 즉, '모던'과 '포스트모던'이다. 모더니티는 독립적인 인간의 이성이 효율적으로 지식을 넓히고 진리를 적용하리라는 확고한 믿음을 기반으로 여러 세대에 걸쳐 발전했다. 아이작 뉴턴의 물리학이 만유인력에 대한 지식을 생산했듯이, 모더니티도 이성이 진보하여 거의 모든 생명 분야에서 진리를 발견하리라 믿었다.

이렇듯 확고한 모더니티에 대한 믿음은 20세기의 현실 앞에서 여지없이 무너졌다. 이성은 나치 독일이나 제2차 세계대전 이후 공산주의, 서구 제국주의라는 '사실'(truths) 속에서 맥을 쓰지 못했다. 이성의 과학도 성경과 복음에 호의적이지 않았다. 합리주의 교리는 성경의 예수에 합리성을 덧입혀 여러 가지 형상의 예수를 만들어냈다.

현대적인 사고를 하는 그리스도인들이 성경의 가르침을 합리주의로 뒷받침할 때조차, 통찰력 있는 그리스도인들은 합리주의로 절대적 진리를 설명하는 것은 기독교의 겸손, 관용, 사람의 문제인 죄에 대한 가르침과 어긋난다는 것을 알았다. 21세기로 접어든 지금 우리는 복음을 전할 때 모더니티의 합리주의와 거리를 두고자 한다.

● ● ● 포스트모던의 통찰

모더니티에 대한 믿음이 무너지자 반항적인 사춘기 자녀, 즉 포스트모더니티가 탄생했다. 포스트모더니티의 주요 목표는 근대의 모든 것을 해체하는 것이다. 포스트모더니티는 기독교 사상도 비판했다. D. A. 카슨은 최근 복음주의 신학과 변증론이 비판을 받는데도 포스트모던이 비판하는 장점 몇 가지를 추렸다.[1]

첫째, 그리스도인은 콘텍스트가 인간의 이해와 믿음에 영향을 준다는 것을 인정해야 한다. '진리'는 늘 인간이 주장하는 것인데, 인간은 문화와 언어와 유산과 사회의 영향을 깊게 받는다. 장단점이 있겠지만, 성경의 같은 본문이라도 서구인의 독해와 사하라사막 이남의 아프리카 그리스도인의 독해에는 차이가 있다. 예를 들면, 서구인은 개인주의를 강조할 테고, 아프리카인은 공동체를 강조할 것이다.

절대적 진리에 대한 물음과는 상관없이, 사람은 유한한 존재이므로 진리에 대한 이해도 제한적이고 주관적이라는 포스트모더니티의 지적은 옳다. 카슨의 말대로 진리는 "유한하고 문화적 제약을 지닌 인간이 문화 속에서 표현하고 믿고 인식하는 것"이다.[2]

둘째, 우리는 진리가 계몽의 수단이라기보다 권력의 대상이 되었다는 포스트모더니티의 관심을 공유해야 한다. 이것이 죄인인 우리가 진리를 인식할 자격이 있음을 기독교의 죄 교리가 말해 주는 지점이다. 진리가 억압을 뜻하지는 않지만, 진리는 억압의 도구로 사용되었다.

셋째, 누구보다 그리스도인들이 포스트모던의 비판으로 전통적 교리와 관점에 의문을 제기한다면, 우리는 진부해진 가르침을 재고하고 재정립하고 새로 표현할 기회에 감사해야 한다. 특별히 교리를 지키고자 힘쓰는 개혁주의 교회들이 이런 기회를 활용해야 한다. 교회 리더는 날아드는 신선한 물음과 의심에 대해 성경적 토대를 재검토하고, 필요하다면 개혁과 발전을 일으켜야 할 것이다.

넷째, 그리스도인들은 모더니즘에 대항해 포스트모더니티와 동맹을 맺을 수 있다. 제2차 세계대전 당시 서구 연합국이 나치 독일에 맞서기 위해 공산주의 국가인 러시아와 동맹을 맺은 것에 비교해, 카슨은 포스트모던의 논쟁에 고마워했다. 서구 민주주의가 공산주의를 인정하지는 않았지만 러시아의 탱크를 고맙게 여겼듯, 그리스도인들도 포스트모더니티에 동의하자는 것이 아니라 믿음을 부정하는 합리주의에 맞서 포스트모던의 논쟁을 환영하자는 것이다. 카슨은 이렇게 썼다.

> 하나님의 섭리로 포스트모더니티가 모더니티를 매우 강력하게 공격할 수 있음을 입증했다. 모더니티는 4세기 동안 개혁주의 기독교를 도발하면서 발전했다. 결과는 얄궂고도 재미있다. 진리의 최후 심판자가 인간의 이성이라고 오만하게 주장했던 모더니티는, 자신을 살해할 운명의 양아들을 낳은 셈이다.[3]

포스트모던 인식론이 긍정적인 공헌을 했다면 우리는 그것을 인정해야 한다. 그러면 우리의 말을 전혀 듣지 않았을 사람들이 조금이라도 귀를 기울일 것이다.

● ● ● 포스트모던의 위기

기독교 인식론과 포스트모던 회의주의가 잘 어울린다는 뜻은 아니다. 우리는 진리를 제한적으로 안다는 것, 진리를 전하고 이해하는 데 콘텍스트의 영향을 받는다는 것, 전통 교리에 대해 다시 생각해 볼 필요가 있다는 것을 겸허하게 인정한다. 그러나 여러 포스트모던인들과는 달리 그리스도인들은 진리란 단순히 구성하는 게 아니라 실재한다는 것을 믿는다.

특별히 복음주의 그리스도인은 하나님이 진리를 계시하신다는 것을 믿는다. 따라서 진리에는 권위가 있다. 포스트모더니티는 이 지점에서 역사적 기독교와 작별한다. 포스트모던인은 결정적으로 옳은 것은 아무것도 없다는 상대주의를 은연중에 (혹은 노골적으로) 드러내며 진리의 실재를 인정하지 않는다. 각종 조사에 따르면, 오늘날 서구 문화에는 이런 사고방식이 만연해 있다. "당신은 절대적 진리를 믿는가, 아니면 모든 진리는 상대적이라고 생각하는가?" 오늘날 그리스도인을 비롯한 대다수가 결정적으로 옳은 것은 아무것도 없다는 포스트모던 신조를 긍정한다.

게다가 포스트모던인은, 설령 진리가 있더라도 유한하고 결함이 있는 인간이 진리를 알 길은 없다고 끈질기게 주장한다. 현재 서구 문화를 지배하는 포스트모던 세력은 상대주의를 유일한 절대 원리로 고수한다. 즉, 스스로 진리를 안다고 하여 나머지 사람들을 바보로 만들 권리는 누구에게도 없다는 것이다. 포스트모던인은 '나의 진리'와 '너의 진리'는 인정할지언정 스스로 진리를 안다고 독선적으로 주장하는 사람에 대해서는 독선적으로 반대한다(일반 신조에 대한 포스트모던의 신조는 예외). 결국 W. B. 예이츠(W. B. Yeats)가 쓴 유명한 시의 내용대로다. "모든 것이 무너진다, 중심을 잃었다. 세상은 혼란에 빠졌다."

포스트모던인들이 처한 위기는 자신의 주장을 믿을 수도 자신의 주장대로 살 수도 없다는 것이다. 포스트모더니티는 믿을 게 아무것도 없다. 인간은 지식과 믿음을 간절히 바라는 존재인데도 자신의 불신조차도 믿지 못한다. R. C. 스프롤(R. C. Sproul)은 기차에서 젊은 여자를 만났다. 그녀는 뉴에이지 수련회에서 돌아오는 길이었다. 그녀에게 호기심을 느낀 한 여자가 수련회에서 무엇을 배웠는지 물었다. "내가 신이란 걸 배웠어요." 스프롤은 정교한 변증론적 물음을 던졌다. "그 말을 정말로 믿는 건 아니지요?" 그녀는 "그렇지요."라고 대답했다. 진리를 부정하는 포스트모던도 마찬가지다. 진리에 반대하는 그들의 주장 자체가 포스트모던인은 아무것도 믿지 않는다는 진리이며, 포스트모던 인식론은 건축가가 자신의 건축물 안에서 길을 잃어 영원히 빠져나오지 못하는 미로가 되었다.

그래서 포스트모던인들이 진리 따위는 존재하지 않고 모든 진리는 상대적이라고 할 때, 그리스도인들은 스프롤이 기차에서 젊은 여자에게 던졌던 물음을 사용할 수 있다. "그 말을 정말로 믿는 건 아니지요?" 우리는 포스트모던인들이 진리가 상대적인 듯 살지 않는다는 것을 그리 어렵지 않게 지적할 수 있다. 결국 가장 열렬한 해체주의자들도 사람들에게 자신의 말이 이해되기를 바란다. 지식과 이해의 가능성을 믿지 않았다면 그들은 책을 쓰지 않았을 것이다. 진리에 대한 그들의 주장에 누가 반박한다면, 그들은 자신의 논증이 옳다고 주장하며 또다시 반박할 것이다!

어떤 대학의 학생들이 수업시간에 교수의 말을 반박하며, 객관적 견지에서 절대적으로 옳거나 도덕적으로 그른 것은 아무것도 없다고 주장했다. 이튿날 교수는 학생들에게 시험성적과 무관하게 모두 F 학점을 주겠다고 말했다. 학생들은 이구동성으로 외쳤다. "그건 옳지 않아요!" 교수는 자신이 상대주의에 반대한다는 것을 명쾌하게 알렸다. 아무도 그렇게 살 수 없으므로 상대주의를 믿는 사람은 아무도 없다. 이것이 포스트모던 시대에 진리가 처한 위기다. 우리 사회는 이론적으로는 진리에 반대하지만 실제로는 그렇게 살지 못한다.

모든 진리의 이면에는 하나님의 진리가 있다. 예이츠는 앞서 인용했던 시에서 이것을 포착했다. 그는 흔들려 모든 것을 무너지게 한 중심을 비난한다. 그 앞 구절에서 예이츠는 결과를 예측했다. "넓어지는 소용돌이 속에서 돌고 도네. 매는 매 부리는 사람의 음성을 듣지 못하네."

포스트모던 위기의 한계는 진리가 없이는 우리가 하나님의 음성을 들을 수 없다는 것이다. 스프롤이 기차에서 만난 여자처럼 자신의 진리를 스스로 구성하는 사람은 자신의 신도 만들어야 한다. 상대주의의 궤도를 따라가노라면 이성은 부조리에 밀려나고, 부조리는 인간을 우상의 지배로 인도한다.

기독교 인식론

불신에 물들지 않게 자신을 보호하는 것만이 진리를 지키는 것은 아니다. 기독교 인식론은 위기에 처한 세상을 사랑하는 그리스도 사역의 핵심이다. 그리스도인은 진리를 부정하는 포스트모던인을 단순히 반박하는 데 만족해서는 안 된다. 우리는 하나님이 성경에서 계시하신 것과 우리의 경험을 통해 기독교의 진리를 전해야 한다.

기독교는 모던인과 포스트모던인들에게 제3의 길을 보여준다. 모던인에게는 우리의 이성으로는 진리를 모두 알 수 없지만, 진리가 존재하며 진리를 알 수 있는 길이 있다고 해야 한다. 포스트모던인에게 는 진리가 존재하며 진리를 알 수 있는 길이 있지만, 유한하고 결함이 있는 인간이 진리를 구성할 수 있다는 것은 의심스럽다고 해야 한다. 세상은 진리를 알 수 있다는 것을 의심하면서도 진리를 간절히 알고 싶어한다. 효과적인 기독교 인식론은 복음주의 그리스도인의 믿음에 응답할 뿐 아니라 진리를 알 수 있다는 것을 세상에 알릴 수 있다.

● ● ● 하나님, 진리 그리고 현실

복음주의 기독교 인식론은 '진리는 현실에 상응한다'는 전제에서 출발한다. 모든 사람이 살고 있는 세상은 사람의 편협한 경험을 통해 주관적으로 구성할 수 있는 세계가 아니다. 하나님이 세상을 창조하 셨고, 세상은 하나님의 뜻에 따라 지탱된다.

기독교 진리의 기반은 하나님이 존재하신다는 것이다. 이런 전제는 하나님의 부재를 전제하는 현대 합리주의자와 포스트모던 상대주의 자와 구별된다. 모던인과 포스트모던인들이 아무런 전제 없이 이론을 개발한다는 뜻은 아니다. 모던인과 포스트모던인 비신자들은 하나님 의 부재를 전제하여 결국 부조리의 위기를 맞았다. 그리스도인은 프 랜시스 쉐퍼(Francis Schaeffer)의 말대로 '거기 계시는 하나님'을 전제 로 하여 진리론의 최후가 아니라 처음부터 그런 위기에서 벗어난다. 우리는 포스트모던 상대주의자들에게 하나님을 부정하여 맞이한 위 기에 대해 재고해 보라고 촉구했으니, 이제 하나님의 존재를 전제하 여 그 위기에서 벗어날 길로 초대해 보자.

물론 그 하나님은 그리스도인들이 전제하는 '하나님'이 아니라 성 경의 하나님이다. 성경은 "서로 알고 사랑하고 영화롭게 하시는, 똑같이 거룩하신 성부, 성자, 성령의 삼위로 영원히 존재하시는 유일한 하나님"을 계시한다.[4] 이 문장에는 진리에 대한 기독교의 믿음이 드러나 있다. 하나님은 여럿이 아니라 한 분이므로 하나님이 창조하신 만물에는 통일성이 있다. 한 분 하나님이 거룩하신 삼위로 존재하므로 하나님 안에는 교통(communication)이 있다. 하나님은 삼위일체이므로 인식과 계시는 하나님의 고유한 속성이다. 따라서 하나님이 창조하신 만물의 속성이기도 하다.

사도 요한은 "하나님은 사랑"(요일 4:8)이라고 했다.[5] 사랑의 속성은 알고 알리는 것이다. 성경에 따르면, 하나님은 자신의 영광을 위해 자신을 알리기 원하신다. 삼위일체 각각의 마음은 서로 영화롭게 하는 것이다. 따라서 하나님의 창조 목적은 자신의 영광을 드러내는 것이다. 다윗은 "주의 영광이 하늘을 덮었나이다"(시 8:1)라고 노래했다. 바울에 따르면, 죄의 본질은 만물에서 하나님을 보고도 "하나님을 영화롭게도 아니하며 감사하지도"(롬 1:21) 않는 것이라고 했다. 그래서 복음연합은 신앙고백서에 "그분은 보이는 것과 보이지 않는 만물의 창조자다. 따라서 모든 영광과 찬양을 받으셔야 한다"고 썼다.[6]

그리스도인이 진리가 현실에 상응한다고 믿는 것은, 성경의 하나님을 믿기 때문이다. 세상은 사람이 마음으로 투영하는 것이 아니다. 오히려 하나님은 자신의 영원한 존재에 근거한 객관적인 현실로 세상을 창조하셨다. "하나님의 영광을 선포"(시 19:1)하는 만물이 실재해야 그 목적을 성취할 수 있다.

창조된 피조물 중 으뜸은 사람이다. 사람은 하나님을 알고 하나님을 세상에 알리도록 하나님의 형상대로 지어졌다. 성경은 하나님이 자신의 형상대로 사람을 창조하셨다고 가르친다. 우리가 하나님과 비슷하게 사고할 수 있는 능력을 갖추고 있음을 뜻한다. 사람은 방법도 모른 채 하나님을 상상하는 것이 아니라 창조와 구원을 완성하시는 하나님의 지식을 통해 하나님을 상상할 수 있다. 예레미야에 기록된 새 언약이다. "작은 자로부터 큰 자까지 다 나를 알기 때문이라 … 여호와의 말씀이니라"(렘 31:34). 예수님은 "영생은 곧 유일하신 참 하나님과 그가 보내신 자 예수 그리스도를 아는 것"(요 17:3)이라고 말씀하셨다.

하나님은 자신이 드러나도록 만드신 세상에서 자신을 계시하고 싶으셨기에, 그리스도인은 계시된 진리의 실재를 믿는다. 하나님은 실재하는 세상을 만드셨고, 그 세상에서 그리고 그 세상을 통해 자신에 관한 실재의 진리를 계시하신다. 요컨대 진리는 하나님이 창조하신 실재하는 세계의 일부다. 사람이 피조물로서 포함되어 있는 그 세상은 하나님을 알게 하기 위해 특별히 진리를 알 수 있도록 창조되었다.

그러나 성경은 창조와 부활만을 가르치지 않는다. 성경은 인간이 죄에 빠져 인간의 내면과 사회가 오염됐음도 가르친다. 따라서 인간은 죄 때문에 진리를 알 수 없다. 이런 점에서 포스트모더니티가, 설령 진리가 실재하더라도 인간은 진리를 알 수 없다고 분별력 있게 지적하는 것이다.

이런 제약에는 두 가지 이유가 있다. 첫째, 인간은 죄가 없더라도 유한한 존재다. 인간은 진리의 일부만을 알 수 있으므로, 인간의 지식은 주관적이고 선택적이며 불완전하다. 둘째, 인간은 악하다. 죄의 문제를 더하면 인간은 진리를 전혀 알 수 없다. 하나님께 맞서는 악한 인간은 "불의로 진리를 막는"(롬 1:18) 성향이 있다. 바울은 인간이 악하므로 "하나님의 성령의 일들을 받지 아니하나니 이는 그것들이 그에게는 어리석게 보임이요, 또 그는 그것들을 알 수도 없나니"(고전 2:14)라고까지 했다. 인간이 이렇듯 무서운 상황에 처했는데 그리스도인이 어떻게 진리를 안다고 할 수 있는가?

죄 문제의 해답은 예수님이 우리를 죄에서 구원하신다는 복음이다. 예수님은 본디오 빌라도에게 "내가 이를 위하여 태어났으며 이를 위하여 세상에 왔나니 곧 진리에 대하여 증언하려 함이로라"(요 18:37)고 말씀하셨다. 예수님은 무지와 불신의 어둠에서 죄인을 구원하시므로 스스로 "나는 세상의 빛이니"(요 8:12)라고 말씀하셨다. 예수님은 성육신의 몸으로 하나님의 영광을 계시하기 위해 오셨을 뿐 아니라(요 1:14; 14:9), 성령을 보내서 죄인의 영혼을 살려내 진리를 알고 믿게도 하셨다. 그러므로 바울은 악한 인간은 진리를 알 수 없다고 말하면서도, 하나님의 성령이 자격 없는 죄인에게 새 생명을 허락하여 이 문제를 해결한다고 밝힌다. "우리가 세상의 영을 받지 아니하고 오직 하나님으로부터 온 영을 받았으니 이는 우리로 하여금 하나님께서 우리에게 은혜로 주신 것들을 알게 하려 하심이라"(고전 2:12).

창조와 타락, 구원 교리에서 기독교의 진리는 하나님의 실재에서부터 시작된다. 하나님은 영광을 내보이려고 세상을 창조하셨고, 하나님을 알고 하나님의 영광을 드러내도록 인간을 창조하셨다. 그런데 인간은 죄로 인해 하나님을 계시하는 진리를 거부하고, 진리에 대한 인식이 왜곡되었다. 하나님은 예수 그리스도의 진리를 계시하여 구원을 베푸셨고(벧전 1:23), 악한 인간은 차츰 진리를 알고 믿게 되었다.

"유한한 인간은 영원을 이해할 수 없기 때문에, 하나님은 만물에 그리고 만물을 통해 자신을 전부 계시하실 수 없다"[7]는 헤르만 바빙크의 말은 변함없는 사실이다. 이런 까닭으로 그리스도인은 끊임없이 죄와 싸울 뿐 아니라 유한한 인간이 진리를 완전히 알 수 없다는 제약까지도 서슴없이 인정한다. 그러나 그리스도인은 창조자와 계시자인 하나님을 믿고 진리가 있다는 것, 진리가 하나님뿐 아니라 그분이 창조하신 실재에 상응한다는 것, 하나님은 만물에 자신을 계시하기 때문에 우리가 진리를 알 수 있다는 것을 주장한다.

그리스도인은 하나님의 존재와 진리의 존재를 부정하는 포스트모던인 비신자에게 어떻게 답해야 할까? 프랜시스 쉐퍼는 대학생 소모임에서 나눈 대화에서 한 가지 답을 제시한다. 한 무신론자 학생이 진리가 없다는 것을 맹렬하게 주장했다. 쉐퍼는 진리의 부재를 아무리 강하게 주장하더라도 그게 옳은 듯 '살' 수는 없음을 학생에게 보여주고 싶었다.

진리가 없다면 도덕도 없을 것이다. 쉐퍼가 물었다. "학생의 말대로라면 자비로운 행동과 잔혹한 행동은 결국 똑같을 것이고 그 둘 사이에는 고유한 차이가 없다는 뜻인데, 내 말이 맞습니까?" 학생은 쉐퍼의 말이 맞다고 했다. 한 학생이 그 말을 듣고는 차를 만들려던 끓는 물 주전자를 무신론자 학생의 머리 위로 치켜들었다. 무신론자 학생이 이유를 묻자 주전자를 들고 있던 학생은, 자비로운 행동과 잔혹한 행동의 차이를 믿지 않는 사람이 끓는 물을 머리에 붓든 말든 무슨 상관이냐고 말했다.

진리를 부정했던 학생은 교실 밖으로 달아났고, 쉐퍼의 요점은 입증되었다. 하나님을 부정하고 진리의 존재를 인정하지 않는 사람은 자신의 신념대로 살지도 않고 살 수도 없다. 쉐퍼가 설명했다. "하나님은 우리를 현실 속에 두십니다. 우리가 뭐라고 하든 무엇을 믿고 무슨 생각을 하든 우리는 실재하는 현실에서 벗어날 수 없습니다."[8]

●●● 하나님, 진리 그리고 성경

그리스도인은 하나님의 계시에 근거한 진리를 믿는다. 그러므로 하나님의 계시인 성경은 진리를 전한다. 하나님은 자연 만물뿐 아니라 특별히 성경을 통해 자신을 계시하신다.

성경에 따르면, 하나님은 "옛적에 선지자들을 통하여 여러 부분과 여러 모양으로 우리 조상들에게 말씀"하셨다(히 1:1). 이 구절은, 하나님이 말씀으로 사람과 소통하시는 성경에 대한 기독교의 관점을 요약해 준다. 하나님의 속성과 뜻에 관한 사실, 역사와 구원사의 기록과 의미, 창조와 타락과 구원에 대한 여러 가지 사실을 하나님은 사람의 입을 통해 말씀하셨다. 내가 이 글을 쓰면서 명제적 사실을 주장하듯, 하나님의 계시를 기록한 말씀은 하나님의 진리를 선포하고 설명하고 적용한다.

성경은, 성령이 '감동'이라는 과정을 통해 사람의 손을 빌어 기록한 것으로 최종 저자가 하나님이다. 성경을 기록한 사람들은 스스로 감동받아 성경을 쓰지 않았다. 성령은 그들이 하나님의 말씀을 올바로 기록하는지 감독했다. 베드로는 "예언은 언제든지 사람의 뜻으로 낸 것이 아니요 오직 성령의 감동하심을 받은 사람들이 하나님께 받아 말한 것임이라"(벧후 1:21)고 했다. 바울은 "모든 성경은 하나님의 감동으로 된 것"(딤후 3:16)이라고 했다. 이는 "내 입에서 나가는 말"(사 55:11)이라는 하나님의 말씀과도 일치한다. 이런 가르침과 일관되게, 성경은 인간의 사상이 아니라 하나님의 말씀이 기록된 책이다.

그리스도인은 하나님이 진리이므로 하나님의 말씀도 진리라고 강조한다. 영원히 완전하신 하나님은 신성한 권위로 조금의 오류도 없이 성경을 통해 자신을 계시하신다. 그리스도인이 하나님의 말씀을 진리라고 하는 것은 성경의 진실성에 대한 모든 반대에 답할 수 있기 때문이 아니라(거의 모든 반대에 답할 수 있는 훌륭한 설명이 있지만), 성경을 통해 자신을 계시하시는 하나님의 속성이 완전하기 때문이다. 완전하신 하나님이 성경을 통해 자신을 계시하시므로 우리는 성경이 옳다는 것을 믿을 수 있다. 그리고 반대할 만하다든지 몹시 어렵다는 이유로 성경의 일부를 따로 구분할 필요가 없다.

하나님의 정확한 계시를 기록한 성경은 하나님의 권위를 가지고 말한다. 존 칼빈은 "성경은 하나님이 주신 것이므로, 우리는 하나님을 경외하듯이 성경을 경외해야 한다"[9]고 말했다. 영국의 대관식에서 스코틀랜드 교회의 총회장이 새 왕에게 성경을 주면서 하는 말이 있다. "이 세상에서 가질 수 있는 가장 소중한 것, 이 세상에서 알 수 있는 가장 소중한 것, 하나님의 말씀." 그리스도인은 이 말을 믿는다.

성경은 명제적 진술을 담고 있는 하나님의 특별 계시로서, 특별히 하나님과 인간에 대한 교리를 밝히는 중요한 책이다. 예를 들면, 예수 그리스도의 신성은 성경이 분명하게 밝히는 교리다(딛 2:13). 삼위일체 같은 다른 교리는 하나님에 관한 성경의 진술에 함축되어 있다. 신자는 성경의 직접적인 진술과 성경에서 추론할 수 있는 사실을 통해 하나님, 인간, 죄, 구원을 비롯해 신앙과 경건에 필요한 여러 가지 진리(벧후 1:3)를 알 수 있다.

성경이 명제적 사실로만 구성되어 있다든지, 하나님이 사람에게 주시는 메시지가 명제적 진리만으로 제한된다는 뜻은 아니다. 성경은 하나님이 계시하신 말씀을 다양한 문학 갈래로 펼쳐낸다. 예를 들면, 역사, 은유, 묵시, 예언, 서간, 시 따위가 있다. 모든 갈래를 명제로 축소할 수는 없다. 더욱이 성경은 하나님의 속성과 뜻을 명제 외의 방식으로도 제시한다.

성경의 저자는 영원하신 하나님이므로, 우리가 예상할 수 있듯이 명제만으로는 성경에 계시된 진리를 모두 담아낼 수 없다. 그러나 성경은 핵심 진리를 명제에 담아 전달하고 있으며, 교리는 이런 진리를 소상하게는 아니더라도 정확하게 설명할 수 있다. 사도 바울은 "너는 그리스도 예수 안에 있는 믿음과 사랑으로써 내게 들은 바 바른 말을 본받아 지키"(딤후 1:13)라고 디모데에게 강력히 권고하면서 기독교 교리를 명쾌하게 지지했다.

성경은 명제적 내용을 비롯해 다양한 형태로 하나님의 진리를 계시한다. 성경의 진리를 배우는 일은 무미건조하게 지식을 추구하는 것이 아니다. 성령은 사람을 통해 성경을 쓰셨을 뿐 아니라 사람들이 성경을 이해하고 믿을 수 있도록 일깨우신다. 그래서 베드로는 성경을 읽는 것과 자신이 예수님의 영광을 본 것을 견주었다. "또 우리에게는 더 확실한 예언이 있어 어두운 데를 비추는 등불과 같으니 날이 새어 샛별이 너희 마음에 떠오르기까지 너희가 이것을 주의하는 것이 옳으니라"(벧후 1:19). 이 구절은 기독교 신앙을 완벽하게 표현한다. 베드로는 성경이 진리의 가치가 있을 뿐 아니라 하나님의 말씀에서 추론한 진리도 영적인 가치가 있다고 말한다.

성령의 역사 없이는 하나님을 알 수 없고 자신에 대해서도 알 수 없다. 우리가 사는 세상은 매우 무섭고, 우리 내부에서 작용하는 죄의 더러운 영향으로 무척이나 혼란스럽다. K. 스코트 올리펀트(K. Scott Oliphint)는 "하나님이 주신 말씀 곧 '하나님의 말씀'을 알지 못하면, 또 알기 전에는 우리가 하나님께 기쁨을 드릴 수 있다는 중요한 진리는 물론이고 바깥세상이든 내면 세상이든 어떤 세상도 이해할 수 없다"[10]고 말했다. 우리는 성경을 통해서만 하나님의 세계와 자신을 이해할 수 있다.

● ● ● 진리와 하나님의 생명

진리가 존재하는 것은 하나님이 존재하시기 때문이다. 성경에 기록된 하나님의 계시가 이 사실을 밝힌다. 나아가 진리는 이론뿐 아니라 앎과 삶의 언약 관계로서 하나님과 현실에 상응한다.

언약을 세우는 것은 주인의 일이므로, 언약을 세우시는 하나님은 만물에 특별히 인간에게 주권을 행사하신다. 언약은 양자 관계다. 하나님은 늘 만물을 책임지신다. 잘 알려진 예를 하나 들면, 대홍수가 끝난 후 하나님이 노아에게 하셨던 약속이 있다. "내가 너희와 언약을 세우리니 다시는 모든 생물을 홍수로 멸하지 아니할 것이라 땅을 멸할 홍수가 다시 있지 아니하리라"(창 9:11). 나아가 하나님은 사람과 동등한 위치가 아니라 주권자로서 영원한 언약을 세우신다. "나는 너희 하나님이 되겠고 너희는 내 백성이 되리라"(렘 7:23).

이와 비슷하게 하나님의 언약은 인간을 자연 전체에 맡기셨다. 인간과 자연의 결속은 하나님이 첫 사람 아담을 흙으로 지으신 것에서 알 수 있다. 우리는 흙에서 났기 때문에 자연과 연결되어 있다. 우리는 말 그대로 자연의 일부다.[11] 아울러 인간은 자연의 일부면서도 하나님과 특별한 관계를 맺고 있으므로 자연과 구별된다. "여호와 하나님이 땅의 흙으로 사람을 지으시고 생기를 그 코에 불어넣으시니 사람이 생령이 되니라"(창 2:7).

하나님은 첫 남자와 여자를 대리자로 내세워, 자연을 풍요롭게 다스리고 번성하게 하라고 말씀하셨다(창 1:28). 그러므로 하나님은 사람을 자연과 하나님께 특별한 임무를 지닌 피조물로 창조하신 것이다. 올리핀트는 "우리와 세상은 떼려야 뗄 수 없는 관계다. 그 관계는 하나님이 세우신 것이며, 하나님의 성품이 반영되어 있다. 따라서 우리는 창조주 삼위일체 하나님의 영광을 위해 세상을 알고 세상에서

일하도록 창조되었다"고 했다.[12]

자연에는 언약의 속성이 있기 때문에 진리를 아는 것에는 하나님과 사람에 대한 책임이 포함된다. 그러므로 하나님의 진리를 배운다는 것은 하나님의 진리대로 산다는 것이다. 오래 전 모세가 이스라엘인들에게 설명했던 대로 "나타난 일은 영원히 우리와 우리 자손에게 속하였나니 이는 우리에게 이 율법의 모든 말씀을 행하게 하심"(신 29:29)이다.

하나님이 성자를 세상에 보내셨을 때 예수님이 진리의 화신으로 오셨다는 것은 놀라운 일이 아니다. 요한은 "그 안에 생명이 있었으니 이 생명은 사람들의 빛이라"(요 1:4)고 썼다. 예수님은 "내가 곧 길이요 진리요 생명이니"(요 14:6)라고 말씀하셨다. 하나님의 아들은 하나님의 진리의 화신으로 오셔서 하나님의 진리에 순종하며 사셨고, 희생적 죽음과 구원의 부활을 통해 구원을 위한 하나님의 진리를 확립하셨다.

"진리란 말씀과 성령을 통해 우리의 일생이 하나님의 마음, 말씀, 행동과 일치하는 것이다."[13] 따라서 그리스도인은, 명제를 통해 중요한 교리를 밝히는 책으로 성경을 보아야 한다. 또 성경에 기록된 예수님의 진리와 그분의 생애를 통해, 그리스도인은 진리이신 예수님을 알고 사랑하고 그분의 진리에 순종한다. 한 친구가 내게 준 성경에 써 준 말대로, 그리스도인은 무엇보다 믿음을 통해 하나님께로 나아가는 길로서, 그리고 복음을 믿는 모든 사람에게 참된 생명을 주시는 분으로서 '예수님이 진리'임을 알고 '진리를 알고, 진리를 살고, 진리를 전해야' 한다.

기독교 진리의 적용

앞서 말했듯이 그리스도인은 진리를 부정하는 세상에서 진리의 편에 서야 한다. 하나님과 자신뿐 아니라 믿음마저 잃어버린 세상을 위해, 그리스도인은 진리의 실재와 진리를 아는 것을 위해 싸워야 한다. 우리는 하나님만이 현실과 진리와 지식의 토대라는 믿음을 가지고 진리의 실재를 외쳐야 한다.

● ● ● 겸손한 선포

진리를 알리는 가장 좋은 방법은 성경을 높이 드는 것이다. 다윗은 기쁨으로 "여호와의 율법은 완전하여 영혼을 소성시키며 여호와의 증거는 확실하여 우둔한 자를 지혜롭게 하며"(시 19:7)라고 했다. 그리스도인은 성경의 메시지를 외칠 때 진리의 심판자를 자처해서는 안 된다. 예수 그리스도를 전할 때조차도 우리는 종의 자세로 전해야 한다(고후 4:5). 그리스도인은 포스트모던인 이웃들의 비판에 귀를 기울이고, 우리의 유산이 때로는 모더니티의 교만에 영향받았음을 인정하면서, 지난날의 승리주의적인 자세를 버리고 회개하는 마음으로 진리를 말해야 한다. 우리는 유한하고 타락한 존재이므로 우리가 외치는 메시지를 늘 성경에 비추어보아야 한다.

그리스도인은 겸손한 자세로 진리를 주장하고 긍휼한 마음으로 반대 주장을 비판해야 하지만, 하나님의 말씀이 진리라는 것은 양보하지 말아야 한다. 성경은 하나님이 계시하신 진리를 전하기 때문에, 우리는 교리가 신앙공동체의 주관적 체험에 불과하다는 말에 반대한다. 오늘도 하나님은 성경을 통해 사람들에게 말씀하신다. 우리는 성경의 권위와 능력, 고유한 계시를 맡은 자들이다.

● ● ● 진리와 생명에 대한 열정

우리는 진리를 용기 있게 외치고 겸손하게 전하는 데 균형을 맞춰야 하듯, 성경 교리를 올바로 이해하고 예수 그리스도께 헌신하고자 하는 열정도 균형을 이루어야 한다. 우리는 '진리는 명제적이지만 믿어야 하는 것이 아니라 예배로 배우고 지혜로 행해야 한다'[14]는 것을 믿는다. 기독교 진리는 단순히 정보를 전하는 게 아니라 개인과 맺는 믿음과 사랑의 관계다. 그래서 우리는 변화된 인생과 건강한 교리를 열망하면서 설교하고 양육한다. 하나님 백성의 공동체는 기독교 진리를 가장 건강하게 전달할 수 있다. 우리는 기도, 성찬, 친교, 사역, 전도를 통해 하나님의 진리의 말씀을 배우고 진리에 순종한다.

요점은 진리를 전하기 위해 경건한 생활을 하자는 것이 아니라, 하나님이 진리를 계시하신 목적이 사랑과 경건을 향해 변해가는 과정과 관련이 있다는 것이다. 하나님이 맺어주신 것을 그리스도인들이 나눌 수 없다! 진리를 저버린 사랑은 사랑이 아니며 사랑을 저버린 진리는 진리가 아니다. 그래서 바울은 "이 교훈의 목적은 청결한 마음과 선한 양심과 거짓이 없는 믿음에서 나오는 사랑이거늘"(딤전 1:5)이라고 했다. "그리스도 예수 안에서는 할례나 무할례나 효력이 없으되 사랑으로써 역사하는 믿음뿐이니라"(갈 5:6)고 했기에, 기독교의 진리는 결코 피상적이지 않다.

주디 텔친(Judy Telchin)은 복음의 진리에 뜨겁게 헌신하고 사랑과 경건을 실천하여 전통 유대인 부모를 전도했다. 주디는 대학생 시절 친구가 준 성경을 공부하고는 예수 그리스도를 믿었다. 자신의 개종을 유대인 가족이 강하게 반대할 것을 알았지만 용기를 내어 진리를 전했다. 주디는 아버지에게 "성경이 하나님의 말씀이란 걸 믿고 예수님이 메시아임을 믿는다"고 말했다. 처음에 아버지는 철저한 배신감을 느꼈다. 아버지는 딸이 그리스도인이 됐다는 말보다 임신했다든지 퇴학을 당했다는 말을 듣는 게 더 나았을 것이라고 했다.

주디는 계속 겸손한 자세와 굳건한 확신으로 성경의 진리를 믿었고, 사랑과 경건으로 변화된 생활을 하며 진리를 증명했다. 그녀는 부모에게 신약성경을 주면서 "성경이 진리인지 아닌지 직접 읽어보세요."라고 했다. 사랑으로 변화된 딸의 모습에 마음이 누그러진 아버지는 딸의 말대로 딸의 새로운 신앙이 잘못된 것임을 증명하리라 결심했다. 그러나 아버지는 성경에 계시된 하나님의 진리를 통해 딸과 마찬가지로 같은 믿음에 도달할 수밖에 없었다. 마침내 아버지가 용기를 내어 예수님이 정말로 구주이심을 믿는다고 아내에게 고백하자, 그녀도 스스로 하나님의 말씀을 공부한 끝에 같은 믿음을 갖게 되었다고 밝혔다.[15]

주디는 전통 유대인 가족이 심하게 반대한다고 해서 복음의 진리를 전하지 않는 것이 효율적이라고는 생각지 않았다. 딸을 사랑하는 부모를 설득하기 위해서는 진실한 겸손과 사랑, 경건으로 복음을 전하는 것이 상책이었다. 모든 그리스도인이 주디처럼 성령의 능력 안에서 진리와 사랑을 전하기 위해 기도와 수고를 아끼지 않아야 한다. 그래야 바울의 말대로 성경에 대한 우리의 증언에 성령의 능력이 나타날 것이다(고전 2:4).

● ● ● 진리의 영성

성경은 하나님의 진리를 전하므로 진리를 아는 일은 늘 영적인 일이다. 우리가 진리를 수호하며 외칠 때 "우리는 우리를 전파하는 것"(고후 4:5)이 아니다. 우리는 남들보다 우월하지 않다. 그리고 전통에 반대하는 사람들과 힘겨루기를 해서도 안 된다. 우리는 하나님이 사랑으로 자신을 계시하신 데 감사한다. 하나님에 대한 우리의 지식은 부분적이지만, 성령의 증언으로 우리가 구원의 진리를 받았다는 것은 확실히 알 수 있다. 성령께서 우리의 마음에 하나님의 진리를 계시하시므로 우리는 "[우리]가 알고 있는 바를 더 확실하게"(눅 1:4) 알 수 있다. 하나님을 아는 지식에 대한 복음의 진리는 우리에게 "말로만 이른 것이 아니라 또한 능력과 성령과 큰 확신으로 된 것"(살전 1:5)이다.

진리의 영성에 대한 성찰은 이 글의 서두에 있는 대화를 어떻게 이어가야 할지 실마리를 제공해 준다. 제임스 보이스는 비행기에서 만난 여자의 반박에 '정말로 중요한 것은 진리'라는 말로 논박했다. 오늘을 지배하는 상대주의에 비추어 비그리스도인은 더 이상 진리를 공통분모로 인정하지 않을 것이다. 그리스도인은 더 이상 진리를 믿지 않는 세상에 어떻게 진리를 전해야 할까?

우리 시대의 난관을 극복하는 길이, 성경에 대해 증언하는 일을 제쳐놓고 인식론과 해석학의 복잡한 이론으로 논쟁하는 것은 분명 아니다. 그리스도인이 겸손한 자세로 답할 수 있는 더 나은 길이 있다.

하나님은 우리에게 성경을 주시려고 성령을 보내어 우리에게 필요한 진리를 전하셨습니다. 하나님은 성경에서 하나님의 아들 예수 그리스도라는 인물을 통해 진리를 소개하십니다. 예수님은, 진심으로 하나님의 말씀에서 진리를 찾는 사람들이 성령에게서 진리를 배울 수 있다고 약속하십니다. 당신에게 이 성경을 드리겠습니다. 이건 제 전화번호가 있는 명함입니다. 무슨 질문을 하시든지 대답할 용의가 있습니다. 무슨 반대라도 경청하겠습니다. 그러나 당신이 정말로 진리에 관심이 있다면 성경에서 진리를 찾을 수 있을 거라 믿습니다. 당신이 진리를 알 수 있도록 성령을 보내 달라고 하나님께 기도하겠습니다.

우리의 포스트모던인 친구와 이웃들이 진리에 대한 우리의 이런 증언에 응할까? 성경에 따르면, 하나님이 우리의 증언을 사용하시는 여부에 따라 응하기도 하고 응하지 않기도 한다. 그러나 그리스도인이 하나님의 진리를 겸손한 듯 용기 있게 증언할 때 여러 사람뿐 아니라 뜻밖의 사람까지도 영접하리라 믿는다. 그것을 어떻게 알 수 있을까? "아버지께로부터 나오시는 진리의 성령"(요 15:26)을 보내주신다는 예수님의 말씀이 진실하다는 것을 알기 때문이며, 성경에 기록된 진리와 사랑에 대한 우리의 증언을 통해 성령이 친히 "나를 증언하실 것"(요 15:26)이라고 예수님이 말씀하셨기 때문이다.

예수님이 "길이요 진리요 생명"(요 14:6)이기 때문에, 우리의 소명은 그분의 말씀을 통해 진리를 아는 것, 경건과 사랑으로 진리대로 사는 것, 성령의 인도를 받아 그분의 말씀을 증언하므로 진리를 전하는 것이다. 이런 증언으로 오늘의 세상에 변화를 일으킬 수 있을까? 물론이다.

예수님이 친히 말씀하셨다. 오늘날 우리가 예수님이 십자가에서 들리신 것처럼 진리를 높이 들면, 예수님은 정말로 우리에게 진리의 능력으로 큰 믿음을 주신다. 예수님이 진심으로 말씀하신다. "내가 땅에서 들리면 모든 사람을 내게로 이끌겠노라"(요 12:32).

• 복음연합 헌장 •

서론: 모든 사람을 위한 복음

우리는 그리스도의 복음에 대한 믿음을 새롭게 하고, 성경에 충실하게 개혁하기로 다짐하는 복음주의 교회들이 결성한 연합이다. 우리는 전통 복음주의 안에서 일어나고 있는, 교회의 생명을 단축하고 역사적 믿음과 관습을 멀리하는 움직임을 크게 우려한다. 우리는 사사로운 소비주의와 정치화 된 믿음을 숭배하는 모습에 당혹감을 느끼는 한편, 신학과 도덕의 상대주의를 무분별하게 받아들이는 모습에 애석한 마음을 감출 수 없다. 이런 이유로 역사적 믿음이 요구하는 성경적 진리와 변화된 삶이 아무렇지도 않게 버려지고 있다. 우리는 이런 것에 대해 들었을 뿐 아니라 목격하기까지 했다. 그래서 오직 그리스도 안에서 믿음을 통해 은혜로만 받을 수 있는 약속에 근거한 새로운 소망과 억누를 수 없는 기쁨으로 교회에 활력을 불어넣기로 했다.

우리는 여러 복음주의 교회가 복음의 진리에 대해 깊고 넓게 합의 하는 것이 있다고 믿는다. 그런데도 그리스도와의 연합을 알리기보다, 오랜 세월 끊지 못하는 권력과 영향력에 대한 추구나 금욕적인 자세를 취하며, 의식, 전례, 성례로 후퇴하는 모습을 자주 보인다. 복음이 아니고서는, 하나님나라에 대한 소명을 가지고 시련에 굴복하지 않는 당당한 제자가 보여주는 영원한 진리에 뿌리 내린, 선교에 불타는 믿음을 결코 일으키지 못한다. 우리는 왕의 길로 나아가며 늘 복음을 옹호하고 격려하고 교육하여, 현세대와 차세대의 교회 리더가 구주를 영화롭게 하고, 그분이 보혈을 흘려주신 사람들을 섬기는 사역에 정진할 수 있게 돕고 싶다.

우리는 모든 사람이 그리스도를 경외하고, 제자를 양육하며, 예수님을 위한 진짜 연합을 결성하기 바란다. 성경을 기초로 연합된 목적이야말로 교회를 위한 유일한 미래다. 그래서 우리는 예수 그리스도 안에 있는 하나님의 은혜가 영원한 구원이자 유일한 소망임을 믿는 사람들과 어깨를 나란히 했다. 우리는 교단과 인종과 계급을 초월하여 모든 신자와 마음을 합해, 명료한 정신과 사랑과 용기와 기쁨으로 복음을 위해 싸울 것이다.

우리는 그리스도의 옛 복음 안에 있는 현대 교회를 새롭게 하여, 시대와 거침없이 소통하도록 모든 형제자매를 초대해 사랑하는 교회를 섬기고 싶다. 우리는 목사로서 각 교회에서 기도, 말씀 사역, 세례, 성례, 성도의 교제라는 은혜를 나누는 평범한 수단을 통해 이런 일을 해나갈 것이다.

복음연합의 신앙고백서

1. **삼위일체 하나님** 우리는 거룩한 삼위로서 서로 알고 사랑하고 영화롭게 하는 성부와 성자, 성령으로 영원히 존재하시는 유일한 하나님을 믿는다. 유일하고 참된 살아계신 하나님은 영원하고 완전하게 거룩하시며, 그분의 사랑도 영원하고 완전하다. 그분은 보이는 것과 보이지 않는 만물의 창조자다. 따라서 모든 영광과 찬양을 받으셔야 한다. 불멸하고 영원하신 그분은 처음과 끝을 완전하고 소상하게 알고 계시며, 만물을 주권적으로 통치하신다. 또 뜻하신 대로 자신을 위해 인간을 구원하시고, 타락한 만물을 회복하는 영원히 선한 목적을 이루어 영광스러운 은혜의 찬양을 높이게 하신다.

2. **계시** 하나님은 자연을 통해 자신의 존재와 능력을 은혜롭게 나타내셨고, 성육신하신 성자를 통해 자신의 전부를 타락한 인류에 계시하셨다. 더욱이 하나님은 말씀하시는 분으로, 성령을 통해 사람의 언어로 자신을 계시하셨다. 우리는 신구약 성경 66권이, 세상의 구원에 대한 그분의 뜻을 기록한 책으로, 성령의 감동으로 쓴 하나님의 말씀임을 믿는다. 하나님의 영감 어린 말씀을 기록한 성경만이 절대적 권위가 있다. 원전에는 오류가 없으며, 구원에 대한 그분의 뜻을 완전하게 계시한다. 또 우리의 믿음과 실천에 대한 하나님의 모든 뜻을 담고 있으며, 모든 지식 분야에서 최종 권위를 지닌다. 우리는 유한한 죄인이므로 하나님의 진리를 전부 알 수 없지만, 하나님의 성령이 깨닫게 하시면 하나님이 계시하신 진리를 정확히 알 수 있다. 성경의 가르침은 모두 하나님의 가르침으로 믿어야 하고, 성령의 명령은 모두 하나님의 명령으로 순종해야 하며, 성경의 약속은 모두 하나님의 약속

으로 믿어야 한다. 하나님의 말씀을 듣고 믿고 순종하면, 하나님의 백성은 그리스도의 제자가 되어 복음을 증언할 것이다.

3. 인류의 창조 우리는 하나님이 자신의 형상대로 인간을 남자와 여자로 창조하셨음을 믿는다. 아담과 하와는 하나님이 흡족하게 여기신 피조물로서, 창조주와 거룩하고 친밀한 관계를 유지하고, 하나님의 대리인으로서 만물과 자연을 돌보고 관리하며 다스려야 했다. 남자와 여자는 똑같이 하나님의 형상대로 창조되었고, 그리스도 예수를 믿음으로 차별 없이 하나님께 나아갔으며, 수동적이고 이기적인 생에서 벗어나 의미 있는 가족과 교회와 사회생활을 영위할 책임이 있었다. 아담과 하와는 서로 보완하여 한 몸을 이루는 부부로서, 남녀의 성관계 규범을 유일하게 지킬 수 있는 관계다. 부부관계는 그리스도와 교회가 연합하는 형태로서 기능한다. 하나님의 지혜로운 목적에 따라 남자와 여자는 상호 대체할 수 있는 존재가 아니라 서로 풍요롭게 보완하는 존재다. 하나님은 남자와 여자에게 그리스도와 교회의 사랑이 반영된 구별된 역할을 주셨다. 남편은 머리로서 그리스도의 희생적 사랑을 본받아 아내를 보살피고, 아내는 주님을 향한 교회의 사랑을 본받아 남편에게 순종한다. 교회의 사역에서 남자와 여자는 모두 그리스도를 섬기고, 여러 사역에서 자신의 잠재력을 유감없이 발휘한다. 교회 내에서 리더의 역할은 창조와 타락, 구원에 기초해야 하며, 문화적인 발전을 위한답시고 이를 방치해서는 안 된다.

4. 타락 하나님의 형상대로 창조된 아담은 사탄의 유혹으로 죄에 빠져, (자신뿐 아니라 모든 후손에게 깃든) 하나님의 형상을 왜곡하고 본래의 축복을 잃어버렸다고 우리는 믿는다. 결국 인류는 하나님과 단

절되고, 존재의 모든 면(즉 신체, 정신, 의지, 감정, 영혼)이 부패하고 정죄받아, 하나님의 은혜로운 개입 없이는 돌이킬 수 없는 죽음에 처했다. 모든 인간에게 가장 필요한 것은 공의롭고 거룩한 진노의 대상인 우리가 하나님과 화해하는 일이다. 모든 인간의 유일한 소망은 우리를 구원하고 화해하실 수 있는 하나님이 베푸시는 분에 넘치는 사랑이다.

5. 하나님의 구원 계획 우리는, 하나님이 영원 전부터 모든 부족과 방언과 민족과 나라에서 허다한 죄인들을 은혜로 구원하기로 결정하셨고, 그 일을 위해 그들을 미리 아시고 지명하셨다고 믿는다. 우리는, 하나님이 은혜를 베풀어 예수 그리스도를 믿는 자들을 의롭게 하고 거룩하게 하며, 훗날 그들을 영화롭게 하셔서 찬양받으실 것을 믿는다. 하나님은 모든 사람이 회개하고 믿을 것을 사랑으로 명령하고 간곡히 원하신다. 그분은 그리스도를 구주로 모시는 택하신 사람들에게 구원의 사랑을 베푸신다.

6. 복음 우리는 복음이 예수 그리스도의 좋은 소식임을 믿는다. 구원받은 사람들에게는 하나님의 능력이지만, 세상 사람들에게는 순전히 어리석게 들리는 복음은 십자가와 부활에 집중된 그리스도론이다. 그리스도를 선포하지 않으면 복음을 선포하지 않은 것이며, 그분의 죽음과 부활이 중심에 없다면('그리스도가 우리의 죄 때문에 죽으셨고 부활하셨다'는 메시지) 진짜 그리스도를 전하지 않은 것이다. 복음은 성경적이고(그분의 죽음과 부활은 성경에 따른 것이다), 신학적이며, 구원적이고(그리스도는 우리의 죄 때문에 죽으셨고, 하나님과 우리를 화해시키셨다), 역사적이고(구원 사건이 없다면 우리의 믿음은 무용지물이고, 우리는 여전

히 죄인이며, 그 누구보다 가장 불쌍한 사람이다), 사도적이고(구원 사건을 목격한 사도들이 이 메시지를 맡아서 전했다) 매우 개인적이다(복음을 영접하고 믿고 단단히 붙드는 개인은 구원받는다).

7. 그리스도의 구원 우리는 영원하신 성자가 성부에게 순종하여 인간이 되었다고 믿는다. 육신이 된 말씀, 완전한 하나님이자 완전한 인간이었던 한 사람. 인간 예수는 이스라엘에 약속된 메시아로서 성령의 놀라운 역사로 잉태되어 동정녀 마리아에게서 나셨다. 그분은 하늘 아버지께 완전히 순종했고, 죄를 짓지 않았으며, 기적을 일으켰고, 본디오 빌라도에 의해 십자가에 못 박혀 죽으시고, 삼일 만에 육체를 가지고 부활하여 승천하셨다. 그분은 성부 하나님의 우편에 앉아 중재하는 왕으로 하늘과 땅에서 하나님의 모든 주권을 행사하신다. 그분은 우리의 대제사장이자 의로운 대변자다. 우리는 예수 그리스도가 성육신, 생애, 죽음, 부활, 승천을 통해 우리를 대표하고 대속하신 것을 믿는다. 그분은 우리로 하나님의 의가 되도록 이 모든 일을 하셨다. 그분은 십자가에서 죄악을 말소하여 하나님의 진노를 풀고, 우리의 죄에 대한 형벌을 남김없이 받아 모든 신자를 하나님과 화해시켰다. 그리스도 예수는 부활하여 성부의 인정을 받고, 죽음의 권세를 멸하며, 죽음의 권세를 가지고 있던 사탄을 멸망시키고, 자기 백성에게 영생을 주셨다. 그분은 승천하여 주님으로 영원히 영전하고, 우리와 함께 거할 집을 마련하셨다. 하늘 아래 우리를 구원할 다른 이름은 없으므로, 우리는 다른 이름으로는 구원받을 수 없음을 믿는다. 하나님은 이 세상에서 천하고 멸시받으며 없는 사람들을 선택하여 있는 사람들을 폐하신다. 따라서 그분 앞에서 자랑할 수 있는 사람은 아무도 없다. 그리스도 예수님은 우리를 위해 하나님의 지혜가 되셨다. 즉, 우리의

의와 거룩과 구원이 되셨다.

8. 죄인의 칭의 우리는 그리스도가 순종과 죽음으로 인간을 의롭게 하고, 빚을 남김없이 청산하셨음을 믿는다. 완전한 순종은 그리스도만을 믿는 모든 사람에게 오직 믿음으로 전가된다. 그리스도는 죄인인 우리가 받을 형벌을 대신하여 희생하고, 우리를 위해 하나님의 정의를 완전하게 갚으셨다. 성부는 우리를 위해 그리스도를 주셨고, 그리스도는 순종하여 우리를 대신해 형벌을 받으셨다. 이렇듯 칭의는 받을 자격이 없는 우리에게 값없이 주시는 은혜다. 죄인의 칭의는 완전한 정의와 풍성한 은혜의 하나님을 영화롭게 한다. 우리는 값없이 의롭게 되었으므로 개인과 교회가 열정적으로 순종한다고 믿는다.

9. 성령의 능력 우리는, 성경이 증언하고 예수 그리스도가 보증하신 구원이 성령에 의해 하나님의 백성에게 미친다는 것을 믿는다. 성부와 성자가 보내신 성령은 주 예수 그리스도를 영화롭게 하고, 보혜사로서 신자들에게 내주하신다. 성령은 죄와 의와 심판에 대해 세상을 책망하고, 강하고 신비로운 역사를 통해 영적으로 죽은 죄인을 살리며, 그들의 회개와 믿음을 일깨워 성령 안에서 세례를 받아 주 예수님과 연합하게 한다. 인간은 오직 예수 그리스도 안에서 믿음을 통해 은혜로만 하나님 앞에서 의롭게 된다. 성령을 통해 신자는 새롭게 되고 거룩해지며 하나님의 가족으로 입양된다. 그들은 하나님의 성품을 공유하고, 하나님이 주권적으로 베푸시는 은사를 받는다. 성령은 약속한 유산의 보증이고, 이 세상에서 신자들에게 내주하여 그들을 지도하고 가르치고 구비하며 소생시키고 능력을 주어, 그리스도를 본받아 섬기며 살게 하신다.

10. 하나님나라   우리는, 믿음으로 그리스도와 연합하고 성령의 중생을 통해 하나님의 은혜로 구원받은 사람은 하나님나라에 들어가며, 새 언약의 축복 — 죄 사함을 받고, 하나님을 찬미하고 신뢰하며 순종하고 싶은 내적 변화와 장래의 영광 — 을 누린다는 것을 믿는다. 선행은 구원의 은혜에 대한 분명한 증거다. 부패하고 어두운 세상에서 소금과 빛으로 사는 신자들은 세상에 동화되어서도 안 되고 세상을 등져서도 안 된다. 오히려 우리는 이 사회를 위해 선한 일을 하여 열방의 모든 영광과 명예를 살아계신 하나님께 드려야 한다. 하나님나라의 백성으로서 창조주를 아는 우리는 이웃을 내 몸처럼 사랑하고, 모든 사람을 선하게 대하며, 특별히 하나님의 권속에게 정중해야 한다. 이미 존재하지만 아직 완전하게 실현되지 않은 하나님나라는, 하나님이 만물의 최후 구원을 향해 세상에서 펼치시는 주권이다. 하나님나라는 사탄의 어둠의 왕국을 침략하고, 어둠의 왕국에서 구원받은 사람들을 회개와 믿음으로 거듭나게 하여 새롭게 하는 능력이다. 그러므로 하나님나라는 하나님을 모시는 인간의 새로운 공동체를 일으킨다.

11. 하나님의 새로운 백성   우리는 하나님의 새 언약 백성이 이미 하늘의 예루살렘에 있음을 믿는다. 그들은 이미 하늘에서 그리스도와 더불어 앉아있다. 이런 보편적인 교회는 그리스도를 유일한 머리로 모시는 지역 교회에서 나타난다. 그러므로 개별 '지역 교회'는 사실 교회, 하나님의 집, 진리의 기둥이자 기초다. 교회는 그리스도의 몸, 그리스도의 눈동자, 그리스도께서 손수 새긴 조각이다. 그분은 교회에 영원한 약속을 하셨다. 교회는 복음 메시지, 거룩한 전례, 훈련, 위대한 사명, 그리고 무엇보다 하나님에 대한 사랑과 세상과 서로에 대한 사랑으로 구별된다. 우리가 소중히 여기는 복음에는 개인적인 면과

전체적인 면이 있으며, 어느 것도 가벼이 여겨서는 안 된다. 그리스도 예수는 우리의 평화다. 그분은 하나님과 우리에게뿐 아니라 단절된 개인에게도 화평을 주셨다. 그분의 목적은 자신 안에서 하나가 된 새로운 인류를 창조하여 평화를 이루고, 한 몸에서 십자가를 통해 유대인과 이방인의 적대감을 없애며, 하나님과 화평을 누리게 하는 것이다. 교회는 미래에 도래할 하나님의 새 세상의 상징이다. 교우들은 자신이 아니라 이웃을 위해 산다. 교회는 세상에 하나님을 증언하는, 하나님의 영이 거하는 몸이다.

12. 세례와 주님의 만찬　우리는 주 예수님이 세례와 주님의 만찬을 정하셨음을 믿는다. 세례는 새 언약 공동체로 들어가는 문이고, 성찬은 지속적인 언약의 갱신이다. 두 가지는 하나님이 우리에게 약속하신 것으로, 그분이 정하신 은혜의 수단인 동시에 십자가에 못 박혔으나 지금은 부활하신 그리스도를 좇겠다는 우리의 공개적인 서약이다. 또 그분의 재림과 만물의 완성을 기다린다는 믿음이다.

13. 만물의 회복　우리는 주 예수 그리스도가 거룩한 천사들과 더불어 친히 영광스럽게 재림하실 것을 믿는다. 그분은 최후 심판을 내리실 것이고, 하나님나라는 완성될 것이다. 우리는 몸의 부활을 믿는다. 주님의 가르침대로 죄인은 심판을 받아 지옥에서 영원한 형벌을 받는다. 의로운 본향 새 하늘과 새 땅에서, 의인은 어린양과 하나님의 보좌 앞에서 영원한 복을 누린다. 그날 교회는 그리스도의 순종과 고난과 승리에 의해 깨끗한 모습으로 하나님 앞에 나아간다. 모든 죄는 제거되고, 죄의 비참한 결과는 영원히 사라진다. 하나님이 전부가 되시고, 그분의 백성은 형언할 수 없이 거룩한 하나님께 사로잡히며, 만물은

그분의 영광스러운 은혜를 찬양한다.

사역을 위한 신학적 비전

● ● ● I. 진리에 대한 문화적 위기에 어떻게 대처할 것인가: 인식론(The epistemological issue)

계몽운동의 태동 이후 수백 년 동안 언어로 표현되는 진리가 실재하며, 인간이 진리를 알 수 있다는 것이 중론이었다. 인간은 독립적인 이성으로, 사실을 객관적으로 알 수 있다고 여겼다. 최근 포스트모더니즘은, 인간은 사실 지식을 객관적으로 추구하지 않고 개인의 경험, 이기심, 감정, 문화적 편견, 언어적 한계, 관련 집단을 통해 정보를 해석한다고 주장하며 앞선 가정을 비판했다. 포스트모더니즘은, 객관성에 대한 주장은 오만하고 각 집단은 필연적으로 진리에 대한 의견이 갈려 갈등을 빚을 것이라고 주장한다. 그들은 그런 오만이 현대의 수많은 불의와 전쟁의 한 이유라고 말한다. 그러나 포스트모더니즘의 주장은 위험한 면이 있다. 그들은 객관적 사실에 대한 주장이, 더 겸허한 '관용'과 포괄적으로 다양한 주관적 다원주의로 대체되었다고 날카롭게 주장한다. 다원주의는 '성도에게 단번에 맡겨진 믿음'에 대한 굳건한 기초를 조금도 허락하지 않는다. 그런 입장은 현실에 상응하는 진리를 조금도 인정하지 않고, 진리를 주관적으로 구성한 사실의 집합으로 여긴다. 우리는 진리에 대한 문화적 위기를 어떻게 타개할 수 있을까?

첫째, 진리는 현실에 상응한다. 우리는 사도와 예언자들의 말에 영감을 불어넣으신 성령이 우리 안에도 내주하셔서, 하나님의 형상대로 창조된 우리가 하나님이 계시하신 성경 말씀을 받아 이해하고, 현실에 상응하는 성경의 진리를 깨달을 수 있음을 믿는다. 성경은 정확히 하나님의 말씀이고, 진리에 대한 우리의 지식(과 그것을 다른 사람에게 증명하는 능력)이 늘 완전하지는 않더라도 성경은 현실에 상응하므로 사실이다. 철저하게 객관적인 지식에 대한 계몽운동의 믿음은 인간의 독립적인 이성을 우상으로 만들었다. 그러나 설령 우리가 주관적인 요소 없이는 결코 진리를 알 수 없더라도, 순수하게 객관적인 지식의 가능성을 부정한다고 해서 객관적인 현실에 상응하는 진리가 사라지는 것은 아니다. 신앙고백서 2항을 참고하라.

둘째, 성경은 진리를 전한다. 성경에는 명제적인 진술이 많고, 성경의 모든 진술은 완전한 권위가 있는 사실임을 우리는 믿는다. 그러나 성경의 진리는 명제만으로 표현할 수 없다. 진리는 교리적 명제만으로 끌어낼 수 없는 담화, 은유, 시로 존재하지만, 그것으로도 하나님의 뜻과 마음을 우리에게 전하여 우리를 변화시키고 그분을 본받게 한다.

셋째, 진리는 하나님께 상응하는 생명이다. 진리는 이론적인 상응일 뿐 아니라 언약관계이기도 하다. 성경의 계시는 아는 것만이 목적이 아니다. 행해야 한다(신 29:29). 성경의 목적은 하나님께 전적으로 순종하도록 우리 안에 지혜를 만들어내는 것이다. 진리는 말씀과 성령의 중재로 우리의 생애가 하나님의 마음과 말씀, 역사에 상응하는 것이다. 성경 진리의 명제적 속성을 없애면, 복음을 믿고 지키고 설명하는 우리의 능력이 심각하게 손상된다. 그러나 진리를 명제로만 설명하면 길과 진리와 생명인 성육신하신 성자를 충분히 전할 수 없고, 이야기와 역사에 깃든 소통의 힘과 하나님께 상응하는 진정한 삶으로서 진리의 중요성을 해친다.

넷째, 다음은 진리에 대한 우리의 자세다.

① 우리는 진리에 대해 일부 옛 복음주의자들과 달리 승리주의를 주장하지 않는 '순화된' 상응이론을 채택한다. 그러나 우리는 진리를 특정 신앙공동체 내부의 논리적인 언어로만 여기는 견해에는 동의하지 않는다. 따라서 우리는 겸허한 자세로 '오직 성경'(sola Scriptura)의 원칙을 주장한다.

② 진리는 명제적이지만 믿어야만 하는 것이 아니라 예배로 배우고 지혜로 행해야 한다. 이런 균형이 잡혀야 훈련과 설교를 이해할 수 있다. 우리는 건강한 교리에 대한 열정을 독려하지만, 그리스도인은 지식으로 성장하지 않는다. 그리스도인은 공동체 안에서 행하는 기도, 세례, 성찬, 친교, 말씀의 공적인 사역에 헌신할 때 성장한다.

③ 우리가 이론적으로 아는 하나님의 진리는 정확하더라도 일부에 불과하지만, 말씀이 우리에게 전하는 것이 사실임을 확신할 수 있다(눅 1:4). 우리는 성령의 능력을 통해 완전한 확신과 믿음으로 복음의 말씀을 받는다(살전 1:5).

●●● II. 성경을 어떻게 읽어야 할까:
성경 해석(The hermeneutical issue)

첫째, 성경을 '따라' 읽는다. 성경 전체를 따라 읽는 것은 하나님의 구원이야기(예를 들면, 눅 24:44)뿐 아니라 역사의 모든 단계와 성경의 모든 부분을 관류하여 예수 그리스도로 정점을 이루는 성경의 주제(이를테면 언약, 왕권, 성전)를 성경의 한 가지 기본 줄거리로 잡아 읽는 방법이다. 이런 관점에서 보면 복음은 창조, 타락, 구원, 회복으로 나타난다. 앞서 신앙고백서 1항에 썼듯이, [하나님은] 자신이 뜻하신 대로 자신을 위해 인간을 구원하고 타락한 만물을 회복하는 영원히 선한 목적을 이루어, 영광스러운 은혜의 찬양을 높이게 하신다.

둘째, 성경을 '가로질러' 읽는다. 성경 전체를 가로질러 읽는 것은 성경의 선포, 소환, 약속, 진리 주장을 사고의 범주(즉 신학, 그리스도론, 종말론)에 넣어, 성경이 간단하게 가르치는 것(눅 24:46-47)을 일관되게 이해하는 것이다. 이런 관점에서 보면 복음은 하나님, 죄, 그리스도, 믿음으로 나타나며, 구원의 수단 즉 그리스도의 대속 사역과 그것을 믿어야 할 우리의 책임을 보여준다. 신앙고백서 7항에 썼듯이, 예수 그리스도는 성육신, 생애, 죽음, 부활, 승천을 통해 우리를 대표하고 대속하여 우리로 하나님의 의가 되게 하셨다.

셋째, 다음은 성경 읽기에 대한 우리의 자세다.

① 오늘날 전부는 아니지만 성경을 따라 읽는 사람들은 죄와 구원에 치중한다. 그들은 십자가를 우리 죄에 대한 대속과 속죄로 보기보다는, 희생적인 봉사와 세상 권세의 패배를 상징하는 것으로 본다. 역설적이게도 이것은 율법주의가 될 수 있다. 그들은 은혜의 메시지를 통한 개인의 변화를 요구하기보다, 세상을 해방하시는 하나님의 기독교 공동체와 프로그램에 참여하라고 사람들을 다그친다. 그들은 그리스도가 피로 사신 신분을 개인이 믿음으로 받는 것보다 종교적인 생활을 강조하는 반면, 활기 있는 전도와 변증, 강해설교, 변화와 중생의 중요성은 강조하지 않는다.

② 한편 전부는 아니지만 옛 복음주의는 성경을 가로질러 읽는 경향이 있다. 그들은 개인의 변화와 개인이 안전하게 천국에 가는 것에만 치중하여 개인주의로 흐른다. 그들은 강해설교를 하지만 성경의 모든 주제가

어떻게 그리스도를 향하는지 강조하지 않고 도덕을 강조할 때가 많다. 또 가난하고 억눌린 사람들에 대한 정의와 긍휼의 중요성과 예술과 상업 등 문화적으로 하나님을 영화롭게 하는 일은 거의 강조하지 않는다.

③ 오늘날 성경을 읽는 각각 다른 두 가지 방법을 주장하는 사람들이 많지만, 우리는 그 두 가지가 서로 모순된다고 생각하지 않는다. 오히려 복음의 의미를 이해하는 데 그 두 가지가 통합적이라고 믿는다. 복음은 예수 그리스도의 죽음과 부활을 통해 하나님이 개인과 화해하고, 자신의 영광으로 자신의 영광을 위해 회복하셨음을 선포한다.

● ● ● **III. 우리는 문화에 대해 어떤 자세를 취해야 할까:**
상황화(The contextualization issue)

첫째, 반문화적 자세를 취한다. 우리는 그리스도인 개개인이 하나님과 동행하도록 도울 뿐 아니라, 하나님이 말씀과 성령으로 창조하시는 인간 사회를 세우는 교회가 되고 싶다(V. ③ 참고).

둘째, 공동의 선을 추구한다. 교회가 우세한 문화의 가치에 맞서는 것으로는 부족하다. 우리는 공동의 선을 위해 반문화적이 되어야 한다. 우리는 주변 문화와 근본적으로 구별되기를 바라면서도, 구별된 정체성을 통해 이웃은 물론 원수까지도 희생적으로 섬겨 현세와 내세 사람들의 복지를 위해 일해야 한다. 그러므로 우리는 예배 모임에서 이웃을 만나는 것을 전부라고 생각지 않는다. 우리는 말과 행동으로 이웃을 사랑하고, 그들의 평화와 안전, 안녕을 위해 일하면서 그들을 만난다. 우리는 세상의 '소금'과 '빛'이 된다(우리의 생활을 통해 세상에 하나님의 영광을 보여줌으로 생활의 질을 유지하고 개선한다, 마 5:13-16). 유대인 유랑민들이 바벨론의 안녕을 위해 사랑으로 일했던 것처럼(렘

29:7), 그리스도인들 역시 '유랑하는' 하나님의 백성이다(벧전 1:1; 약 1:1). 하나님 도성의 시민은 지상에서도 모범적인 시민으로 살아야 한 다(렘 29:4-7). 우리는 문화적인 영향력에 대해 지나치게 낙관하지도 비관하지도 않는다. 자신의 원수를 위해 목숨을 내어주신 분과 동행 하는 우리도 사회를 변화시키는 동안 핍박받을 것이기 때문이다(벧전 2:12).

다음은 문화에 대한 우리의 태도다.

① 우리는 기독교의 모든 표현이 인간의 특정한 문화에 대해 어느 정도 상황화할 필요가 있고 또 그것이 옳다고 믿는다. 역사와 무관한 보편적 인 기독교 표현은 존재하지 않는다. 그러나 우리는 문화의 영향에 심각 하게 물들어 복음의 진리를 타협하는 것에는 반대한다. 어떻게 하면 균 형을 잡을 수 있을까?

② 우리는 사고(thought)를 실험하듯 복음을 추상적으로 '상황화'할 수 없다. 교회가 반문화적이 되어 사람들의 현세와 내세의 선을 추구하고 싶다면, 문화를 등지는 율법주의와 지나친 적응의 타협을 피해야 한다. 우리가 권력보다 봉사를 추구하면 문화에 큰 영향을 미칠 것이다. 그러 나 권력과 사회적 지배를 추구하면 역설적이게도 우리가 바꾸려 했던 부, 계급, 권력의 우상숭배에 동화될 것이다.

③ 복음은 올바른 상황화의 열쇠를 쥐고 있다. 상황화가 지나치면 문화 인정하기를 지나치게 갈구한다는 뜻이다. 우리가 복음에 자신감이 부족 하다는 증거다. 상황화가 미흡하면 자신의 문화를 지나치게 고수한다는 뜻이다. 우리가 오만하고 이웃을 사랑하지 않는다는 증거다.

●●● IV. 복음의 특징은 무엇인가

복음은 특유의 방식으로 그리스도인에게 겸손과 소망, 온유와 용기를 북돋는다. 성경의 복음은 전통 종교뿐 아니라 세속주의와도 크게 다르다. 종교는 '내가 순종하므로 인정받는다'는 원칙으로 작동한다. 그러나 복음의 원칙은 '내가 그리스도를 통해 인정받았으므로 순종한다'는 것이다. 따라서 복음은 종교나 무종교와 다르다. 하나님의 율법을 어겨서 자신이 스스로 '구주'가 될 수도 있지만, 스스로 구원을 얻기 위해 율법을 지키는 것도 자신이 스스로 구주가 되겠다는 것이나 마찬가지다.

무종교와 세속주의는 자신을 무비판적으로 독려하는 '자존심'을 부풀리는 경향이 있다. 종교와 도덕주의는 지킬 수 없는 윤리 기준으로 자책감을 불러일으켜 사람들을 짓밟는다. 그러나 우리는 그리스도 안에서 의인이면서도 죄인이기 때문에, 복음은 우리를 겸손하게도 하고 든든하게도 한다. 아울러 우리는 우리 자신이 상상하는 것보다 죄와 흠이 훨씬 더 많지만, 우리가 바라는 것보다 훨씬 더 큰 사랑과 용납을 받는다.

세속주의는 사람을 이기적이고 개인주의적으로 만든다. 종교와 도덕은 대체로 다른 집단에 대해 분파적이고 우월감을 느끼게 만든다 (자신의 업적으로 구원받았다고 여기기 때문). 그러나 우리가 원수였을 때조차 우리를 위해 목숨을 버린 인간 중심의 은혜의 복음은, 우리의 자기 의와 이기심을 제거하여 모든 사람 특별히 가난한 사람의 번영과 그들의 구원을 위해 섬기게 한다. 그리스도가 차별 없이 우리를 섬기셨듯(막 10:45), 복음은 우리로 차별 없이 사람들을 섬기게 한다. 세속주의와 종교는 결과에 대한 공포와 자기 확장을 바라는 교만으로 사람들의 행동을 획일적으로 통제한다. 복음은 은혜에 대한 감사와 기쁨으로, 하나님의 영광에 대한 사랑으로, 거룩과 섬김을 추구하게 한다.

● ● ● V. 복음 중심의 사역이란 무엇인가

특징은 다음과 같다.

① 교회의 뜨거운 예배

복음은 하나님과 우리의 관계를 적대적이거나 노예와 같은 굴종의 관계가 아닌 기쁨과 친밀함의 관계로 바꾼다. 그러므로 복음 중심 사역의 핵심 동력은 예배와 간절한 기도다. 하나님의 백성은 예배를 통해 특별히 일생을 바꾸는 하나님의 가치와 아름다움에 눈뜨게 되고, 하나님의 가치에 합당한 표현을 한다. 예배의 중심은 말씀 사역이다. 설교는 그리스도를 중심에 두는(성경의 모든 주제를 그리스도와 그분의 구원 사역에 초점을 맞춘다) 강해설교(성경 본문 설명)를 해야 한다. 그러나 최종 목표는 가르침이 아니라, 교인들이 하나님의 뜻을 행하도록 내면을 튼튼히 하는 개인과 전체의 예배로 인도하는 것이다.

② 효과적인 전도

복음은 종교적인 도덕주의와는 달리, 신자가 그들의 의견에 반대하는 사람들을 무시하지 않도록 한다. 그러므로 정말로 복음을 중심에 두는 교회라면 그리스도와 구원 사역에 대해 소망과 열망을 설득력 있게 전하는 교인들로 가득해야 한다. 우리는 부자와 가난한 자, 학문이 높은 자와 낮은 자, 남녀노소, 기혼자와 미혼자, 모든 인종을 변화시킬 교회를 꿈꾼다. 그리고 매우 세속적인 포스트모던인들뿐 아니라 종교적이고 전통적인 사람들에게도 매력적인 교회가 되길 바란다. 공동체는 매력이 있고 교인들은 겸손하기 때문에, 복음을 중심에 두는 교회의 신자들은 기독교를 탐구하고 이해하고자 노력한다. 교회는 수많은 방법으로 그들을 환영해야 한다. 교회는 그들을 '편안하게' 하지는 않지만, 그들이 이해할 수 있는 메시지를 전하는 데 힘쓴다. 게다가 복음을 중심에 두는 교회는 교회 개척을 복음 전파의 가장 효과적인 방법으로 삼는다.

③ 반문화적 공동체

복음은 두려움과 교만을 없애기 때문에 사람들은 교회 안에서 연합해야 한다. 복음은 원수를 위해 목숨을 버린 한 '사람'을 보여주기 때문에 이기주의가 아니라 섬기는 관계를 만들어낸다. 복음이 거룩할 것을 요구하므로, 하나님의 백성은 서로 책임지고 훈련하는 사랑의 관계 속에서 살아간다. 복음은 사회와는 근본적으로 다른 인간 공동체를 일으킨다. 세속사회처럼 섹스를 우상화하지도 않고, 전통사회처럼 그것을 두려워하지도 않는다. 교회는 교우들을 사랑하고 돌보는 공동체이므로 성경적 순결을 지킨다. 교회는 신자들에게 복음을 몸으로 좇아 남녀 간의 부부관계 외에는 성관계를 금하여 부부의 충절과 기쁨을 누리라고 가르친다. 교회는 평생 사랑을 지켜 하나님의 사랑의 언약을 증언하고, 자녀에게 하나님의 길을 가르쳐 하나님을 섬기는 남녀 간의 결혼을 옹호한다. 그러나 교회는 일정한 기간이든 평생이든 독신으로 그리스도를 섬기는 일도 옹호한다. 교회는 자애로운 공동체와 가족을 통해 인간의 타락한 성으로 고통받는 모든 사람을 보듬어야 한다. 교인들은 가난한 사람이 없도록(행 4:34) 재물을 나누는 일에 앞장서야 한다. 가난하고 억눌린 사람과 이민자와 경제적 신체적 약자에게 시간, 돈, 관계, 생활공간까지 적극적으로 베풀 것이다. 교회는 그리스도의 몸 밖에서 소외된 인종과 계급, 세대 가운데 권력을 나누고 관계를 증진하는 데 전념한다. 지역 교회가 모든 인종과 문화를 더 많이 환영하고 포용하는 것이 그 증거다. 개별 교회는 지역 공동체의 다양성을 전체 교인과 리더십에 담아야 한다.

④ 믿음과 행위의 일치

복음은 개인의 용서뿐 아니라 만물 전체의 회복에 대해 말한다. 하나님은 인간에게 동산을 맡기고, 자신의 영광과 자연과 인류의 번성을 위해 물질세계를 일구게 하셨다. 하나님의 성령은 개인을 변화시킬 뿐 아니라(요 16:8) 지구를 새롭게 하고 경작하신다(창 1:2; 시 104:30). 그러므로 그리스도인들은 말씀 사역을 통해서 뿐 아니라 농업, 예술, 상업, 정부, 학문을 통해서도 하나님을 영화롭게 한다. 모두 하나님의 영광과 공공의 선을 증진한다. 믿음을 감추고 일하는 그리스도인들이 참 많다. 그들은 복음을 개인의 평화를 누리는 수단으로 여길 뿐, 우리에게 영향을 주는 현실을 종합하고 통합하는 세계관의 기초로 삼지 않는다. 그러나 우리는 목공, 배관, 데이터 관리, 간호, 예술, 상업, 정부, 언론, 연예, 학문에서 복음의 의미를 살릴 수 있는 신자들의 교회를 꿈꾼다. 그런 교회는 그리스도인의 문화활동을 적극 장려할 뿐 아니라 직업적 전문성과 탁월함을 발휘할 수 있도록 도울 것이다. 복음을 이해하고, 인간적이면서도 창조적으로 탁월한 기업 환경을 개발하는 것은 성령의 능력으로 하나님의 창조 세계를 치유하는 일이다. 예술에서 기독교의 기쁨과 소망, 진리를 구현하는 것도 마찬가지다. 주 예수 그리스도가 몸소 재림하실 때 만물이 최종적으로 회복된다는 것을 알지만, 우리는 하나님의 복음에 이끌려 이런 일을 한다(신앙고백서 13항).

⑤ 정의와 긍휼의 실천

하나님은 영혼과 몸을 창조하셨다. 예수님의 부활은 영혼과 물질이 모두 구원받는다는 것을 보여준다. 하나님은 영혼의 구원뿐 아니라 가난과 기아, 불의의 해결에도 관심을 갖고 계신다. 복음은 우리의 모든 재산(스스로 열심히 일해서 번 재물조차)이, 결국 하나님이 분에 넘치게 허락하신 선물임을 일깨운다. 그러므로 후하게 베풀지 않는 사람은 긍휼이 부족할 뿐 아니라 불의하다. 그리스도는 버림으로 우리를 구원하셨고, 약한 모습으로 섬겨 강해지셨으며, 모든 것을 베풂으로 부요해지셨다. 구원받은 사람은 업적이 높고 강한 사람이 아니라 약하고 가진 게 없는 사람이다. 우리는 가난하고 억눌린 자를 보면서 스스로 어려움을 이기라고 냉정하게 말할 수 없다. 예수님은 우리를 그렇게 대하지 않으셨다. 복음은 가난한 사람에 대한 우월감을 자비와 긍휼로 바꾼다. 교회는 개종과 중생을 외치는 동시에 지역사회의 정의와 평화를 위해 봉사해야 한다. 우리는 영원한 공동의 선을 위해 일해야 하고, 이웃이 믿든지 믿지 않든지 희생적으로 그들을 사랑해야 한다. 가난과 불평등에 대한 무관심은 은혜의 구원을 이해하지 못했다는 뜻이다.

결론

우리가 설명한 사역은 매우 드물다. 구도자들(seeker)이 그리스도를 만날 수 있도록 돕는 구도자 중심의 교회는 많다. 정치활동을 벌여 문화에 뛰어드는 교회도 많다. 영광스럽고 열정적인 예배를 강조하는 은사운동이 급속하게 성장하고 있다. 엄격하고 순수한 교리에 관심이 많고, 세상과 일정한 거리를 유지하는 데 힘쓰는 교회도 많다. 가난하고 소외된 사람을 위해 적극적으로 헌신하는 교회도 많다.

그러나 우리가 여기서 설명한 완전하고 통합적인 복음의 균형을 잡고 있는 교회는 드물다. 하나님의 은혜로 희망을 엿볼 수 있는 교회가 많지만, 복음을 중심에 둔 사역은 여전히 확산되지 않고 있다. 복음의 균형을 잡는다면 설득력 있고 신학적으로 알찬 설교, 활발한 전도와 변증, 교회 성장과 개척에 능한 교회들이 생길 줄로 믿는다. 그들은 회개, 개인의 변화, 거룩한 삶을 강조할 것이다. 그들은 평범한 사람들을 찾아가고, 문화적으로 예술, 상업, 학문, 정부에 적극 관여할 것이다. 모든 구성원이 재물과 자원을 통용하고, 가난하고 소외된 사람들을 포용하는 급진적인 기독교 공동체가 있어야 한다. 지역 교회는 이런 중요한 문제를 하나하나 실천해 나갈 것이다.

복음을 중심에 두는 교회가 성장하려면 어떻게 해야 할까? 하나님의 영광을 위해 특별하고 간절하게 기도하는 백성에게 하나님이 부흥을 허락하셔야 한다. 그리고 그 다음에도 필요한 단계가 있다. 우리가 진리의 속성, 성경을 읽는 최선의 방법, 문화와의 관계, 복음의 내용, 복음을 중심에 두는 사역으로 하나가 되면 큰 소망이 생긴다. 우리가 연합하면 성경, 성경의 그리스도, 그리스도의 복음에 새롭게 전념할 수 있고, 하나님의 은혜로 "복음의 진리를 따라 바르게"(갈 2:14) 행하는 교회로서 강하게 성장할 것이다. 우리는 죄와 실패를 부끄럽게 여기고, 죄 사함에 크게 감사하며, 하나님의 영광을 새롭게 바라보고, 성자를 본받는 데 힘쓴다.

1장 복음 중심의 사역

1. D. A. Carson, *The Gagging of God: Christianity Confronts Pluralism*(Grand Rapids, MI: Zondervan, 1996), pp.61-64.

2. Tim Keller, "The Gospel and the Poor," *Themelios* 33:3(2008): 8-22(available at http://thegospelcoalition.org/publications) 참고.

3. Jonathan Edwards, "Christian Clarity: or, The Duty of Charity to the Poor, Explained and Enforced," in *The Works of Jonathan Edwards*, revised and corrected by Edward Hickman(1834; repr., Carlisle, PA: Banner of Truth, 1974), 2:164.

4. 특별히 조나단 에드워즈의 "Christian Charity"를 보라. 그는 정의를 실천해야 하는 두 가지 이유를 제시한다. 첫째는 인간의 일반적인 상태와 본성 때문이다. "인간은 하나님의 형상대로 창조되었으므로 우리의 사랑을 받을 자격이 충분하다. … 우리는 서로 연합하여 사회를 이루어 사는 존재다. 하나님은 서로 도움을 주고받지 않으면 살 수 없는 존재로 우리를 만드셨다"(2:164). 에드워즈는 창조 신학에 지성의 토대를 마련한다. 하나님의 형상대로 창조된 모든 인간은 가치가 있는 존재다. 창조 세계는 선하다. 인간은 '샬롬'을 위해 창조된 상호 의존적인 존재다. 그러고는 두 번째 이유를 제시한다. 우리가 그리스도의 보혈을 받았기 때문이다. 그리스도는 '부요'하신데도 가난한 자가 되어 자신의 가난을 통해 우리를 부요하게 하셨다. 에드워즈는 복음을 이용해 독자의 '감정'에 호소한다. "이런 혜택을 나누고 싶어하면서도 아무런 불평 없이 가난한 이웃을 돕지 못한다면 정말로 가련한 일이다! … 은혜로만 사는 우리가 은혜를 베풀지 않고 산다는 것은 당치도 않은 일이다! 여러 사람이 돈이나 물건을 베풀지 않듯이, 그리스도가 자신의 피를 아깝게 여기고 나누지 않으신다면 우리는 어떻게 되겠는가? 사람들이 이웃에게 베풀지 않으려고 궁리하듯이 그리스도가 우리를 위해 죽지 않을 궁리를 하신다면 어떻게 되겠는가?"(2:165). 독자는 이런 말에 죄책감만 느낄 것이라고 쏘아붙일 사람도 있을 것이다. 그러나 에드워즈는 "당신이 가난한 사람을 돕지 않기 때문에 하나님도 당신을 거절할 것"이라고 말하는 게 아니라, "예수님이 당신의 자리에서 거절을 받아 하나님이 당신을 용납하셨는데, 당신이 어떻게 가난한 사람을 거절할 수 있나?"라고 하는 것이다. 스티븐 차녹의 말처럼 이것은 기쁨과 사랑으로 겸손한 깨달음과 변화를 일으켜 사람들을 '은혜로 불행하게' 만

드는 것이다.

5. James Davison Hunter, *To Change the World: The Irony, Tragedy and Possibility of Christianity in the Late Modern World*(Oxford: Oxford University Press, 2010).

6. 데스몬드 알렉산더 · 브라이언 로즈너, "조직신학과 성서신학", 『IVP 성경신학사전』, 권영경 역(서울: IVP, 2004).

2장 복음과 성경: 성경을 읽는 법

1. 이 글에서는 개역개정 성경을 사용했다(원문은 The Holy Bible, English Standard Version®).

2. 설교 제목, "How We May Read the Scriptures with Most Spiritual Profit," Donald Whitney, *Spiritual Disciplines for the Christian Life*(Colorado Springs: NavPress, 1991), p.53.

3. Bryan Chapell, *Christ-Centered Preaching: Redeeming the Expository Sermon*(Grand Rapids, MI: Baker, 1994), p.275.

3장 창조

1. 이 글에서는 개역개정 성경을 사용했다(원문은 The Holy Bible, English Standard Version®).

2. 리처드 도킨스, 『눈먼 시계공』, 이용철 역(서울: 사이언스북스, 2004).

4장 죄와 타락

1. Matthew White, "Deaths by Mass Unpleasantness: Estimated Totals for the Entire 20th Century," http://users.erols.com/mwhite28/warstat8.htm.

2. 크리스토퍼 라이트, 『하나님의 선교』, 정옥배 · 한화룡 역(서울: IVP, 2010).

3. Henri Blocher, *Original Sin: Illuminating the Riddle*, New Studies in Biblical Theol-

ogy 5(Downers Grove, IL: InterVarsity, 1997), p.61.

4. Harold G. Coward, *The Perfectibility of Human Nature in Eastern and Western Thought*(Albany, NY: State University of New York Press, 2008), p.83.

5. Jonathan Edwards, *The Complete Works of Jonathan Edwards*(Carlisle, PA: Banner of Truth, repr. 1995), 1:145.

6. Blocher, *Original Sin*, pp.83-84.

7. Herman Bavinck, *Our Reasonable Faith*(Grand Rapids, MI: Eerdmans, 1956), p.221.

8. 이 글에서는 개역개정 성경을 사용했다(원문은 The Holy Bible, English Standard Version®).

9. John Murray, *Collected Writings of John Murray: Lectures in Systematic Theology* (Carlisle, PA: Banner of Truth, 1978), 2:69.

10. 헤르만 바빙크, 『개혁교의학 3』, 박태현 역(서울: 부흥과개혁사, 2011).

11. 로버트 L. 레이몬드, 『최신 조직신학』, 나용화 역(서울: 기독교문서선교회, 2010).

12. 복음연합의 신앙고백서.

13. Bavinck, *Our Reasonable Faith*, p.229.

14. R. L. Dabney, *Systematic Theology*(Carlisle, PA: Banner of Truth, 1985), p.323.

15. 같은 책, p.313, p.324.

16. Bavinck, *Our Reasonable Faith*, p.248.

17. D. Martyn Lloyd-Jones, *The Plight of Man and the Power of God*(Ada, MI: Baker, 1982), p.57.

5장 구원 계획

1. 이 글에서는 개역개정 성경을 사용했다(원문은 The Holy Bible, New International Version®).

2. John Calvin, *The Institutes of the Christian Religion*, 2.12.3(http://www.ccel.org/ccel/calvin/institutes.iv.xiii.html).

3. Martin Luther, "The Freedom of a Christian," in *Martin Luther: Selections from His Writings*, ed. John Dillenberger(New York: Anchor, 1962), p.60.

4. 존 C. 라일, 『성결』, 박영호 역(서울: 기독교문서선교회, 2012).

5. 오웬의 원문을 라일이 예를 들어 사용했다. 존 C. 라일, 『성결』, 박영호 역(서울: 기독교문서선교회, 2012).

6장 복음이란 무엇인가

1. 이 글에서는 개역개정 성경을 사용했다(원문은 The Holy Bible, New International Version®).

2. 이 부분은 복음연합의 신앙고백서 "인류의 창조" "타락" "하나님의 구원 계획" "그리스도의 구원" "죄인의 칭의"와 관련이 있다.

3. 이 부분은 복음연합의 신앙고백서 "성령의 능력" "하나님나라" "하나님의 새로운 백성" "세례와 주님의 만찬[즉 은혜의 수단]" "만물의 회복"과 관련이 있다.

4. "How Tedious and Tasteless the Hour," John Newton(1779).

5. 이 부분은 복음연합의 사역을 위한 신학적 비전 "우리는 문화에 대해 어떤 자세를 취해야 할까" "복음을 중심에 두는 사역이란 무엇인가"와 관련이 있다.

7장 그리스도의 구원

1. 이 글은 부록에 수록된 복음연합의 신앙고백서에서 여러 부분을 발췌했다.

2. 이 글에서는 개역개정 성경을 사용했다(원문은 The Holy Bible, New International Version®).

3. Frank Houghton, "Thou Who Wast Rich"(1894-1972).

4. Thomas Kelly, "Look, Ye Saints! The Sight Is Glorious"(1809).

8장 칭의

1. 이 글에서는 개역개정 성경을 사용했다(원문은 The Holy Bible, New International Version®).

2. Donald Smarto, *Pursued: A True Story of Crime, Faith, and Family*(Downers Grove, IL: InterVarsity, 1990), p.105.

3. 같은 책, pp.105-106.

4. 같은 책, pp.119-120.

5. 제임스 뷰캐넌, 『칭의 교리의 진수』, 신호섭 역(서울: 지평서원, 2002).

6. Leon Morris, *The Apostolic Preaching of the Cross*, 3rd ed.(Grand Rapids, MI: Eerdmans, 1965), p.251.

7. 존 칼빈, 『기독교강요』, 양낙홍 역(고양: 크리스챤다이제스트, 2008).

8. Thomas Cranmer, "Sermon on Salvation," in *First Book Homilies*(1547; repr. London: SPCK, 1914), pp.25-26.

9. Martin Luther, *What Luther Says: A Practical In-Home Anthology for the Active Christian*, ed. Ewald M. Plass(St. Louis, MO: Concordia, 1959), p.705, p.715.

10. 같은 책, p.704.

11. Morris, *Apostolic Preaching of the Cross*, p.260.

12. Thomas Cranmer, quoted in Edmund P. Clowney, "The Biblical Doctrine of Justification by Faith," in *Right with God: Justification in the Bible and the World*, ed. D. A. Carson(Exeter: Paternoster, 1992), p.17.

13. Thomas Chalmers, quoted in Donald Grey Barnhouse, *The Invisible War*(Grand Rapids, MI: Zondervan, 1965), p.116.

14. 존 스토트, 『그리스도의 십자가』, 황영철 · 정옥배 역(서울: IVP, 2007).

15. 같은 책.

16. 같은 책.

17. Smarto, *Pursued*, p.122.

18. 존 칼빈, 『기독교강요』, 양낙홍 역(고양: 크리스챤다이제스트, 2008).

19. 앤서니 후크마, 『개혁주의 구원론』, 이용중 역(서울: 부흥과개혁사, 2012).

20. Pieter W. Van Der Horst, "Jewish Funerary Inscriptions," *Biblical Archaeology Review* 18:5(1992): 55.

21. Martin Luther, *Lectures on Galatians*, Luther's Works, ed. and trans. Jaroslav Pelikan(St. Louis, MO: Concordia, 1963), 26:126.

22. Martin Luther, quoted in James Montgomery Boice, *The Minor Prophets: An Expositional Commentary*, 2 vols.(Grand Rapids, MI: Kregel, 1996), 2:91-92.

23. "Justification," in *Evangelical Dictionary of Theology*, 2nd ed., ed. Walter A. Elwell(Grand Rapids, MI: Baker, 2001), p. 646.

24. J. C. Ryle, *Justified!*, Home Truths, Second Series(London: S. W. Partridge, 1854-71), p. 12.

25. 존 칼빈, 『기독교강요』, 양낙흥 역(고양: 크리스챤다이제스트, 2008).

26. John Calvin, "Antidote to the Canons of the Council of Trent," in *Tracts and Treatises in Defense of the Reformed Faith*, trans. Henry Beveridge(1851; repr., Grand Rapids, MI: Eerdmans, 1958), 3:152.

27. William Cowper, quoted in James Montgomery Boice, *Romans*, 4 vols.(Grand Rapids, MI: Baker, 1991), 1:372.

9장 성령

1. 싱클레어 퍼거슨, 『성령』, 김재성 역(서울: IVP, 1999).

2. Robert Letham, *The Holy Trinity: In Scripture, History, Theology, and Worship* (Phillipsburg, NJ: P&R, 2004), pp.60-61.

3. 이 글에서는 개역개정 성경을 사용했다(원문은 The Holy Bible, English Standard Version®).

4. 싱클레어 퍼거슨, 『성령』, 김재성 역(서울: IVP, 1999).

5. 성경은 성령이 성부와 성자로부터 나온다는 것을 분명히 가르치지만 영원히 그런 것인지는 불분명하다. 니케아 콘스탄티노플 신조(AD 389년) 초판에 따르면, 성령은 "성부로부터" 나온다. 널리 알려진 대로 "성자로부터"(*filioque*)라는 표현은 AD 589년 톨레도 공의회에서 추가된 것으로 동방 교회와 서방 교회가 분열되는 원인이 되었다. 정치적이고도 신학적인 원인과 오해로 논란은 계속되었다.

우리를 그리스도의 형상으로 변화시키고, 그리스도와 별도로 성령의 역사를 중심에 두고 구원의 개념을 지키는 성령의 역사를 강조하는 성경과 서구 전통은 잘 들어맞는다. 그러나 "성자로부터"라는 표현의 정당성을 주장하는 사람들은 여전히 동방 교회의 관심에 귀를 기울여야 한다. Letham, *Holy Trinity*, pp.201-220.

6. See D. A. Carson, *The Gospel according to John*(Grand Rapids, MI: Eerdmans, 1991), pp.534-539.

7. Jonathan Edwards, "The Distinguishing Marks of a Work of the Spirit of God," in *Jonathan Edwards on Revival*(1741; repr., Edinburgh: Banner of Truth, 1995), p.121.

8. 존 파이퍼, 『거듭남』, 전의우 역(서울: 두란노서원, 2009).

9. 같은 책.

10. 존 칼빈, 『기독교강요』, 양낙흥 역(고양: 크리스찬다이제스트, 2008).

11. 같은 책.

12. 존 머레이, 『구속』, 장호준 역(서울: 복있는 사람, 2011).

13. 싱클레어 퍼거슨, 『성령』, 김재성 역(서울: IVP, 1999).

14. 존 스토트, 『성령 세례와 충만』, 김현희 역(서울: IVP, 2002).

15. 제임스 패커, 『성령을 아는 지식』, 홍종락 역(서울: 홍성사, 2002).

16. C. S. 루이스, 『순전한 기독교』, 장경철·이종태 역(서울: 홍성사, 2001).

17. Graham Cole, *Engaging with the Holy Spirit: Real Questions, Practical Answers*(Wheaton, IL: Crossway, 2007), p.49, p.81, p.97.

18. 롬 1:11; 5:15-16; 6:23; 11:29; 고후 1:11; 히 2:4을 보라.

19. 은사주의든 아니든 모두 동의하는 점이다.

웨인 그루뎀, 『조직신학』, 노진준 역(서울: 은성출판사, 2009).

리처드 개핀, 『구속사와 오순절 성령 강림』, 김귀탁 역(서울: 부흥과개혁사, 2010).

20. Peter T. O'Brien, *The Letter to the Ephesians*(Grand Rapids, MI: Eerdmans, 1990), p.120.

10장 하나님나라

1. Don Cupitt, "Post-Christianity," in *Religion, Modernity, and Postmodernity*, Religion and Spirituality in the Modern World, ed. Paul Heelas(Oxford: Blackwell, 1998), p.218.

2. 배리 슈워츠,『선택의 심리학』, 형선호 역(서울: 웅진지식하우스, 2005).

3. Richard J. Bauckham, *God and the Crisis of Freedom: Biblical and Contemporary Perspectives*(Louisville, KY: Westminster, 2002), pp.50-51.

4. 같은 책, p.68.

5. 존 브라이트,『하나님의 나라』, 박일영 역(서울: 컨콜디아사, 1995).

6. 히브리어 '말쿠트'(*malkuth*)와 그리스어 '바실레이아'(*basileia*)의 주요 의미는 왕권, 왕정이다. 하나님나라는 영토, 공간, 장소, 백성을 뜻하기도 하지만, 주권적인 왕정에 비하면 부차적인 의미다(시 103:19; 145:11, 13; 단 2:37을 보라).

7. 이 글에서는 개역개정 성경을 사용했다(원문은 The Holy Bible, New International Version®).

8. 복음연합의 신앙고백서.

9. Graeme Goldsworthy, "The Kingdom of God and the Old Testament," http://www.presenttruthmag.com/archive/XXII/22-4.htm.

10. 메리데스 G. 클라인,『하나님의 나라의 서막』, 김구원 역(서울: 기독교문서선교회, 2012).

11. Richard Pratt, "What Is the Kingdom of God?" http://www.thirdmill.org/files/english/html/th/TH.h.Pratt.kingdom.of.god.html.

12. Goldsworthy, "Kingdom of God and the Old Testament."

13. G. R. 비슬리 머리,『예수와 하나님 나라』, 박문재 역(고양: 크리스챤다이제스트, 1991).

14. Pratt, "What Is the Kingdom of God?"

15. 같은 책.

16. G. R. 비슬리 머리,『예수와 하나님 나라』, 박문재 역(고양: 크리스챤다이제스트, 1991).

17. John Piper, "Book Review of The Kingdom of God by John Bright," http://

www.desiringgod.org/ResourceLibrary/Articles/ByTopic/30/2687_Book_Review_
of_The_Kingdom_of_God_by_John_Bright/.

18. 조지 앨든 래드, 『하나님 나라의 복음』, 박미가 역(서울: 서로사랑, 2001).

19. Tim Keller, "Preaching the Gospel," PT 123 *Gospel Communication*(Spring 2003), pp. 58-59.

20. Richard J. Bauckham, *Jesus and the God of Israel: God Crucified and Other Studies on the New Testament's Christology of Divine Identity*(Grand Rapids, MI: Eerdmans, 2008), p.35.

21. Piper, "Book Review."

22. Craig Koester, "The Dwelling of God: The Tabernacle in the Old Testament, Intertestamental Jewish Literature, and the New Testament," CBQMS, 22(1989): 102.

23. 같은 책, p.102. 요한복음 1장 51절 "하늘이 열리고 하나님의 사자들이 인자 위에 오르락내리락 하는 것을 보리라"

24. Herman Ridderbos, *The Gospel according to John*(Grand Rapids, MI: Eerdmans, 1997), p.51.

25. D. A. Carson, *The Gospel according to John*(Grand Rapids, MI: Eerdmans, 1991), p.182.

26. Piper, "Book Review."

27. Richard J. Bauckham, *God Crucified: Monotheism and Christology in the New Testament*, Didsbury Lectures, 1996(Carlisle: Paternoster, 1998), viii, p.35.

28. Bauckham, *God and the Crisis of Freedom*, p.17.

29. 존 스토트, 『그리스도의 십자가』, 황영철 · 정옥배 역(서울: IVP, 2007).

30. Tim Keller, "A Gospel for the More Secular," http://redeemer.com/resources, and especially his *Counterfeit Gods: The Empty Promises of Money, Sex, and Power, and the Only Hope That Matters*(New York: Dutton, 2009).

31. Tim Keller, John 12 sermon, www.redeemer.com/sermons.

32. 신앙고백서. "선행은 구원의 은혜에 대한 분명한 증거다. … 이웃을 내 몸처럼 사랑하고, 모든 사람을 선하게 대하고, 특별히 하나님의 권속에게 정중해야 한다. … 그러므로 하나님나라는 하나님을 모시는 인간의 새로운 공동체를 일으

킨다."

33. 같은 글, "이웃을 내 몸처럼 사랑하고 모든 사람을 선하게 대하고 특별히 하나님의 권속에게 정중해야 한다."

34. Tim Keller, "Preaching the Gospel," pp.33-34.

35. 복음연합의 사역을 위한 신학적 비전.

36. 배리 슈워츠, 『선택의 심리학』, 형선호 역(서울: 웅진지식하우스, 2005).

37. Timothy Keller, "Preaching in a Postmodern City," (미출간본), p.21.

38. 같은 책.

11장 교회: 하나님의 새로운 백성

1. 이 글은 복음연합의 신앙고백서 11항 "하나님의 새로운 백성"에 대한 설명이다.

2. 이 글에서는 개역개정 성경을 사용했다(원문은 필자가 직접 옮김).

3. 조지 M. 마즈던, 『조나단 에드워즈 평전』, 한동수 역(서울: 부흥과개혁사, 2006).

4. Timothy Keller, *Gospel Christianity*(New York: Redeemer Presbyterian Church, 2003), p.22.

5. Cornelius Plantinga, as quoted by Keller in *Gospel Christianity*, p.16.

6. D. A. Carson, *The Difficult Doctrine of the Love of God*(Wheaton, IL: Crossway, 2000), p.44.

7. Quoted in Iain H. Murray, *D. Martyn Lloyd-Jones: The First Forty Years 1899-1939* (Edinburgh: Banner of Truth, 1982), pp.141-142.

8. C. H. Spurgeon, *Autobiography, vol. 2: The Full Harvest*(Edinburgh: Banner of Truth, 1973), p.246.

9. 찰스 H. 스펄전, 『목회자 후보생들에게』, 원광연 역(고양: 크리스챤다이제스트, 2009).

10. Dionysius, quoted by *Eusebius in Eusebius: The History of the Church*, trans. G. A. Williamson(Harmondsworth, UK: Penguin, 1965), 7.22.

11. Tertullian, *The Ante-Nicene Fathers*, ed. Alexander Roberts and James Donaldson (Grand Rapids, MI: Eerdmans, 1989), Apology 39.

12. C. H. Spurgeon, *The New Park Street Pulpit*(Pasadena, CA: Pilgrim, 1855), 1:208-9.

12장 세례와 성찬

1. 필립 그레이엄 라이큰, 데릭 토마스, 리곤 던컨 3세 편집, "세례: 복음의 기쁜 표지" 매리언 클라크 글,『개혁주의 예배학: 예배 개혁을 위한 비전』, 김병하, 김상구 역(서울: P&R, 2012).

2. James V. Brownson, *The Promise of Baptism: An Introduction to Baptism in Scripture and the Reformed Tradition*(Grand Rapids, MI: Eerdmans, 2007), pp.24-25.

3. 이 글에서는 개역개정 성경을 사용했다(원문은 The Holy Bible, New International Version®).

4. Clark, "Baptism," p.179.

5. 도널드 S. 휘트니,『A+ 크리스천은 이렇게 믿는다』, 정인홍 역(서울: 디모데, 1997).

6. 아래 설명했듯이 로마서 6장의 세례 형식에 대해 장로교 피도뱁티스트는 분명히 크리도뱁티스트와 똑같은 결론을 내리지 않는다.

7. Clark, "Baptism," p.177.

8. 세례에 관한 책은 쓰는 일도 읽는 일도 끝이 없(어 보인)다. 그러나 성경과 역사를 들여다보며 크리도뱁티스트와 피도뱁티스트의 논쟁을 훌륭하게 설명하는 좋은 책들이 있다. (1)*Believer's Baptism: Sign of the New Covenant in Christ*, ed. Thomas R. Schreiner and Shawn D. Wright(Nashville, TN: Broadman, 2006). 유명한 크리도뱁티스트 학자들의 훌륭한 글을 엮은 책이다. (2)*Baptism: Three Views*, ed. David F. Wright(Downers Grove, IL: InterVarsity, 2009). 라이트 교수는 에든버러대학교에서 내 지도교수였다. 그는 스코틀랜드교회(장로교)의 장로인데도 크리도뱁티스트이며 유아세례의 역사에 정통하다. 이 책은 양쪽의 관점을 명쾌하게 설명할 뿐 아니라 적절한 타협안도 잊지 않는다. (3)George R. Beasley-Murray, *Baptism in the New Testament*(London: Macmillan, 1962). 신자만이 세례받을 수 있음을 학문적으로 자세하게 설명한 책이다. (4)Geoffrey Bromiley, *Children of Promise: The Case for Baptizing Infants*(Grand Rapids, MI: Eerdmans,

1979). 브로밀리는 저명한 역사신학자다. 일반 독자를 대상으로 한 간단한 책이지만 피도뱁티스트의 관점을 잘 보여준다. (5)Paul K. Jewett, *Infant Baptism and the Covenant of Grace*(Grand Rapids, MI: Eerdmans, 1979). 언약 신자의 입장에서 유아세례를 비판한 책. (6)*The Case for Covenantal Infant Baptism*, ed. Gregg Strawbridge(Phillipsburg, NJ: P&R, 2003). 피도뱁티스트의 관점을 훌륭하게 뒷받침하는 글이다. (7)Rowland Ward, *Baptism in Scripture and History*(Melbourne: New Melbourne Press, 1991). 세례 방식에 초점을 맞춰 피도뱁티스트의 관점에 대해 설명한 책으로 간략하지만 유익하다. (8)Joachim Jeremias, *Infant Baptism in the First Four Centuries*(London: SCM, 1960). 피도뱁티스트로 해석할 수 있는 교부들의 증언에 대해 연구했다. (9)Kurt Aland, *Did Early Church Baptize Infant?*(Philadelphia: Westminster, 1963). 유명한 학자이자 크리도뱁티스트인 저자가 예레미아스(Joachim Jeremias)에게 한 답변이다. (10)Joachim Jeremias, *The Origins of Infant Baptism: A Further Study in Reply to Kurt Aland*(London: SCM, 1963). 알란트(Kurt Aland)에 대한 예레미아스의 답변이다. 여전히 교부들의 문헌을 피도뱁티스트의 관점에서 해석할 수 있음을 주장했다. (11)Everett Ferguson, *Baptism in the Early Church: History, Theology and Liturgy in the First Five Centuries*(Grand Rapids, MI: Eerdmans, 2009). 캠벨주의자로 교부학에 탁월한 학자인 퍼거슨(Everett Ferguson)은 교부들의 방대한 자료를 제시한다. 세례에 대한 그의 결론은, 방법은 침례이고 목적은 용서와 중생(적어도 터툴리안 이후로)이다. 물론 복음연합의 크리도뱁티스트와 피도뱁티스트 회원들은 서로 다른 결론을 도출하겠지만 퍼거슨의 작품은 중요하다.

9. James Orr, "Baptismal Regeneration," in *International Standard Bible Encyclopedia* (Grand Rapids, MI: Eerdmans, 1939), 1:397.

10. Stephen Charnock, *The Doctrine of Regeneration*(repr. Grand Rapids, MI: Baker, 1980), pp.99-100.

11. Westminster Larger Catechism, Question 167.

12. John Calvin, *Treatises on the Sacraments: Catechism of the Church of Geneve, Forms of Prayer, and Confessions of Faith*, trans. Henry Beveridge(Grand Rapids, MI: Reformation Heritage, 2002), p.173.

13. Richard D. Phillips, "The Lord's Supper: An Overview," in *Give Praise to God*, p.197.

14. 존 칼빈, 『기독교강요』, 양낙흥 역(고양: 크리스챤다이제스트, 2008).

15. Phillips, "The Lord's Supper," pp.198-199.

16. 존 칼빈, 『기독교강요』, 양낙흥 역(고양: 크리스챤다이제스트, 2008).

17. J. Ligon Duncan III, "True Communion with Christ in the Lord's Supper," in *The Westminster Confession into the 21st Century*, vol. 3 (Ross-shire: Mentor), pp. 429-475, esp. pp. 450-471. 요한복음 6장을 불합리하게 곡해하는 데 대한 검토를 비롯해 여러 본문에 대해 더 깊게 논의한다.

18. 도널드 맥클라우드(Donald Macleod)는 강하게 주장한다. "신약성경은 성례에서 주님의 임재 여부에 대한 문제를 제기하지 않는다." *Priorities for the Church*(Fearn, Scotland: Christian Focus, 2003), p.122.

13장 만물의 회복

1. 이 글에서는 개역개정 성경을 사용했다(원문은 The Holy Bible, English Standard Version®).

2. N. T. 라이트, 『예수와 하나님의 승리』, 박문재 역(고양: 크리스찬다이제스트, 2004).

3. 같은 책.

4. George Eldon Ladd, *The Presence of the Future*(Grand Rapids, MI: Eerdmans, 1974), p.139; emphasis in original.

5. 같은 책, p.151.

6. 같은 책, p.165.

7. 같은 책, pp.227-229.

8. 조지 엘든 래드, 『하나님 나라에 관한 중요한 문제들』, 신성종 역(서울: 성광문화사, 1982).

9. 두 가지 이유가 있다. 첫째, 1절 후반부의 영원한 "집"과 전반부의 장막 "집"이 대응하기 때문이다. 장막 "집"은 영화롭지 못한 육체를 뜻하므로 영원한 "집"은 하늘의 영화로운 몸을 뜻한다고 해도 옳을 듯하다. 둘째, 후반부의 "손으로 지은 것이 아니요" "하늘에 있는" "영원한"이라는 표현은 영화로운 몸에 더 잘 어울린다(고전 15:35-49). 바울은 우리가 하늘에서 부패하지도 사멸하지도 않는 불멸의 몸을 입을 것이라고 했다.

10. Philip Edgcumbe Hughes, *Paul's Second Epistle to the Corinthians*(Grand Rapids, MI: Eerdmans, 1973), p.174.

11. Murray Harris, *The Second Epistle to the Corinthians*(Grand Rapids, MI: Eerdmans, 2005), p.406.

12. 같은 책, p.405.

13. 같은 책, p.406.

14. D. A. Carson, *The Gagging of God*(Grand Rapids, MI: Zondervan, 1996), pp.515-536. 이 문제에 대해 간략하지만 특별한 도움을 준다.

15. 같은 책, p.525.

16. 같은 책, p.534.

17. 존 파이퍼, 『열방을 향해 가라』, 김대영 역(서울: 좋은씨앗, 2003).

18. 계 22:10-11. 카슨은 11절에 대해 이렇게 말했다. "거룩한 자와 의로운 자가 '영원토록 거룩하고 의롭게 살 것을 예상하고' 계속 거룩하고 의롭게 산다면 더러운 자도 '영원토록 더럽게 살 것을 예상하고' 계속 더럽게 살 것이라는 결론을 내릴 수 있지 않을까?" (*Gagging of God*, p.533), emphasis in original.

19. 같은 책, p.527.

20. 아브라함에게 주신 약속(창 12:1-3; 13:14-17; 15:7; 17:8)은 이삭(창 26:1-5)과 야곱(창 28:13-14; 35:12)과 모세(출 6:4, 8; 13:5-11; 32:13; 33:1; 민 10:29; 11:12; 14:23; 32:11; 신 12:8-11)가 차례로 받았다.

21. Ladd, *The Presence of the Future*, p.59. 특별히 마태복음 5장 5절과 요한계시록 5장 10절을 참고하라.

22. Donald Garlington, "Reigning with Christ: Revelation 20:1-6 and the Question of the Millennium," in *Reformation and Revival Journal*, vol. 6, no. 2(1997):61; emphasis in original.

23. 크리스토퍼 라이트(Christopher Wright)의 주장. "A Christian Approach to Old Testament Prophecy Concerning Israel," in *Jerusalem Past and Present in the Purposes of God*, ed. P. W. L. Walker(Cambridge: Cambridge University Press, 1992).

24. 빌(G. K. Beale)의 말은 우리를 제대로 일깨운다. "계시는 앞선 성경 본문의 의미를 확대하면서 발전한다. 후대의 성경 필자들은 앞선 본문을 확대하여 해석을 심화한다. 후대의 해석은 앞선 필자들이 알지 못했던 의미를 명확하게 밝히지만, 본래의 유기적 의미와 충돌하는 게 아니라 그 의미를 확대한다. 즉, 본래의 의미에는 깊은 내용이 있어서 최초의 필자가 그 내용을 (하나님처럼) 속속들이 알 수 없었다. 이런 점에서 예언은 예언자들도 알지 못했던 자세한 내용이 '구체적

으로' 성취된다." The Temple and the Church's Mission: *A Biblical Theology of the Dwelling Place of God* (Downers Grove, IL: InterVarsity, 2004), p.381.

25. George Eldon Ladd, *A Commentary on the Revelation of John* (Grand Rapids, MI: Eerdmans, 1972), p.276.

26. G. R. Beasley-Murray, *The Book of Revelation* (Greenwood, SC: Attic Press, 1974), p.330.

27. 조나단 에드워즈, 『열방을 향해 가라』, 서문강 역(서울: 지평서원, 2009).

14장 진리를 알 수 있을까

1. D. A. Carson, *The Gagging of God: Christianity Confronts Pluralism* (Grand Rapids, MI: Zondervan, 1996), pp.96-102.

2. 같은 책, p.99.

3. 같은 책, p.100.

4. 복음연합의 신앙고백서.

5. 이 글에서는 개역개정 성경을 사용했다(원문은 The Holy Bible, English Standard Version®).

6. 복음연합의 신앙고백서.

7. 헤르만 바빙크, 『개혁주의 신론』, 이승구 역(서울: 기독교문서선교회, 1988).

8. 프란시스 A. 쉐퍼, 『기독교 문화관』, 문석호 역(고양: 크리스챤다이제스트, 2007).

9. John Calvin, cited in J. I. Packer, "Calvin the Theologian," in *John Calvin: A Collection of Essays*, ed. G. E. Duffield (Grand Rapids, MI: Eerdmans, 1966), p.162.

10. K. Scott Oliphint, *"Non Sola Ratione"*: Three Presbyterians and the Postmodern Mind," in *The Practical Calvinist: Essays in Honor of Claire Davis*, ed. Peter A. Lillback (Fearn, Scotland: Mentor, 2002), p.382.

11. K. Scott Oliphint, "The Old-New Reformed Epistemology," in *Revelation and Reason: New Essays in Reformed Apologetics*, ed. K. Scott Oliphint and Lane G. Tipton (Phillipsburg, NJ: P&R, 2007), p.210.

12. 같은 책, p.211.

13. 복음연합의 사역을 위한 신학적 비전.

14. 같은 글.

15. Stan Telchin, *Betrayed!* (Grand Rapids, MI: Chosen Books, 1981), p.11, p.22.

복음이 핵심이다

초판 1쇄 발행   2014년 06월 25일
초판 5쇄 발행   2021년 11월 02일

편집   D. A. 카슨 · 팀 켈러
옮긴이   최요한

펴낸이   곽성종
기획편집   방재경
디자인   투에스

펴낸곳   (주)아가페출판사
등록   제21-754호(1995.4.12)
주소   (06698) 서울시 서초구 효령로8길 5 (방배동)
전화   584-4835 (본사) 522-5148 (편집부)
팩스   586-3078 (본사) 586-3088 (편집부)
홈페이지   www.iagape.co.kr
판권   ⓒ (주)아가페출판사 2014
ISBN   978-89-97713-39-4 (03230)

이 도서의 국립중앙도서관 출판예정도서목록(CIP)은
서지정보유통지원시스템 홈페이지(http://seoji.nl.go.kr)와
국가자료공동목록시스템(http://www.nl.go.kr/kolisnet)에서
이용하실 수 있습니다.
(CIP제어번호: CIP2014017490)

아가페 출판사